Guide de la France des enfants

LE GUIDE DE LA FRANCE DES ENFANTS
est une publication de Sélection du Reader's Digest

Réalisation
BOOKMAKER
Coordination : Patrick Michel-Dansac,
assisté de Magali Yassini
Direction artistique et mise en pages :
Irène de Moucheron

Avec la collaboration de l'équipe éditoriale de
Sélection du Reader's Digest
Direction éditoriale : Gérard Chenuet
Responsable de l'ouvrage : Christine de Colombel
Couverture : Jacqueline Caulet
Cartographie : ÉDITERRA
Sandrine Rimajou
Stéphanie Rondeau

ISBN 2-7098-1223-1

Guide de la France des enfants

loisirs et tourisme pour les moins de 15 ans

Marylène Bellenger

Sélection du Reader's Digest

Introduction

Parcourir la France avec ses enfants peut être source de grandes joies, mais pour être une réussite, chaque déplacement nécessite un minimum de préparation. En effet, les centres d'intérêt des adultes ne sont pas toujours les mêmes que ceux des enfants. Heureusement, la France foisonne de merveilles, et grands et petits peuvent aisément trouver leur bonheur.

Ce guide a répertorié, à l'usage des adultes mais à l'intention des moins de quinze ans, les parcs d'attractions, zoos, espaces aquatiques, élevages, merveilles de la nature, musées, planétariums, etc., susceptibles de plaire aux jeunes.

Les choix ont été motivés par le désir de distraire ou d'intéresser les enfants. Les musées et les châteaux qui y figurent n'ont pas été retenus en fonction de leur notoriété mais ont été sélectionnés pour la qualité de la présentation ou de l'effort fait pour retenir l'attention des jeunes visiteurs. Outre les critères ludiques et pédagogiques, c'est avant tout l'avis des enfants qui a été déterminant.

Le classement a été fait par région et par département et à l'intérieur des départements par ordre alphabétique de localité. À Paris, les visites sont classées par genre, puis pour un même genre, par arrondissement.

Les jours et heures d'ouverture sont précisés, ils sont cependant susceptibles d'être modifiés à tout moment, il est donc vivement recommandé de téléphoner avant de se déplacer d'autant plus qu'un parc peut avoir fermé ou une animation avoir été supprimée depuis la rédaction du guide.

Un grand merci aux Comités départementaux de Tourisme, aux Offices de Tourisme et à tous les grands et les petits qui ont contribué à la rédaction de ce guide.

Mode d'emploi

Secteur géographique

Ville

Adresse,
heures d'ouverture
et moyens d'accès

Nom de la commune
sur la carte
Repérage sur la carte

Existence d'un
restaurant...

Anecdote

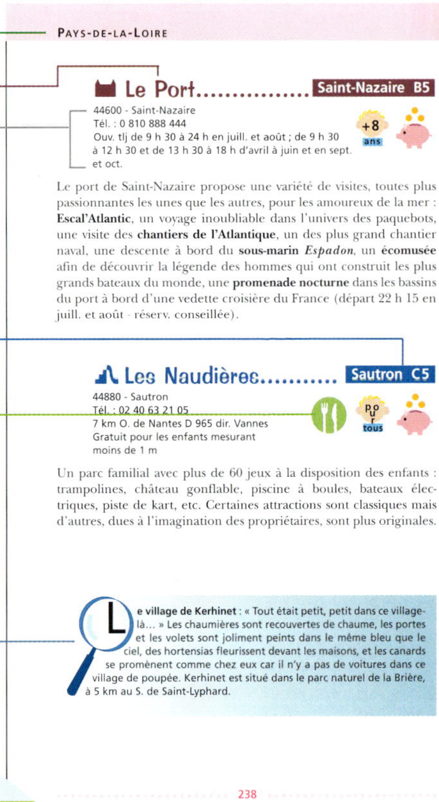

PAYS-DE-LA-LOIRE

Le Port .... **Saint-Nazaire B5**

44600 - Saint-Nazaire
Tél. : 0 810 888 444
Ouv. tlj de 9 h 30 à 24 h en juill. et août ; de 9 h 30 à 12 h 30 et de 13 h 30 à 18 h d'avril à juin et en sept. et oct.

+8 ans

Le port de Saint-Nazaire propose une variété de visites, toutes plus passionnantes les unes que les autres, pour les amoureux de la mer : **Escal'Atlantic**, un voyage inoubliable dans l'univers des paquebots, une visite des **chantiers de l'Atlantique**, un des plus grand chantier naval, une descente à bord du **sous-marin *Espadon***, un **écomusée** afin de découvrir la légende des hommes qui ont construit les plus grands bateaux du monde, une **promenade nocturne** dans les bassins du port à bord d'une vedette croisière du France (départ 22 h 15 en juill. et août - réserv. conseillée).

Les Naudières .... **Sautron C5**

44880 - Sautron
Tél. : 02 40 63 21 05
7 km O. de Nantes D 965 dir. Vannes
Gratuit pour les enfants mesurant moins de 1 m

Pour tous

Un parc familial avec plus de 60 jeux à la disposition des enfants : trampolines, château gonflable, piscine à boules, bateaux électriques, piste de kart, etc. Certaines attractions sont classiques mais d'autres, dues à l'imagination des propriétaires, sont plus originales.

Le village de Kerhinet : « Tout était petit, petit dans ce village-là... » Les chaumières sont recouvertes de chaume, les portes et les volets sont joliment peints dans le même bleu que le ciel, des hortensias fleurissent devant les maisons, et les canards se promènent comme chez eux car il n'y a pas de voitures dans ce village de poupée. Kerhinet est situé dans le parc naturel de la Brière, à 5 km au S. de Saint-Lyphard.

238

Cartes
des régions :
en vert,
les localités
où se situe
une activité

Maine-et-Loire - Les Cerqueux-sous-Passavant — **Département - Commune**

MAINE-ET-LOIRE — **Département**

Parc de loisirs de l'Étang................ Brissac-Quincé F5

49320 - Brissac-Quincé
Tél. : 02 41 54 80 65-Fax : 02 41 91 72 65
Ouv. tlj de 11 h à 18 h de mai à sept.
20 km S.-E. d'Angers par la RN 160 et la RD 761

Quatre ha de verdure et de jeux de plein air.
Un petit train fait le tour du parc et des rosalies (voitures à pédales) sont à louer pour faire des petites balades sympa.
L'étang a été aménagé pour la baignade avec des toboggans pour les enfants et des pédalos pour les parents.

Omlande................. Brion G5

49250 - Beaufort-en-Vallée
Tél. : 02 41 57 27 17-Fax : 02 41 57 25 95
Ouv. tlj de 11 h à 19 h en juill. et août, et les w.-e de juin et sept. ; de 10 h 30 à 18 h les jrs de sem. en juin ; et de 11 h à 18 h 30 les deux derniers w.-e. de mai

Omlande est un petit parc de loisirs intelligent : outre les jeux nombreux (bateaux tamponneurs, manèges, rivière enchantée, tacots, etc.), il propose de découvrir les arbres et les arbustes et d'apprendre à les reconnaître. Un espace aquatique, équipé d'un toboggan, d'une rivière rapide et d'une pataugeoire, ouvre dès les beaux jours.

Bisonland Les Cerqueux-sous-Passavant F6

49310 - Vihiers
Tél. : 02 41 59 58 02-Fax : 02 41 59 57 68
Ouv. tlj de 10 h à 19 h en juill. et août et dim. a.-m. et jrs fér. de mai à sept.
18 km O. de Doué-la-Fontaine par la RD 960 et la RD 167

Inutile de traverser l'océan Atlantique pour se croire en territoire indien ! Au château des Landes, les bisons d'Amérique sont comme chez eux et le grand chef indien est là pour accueillir les visages pâles dans le village de tipis.

239

Genre d'**activité**

Prix d'entrée

Existence d'une **buvette**

Âge recommandé

Notre apréciation sur l'**intérêt** de l'activité

Voir sur le rabat la liste complète des pictogrammes.

Table des matières

A
B
C
D
E
1
2
3
4
5
6
7
8
Dunke
Fort-Mardyck
Gravelines
St-Pol
Calais
Marck
Loon
Cappelle
Grande
Bourbourg
A16
N225
A16-E402
N43
Guînes
D600
Wormhout
Arneke
Ambleteuse
Hydrequent
Tournehem-
s.-la-Hem
Boulogne-
s.-Mer
Wimereux
A26
St-Omer
Arques
Hazeb
Le Portel
N42
Liane
N42
Esquerdes
Helfaut
D928
Desvres
Aire
Isbergues
D940
62
D126
D341
N1
Le Touquet
Étaples
N39
D126
D343
Bruay-
la-B.
Merlimont
Montreuil
A16
N39
D928
D916
Houdain
Berck-s.-Mer
Canche
N41
Fort-Mahon-Plage
N39
N39
St-Pol-
s.-Ternoise
D928
N1
St-Quentin-
en-Tourmont
D916
Le Crotoy
Cayeux-s.-Mer
Doullens
N25
Abbeville
D925
D925
D925
D901
D29
A28
N28
N1
Somme
A16
Naours
N25
D936
La Chaussée-
Tirancourt
N25
N235
Amiens
A29
N29
N1
Noye
Ailly-s.-N
80
D1015
A16
D930
Montdidi
N1
D916
D901
St-Paul
Beauvais
N31
N31
Clermont
Sac
Gr
D981
N1
Thérain
60
N16
Liancourt
Pont
Max
Montataire
Cre
D181
Méru
N330
Chantilly
Chambly
Pla
0
20
40 km

F
G
H
I
Menen
Halluin
Tourcoing
Armentières
Roubaix
Lomme
Hem
Estaires
Lille
Villeneuve-d'Ascq
Wavrin
Seclin
Wingles
Leers
Orchies
Lens
Oignies
St-Amand-les-E.
Condé
Quiévrechain
Liévin
Hénin-B.
Waziers
Wallers
Bruay
Anzin
Douai
Denain
Valenciennes
Arras
Lewarde
Aniche
Trith-St-L.
Feignies
Jeumont
Douchy-les-M.
Maubeuge
Louvroil
Aulnoye-Aymeries
Cambrai
Solesmes
Vaulx-Vraucourt
Estourmel
Caudry
Avesnes-s.-H.
Liessies
Le Cateau-Cambrésis
Trélon
Bohain-en-V.
Neuville-lès-Bray
Péronne
Étréaupont
Hirson
Guise
St-Quentin
Cauchy
Ham
Marle
Roye
Tergnier
Chauny
Noyon
Laon
Oise
Longueil-Annel
Chamouille
Compiègne
Aisne
Soissons
Pierrefonds
Crépy-en-V.
Villers-Cotterêts
Ourcq
Ermenonville
Marne
Château-Thierry
Aisne 02
Nord 59
Oise 60
Pas-de-Calais 62
Somme 80

AISNE

Parc de l'Ailette...... Chamouille H6

02000 - Laon
Tél. : 03 23 24 66 85-Fax : 03 23 24 75 80
Ouv. tlj d'avril à sept.
Prix en fonction des activités
13 km S. de Laon par la RD 976

pour tous

Au bord d'un lac aux courbes harmonieuses situé entre petits bois et vallons, une plage avec baignade surveillée et la possibilité de faire du pédalo, de la planche à voile, de jouer au mini-golf ou encore de pédaler sur les pistes de VTT.

Maison de La Fontaine............ Château-Thierry G8

12, rue Jean-de-La Fontaine
02400 - Château-Thierry
Tél. : 03 23 69 05 60-Fax : 03 23 84 86 99
Ouv. tlj sauf mardi de 10 h à 12 h et de 14 h à 18 h
Gratuit le merc.

+8 ans

Installé dans la maison natale de Jean de La Fontaine, une demeure de la Renaissance, le musée est consacré à l'auteur des *Fables*. Les collections présentées, associant le texte à l'image, vont du XVIIe s. à nos jours et s'articulent autour de l'œuvre du poète, qui a inspiré les écrivains et les artistes du monde entier.

Vallée des Cerfs...... Étréaupont H5

02580 - Étréaupont
Tél. : 03 23 22 10 29-Fax : 03 23 22 10 81
Ouv. tlj de 14 h 30 à 18 h 30 en juill. et août ; w.-e. et jrs fér. de 14 h 30 à 18 h 30 en mai, juin, sept. et oct.

+8 ans

Au cœur de la Thiérache, un circuit aménagé au milieu d'un parc boisé de 75 ha où vivent en liberté des biches et des cerfs.
Si on marche sans faire trop de bruit, on pourra les approcher de très près et faire de magnifiques photos.

Musée des Temps Barbares.......................... Marle H5

Moulin de Marle
02250 - Marle
Tél. : 03 23 24 01 33
Ouv. tlj sauf mardi de 14 h à 19 h du 15 avril au 15 oct.

+8 ans

Dans un ancien moulin vient d'être aménagé un musée consacré à l'époque mérovingienne. Vitrines d'objets découverts sur le site de Goudelancourt-les-Pierrepont (nécropole et habitat des VIe et VIIe siècles après J.-C.), reconstitutions, maquettes, mannequins, montages audiovisuels, etc. permettent de se familiariser avec divers aspects de la vie quotidienne au haut Moyen Âge. Le musée se poursuit en plein air où une ferme mérovingienne avec ses dépendances a été reconstituée.

Musée des Papillons............ Saint-Quentin G5

Espace Saint-Jacques, rue de la Sellerie
02100 - Saint-Quentin
Tél. : 03 23 06 93 93
Ouv. tlj sauf mardi de 14 h à 18 h

+8 ans

Ce musée contient une collection de papillons réunie par un riche amateur de la région et léguée à la ville de Saint-Quentin. Il s'agit principalement d'espèces tropicales aux couleurs extraordinaires qui, apprend-on, sont dues à des écailles dont les pigments sont très fragiles.

Maison de la Nature............. Saint-Quentin G5

Marais d'Isle, av. Léo-Lagrange
02100 - Saint-Quentin
Tél. : 03 23 05 06 50
Ouv. tlj sauf lundi de 10 h à 12 h et de 14 h à 17 h 30

+8 ans

La réserve naturelle des marais d'Isle est un véritable îlot de verdure. Les oiseaux venus du nord et de l'est de l'Europe s'y arrêtent nombreux. Tous les premiers dimanches du mois, la maison de la Nature organise des visites guidées gratuites autour de différents thèmes liés à la nature.

NORD

Base de loisirs des Prés du Hem........ Armentières F2

5, av. Marc-Sangnier
59280 - Armentières
Tél. : 03 20 44 04 60-Fax : 03 20 44 04 64
Ouv. tlj de 9 h 30 à 19 h
du 1er avril au 23 déc.
L'entrée donne droit à deux activités gratuites
Gratuit de sept. à déc. et en avril

pour tous

Une base de loisirs avec une baignade surveillée et un toboggan nautique ; la possibilité de faire du pédalo, de la voile, de la planche à voile, du mini-golf... ; un espace de jeux pour les petits.
On peut également faire une promenade en bateau, un tour en petit train, visiter la mini-ferme et se promener dans la réserve ornithologique.

Planétarium..... Cappelle-la-Grande E1

59180 - Cappelle-la-Grande
Tél. : 03 28 60 14 51
Fermé pour travaux

+8 ans

Comprendre les astres et analyser leurs mouvements, interpréter le système solaire ou apprendre à reconnaître les étoiles... Tels sont les enseignements que propose le Planétarium au cours d'un fabuleux voyage à travers le cosmos auquel sont conviés petits et grands.

Beffroi...................... Douai F3

59500 - Douai
Tél. : 03 27 88 26 79-Fax : 03 27 99 38 78
Ouv. tlj de 10 h à 17 h en juill. et août ; en semaine de 14 h à 17 h et dim. et jrs fér.
de 10 h à 17 h le reste de l'année

pour tous

Ce beffroi fut construit en 1380 par les échevins pour servir de tour de guet et d'abri aux cloches. Le carillon, fondu par les Allemands pendant la Première Guerre mondiale, fut totalement rénové en

1954. La fonderie Paccard (que l'on peut visiter à Annecy) a installé 47 nouvelles cloches et deux bourdons, la « Joyeuse » et la « Disnée ». Vingt-cinq cloches furent ajoutées par la suite, si bien que le carillon possède aujourd'hui 62 cloches et pèse 18 tonnes.
On peut aller voir les cloches de tout près et surtout les écouter tous les samedis à 10 h 45, les jours de fête à 11 h 30 et les lundis de juillet et août à 21 h.

Croisières sur canaux.... Douai F3

59500 - Douai
Tél. : 03 27 96 39 25
Circulent tlj de juin à sept.

pour tous

Découvrir la faune et la flore, déjeuner à bord, admirer les berges le long des canaux, telles sont les activités proposées par ces bateaux au départ de Douai.

Musée portuaire...... Dunkerque E1

9, quai de la Citadelle
59140 - Dunkerque
Tél. : 03 28 63 33 39
Ouv. tlj sauf mardi de 10 h à 18 h en juill. et août ;
tlj sauf mardi de 10 h à 12 h 45 et de 13 h à 18 h
Visite du phare : le sam. de 15 h à 19 h de fin juin à mi-sept. et le dim. de 10 h 30 à 12 h 30 et de 15 h à 19 h

+8 ans

Installé dans un ancien entrepôt de tabacs du XVIIIe s., le musée retrace l'histoire de Dunkerque, port de pêche, port de commerce puis port industriel.
On apprend en quoi consistait le travail du charpentier de marine, du pêcheur, du docker… et aussi du transitaire ou du corsaire. Au fil des salles, on retrouve bien sûr Jean Bart, l'enfant chéri des Dunkerquois.
Dans les bassins tout proches, deux bateaux-feux ainsi que l'ancien navire-école *La Barenne* sont à quai et se visitent.

Parc d'Estourmel...... Estourmel G4

59400 - Cambrai
Tél. : 03 27 78 62 61
Ouv. tlj dès 10 h de mai à sept. ;
merc. et dim. dès 14 h en avril et sept. ;
dim. dès 14 h en oct.
6 km S.-E. de Cambrai par la RN 43

Un petit parc animalier où l'on peut voir des moutons, des ânes, des émeus, des macaques, des zébus nains, des chameaux, des lamas, des kangourous, des petites chèvres, et un grand espace de jeux où les petits peuvent s'amuser.

Parc animalier....... Fort-Mardyck E1

Rue du Général-Leclerc
59430 - Saint-Pol-sur-Mer
Tél. : 03 28 27 26 24
Fermé pour travaux
Faubourg O. de Dunkerque

Un parcours de découverte dans un cadre de verdure proche de Dunkerque : les wallabies sautillent gentiment autour des enfants, les daims s'enfuient tranquillement, les flamants roses dorment à cloche-pied...
Des espaces de loisirs et de détente proposent des animations pour les enfants.
Le parc a de grands projets de réaménagement avec la création d'espaces évoquant les milieux d'origine des animaux.

Sportica................ Gravelines D1

59820 - Gravelines
Tél. : 03 28 65 35 00
Ouv. lundi de 14 h à 21 h
et dim. de 9 h à 20 h

Une piscine équipée d'un toboggan de 90 m, une piste de roller-skate, un bowling... De quoi bien s'amuser en week-end comme en vacances.

Centre historique minier........................ Lewarde G3

Fosse Delloye
59287 - Lewarde
Tél. : 03 27 95 82 82
Fax : 03 27 95 82 83
Ouv. tlj de 9 h à 17 h 30 (vend. jusqu'à 20 h en juill. et août) de mars à oct. ; du lundi au sam. de 13 h à 17 h et dim. et jrs fér. de 10 h à 17 h de nov. à fév. (16 h de nov. à mars)
La visite du circuit se fait en train, et selon un horaire précis indiqué à la billetterie
Durée de la visite : 2 heures
Entre Douai et Denain sur la RN 45

Au cœur du bassin minier, le centre de Lewarde a été aménagé sur le site de l'ancienne fosse Delloye, où, jusqu'en 1971, travaillèrent un millier de personnes pour extraire 1 000 tonnes de charbon par jour. Accompagné par d'anciens mineurs qui, tout au long de la visite, évoquent leur vie dans la mine, on embarque à bord d'un petit train ; puis, après une simulation de descente, on pénètre dans des galeries minières reconstituées. Là, une animation audiovisuelle permet de comprendre l'évolution des techniques de l'extraction du charbon.

Parc du Val Joly......... Liessies I4

59740 - Solre-le-Château
Tél. : 03 27 61 83 76-Fax : 03 27 61 83 09
Ouv. d'avril à oct. (horaires selon l'activité)
Prix en fonction des activités
11 km E. d'Avesnes par la RD 133

Petits et grands, toute la famille est la bienvenue au parc du Val Joly. Les activités sont à la carte : nager, naviguer, ramer, pédaler, le choix est vaste et l'ennui interdit.
Chaque activité se paie en tickets vendus à la maison du Parc.
Les enfants plus hauts que dix pommes iront s'initier ou se perfectionner au tir à l'arc.
Les golfeurs en herbe s'essaieront au parcours de 18 trous du minigolf.
Les navigateurs d'eau douce embarqueront sur les bateaux électriques ou encore feront une croisière sur le bateau-promenade.
Enfin, poissons, écrevisses, bouvières, moules... attendent une petite visite à l'aquarium (ouv. tlj d'oct. à mars).

Musée d'Histoire naturelle.......................... Lille G2

19, rue de Bruxelles
59000 - Lille
Tél. : 03 28 55 30 80
Ouv. tlj sauf mardi et sam. de 9 h à 12 h
et de 14 h à 17 h (le dim. de 10 h à 17 h)
Gratuit en semaine

+8 ans

Le musée d'Histoire naturelle de Lille propose un passionnant voyage dans le temps et à travers les continents : on apprend l'histoire régionale depuis les anciennes forêts houillères jusqu'à l'époque industrielle ; on découvre l'exotisme grâce aux insectes, oiseaux, mammifères et objets rapportés des autres continents...
À ne pas manquer : l'insectarium, avec des blattes, des mygales et des phasmes vivants ; les momies ; la scène de chasse au bison.
L'équipe du musée montre les techniques qu'elle emploie pour produire des œuvres destinées à être ensuite exposées. Les visiteurs peuvent ainsi découvrir la taxidermie (art de naturaliser les animaux), le modelage et le moulage. Ceux qui le désirent peuvent même s'exercer ! Les ateliers proposent des activités créatrices liées au thème de l'exposition temporaire du moment.

Parc zoologique............ Lille G2

Av. Mathias-Delobel
59000 - Lille
Tél. : 03 20 52 07 00-Fax : 03 20 57 38 08
Ouv. tlj en semaine de 9 h à 17 h 30 et les w.-e. de 9 h à 18 h 30 en juill. et août ; tlj en semaine de 10 h à 16 h 30 et w.-e. de 10 h à 17 h 30 le reste de l'année, sauf de mi-déc. à mi-fév.

pour tous

Pour la grande joie des petits Lillois et de leurs copains de passage : des animaux d'Afrique, d'Australie ou d'Amérique du Sud ont établi leurs quartiers en plein cœur de la ville.
Au sein d'un espace vert, des enclos ont été spécialement adaptés aux besoins de chaque espèce, et des panneaux pédagogiques régulièrement renouvelés apportent des informations précieuses sur les animaux.
Chaque année le zoo s'agrandit : de nombreuses naissances ont lieu, notamment au sein d'espèces qui sont ailleurs en voie de disparition, et de nouvelles espèces y sont introduites, avec entre autres, l'arrivée de rhinocéros, de zèbres et d'autruches.

Escapades fluviales....... Lille G2

59000 - Lille
Tél. : 03 21 39 15 15
Circulent tlj en juill. et août ;
dim. et jrs fér. d'avril à fin oct.

pour tous

Une visite du port de Lille et une promenade sur la Deule à la rencontre de l'histoire de la région et de son patrimoine industriel.

Parc animalier......... Maubeuge I4

Av. du Parc
59600 - Maubeuge
Tél. : 03 27 53 76 05
Ouv. tlj de 10 h à 19 h en juill. et août ; de 10 h à 18 h en mai et juin ; de 13 h 30 à 17 h 30 du 15 fév. à avril et de sept. à nov. ; fermé en déc., janv. et jusqu'au 15 fév.

pour tous

Derrière les remparts de Vauban, ours, éléphants, lions, tigres, mandrills, nandous, hippopotames… vivent en semi-liberté dans de vastes enclos. On rencontre aussi des cigognes, qui étaient paraît-il nombreuses autrefois dans le Nord et que le zoo cherche aujourd'hui à réacclimater.
À la ferme du zoo (03 27 64 57 33), les enfants approchent des animaux domestiques et peuvent se procurer un goûter.

Atelier-musée du Verre........................ Trélon I4

59132 - Trélon
Tél. : 03 27 60 66 11
Ouv. en semaine de 14 h à 18 h et les w.-e. et jrs fér. de 14 h 30 à 18 h 30 d'avril à oct.
16 km S.-E. d'Avesnes par la RD 951

+8 ans

La halle aux fours de Trélon est impressionnante par ses dimensions et l'atmosphère qui s'en dégage.
Les verriers ont été longtemps spécialisés dans la fabrication des bouteilles de champagne. Aujourd'hui, la production s'est surtout orientée vers le flaconnage de parfum.
On apprend l'histoire et les techniques de fabrication du verre, et la visite se termine par une démonstration de soufflage de verre à la bouche.

Musée d'Art moderne.............. Villeneuve-d'Ascq G2

1, allée du Musée
59650 - Villeneuve-d'Ascq
Tél. : 03 20 19 68 68-Fax : 03 20 19 68 99
Ouv. tlj sauf mardi de 10 h à 18 h
Faubourg E. de Lille

+8 ans

Le musée d'Art moderne de Villeneuve-d'Ascq, d'architecture très moderne, abrite la donation Masurel, une collection de chefs-d'œuvre des plus grands artistes d'avant-garde du début du siècle (Picasso, Braque, Miró, Modigliani...).
Si les jeunes visiteurs ont envie de s'initier à l'art contemporain sans s'ennuyer, il leur faut aller d'urgence dans ce musée, qui organise des visites-découvertes des collections permanentes et des expositions. Dans l'espace repos, ils disposent de livres-jeux et de fiches de lecture passionnantes.
Les ateliers du mercredi (de 14 h à 17 h) proposent aux enfants de 5 à 12 ans une approche créative des arts plastiques reposant sur un contact direct avec les œuvres. L'atelier s'achève par un goûter offert par le musée.

Dans le Nord, les bêtises de Cambrai sont aussi célèbres que les clairs de lune de Maubeuge. Suivons le conseil de la grand-mère Afchain dont le portrait orne les boîtes de bêtises : « Non ! mais goûtez-moi ça ! » dit-elle depuis plus de 140 ans. Ce qui prouve que déjà à l'époque, elle n'en voulait plus à son sacripant de fils qui avait un jour raté le mélange de sucre d'orge nécessaire à la fabrication des friandises commandées. Pour masquer son erreur, il avait ajouté un peu de menthe. À cette époque-là on n'aimait pas jeter et les parents du jeune coupable décidèrent de mettre en vente malgré tout les bonbons ratés : quelle ne fut pas leur surprise de constater que jamais une friandise ne s'était aussi bien vendue ! Tout naturellement les bonbons gardèrent le nom de bêtises.

OISE

Vol en Aérophile....... Chantilly E7

Esplanade du Château
60600 - Chantilly
Tél. : 03 44 57 35 35-Fax : 03 44 57 29 62
Ouv. tlj de 10 h à 18 h de Pâques à la Toussaint
L'entrée comprend la visite du parc

+8 ans

Voici une occasion incroyable de voir de haut le château et le parc de Chantilly. Un grand ballon captif relié au sol par un solide câble en acier et gonflé à l'hélium monte silencieusement 25 personnes à 150 m d'altitude.

Musée vivant du Cheval.................... Chantilly E7

Grandes Écuries
60600 - Chantilly
Tél. : 03 44 57 13 13-Fax : 03 44 57 29 92
Ouv. tlj sauf mardi de 10 h 30 à 17 h 30 en semaine et de 10 h 30 à 18 h les sam., dim. et jrs fér. du 1er avril au 31 oct. (mardi compris en mai et juin, mardi a.-m. en juill. et août) ; de 14 h à 17 h en semaine et de 10 h 30 à 17 h 30 les sam., dim. et jrs fér. du 1er nov. au 31 mars
Présentation équestre à 11 h 30, 15 h 30 et 17 h 15 les mois d'été et à 15 h 30 en hiver
L'entrée du musée comprend la présentation équestre
Le prix d'entrée des spectacles se règle indépendamment de la visite du musée

+8 ans

Nous devons ces magnifiques écuries à Louis-Henri de Bourbon, septième prince de Condé, qui, d'après la légende, croyait en la métempsycose et pensait se réincarner en cheval après sa mort ; il fit donc construire, en 1719, des écuries à la gloire du cheval. Ces grandes écuries abritaient les 240 chevaux du prince et ses meutes. Elles servaient aussi de cadre à de somptueuses fêtes.
Depuis 1982, grâce à l'écuyer-professeur Yves Bienaimé et à sa famille, un musée y a été installé – tous les amoureux du cheval ne pourront qu'être en admiration devant l'exceptionnel contenu des 31 salles si joliment aménagées – et des présentations équestres et des spectacles sont montés tout au long de l'année.

La présentation équestre

Il ne s'agit pas à proprement parler d'un spectacle, mais d'une présentation pédagogique : l'écuyer fait exécuter des airs à son cheval en les commentant à l'intention des visiteurs, expliquant ainsi en termes clairs les moyens dont dispose le cavalier pour se faire comprendre et obéir de son cheval.

Le spectacle équestre

Ouv. le 1er dim. de chaque mois de fév. à nov. à 15 h 15 en fév., mars et nov. et à 15 h 15 et 16 h 45 d'avril à oct.

Pendant plus d'une heure, sous le dôme (ou dans le jardin à la française si le temps le permet), les spectateurs admirent une quinzaine de numéros équestres, certains célèbres, comme la magnifique « Statue de la Renommée », « Le cheval et la danse », « Le dîner du cheval chez Maxim's », la « Corrida » ou « La dame à la licorne », et d'autres récemment créés.

Noël, le cheval et l'enfant

Ouv. tlj à 14 h 30 et 16 h vac. de Noël

Pendant les vacances de Noël, les enfants sont accueillis sous le dôme par le Père Noël et son baudet. Après une distribution de friandises, les jeunes spectateurs (et leurs parents) applaudissent les figures des chevaux, qui, en liberté ou montés, viennent s'agenouiller, s'asseoir, se cabrer ou se coucher sur l'ordre de clowns, d'arlequins et de héros de contes traditionnels.

Musée de la Figurine historique.................... Compiègne F7

28, place de l'Hôtel-de-Ville
60200 - Compiègne
Tél. : 03 44 40 72 55
Ouv. tlj sauf lundi et dim. matin, 1er janv., 1er mai, 14 juill., 1er nov. et 25 déc., de 9 h à 12 h et de 14 h à 17 h de nov. à fév. inclus ; de 9 h à 12 h et de 14 h à 18 h de mars à sept.
Gratuit le merc. pour tous et tlj pour les – de 18 ans

+8 ans

Des reconstitutions de batailles, des revues militaires, des scènes de la vie d'autrefois, des événements historiques représentés par des figurines en étain, en plomb, en bois et en matière plastique.
Au centre de la salle, la maquette sonorisée de la bataille de Waterloo retient toute l'attention des enfants.

Musée national de la Voiture et du Tourisme............ Compiègne F7

60200 - Compiègne
Tél. : 03 44 38 47 02
Ouv. tlj sauf mardi de 9 h 15 à 18 h 15 du 1er avr. au 30 sept. et de 9 h 15 à 16 h 30 du 1er oct. au 31 mars
Gratuit pour les – de 18 ans

+8 ans

Une bonne occasion de prendre un cours d'histoire de la locomotion routière, depuis les origines de l'attelage jusqu'aux débuts de l'aventure automobile.
On remarquera particulièrement le char à bancs du roi Louis-Philippe, la berline de Napoléon III, la Jamais-Contente, première voiture à avoir dépassé les 100 km/h en 1899, un omnibus du début du siècle, l'autochenille Citroën de la Croisière noire, la voiture d'un dentiste ambulant... et les drôles d'ancêtres de la bicyclette (un grand bi, un tandem à deux guidons et des vélos pliants utilisés au cours de la Première Guerre mondiale).

Mer de sable........ Ermenonville F8

60950 - Ermenonville
Tél. : 03 44 54 00 96 et 08 36 68 26 20
Fax : 03 44 54 01 75
Minitel : 3615 MER DE SABLE
Ouv. du 6 avril au 29 sept. : tlj en juin, juill. et août et de 10 h 30 à 18 h 30 env. suiv. les jrs et les mois

pour tous

La mer de sable, l'ancêtre des parcs d'attractions de la région parisienne, a su innover tout en restant un parc familial sympathique.
Son site exceptionnel vaut déjà le déplacement : il s'agit d'un désert de sable de 20 ha avec des dunes comme au Sahara ! Les enfants vont partager leur temps entre les attractions et les spectacles.
Les attractions sont suffisamment variées pour plaire à chacun : circuit de petites voitures, motos des sables, roue panoramique, toboggans géants, labyrinthe chinois, carrousel vénitien, pirogues du Tchad, rivière sauvage, piste de poneys, monde féerique des marionnettes Chikapas...
Les spectacles, à dominance western, sont très bien montés et renouvelés chaque année : aventure devant le ranch, attaque du train par les Indiens sur la mer de sable, show équestre avec des numéros de dressage et de voltige très spectaculaires, des tours de magie et des numéros de clowns...

Une nouvelle attraction vient d'être inaugurée : il s'agit de la Cheyenne River, une promenade en bateau au milieu de rondins de bois, avec une descente en chute libre d'une hauteur de 18 m aboutissant au creux d'un bassin dans un panache de gerbes d'eau.

Les chocolats de Lachelle.................... Lachelle F6

41, rue de Monelieu
60190 - Estrées-St-Denis
Tél. : 03 44 42 31 38-Fax : 03 44 42 31 37
Ouv. du lundi au sam. de 9 h à 12 h 30
et de 14 h à 19 h ; visite lundi à 17 h
10 km N.-O. de Compiègne par la RD 80

+8 ans

Installés dans une ferme centenaire, les chocolatiers initient les gourmands à la fabrication du chocolat, au moulage et à l'enrobage. Dégustation de chocolats jusqu'à devenir croqueur émérite.

Cité des Bateliers.. Longueil-Annel F6

60150 - Longueil-Annel
Tél. : 03 44 96 05 55
Ouv. tlj sauf lundi de 10 h à 19 h du 15 mars au 14 oct. ; de 10 h à 18 h du 15 oct. au 14 mars ; fermé en janv.
6 km N.-E. de Compiègne par la RN 32

+8 ans

Un parcours scénographique animé : les quais de cette petite ville le long de l'Oise mettent en scène la vie des mariniers. Des kiosques illustrés et sonorisés racontent le passage de l'écluse, le chemin de halage, le café des mariniers, les jours de fête, le chantier naval... L'écluse se met en mouvement, une péniche restaurée est à quai, des bornes explicatives ponctuent la promenade, un film raconte l'histoire des bateliers.
Une visite vivante et intéressante pour tous.

Château................ Pierrefonds F7

60350 - Pierrefonds
Tél. : 03 44 42 72 72-Fax : 03 44 42 36 59
Ouv. tlj, sauf 1er janv. 1er mai, 1er et 11 nov. et 25 déc., de 10 h à 12 h 30 et de 14 h à 18 h (10 h à 18 h le dim.) en mars, avril, sept. et oct. ; de 10 h à 18 h en mai, juin, juill. et août (19 h dim. et jrs fér.) ; de 10 h à 12 h 30 et de 14 h à 17 h (10 h à 17 h 30 le dim.) de nov. à fév.

+8 ans

Le château de Louis d'Orléans, démantelé par Louis XIII, fut restauré au cours du second Empire suivant les conseils de l'écrivain Prosper Mérimée, alors inspecteur en chef des Monuments historiques. Napoléon III confia les travaux à Viollet-le-Duc, que l'impératrice surnommait « ma bonne Violette ». L'empereur souhaitait transformer les ruines de la forteresse en une folie médiévale dont il ferait sa demeure. Le château est aujourd'hui très spectaculaire, avec ses huit tours portant chacune le nom d'un héros de l'histoire : Hector, Alexandre, Charlemagne, Jules César, Godefroi de Bouillon..., sa triple rangée de mâchicoulis, son donjon, ses douves franchies par un double pont-levis...
Inutile de dire que les enfants seront ravis de découvrir un vrai château fort et la visite des appartements du couple impérial est suffisamment spectaculaire pour ne pas les ennuyer non plus.
Le château est animé l'été avec le festival de Pierrefonds.

Petit train touristique................. Pierrefonds F7

60350 - Pierrefonds
Tél. : 03 44 42 08 79
Circule tlj du 15 juin au 15 sept. et w.-e. du 15 mars au 15 nov.

pour tous

Un petit train touristique parcourt 4 km, longeant le lac dominé par la puissante silhouette du château de conte de fées, passant par le parc Rainette, où les bambins pourront faire du manège et les plus grands du mini-golf, avant d'arriver au château.

Parc Astérix................ Plailly E8

60128 - Plailly
Tél. : 03 36 68 30 10
Minitel : 36 15 ASTÉRIX
Ouv. d'avril à fin oct. : tlj jusqu'en sept., puis merc. et w.-e. jusqu'à fin oct. de 10 h à 19 h ou de 9 h 30 à 20 h selon la période
38 km N. de Paris par l'A 1

pour tous

Au cœur de la forêt d'Ermenonville, rendez-vous est pris avec les irréductibles Gaulois, et ils sont tous là : Astérix, Obélix, Falbala, Bonemine… et même Assurancetourix le barde !
Que de choses à faire dans ce pays merveilleux : s'envoler sur un tapis volant, descendre le Styx, embarquer pour le Grand Splatch, se retrouver sept fois la tête en bas sur le plus grand huit d'Europe, monter à bord de menhirs flottants et volants, visiter le Village gaulois, virevolter sur les chevaux du roi, assister au merveilleux spectacle des dauphins, applaudir les stars de l'Empire, etc.
Chacun trouvera son bonheur, les grands en quête de sensations fortes mais les petits aussi, qui pourront se défouler au camp de Petibonum ou participer au carnaval des petits Gaulois et défiler fièrement dans le parc au côté de leurs héros.
Tout le monde ira admirer les troubadours et regarder les artisans du vieux Paris exercer leurs talents : tailleurs de pierre, sculpteurs sur bois, verriers, ferronniers ; et avec un peu de chance on apercevra d'Artagnan se battant sur les toits pour les beaux yeux de Mme Bonacieux.
Une nouvelle salle de spectacle propose le « casse du siècle », l'incroyable tentative du vol de *La Joconde* sur les quais du Havre. Sur une scène de plus de 1 500 m^2, un paquebot est à quai, un train entre en gare, voitures et motos se succèdent dans une folle poursuite, une des motos prend feu tandis que le navire fait naufrage. Fort heureusement, un héros inattendu interviendra à temps pour sauver l'inestimable trésor.
Après toutes ces émotions et aventures que procurent les 22 attractions, petits et grands apprécieront la pause au « Fastfoodus » antique (Les Fastes de Rome) ou au « Selfservix » (Le Relais Gaulois) ou encore au « Cirque » pour déguster le célèbre pâté de sanglier… Plus de 40 haltes gourmandes seront là pour satisfaire petites et grandes faims.

Musée Vincent..... Sacy-le-Grand E7

270, rue du Sergent-Grévin
60700 - Sacy-le-Grand
Tél. : 03 44 29 94 88
A 1 sortie Senlis et RN 17

+8 ans

Ce musée abrite sur une surface de 1 000 m² une collection de colliers de chevaux de trait, une quarantaine de voitures hippomobiles – telles celles du boulanger, du boucher, de l'épicier –, ainsi que du matériel agricole.
Des promenades en calèches attelées à des chevaux de trait peuvent être organisées.

Parc Saint-Paul....... Saint-Paul D6

60650 - Lachapelle-aux-Pots
Tél. : 03 44 82 20 16
Ouv. tlj de 10 h à 19 h en juill. et août ; de 10 h 30 à 18 h 30 en semaine et de 10 h à 19 h w.-e. en avril, mai, juin et sept. ; merc., w.-e. et jrs fér. jusqu'à mi-oct.
10 km O. de Beauvais par la RN 31

pour tous

Un parc d'attractions traditionnel et familial avec petit train, manèges, grande roue, grand toboggan, pont des singes, tacots 1900, château hanté, etc.
Sur le plan d'eau, parents et enfants feront du pédalo et les plus sportifs du vélo aquatique.

Attelage prestige......... Senlis E7

60300 - Senlis
Tél. : 03 44 53 10 26 et 03 44 53 06 40
Fax : 03 44 53 03 06
Circule d'avril à sept.
Rendez-vous devant la cathédrale - Durée : 40 minutes

pour tous

Rien de tel qu'une promenade en calèche pour s'imprégner du charme de la ville de Senlis. Grâce à la voix de Jean-Claude Brialy, on apprend l'histoire de la cité royale et quelques anecdotes.

PAS-DE-CALAIS

Musée de la Seconde Guerre mondiale......... Ambleteuse C2

2, rue Garennes
62164 - Ambleteuse
Tél. : 03 21 87 33 01-Fax : 03 21 87 35 01
Ouv. tlj de 9 h 30 à 19 h du 1er avril au 31 oct.
Entre le cap Gris-Nez et Boulogne-sur-Mer
Gratuit pour les – de 7 ans

+12 ans

Dans un espace moderne, toute l'histoire de la Seconde Guerre mondiale, depuis la campagne de Pologne, en 1939, jusqu'à la capitulation du Japon, en 1945, est racontée et illustrée par des mannequins mis en situation, les uniformes des différentes armées, des armes et divers souvenirs.
Un questionnaire pédagogique est remis aux enfants sous forme de jeu de piste.

Les Dessous............... Arras F4

62000 - Arras
Tél. : 03 21 51 26 95 (OT)-Fax : 03 21 71 07 34
Ouv. tlj de 9 h à 18 h 30 (dim. et jrs fér. de 10 h à 12 h 30 et de 14 h 30 à 18 h 30) de mai à sept. ; de 9 h à 12 h et de 14 h à 18 h d'oct. à avril
Départ de l'hôtel de ville
L'entrée comprend la visite des boves, du beffroi et le film

+8 ans

Un voyage insolite à l'intérieur de l'immense réseau de souterrains, ou boves, que recèle le sous-sol de la région d'Arras.
Constitués petit à petit par les hommes depuis plus de 1 000 ans, ils permettent de découvrir l'histoire d'une ville et de ses habitants d'une façon originale et amusante.
On peut ensuite monter en ascenseur au sommet du beffroi et assister au spectacle audiovisuel sur trois écrans qui retrace l'histoire d'Arras.

Agora.................. Berck-sur-Mer C3

Esplanade Parmentier
62600 - Berck-sur-Mer
Tél. : 03 21 89 87 00-Fax : 03 21 89 87 13
Les horaires et les prix varient selon les mois et les activités, se rens. par tél.

pour tous

Ce grand centre de loisirs propose un éventail d'activités : une piscine, un bassin à vagues, un toboggan, un jardin aquatique pour les enfants de 2 à 4 ans, un terrain d'aventures pour ceux de 2 à 10 ans (bassin à balles, toboggans...), un bowling...
Les enfants ont aussi la chance de pouvoir s'initier au char à voile, au speed-sail, une sorte de planche à voile à roulettes (dès 9 ans), de prendre des cours de pilotage de cerf-volant (dès 7 ans), ou encore de participer à un atelier pour construire son propre cerf-volant (dès 6 ans).

Nausicaa......... Boulogne-sur-Mer C2

Bd Sainte-Beuve
62200 - Boulogne-sur-Mer
Tél. : 03 21 30 98 98
et 03 21 30 99 99
Fax : 03 21 30 93 94
Ouv. tlj de 9 h 30 à 20 h en juill. et août ;
de 9 h 30 à 18 h le reste de l'année, sauf janv.

pour tous

Difficile de décrire un lieu aussi extraordinaire, où il faut aller de toute urgence.
Nausicaa est bien plus qu'un extraordinaire aquarium, c'est le monde de la mer à la portée de tous.
Des effets d'optique, des aquariums-bulles, un éclairage très étudié, une ambiance sonore créent l'illusion de pénétrer pour de vrai dans les fonds sous-marins.
La tête au milieu de l'eau (dans une sphère de verre) on regarde les requins ; plus loin, on monte sur le pont d'un chalutier reconstitué grandeur nature ; là on peut caresser les raies, ailleurs on fait la connaissance des lions de mer tels qu'ils se prélassent dans leur réserve naturelle californienne, etc.
La mer devient limpide grâce aux explications, aux jeux et aux films.
Prévoir du temps afin de bien profiter de cet exceptionnel voyage au centre de la mer.
Trois nouveaux espaces à thème (océans, tourisme et environnement) renforcent le caractère pédagogique de Nausicaa.

Musée de la Seconde Guerre mondiale.............. Calais D1

Parc Saint-Pierre
62100 - Calais
Tél. : 03 21 34 21 57-Fax : 03 21 96 01 92
Ouv. tlj sauf mardi de 10 h à 18 h du 1er avril au 30 sept. ; tlj sauf mardi de 11 h à 17 h en fév., mars, oct. et nov.

+12 ans

Un musée a été aménagé dans l'ancien poste de commandement de la marine de guerre pour le port de Calais et centre de transmission pour le nord-ouest de la France. Il retrace, à l'aide d'objets, d'uniformes, d'armes, de mannequins en costume…, l'histoire de la ville et de la région de septembre 1939 à la libération de la ville, en septembre 1944.

Maison du Papier.... Esquerdes D2

Rue Bernard-Chochoy
62380 - Lumbres
Tél. : 03 21 95 45 25-Fax : 03 21 95 45 26
Ouv. du lundi au vend. de 9 h à 12 h 30 et de 14 h à 18 h 30 et dim. de 14 h à 18 h 30 de mi-fév. à mi-nov.
10 km S.-O. de St-Omer

+12 ans

La maison du Papier explique la fabrication artisanale du papier ; elle propose des ateliers adaptés aux âges des enfants participants : Papinette est conçu pour les petits (visite de l'atelier, création d'instruments de musique, réalisation d'un orchestre en papier, etc.), le Voyage au royaume de la Fée Recycle-Tout pour les 4-10 ans, enfin les Prouesses du papier : propriétés à travers des expériences concrètes à réaliser (pour les 8-11 ans).

La Coupole................ Helfaut E2

62500 - Saint-Omer
Tél. : 03 21 12 27 27-Fax : 03 21 39 21 45
Ouv. tlj de 9 h à 19 h
Fermé les 2 premières sem. de janv.
5 km S.-O. de St-Omer

+12 ans

Ce centre de l'histoire de la guerre et des fusées a été aménagé dans l'impressionnante base souterraine de fusées V2 construite par les nazis en 1943 et 1944. Coiffés d'un casque à infrarouges, les visiteurs

effectuent un parcours dans le temps : des armes secrètes d'Hitler aux premiers pas de l'homme sur la Lune.
Des documents audiovisuels racontent l'histoire de l'occupation du nord de la France.

Maison du Marbre.. Hydrequent C2

71 *bis*, rue Henri-Barbusse - Hydrequent
62720 - Rinxent
Tél. : 03 21 83 19 10-Fax : 03 21 32 03 80
Ouv. tlj de 10 h à 12 h 30 et de 14 h à 18 h 30 en juill. et août ; en semaine de 9 h à 12 h 30 et de 13 h 30 à 18 h de mi-fév. à mi-nov. ; w.-e. de 14 h à 18 h 30 d'avril à oct. ; fermé de mi-nov. à mi-fév.
E. de Marquise entre Calais et Boulogne-sur-Mer

La grande aventure des fossiles expliquée aux enfants : le Géorium, un chantier de fouilles miniature et un parcours muséographique retraçant les moments forts de l'histoire géologique du Boulonnais. On y découvre également un pliosaure, reptile marin de grande taille. Des ateliers de moulage de fossiles sont organisés pour les enfants.

Parc de Bagatelle.... Merlimont C3

62155 - Merlimont
Tél. : 03 21 89 09 91
Fax : 03 21 84 43 64
Ouv. tlj de 10 h à 19 h d'avril à fin sept.
Gratuit pour les enfants mesurant moins de 1 m
Entre Le Touquet et Berck-sur-Mer

Pour tous les goûts, pour tous les âges, 43 attractions attendent tous ceux qui ont envie de s'amuser.
Les amateurs de sensations fortes se précipiteront sur le River Splatch, le Rapid O'Bag (le plus haut toboggan raft d'Europe), la Dawson Mine (une mine d'or engloutie où les wagonnets font le grand huit pour finir leur course dans le lac) ou encore le Jet Star.
Les plus timorés se contenteront de la grande roue panoramique et des carrousels.
Quant aux petits, ils feront du manège et des tours de petits cochons.
Il ne faut pas oublier pour autant le Fort Aventure et ses attractions, ni l'Ile de la Tortue, le repaire des flibustiers.
Enfin, parents et enfants plongeront au cœur des grands canyons grâce au Ciné Dynamik, puis iront dire un petit bonjour à quelques-uns des 300 animaux du zoo.

Loisinord.... Nœux-les-Mines F3

62290 - Nœux-les-Mines
Tél. : 03 21 26 89 89 (base nautique) et 03 21 26 84 84 (station de ski)
Ouvert tte l'année (station de ski), en saison (activités nautiques) de 10 h à 18 h 30 en semaine et 10 h à 20 h le w.-e.
Accès gratuit, activités payantes

pour tous

Qui n'a pas rêvé de pratiquer dans la même journée ski alpin, ski nautique, kayak, planche à voile, mini-golf, baignade… ! Ce rêve se réalise à 30 minutes de Lille, où une piste skiable hiver comme été (véritable neige ou surface synthétique) attend sportifs ou débutants tandis qu'une base nautique offre une grande variété de sports. Un téléski nautique permet de s'initier au ski nautique.

Aqualud................ Le Touquet C3

Bd de la Mer
62520 - Le Touquet
Tél. : 03 21 05 63 59-Fax : 03 21 05 62 10
Ouv. tlj de 10 h à 19 h en juill. et août (nocturne vend. et sam. de 20 h à minuit) ;
tlj sauf lundi et mardi de 10 h à 18 h du 15 avril au 15 sept.

pour tous

Sous une pyramide de verre, dans une atmosphère à 27 °C quelle que soit la température extérieure, un bassin à vagues, une rivière à surprises, des toboggans, un pont de lianes suspendu… sont là pour distraire les grands ; les petits ne sont pas oubliés pour autant, ils ont un lagon aménagé exprès pour eux.

Bal Parc..... Tournehem-sur-la-Hem D2

207, rue du Vieux-Château
62890 - Tournehem-sur-la-Hem
Tél. : 03 21 35 61 00
Fax : 03 21 36 74 90

-8 ans

Un sympathique petit parc d'attractions avec une mini-ferme, des promenades en calèche, une variété de jeux et de manèges, des vélos excentriques et des bateaux électriques.

SOMME

Spectacle son et lumière.......... Ailly-sur-Noye E5

2, rue Sadi-Carnot
80250 - Ailly-sur-Noye
Tél. : 03 22 41 06 90-Fax : 03 22 41 13 33
Ouv. vend. et sam. à 21 h 30 de mi-août à mi-sept.
18 km S. d'Amiens par la RD 7

+8 ans

Réalisé devant le plan d'eau d'Ailly-sur-Noye, le spectacle réunit 1 800 personnages en costumes, 25 cavaliers, et, à l'aide d'effets pyrotechniques, conte une tranche de l'histoire des habitants de la Picardie.

Les Hortillonnages...... Amiens E5

54, bd de Beauvillé
80000 - Amiens
Tél. : 03 22 92 12 18-Fax : 03 22 80 92 12
Ouv. tlj de 14 h à 18 h d'avril à fin oct.

pour tous

Les hortillonnages sont des jardins flottants encerclés et irrigués par la Somme et l'Avre, séparés les uns des autres par des petits canaux appelés rieux. Les rieux sont navigables en barque à fond plat ou bateau à cornet, dont l'extrémité relevée permet d'accoster sans détériorer les berges fragiles.

Parc zoologique......... Amiens E5

80000 - Amiens
Tél. : 03 22 69 61 00-Fax : 03 22 69 61 09

pour tous

Ce nouveau parc zoologique invite à la rencontre de la faune sauvage dans un bel espace paysager. Lieu de promenade et de découverte, il permet au fil de l'eau de mieux comprendre le monde des animaux. Impliqué dans les problèmes des espèces en voie de disparition, le parc présente des animaux nés dans les zoos européens.

Les Marionnettes........ Amiens E5

Théâtre « Chés Cabotans »
31, rue Édouard-David
80000 - Amiens
Tél. : 03 22 22 30 90-Fax : 03 22 22 30 94
Spectacle et exposition : dim. à 15 h tte l'année sauf jrs fér., sept., et entre Noël et le 1er janv.

+8 ans

Il existe une tradition bicentenaire toujours bien vivante à Amiens : celle des marionnettes à tringle et à fils, les « Chés Cabotans ». Leurs héros sont Lafleur, un joyeux drille moqueur, sa femme Sandrine et un fidèle complice, Thot Blaise ; avec d'autres personnages savoureux, ils se moquent de notre société contemporaine.

La Maison de l'Oiseau............ Cayeux-sur-Mer C4

Carrefour du Hourdel
80410 - Cayeux-sur-Mer
Tél. : 03 22 26 93 93-Fax : 03 22 26 59 44
Ouv. tlj de 10 h à 19 h en juill. et août ;
de 10 h à 18 h du 1er mars au 30 juin et de sept. au 11 nov.
Entre St-Valéry-sur-Somme et Cayeux-sur-Mer

pour tous

Une maison construite en l'honneur des oiseaux.
Ceux de la côte picarde sont mis en scène dans de jolis paysages de marais, de dunes et de falaises. L'atmosphère est si réaliste qu'on redoute qu'ils ne s'envolent !
À l'extérieur, une hutte, exactement comme celles que l'on trouve dans les marais de la Somme, a été construite sur la mare pour que les jeunes ornithologues puissent observer les canards migrateurs.
Nouveauté : une présentation de rapaces en vol libre. Aigles et vautours tournoient autour des têtes des spectateurs et parfois se posent sur une épaule. Une visite des volières en compagnie des fauconniers permet d'en apprendre plus sur ces oiseaux. (Trois spectacles d'avril à fin août, et à 11 h 30 en sept. et oct.)

Domaine de Samara...... La Chaussée-Tirancourt D5

80310 - La Chaussée-Tirancourt
Tél. : 03 22 51 82 83-Fax : 03 22 51 92 12
Ouv. tlj de 9 h 30 à 18 h 30 de mars à nov.
A 16 sortie Amiens nord, puis dir. Abbeville

+8 ans

Samara est un lieu surprenant. Certains l'appellent parc du temps, les organisateurs le décrivent comme « l'information scientifique à la portée de tous... ».
On trouve en fait beaucoup de choses différentes dispersées dans ce vaste parc. On y voit les premiers habitats préhistoriques, devant lesquels ont lieu des démonstrations de taille du silex, de poterie, de tissage... ; on longe un oppidum, ou plus exactement un vaste champ qui fut du temps de César un site fortifié ; on visite un musée d'initiation aux sciences de l'homme et de la nature qui évoque la vie quotidienne des hommes du passé et les écosystèmes de demain ; on parcourt un arboretum et un jardin botanique ; on passe à proximité d'une hutte de chasse aux canards...
Nouveautés : un ballon captif emporte pour un voyage dans les airs les visiteurs, qui à 150 m d'altitude peuvent contempler la vallée de la Somme. (Les vols dépendent des conditions météo.)
Une exposition permanente présente un siècle d'archéologie dans la Somme et met en valeur les méthodes qui ont permis aux archéologues de reconstituer 600 000 ans de préhistoire dans la région : sérieux mais passionnant.

Chemin de fer de la baie de Somme.... Le Crotoy C4

80550 - Le Crotoy
Tél. : 03 22 26 96 96-Fax : 03 22 95 66
Circule d'avril à fin sept. (horaires et prix en fonction du jour, du mois et du trajet)

pour tous

Du Crotoy à Cayeux-sur-Mer en passant par Saint-Valery-sur-Somme, le petit train longe la baie de Somme, qui à certaines heures de la journée ressemble à une vaste prairie où paissent les moutons de pré salé. Les plus attentifs pourront apercevoir l'envol d'un héron cendré, d'un cygne sauvage ou d'une aigrette garzette.
Aux abords de Noyelles-sur-Mer, on découvre les huttes de chasse et des mares sur lesquelles les blettes ou faux canards nagent tranquillement.

Aquaclub.............. Fort-Mahon C3

Promenade de Marquenterre
80790 - Fort-Mahon-Plage
Tél. : 03 22 23 73 00-Fax : 03 22 23 73 01
Ouv. tlj de 11 h à 19 h de juill. à mi-sept. ;
tlj de 14 h à 18 h et le dim. de 11 h à 17 h de mi-sept. à fin sept.

pour tous

Un bassin où les vagues se déclenchent à intervalles réguliers, des toboggans géants, un pentaglisse, des geysers et des parapluies d'eau, une rivière qui sort en plein air avec une eau à la température constante de 29 °C...
L'occasion de se baigner et de s'amuser dans l'eau par n'importe quel temps.

Grottes de Naours...... Naours E4

80260 - Villers-Bocage
Tél. : 03 22 93 71 78-Fax : 03 22 93 44 77
Ouv. tlj de 9 h à 12 h et de 13 h 30 à 18 h
de fév. à nov.
17 km N. d'Amiens

+12 ans

Plusieurs kilomètres de souterrains ont été creusés dans le plateau picard pour former des refuges ou *muches* (cachettes) capables de recevoir jusqu'à 3 000 personnes. Des villages entiers, hommes et bétail, pouvaient s'y réfugier. On y découvre des chambres, des places publiques, des carrefours, des étables, des puits... et même une chapelle.
Ce lieu un peu mystérieux fut utilisé comme cachette pendant les guerres de Religion puis pendant celle de Trente Ans, et enfin comme quartier général des forces allemandes pendant la Seconde Guerre mondiale.
À la sortie des grottes, on peut visiter une exposition consacrée aux métiers d'autrefois reconstitués dans leur environnement et deux moulins qui dressent leurs ailes au vent.
Un mini-golf et des jeux distrairont les enfants après cette visite un peu sérieuse.
La visite du parc et des moulins peut se faire en petit train.

P'tit Train de la haute Somme.. La Neuville-lès-Bray F5

80340 - Bray-sur-Somme
Tél. : 03 22 44 55 40-Fax : 03 22 44 04 99
Circule dim. et jrs fér. de mai à fin sept.
9 km S.-O. d'Albert

pour tous

Le petit train embarque des passagers à Froissy (La Neuville), au sud de Bray-sur-Somme, et les emmène à travers bois le long des berges de la Somme ; il grimpe la colline dominant le plateau du Santerre, offrant aux passagers de belles vues panoramiques.

Parc ornithologique de Marquenterre Saint-Quentin-en-Tourmont C3

80120 - Saint-Quentin-en-Tourmont
Tél. : 03 22 25 03 06
Fax : 03 22 25 08 79
Ouv. tlj de 9 h 30 à 19 h de mars à sept. ; les w.-e. et jrs fér. et vac. scol. de 10 h 30 à 17 h
Gratuit pour les – de 6 ans
N. du Crotoy

+8 ans

Dans un paysage de marais, de landes et de dunes, la réserve offre deux promenades aussi merveilleuses l'une que l'autre et conçues de telle manière que les marcheurs puissent observer les oiseaux sans les déranger. Il existe un parcours pédagogique de 1,5 km offrant une première rencontre avec les espèces qui nichent dans le parc. Des tableaux explicatifs placés le long du sentier permettent d'identifier les oiseaux. A-t-on devant les yeux une oie cendrée, une bernache, une cigogne blanche, un huîtrier pie, un chevalier gambette, un balbuzard pêcheur ? Les dessins très clairs donnent la réponse à cette question.
L'autre parcours, dit d'observation, conduit au cœur de l'univers des oiseaux. Des postes d'observation bien placés servent de cachette pour attendre la venue d'une très rare avocette, pour regarder les tadornes disputer leurs terriers aux lapins de garenne, pour sourire devant le ballet des petits échassiers qui fuient les vagues de la marée montante…
Un endroit magique où il faut vraiment prévoir de passer un long moment.
L'itinéraire le plus court ne pose pas de problème pour les petites jambes. Location de jumelles possible.

A
B
C
D
E
1
2
3
4
5
6
7
8
Cherbourg
Équeurdreville-H.
Tourlaville
Octeville
Flottemanville-Hague
Montaigu-la-Brisette
Valognes
Carentan
Arromanches
Courseulles s.-Mer
Luc-s.-Mer
Bayeux
Ouistreham
Dives
Bénouville
Caen
Hérouville-St-Clair
Ifs
Bretteville-s.-Odon
Balleroy
St-Lô
Caumont-l'Éventé
Jurques
Coutances
Thury-Harcourt
Vendeuvre
Clécy
Falaise
Granville
Champrepus
St-Sever
Vire
Condé-s.-Noireau
Flers
Putanges
Argentan
Avranches
Le Mont-St-Michel
Bellefontaine
Briouze
Beauvoir
St-Hilaire-du-H.
St-Martin-de-Landelles
La Ferté Macé
Juvigny-s/s-Andaine
Alençon
Ste-Adres
Le Hav
Trouvil
Deauville
St-Pie s.-Dive
Le P au-Ha
50
14
0
20
40 km

F
G
H
I
Le Tréport
Eu
Dieppe
D925
N28
A28
Fécamp
76
Neufchâtel-en-B.
N29
D926
N27
Yvetot
Clères
Forges-les-Eaux
Bolbec
Allouville-Bellefosse
Pavilly
Épretot
Barentin
Montville
Lillebonne
Harfleur
Caudebec-en-Caux
Ry
Gournay-en-Bray
Marais Vernier
Le Trait
Rouen
Honfleur
Bourneville
Hauville
Parc Nat. rég. de Brotonne
Lyons-la-Forêt
Toutainville
Fourmetot
Routot
Grand-Couronne
Oissel
Lisors
Pont-Audemer
Elbeuf
Poses
Gisors
Les Andelys
Norolles
Louviers
Tosny
Hermival-les-Vaux
Brionne
Gaillon
Plasnes
Bernay
St-Julien-de-Mailloc
27
Vernon
Giverny
Grosley-s.-Risle
Évreux
Pacy-s.-Eure
Verneuil-s.-Avre
L'Aigle
Aube
Bâlines
Mortagne-au-Perche
Le Mêle-s.-Sarthe
St-Cyr-la-Rosière
Calvados 14
Eure 27
Manche 50
Orne 61
Seine-Maritime 76

NORMANDIE

CALVADOS

Musée du Débarquement...... Arromanches D4

Place du 6-Juin
14117 - Arromanches
Tél. : 02 31 22 34 31-Fax : 02 31 92 68 83
Ouv. tlj de 9 h à 18 h 30 en juin, juill. et août,
et de 9 h 30 à 12 h 30 et de 13 h 30 à 16 h 30 le reste de l'année

C'est devant le site où fut implanté le port artificiel connu sous le nom de code de Mulberry que s'est installé un musée consacré au fonctionnement de cette œuvre gigantesque due à Winston Churchill, clef de voûte de l'entreprise du 6 juin 1944.
Des dioramas, des maquettes animées et un plan aident à mieux comprendre l'incroyable défi technique que représentèrent la construction et la mise en place du port artificiel.
Un musée sérieux, mais si bien conçu qu'il passionne autant les jeunes que les adultes.

Musée des Ballons..... Balleroy C4

14490 - Balleroy
Tél. : 02 31 21 60 61-Fax : 02 31 21 51 77
Ouv. tlj sauf merc. de 9 h à 12 h
et de 14 h à 18 h de mi-mars à mi-oct.

Dans une dépendance du château appartenant aujourd'hui aux fils du milliardaire américain Malcolm S. Forbes, qui acquit sa célébrité comme propriétaire d'un important groupe de presse, a été aménagé le premier musée international de ballons et de montgolfières.
Des documents, des maquettes, des objets, des dioramas, etc., retracent l'histoire de l'aérostation depuis les frères Montgolfier jusqu'à nos jours.
Un rassemblement international de montgolfières est régulièrement organisé.

Son et lumière « Juin 1944 »............. Bénouville E4

14970 - Bénouville
Tél. : 02 31 44 62 01-Fax : 02 31 95 30 26
Séances entre 21 h 30 et 22 h 45 de mi-mai à début sept-Durée : 42 minutes
RD 514 entre Ouistreham et Caen

+8 ans

Un spectacle nocturne fait revivre grâce des effets spéciaux la « nuit où tout a commencé », cette incroyable nuit du 6 juin 1944 qui bouleversa l'histoire du monde.

Festyland...... Bretteville-sur-Odon D4

Route de Caumont
14760 - Bretteville-sur-Odon
Tél. : 02 31 75 04 04-Fax : 02 31 71 23 20
Ouv. tlj (et les dim. de Pâques à sept.) de 11 h à 19 h de mi-mai à fin août et de 14 h à 19 h pendant les vac. de Pâques ; merc. et sam. d'avril et de sept.
6 km O. de Caen par la RN 175

pour tous

Dans un îlot de verdure, des attractions particulièrement originales et amusantes pour tous les âges (pont en lianes au-dessus du parc des dinosaures, train-drakkar fou, toboggans, incroyable chevauchée...) et, pour achever l'après-midi en beauté, les enfants peuvent assister à des numéros de cirque.
Nouveauté : un cinéma sensitif « Tempête Viking » et un spectacle équestre médiéval chaque jour à 14 h 30.

Mémorial..................... Caen D4

Esplanade Eisenhower
14000 - Caen
Tél. : 02 31 06 06 44
Fax : 02 31 06 06 70
Minitel : 3615 MÉMORIAL
Ouv. tlj de 9 h à 19 h (20 h en été)

+12 ans

À travers des espaces muséographiques et grâce à une mise en scène spectaculaire, le Mémorial propose un voyage dans l'histoire de la guerre et de la paix, de 1918 à nos jours. Chacun des espaces est consacré à un thème différent : la faillite de la paix après la Première Guerre mondiale, la montée du totalitarisme, la guerre et la Résistance, les Alliés, l'Allemagne, le jour J, la bataille de Normandie.

Le Mémorial permet aussi une réflexion sur le temps présent et sur la question de la paix (une galerie est consacrée au prix Nobel).
Un film sur le jour J complète cette remarquable évocation de la guerre et de la paix.
Ce musée comprenant un certain nombre d'images impressionnantes, les moins de 10 ans ont la possibilité d'attendre leurs parents dans un espace qui leur est réservé, où des jeux d'éveil sont organisés pour les distraire. Les enfants qui souhaitent malgré tout visiter le Mémorial peuvent se procurer à l'accueil des questionnaires de découverte différents selon les âges. Les tout-petits ne sont pas oubliés non plus car des porte-bébés sont à la disposition des mamans.

Musée d'Initiation à la nature........................ Caen D4

Hôtel de ville
14000 - Caen
Tél. : 02 31 30 43 27-Fax : 02 91 30 43 45
Ouv. tlj sauf de 10 h 30 à 19 h en juin, juill. et août ;
de 14 h à 18 h en avril, mai et oct.

+8 ans

Aménagé dans l'ancienne boulangerie de l'abbaye aux Hommes fondée par Guillaume le Conquérant, le musée invite à la découverte de la faune et de la flore de Normandie. Des dioramas sonorisés mettent en scène des animaux naturalisés dans des paysages de la région. Des jeux d'observation interactifs, un sentier géologique et un jardin de plantes poussant particulièrement en Normandie contribuent à rendre cette visite attrayante pour les enfants.

Musée de la Poste et des Techniques de communication de Basse-Normandie......... Caen D4

52, rue Saint-Pierre
14000 - Caen
Tél. : 02 31 50 12 20-Fax : 02 31 86 33 38
Ouv. du mardi au samedi de 10 h à 12 h et de 14 h
à 18 h de mi-juin à mi-sept. et de 13 h 30 à 17 h 30 le reste de l'année

+8 ans

Installé dans une des rares maisons à pans de bois qui subsistent à Caen, le musée raconte l'épopée de la poste à cheval, expose de vieux uniformes de postier, montre la gravure et la fabrication du timbre-poste, rappelle les débuts du télégraphe et du téléphone, et consacre un espace vidéo à la communication du futur.

Jardin des Plantes........ Caen D4

5, place Blot
14000 - Caen
Tél. : 02 31 86 28 80-Fax : 02 31 86 33 04
Ouv. tlj de 8 h à 17 h en hiver et 19 h 30 en été

pour tous

Le parc, dessiné et planté au siècle dernier, est un lieu de détente pour les enfants ; ils y apprendront à reconnaître les arbres et les plantes et apprécieront particulièrement en hiver la chaleur tropicale moite qui règne dans la grande serre.

Bateau-promenade « Hastings ».................... Caen D4

14000 - Caen
Tél. : 02 31 34 00 00-Fax : 02 31 75 52 00
Les horaires variant selon le jour et le mois, se renseigner par tél.
Durée : 2 h 15 AR

pour tous

Faute de partir traverser la Manche, on peut se contenter d'embarquer pour une mini-croisière sur le canal reliant Caen à la mer.

Le Souterroscope Caumont-L'Éventé C4

Route de Saint-Lô
14240 - Caumont-L'Éventé
Tél. : 02 31 71 15 15-Fax : 02 31 71 15 16
Ouv. tlj de 10 h à 19 h en juill. et août ; du lundi au vend. de 10 h à 17 h et w.-e. et jrs fér. de 10 h à 19 h en mai, juin et sept. ; de 10 h à 16 h d'oct. à avril
55 km S.-O. de Caen par la RD 13

+8 ans

Un monde souterrain plein de mystère, 400 m de galeries et 4 immenses salles oubliées depuis plus d'un siècle. La tête protégée par un casque, les visiteurs reçoivent des directives venues du fond des ténèbres pour les guider tout au long d'un parcours initiatique. Ils découvrent des lacs souterrains aux eaux colorés, des jeux d'eau et des effets de lumière.

Musée du Chemin de fer miniature........................ Clécy D5

Les Fours-à-Chaux
14570 - Clécy
Tél. : 02 31 69 07 13-Fax : 02 31 67 98 10
Ouv. tlj de 10 h à 12 h et de 14 h à 18 h de Pâques à fin sept. ; le dim. de 14 h à 17 h du 1er mars à Pâques
35 km S. de Caen par la RD 562

pour tous

Une maquette de 310 m², une collection de 220 locomotives, 350 wagons, des centaines de camions et de voitures, 650 maisonnettes... Les trains circulent dans un paysage alsacien, un téléphérique grimpe, la nuit tombe et les maisons s'allument, un incendie se déclare, les cloches sonnent... Que de choses à regarder ! Un monde aussi fascinant pour les petits que pour les grands.
Une dégustation de crêpes termine délicieusement la visite.

Maison de la Mer .... Courseulles-sur-Mer D4

Place Charles-de-Gaulle
14470 - Courseulles-sur-Mer
Ouv. tlj de 9 h à 19 h en juill. et août ; de 9 h à 13 h et de 14 h à 19 h en mai, juin et sept. ; tlj sauf lundi de 10 h à 12 h et de 14 h à 18 h d'oct. à avril

pour tous

Un aquarium-tunnel de 100 000 litres présentant les principales espèces de poissons et invertébrés qui peuplent les côtes de la Manche, une collection de coquillages et un diorama sur l'huître.

Automates Avenue...... Falaise E5

Bd de la Libération
14700 - Falaise
Tél. : 02 31 90 02 43-Fax : 02 31 90 07 26
Ouv. tlj de 10 h à 12 h 30 et de 13 h 30 à 18 h d'avril à fin sept. et w.-e., jrs fér. et vac. scol. d'oct. à mars

pour tous

Un endroit magique où les rues de Paris ont été reconstituées avec les fabuleuses vitrines des grands magasins animées de 300 automates mis en scène comme à Noël. Un petit film raconte l'histoire des automates.
Une exceptionnelle occasion de retrouver Noël toute l'année !

Site zoologique de Cerza............. Herminal-les-Vaux F4

14100 - Lisieux
Tél. : 02 31 62 17 22
Fax : 02 31 62 33 40
Ouv. de 9 h 30 à 19 h en saison et
de 10 h à 16 h hors saison
6 km N.-E. de Lisieux par la RD 510

pour tous

Un safari en petit train parmi les 50 ha du parc, et deux promenades pédestres, l'une dans la zone africaine et l'autre dans la vallée ; toutes deux sont bordées d'observatoires pour regarder en toute sécurité pumas, jaguars, tigres, lions, rhinocéros, ours, loups… en tout plus de 300 animaux heureux et en bonne santé.
Un but de promenade qui plaira à tous, même aux plus petits, qui courront après les chèvres et les porcs asiatiques pour les caresser et les nourrir.
Nouveauté : les très rares rhinocéros indiens.

Maison Satie............ Honfleur F3

67, bd Charles-V
14600 - Honfleur
Tél. : 02 31 89 11 11-Fax : 02 31 89 09 99
Ouv. tlj sauf mardi de 10 h à 19 h les mois d'été, et de
10 h 30 à 18 h le reste de l'année
Gratuit pour les – de 10 ans accompagnés

+12 ans

Voici pour les jeunes visiteurs une exceptionnelle occasion de faire connaissance avec un artiste étonnant, Erik Satie. Peintre et musicien, il collabora avec les plus grands : Picasso, Braque, Cocteau, etc. et influença des artistes tels que Debussy, Ravel ou Stravinski. Dans sa maison de Honfleur, une scénographie spectaculaire alliant son, lumière, image, fantaisie, humour, permet de découvrir son univers surréaliste. Munis d'écouteurs, vous avancez au rythme de l'œuvre musicale de Satie. Des commentaires inspirés de ses écrit sont diffusés sur fond de sons d'ambiance de la vie quotidienne.
À voir absolument.

Zoo........................ Jurques C5

14260 - Aunay-sur-Odon
Tél. : 02 31 77 80 58
Fax : 02 31 77 77 64
Ouv. tlj de 10 h à 19 h de mai à fin août (18 h en avril) et de 13 h 30 à 17 h 30 le reste de l'année
Fermé du 15 nov. au 15 janv.
25 km N.-E. de Vire par la RD 577

Un parc boisé de 15 ha dans lequel vivent plus de 500 animaux des cinq continents : les loups, les lynx, les cigognes, les grands ducs... sont quelques-uns des représentants de l'Europe ; les lions, les girafes, les zèbres, les mandrills... recréent l'atmosphère de la brousse africaine ; les cacaotès et les wallabies sont les porte-drapeaux de l'Océanie ; les lamas et les boas évoquent deux régions d'Amérique du Sud ; le tigre, lui, fait penser au temps des maharajas en Inde... Assister au repas des manchots (11 h et 16 h), à celui des girafes (14 h), des loups (14 h 30), des félins (18 h), admirer l'agilité des perroquets (spectacle l'été à 11 h 30 et 17 h), faire des câlins aux serpents contribuera à rendre la journée exceptionnelle.

Le Nautile.................. Lisieux F4

14100 - Lisieux
Tél. : 02 31 48 66 66
Ouv. lundi, mardi, merc. de 10 h à 21 h, jeudi et sam. de 10 h à 20 h et dim. de 10 h à 18 h

Un centre aquatique avec un grand toboggan, des petits bassins ludiques, une rivière de natation à contre-courant, etc. Le bonheur des baigneurs !

Maison de la Baleine Luc-sur-Mer D4

45, rue de la Mer
14530 - Luc-sur-Mer
Ouv. tlj de 10 h à 12 h et de 14 h à 19 h en juin, juill. et août ; w.-e. et jrs fér. de 14 h 30 à 18 h de mai à sept.

En 1885, une baleine de 40 tonnes s'est échouée sur les rivages de la Côte de Nacre. Son squelette est maintenant exposé dans une maison construite à son effet. On y trouve également un espace Légendes et Anecdotes consacré aux baleines et à l'histoire de cet échouage, et un espace scientifique regroupant des données anatomiques et physiologiques sur ces mammifères.

Musée vivant de la Basse-Cour........... Norolles F4

Ferme de la Vallée
14100 - Lisieux
Tél. : 02 31 62 78 78-Fax : 02 31 48 60 14
Ouv. tlj de 9 h 30 à 18 h de Pâques à la Toussaint
N. de Lisieux par la RD 579

pour tous

Le premier musée vivant de la Basse-Cour, aménagé dans l'ancienne ferme fortifiée des évêques de Lisieux. Réalisé par Yves Bienaimé, le créateur du musée vivant du Cheval à Chantilly, il est conçu comme une promenade familiale, associant détente et découverte sur un circuit de 2 km parmi plus de 900 variétés d'animaux de basse-cour.
À la fin du circuit, un parc d'animaux en liberté fait la joie des enfants qui peuvent câliner lapins, poussins et canetons, moutons et chèvres.

Planète Loisirs....... Sainte-Foy-de-Montgommery F5

14140 - Sainte-Foy-de-Montgommery
Tél. : 02 31 63 69 97-Fax : 02 31 63 78 09
Ouv. tlj sauf jeudi de 10 h à 20 h du 1er mai au 31 oct. ; de 10 h à 18 h du 1er au 30 avril ; de 10 h à 17 h de nov. à fin déc.
Sur la RD 579 à 5 km de Livarot et 22 km de Lisieux

pour tous

L'occasion de passer une journée complète de loisirs en famille. Chacun choisit la distraction de son choix : cheval, pêche, randonnée à VTT, baignade... Les plus petits ont un parc de jeux à leur taille et peuvent aussi aller voir les animaux. Enfin, tout le monde peut jouer aux boules ou aller faire une promenade en voiture attelée à deux shires, les plus grands chevaux du monde.

Ferme nature de la Dame blanche............ Saint-Julien-de-Mailloc F5

14290 - Orbec
Tél. : 02 31 63 91 70-Fax : 02 31 62 86 49
Ouv. tlj de 7 h à 19 h
RD 519 entre Lisieux et Orbec

pour tous

À l'ombre des pommiers, les enfants rencontrent en se promenant des animaux domestiques tels que poules, canards, oies, lapins, chèvres, moutons... et d'autres animaux plus rares ou en voie de disparition ; chemin faisant, ils apprennent à reconnaître les arbres et les plantes.

Centre aquatique de la Suisse normande............... Thury-Harcourt D5

Route de Caen
14220 - Thury-Harcourt
Tél. : 02 31 79 03 18-Fax : 02 31 84 76 19
Les horaires variant selon les jours
et les mois, se rens. par tél.
26 km S. de Caen par la RD 562

pour tous

Piscine, espace de loisirs, toboggan géant, cascades et jeux d'eau, bassin sportif, jacuzzi, et mini-toboggan pour les petits, petit bassin pour bébés, etc.
Un grand choix d'activités aquatiques pour passer un après-midi de détente au cœur d'une vallée boisée.

Aquarium................. Trouville E4

17, rue de Paris
14360 - Trouville
Tél. : 02 31 88 46 04-Fax : 02 31 81 20 70
Ouv. tlj de 10 h à 19 h 30 en juill. et août ;
de 10 h à 12 h et de 14 h à 19 h en sept. et oct. et de Pâques à juin ;
de 14 h à 18 h 30 de nov. à Pâques

pour tous

Les poissons d'eau douce et des mers profondes évoluent dans des aquariums reproduisant aussi fidèlement que possible leur milieu naturel : massif de corail, littoral de la Manche, lacs africains, rivières asiatiques, cavernes souterraines.
La grâce et les couleurs chatoyantes des poissons ont toujours le pouvoir de fasciner petits et grands.

Musée international du Mobilier miniature.... Vendeuvre E5

14170 - Saint-Pierre-sur-Dives
Tél. : 02 31 40 93 83-Fax : 02 31 40 11 11
Ouv. tlj de 10 h à 19 h 30 en juill. et août ;
de 10 h à 12 h et de 14 h à 19 h de Pâques à juin
et en sept. et oct. ; de 14 h à 18 h 30 de nov. à Pâques
RD 511 entre St-Pierre-sur-Dives et Falaise

+8 ans

Dans l'orangerie de ce château, toujours habité par la famille de Vendeuvre depuis sa construction au XVIIIe siècle, est présentée une exceptionnelle collection de meubles miniatures, de bibelots lilliputiens et de mini-objets.

Les adultes peuvent à loisir admirer les détails des pièces réunies, car les enfants sont très occupés à remplir les fiches-jeux qui leur ont été remises à l'entrée.

La visite du château, lui-même très joliment meublé, séduira également les jeunes visiteurs car chaque pièce est consacrée à un thème de la vie quotidienne, animé par des automates.

La promenade dans le jardin réserve elle aussi des surprises aux promeneurs, qui voient jaillir des jets d'eau sur leur passage.

Musée du Coquillage et zoo du Désert vivant........... Villerville F3

14113 - Villerville
Tél. : 02 31 81 13 81-Fax : 02 31 81 20 70
Ouv. : tlj de 14 h à 18 h de Pâques à oct.
RD 513 entre Trouville et Honfleur

+8 ans

Un musée-zoo axé sur deux écosystèmes extraordinaires, ceux du désert et de la mer : on découvre d'une part les plantes rares qui ont su coloniser les déserts et les reptiles, mygales et petits mammifères qui se sont adaptés à l'aridité, et d'autre part plus de 2 000 coquillages qui illustrent le milieu marin.

À Caen il y a des « chiques », sorte de caramels au beurre salé, et à Isigny on trouve les caramels au beurre, spécialité de la ville. Le caramel est une des plus anciennes friandises consommées : il tire son nom de la canne à sucre, qui se dit *cannamella* en latin.

EURE

Naturama « Le Bois des Aigles »...... Bâlines G6

Le Bois de l'Arche
27130 - Verneuil-sur-Avre
Tél : 02 32 32 14 75-Fax : 02 32 32 17 80
Ouv. tlj de 10 h à 18 h (présentation à 16 h d'avril à oct.)
3 km E. de Verneuil par la RN 12

pour tous

Une exposition de rapaces complétée par une promenade dans les sous-bois et surtout une présentation des prouesses dont ces grands oiseaux sont capables en vol.

Base de loisirs.......... Brionne G4

27800 - Brionne
Tél. : 02 32 43 66 11-Fax : 02 32 45 44 40
Ouv. tlj de 8 h à 22 h de mai à sept.

+8 ans

Voile, canoë, kayak, pédalo, mini-golf, tennis, bicross, baignade surveillée (juill. et août)... Toutes les distractions pour passer une belle journée par un temps ensoleillé.

L'atelier du sabotier .... Brotonne (parc naturel régional de) G3

La Haye-de-Routot
27350 - Routot
Tél. : 02 32 57 59 67
Ouv. tlj de 14 h à 18 h 30 en juill. et août ; les w.-e. et jrs fér. de 14 h à 18 h de mars à juin et en sept.

+8 ans

L'atelier du sabotier est tel qu'il était au début du siècle, avec ses outils et ses sabots en cours de fabrication. Un film fait revivre le métier et une collection de sabots et de galoches complète la visite. Des animations sur le thème de la vie quotidienne d'autrefois sont organisées certains dimanches après-midi de mars à fin novembre.

Le four à pain

Brotonne (parc naturel régional de) G3

La Haye-de-Routot
27350 - Routot
Tél. : 02 32 57 07 99
Ouv. tlj de 14 h à 18 h 30 en juill. et août ;
les w.-e. et jrs fér. de 14 h à 18 h de mars à juin et en sept.

+8 ans

Dans un four à pain du XIXe s., une exposition présente les traditions rurales de fabrication du pain. Les dimanches après-midi, de mars à la mi-novembre, un boulanger cuit le pain et sort du vieux four miches et couronnes croustillantes.

Maison des Métiers

Brotonne (parc naturel régional de) G3

Bourneville
27500 - Pont-Audemer
Tél. : 02 32 57 40 41
Ouv. tlj 14 h à 19 h en juill. et août ; tlj sauf mardi de
14 h à 18 h 30 en mai et juin ; les w.-e. et jrs fér. en avril, sept. et oct.

+8 ans

Situé entre les pôles urbains de Rouen et du Havre, à cheval sur deux départements et réparti sur les deux rives de la Seine, le parc naturel régional de Brotonne est une mosaïque de milieux naturels. Si la nature est protégée et la faune locale préservée, de même l'histoire, les traditions, la vie quotidienne des hommes et des femmes de la région sont mises en valeur et présentées dans des écomusées situés dans l'Eure et en Seine-Maritime.
À la maison du Parc, située à Notre-Dame-de-Bliquetuit en Seine-Maritime (tél. : 02 35 37 23 16 ; fax : 02 35 37 39 70 ; ouv. en semaine de 8 h 30 à 18 h 30, les w.-e. de 10 h à 18 h 30, en juill. et août ; en semaine de 9 h à 18 h en avril, mai, juin, sept., oct. et les w.-e. de 14 h à 18 h, et de 9 h à 18 h de nov. à mars). De nombreuses activités sont organisées pour les enfants, et chacun y trouvera les informations susceptibles de l'intéresser à la découverte du parc.
La maison des Métiers est un lieu où se rencontrent les métiers traditionnels de la basse Seine et ceux d'aujourd'hui, et qui met en valeur l'artisanat lié à l'habitat, l'industrie, le bois, la céramique, le verre et le textile. Des animations et des fêtes célébrant les corps de métiers de la région, comme les bûcherons ou les chaumiers, sont organisées en période estivale.

Le Moulin

Brotonne (parc naturel régional de) G3

Hauville
27350 - Routot
Tél. : 02 35 56 57 32
Ouv. tlj de 14 h à 18 h 30 en juill. et août ; w.-e. et jrs fér. de 14 h à 18 h de mars à juin et en sept. et oct.
6 km N. de Bourg-Achard par la RD 313

+8 ans

Un moulin du XIIIe s., remis en état ces dernières années, broie le grain comme autrefois. À côté, dans la maison du meunier, une exposition, des maquettes animées et un film expliquent le fonctionnement des moulins à eau et à vent.

Maison du Pain

Fourmetot G4

27500 - Pont-Audemer
Tél. : 02 32 57 12 52
Ouv dim. et jrs fér.
8 km N.-E. de Pont-Audemer par la RD 139

+8 ans

Une boulangerie artisanale propose des démonstrations de cuisson du pain dans un four à bois traditionnel. Une découverte pour un grand nombre d'enfants.

Maison de Claude Monet

Giverny I5

27620 - Giverny
Tél. : 02 32 51 90 13-Fax : 02 32 51 54 18
Ouv. tlj sauf lundi, de 10 h à 18 h, du 1er avril à fin oct.

+8 ans

Ce n'est pas à proprement parler une visite pour les enfants, mais le jardin au printemps et en été est si joli que chacun, même parmi les plus jeunes, prendra plaisir à s'y promener.
Des fleurs de toutes les couleurs, des allées recouvertes de capucines, des nénuphars sur la pièce d'eau, un petit pont japonais… chaque espace est un petit coin de paradis.

Base de loisirs... Grosley-sur-Risle G5

27170 - Beaumont-le-Roger
Tél. : 02 32 46 25 28
Ouv. tlj de 10 h 30 à 19 h en juin, juill. et août ; de 14 h à 18 h en avril, mai et oct.
S.-E. de Beaumont-le-Roger par la RD 123

Un plan d'eau de 15 ha avec barques, pédalos, canoës-kayaks, un mini-golf, des jeux pour enfants et même un mini-parc animalier.

Base de loisirs........ Léry-Poses H4

27740 - Poses
Tél. : 02 32 59 13 13
Fax : 02 32 61 00 97
Ouv. tlj de 10 h à 19 h de juill. à sept. ; de 15 h à 18 h 30 d'avril à fin juin
L'entrée comprend quatre tours

La forêt de Bord, les falaises le long de la Seine et les bords de l'Eure constituent le cadre naturel de cette base de loisirs. Deux lacs, celui des Deux-Amants et celui du Mesnil, ont été aménagés pour permettre autant de se baigner et de paresser sur la plage que de se dépenser dans diverses activités nautiques, comme le ski, la voile, l'aviron, le canoë-kayak, la planche à voile. Un espace de jeux a été particulièrement bien conçu pour les enfants et une mini-ferme réjouira les plus petits.

Musée des Légendes et Fantômes.................. Lisors I4

Abbaye de Mortemer
27440 - Ecouris
Tél. : 02 32 49 54 34-Fax : 02 32 49 46 39
Ouv. tlj de 14 h à 18 h 30 de Pâques à la Toussaint, les w.-e. et jrs fér. le reste de l'année

Dans les ruines de l'abbaye cistercienne, un spectacle son et lumière ressuscite la vie monastique et évoque les légendes et les fantômes de Mortemer et des environs.
Un petit train fait le tour des étangs peuplés de daims et d'oiseaux (30 minutes).

Aquarium tropical...... Louviers H4

27400 - Louviers
Tél. : 02 32 40 26 62
Ouv. tlj sauf lundi et dim. matin de 9 h 30 à 12 h
et de 14 h 30 à 18 h 30

pour tous

Plus de 200 espèces de poissons aux couleurs extraordinaires évoluent dans plusieurs aquariums. Même des requins ont élu domicile au cœur de la Normandie et, le dimanche à 16 h 30, les visiteurs sont conviés à assister à leur repas.

Château de Fleury-la-Forêt.......... Lyons-la-Forêt I4

27480 - Lyons-la-Forêt
Tél. : 02 32 49 54 34-Fax : 02 32 49 46 39
Ouv. tlj de 14 h à 18 h 30 de Pâques à la Toussaint
et les w.-e. et jrs fér. le reste de l'année

pour tous

Elles sont partout, les poupées, dans le château de Fleury : dans la chambre des enfants, dans le salon de musique, dans les cuisines..., elles ont même une maison géante aménagée à leur intention, un manège et des balançoires.
Les deux colombiers et le lavoir du château servent de cadre à la reconstitution de scènes de la vie d'autrefois, réalisées avec des personnages plus vrais que nature.

La forge............. Marais Vernier F3

Sainte-Opportune-la-Mare
27680 - Quillebœuf-sur-Seine
Tél. : 02 35 37 23 16
Ouv. dim. et jrs fér. de 14 h à 18 h de mai à fin août
et le 1er dim. du mois en mars, avril, sept. et oct.

+8 ans

Jusque dans les années 70, la forge de Sainte-Opportune a résonné des coups du marteau retombant sur l'enclume. Aujourd'hui, elle s'anime encore grâce à un forgeron maréchal-ferrant qui vient faire la démonstration de son métier.

Centre de découverte de la nature............ Marais Vernier F3

Place de l'Église - Sainte-Opportune-la-Mare
27680 - Quillebœuf-sur-Seine
Tél. : 02 32 56 94 87-Fax : 02 32 56 93 41
Ouv. merc. et dim. en juill. et août
Prix en fonction des activités

+8 ans

Le CEDENA (Centre de découverte de la nature) gère la réserve naturelle des Mannevilles, située dans la région du marais Vernier. Il propose la découverte des milieux naturels en alliant pratique et randonnée. Des camps de nature et des sorties à thème sont organisés pour les enfants et les adolescents pendant les vacances (sur inscription).

Train touristique.... Pacy-sur-Eure H5

Gare de Pacy
27120 - Pacy-sur-Eure
Tél. : 02 32 36 04 63
Circule dim. et jrs fér. a.-m. de mai à oct.

+8 ans

Promenade en train touristique le long de la vallée de l'Eure sur un trajet de 9 km. Découverte d'une gare de campagne et des installations ferroviaires de jadis.

Parc « Les Oiseaux »... Plasnes G4

27300 - Bernay
Tél. : 02 32 43 21 22
Ouv. de 10 h à 19 h du 15 mars au 30 sept.
RN 138 entre Brionne et Bernay

pour tous

Des jeux pour les petits : piscine à boules, tonneaux, tourniquets, balançoires, château gonflable, toboggans, vélos rigolos, manèges, etc., mais aussi des oiseaux, des reptiles, des tortues et, dans une forêt ombragée, d'inoffensifs fauves et de pacifiques dinosaures...
Des spectacles de magie ont lieu le dimanche à 16 h 30.

Train touristique... Pont-Audemer F4

27500 - Pont-Audemer
Tél. : 02 32 41 08 21
Circule dim. et jrs fér. de juill. à sept.

pour tous

Un aller et retour pas très long à bord d'une micheline des années 50, qui relie à petite vitesse Pont-Audemer à Honfleur en franchissant le pont de Normandie. Les sam. et dim. de juill. à sept., le trajet peut se faire à bord d'un autorail plus rapide.

Barrage.................... Poses H4

27740 - Poses
Tél. : 02 32 59 13 13
Visite libre de 13 h 30 à 18 h 30 les dim. et jrs fér. de mai à sept.

+8 ans

Sur le barrage, un équipement original, construit à 3 m de profondeur, permet d'observer les poissons nageant dans une passe aménagée à cet effet.
Non loin de là, ce sont les oiseaux d'eau sauvages, nicheurs ou migrateurs, que l'on observe toute l'année dans la réserve ornithologique de la Grande Noé (tél. : 02 32 59 40 10 ou 02 31 43 52 56).

Tolysland.................... Tosny H4

27700 - Les Andelys
Tél. : 02 32 54 00 19
Ouv. tlj de 11 h à 19 h d'avril à sept.
5 km S. des Andelys

pour tous

Un parc de jeux où les enfants s'amusent à glisser sur les toboggans aquatiques, à faire des tours de petit train et des parties de mini-golf, de bowling, et profitent des jeux installés dans l'espace créé à cet effet.

Base de loisirs........ Toutainville F4

27500 - Pont-Audemer
Tél. : 02 32 41 11 80 ou 02 32 41 13 05
Ouv. tte l'année de 14 h à 18 h
Prix en fonction des activités
3 km O. Pont-Audemer

pour tous

Une baignade (surveillée d'avril à sept.) a été aménagée sur un agréable plan d'eau où les jeunes sportifs peuvent également s'initier à la planche à voile, au ski nautique et à la navigation à bord de dériveurs ou de catamarans.

Center Parcs..... Verneuil-sur-Avre G6

Domaine des Bois-Francs - Les Barils
27130 - Verneuil-sur-Avre
Tél. : 01 42 18 12 12 (centrale de réservation et d'informations)
Prix en fonction de la durée du séjour

pour tous

Center Parcs, c'est le bout du monde à 120 km de Paris. Dans ce paradis aquatique, on se baigne toute l'année dans une eau à 29°C. Tout est prévu pour que les enfants s'en donnent à cœur joie dans le grand bassin recouvert d'une immense bulle : ils glisseront sur les toboggans aquatiques, sauteront dans les vagues, se laisseront entraîner dans les rapides et les tourbillons, etc. Hors de la bulle, ils feront du poney, du bicross, du tennis ou de l'initiation au golf. On ne peut pas hélas passer qu'un seul après-midi à Center Parcs, il faut y rester au moins un week-end, mais personne ne s'en plaindra ! Logée dans un charmant cottage, toute la famille profite, pour une somme forfaitaire, de toutes les installations du parc aussi bien sportives que ludiques et de l'espace dans lequel boutiques et restaurants sont installés sous une immense voûte transparente recréant un paysage tropical.

Musée municipal A.-G.-Poulain................ Vernon I5

12, rue du Pont
27200 - Vernon
Tél. : 02 32 21 28 09-Fax : 02 32 51 11 17
Ouv. en semaine, sauf mardi, de 11 h à 13 h et de 14 h à 18 h, et w.-e. de 14 h à 18 h d'avril à fin oct. ; tlj sauf mardi de 14 h à 17 h 30 le reste de l'année
Gratuit le merc. et pour les – de 6 ans

+8 ans

Spécialisé dans l'art animalier, le musée de Vernon ne présente pas de trophées de chasse mais un bestiaire montrant des études d'animaux (dessins, peintures ou sculptures). Un jeu-parcours conçu pour les jeunes visiteurs est disponible à l'accueil et des plaquettes en bois sont distribuées pour servir de support aux artistes en herbe. Afin que même les plus petits profitent de la visite, quelques sculptures sont posées à même le sol. La maquette du camp romain de Vernonnet sera particulièrement remarquée.

MANCHE

Reptilarium.............. Beauvoir B6

50170 - Beauvoir
Tél. : 02 33 68 11 18-Fax : 02 99 97 86 48
Ouv. tlj de 10 h à 19 h de mai à fin sept.
et de 14 h à 18 h le reste de l'année (sauf janv.)
4 km du Mont-Saint-Michel

pour tous

Des crocodiles, des lézards et des serpents évoluent dans des espaces spécialement conçus afin d'être bien visibles pour les jeunes visiteurs. Les enfants se faufilent dans des tunnels, passent la tête dans des pyramides de verre, franchissent des ponts suspendus, grimpent sur des échelles d'escalade… À l'extérieur, 300 tortues vont leur petit bonhomme de chemin dans un jardin paysager.

Village enchanté.... Bellefontaine C6

50520 - Juvigny-le-Tertre
Tél. : 02 33 59 01 93-Fax : 02 33 69 52 60
Ouv. tlj de 9 h à 18 h (19 h en juill. et août)
de mars à sept.
RD 977 et D 33 N. de Mortain

pour tous

Dans un site vallonné, une promenade dans l'univers des contes de Perrault et dans un typique petit village normand. Les attractions et animations sont disséminées dans le parc, les enfants ont ainsi la joie de les découvrir au fur et à mesure de leur progression.
Un spectacle d'automates et de son et lumière clôt la visite.

Parc zoologique..... Champrepus B5

50800 - Villedieu-les-Poêles
Tél. : 02 33 61 30 74-Fax : 02 33 61 71 43
Ouv. tlj de 10 h à 19 h en juill. et août ;
de 10 h à 18 h en avril, mai, juin et sept. ;
de 13 h 30 à 18 h de mi-fév. à fin mars et d'oct. à mi-nov.
RD entre Villedieu-les-Poêles et Granville

pour tous

Un joli parc paysager où évoluent des animaux originaires des cinq continents (zèbres, lions, tigres, chameaux, chimpanzés, oryx, lamas,

autruches, cigognes, vautours… et animaux domestiques). Le parc participe à la sauvegarde des espèces en voie de disparition.
Les enfants ont la chance d'avoir un parcours-surprise créé pour eux et, après la visite, ils auront tout le loisir de sauter sur les structures gonflables géantes ou de prendre un bain de boules…

Ludiver «Cap sur les étoiles ».. Flottemanville-Hague A2

Observatoire du cap de la Hague
50690 - Flottemanville-Hague
Tél. : 02 33 78 13 80

+12 ans

Situé dans un parc paysager, Ludiver vous fait découvrir l'univers fascinant de l'astronomie.
Un planétarium donne l'occasion de plonger dans l'ambiance magique d'une nuit étoilée. Des espaces météo et pédagogiques, ainsi que plusieurs coupoles abritant deux télescopes et divers matériels d'observation, sont ouverts aux visiteurs avec des visites adaptées à tout public.
Ludiver propose aussi des activités de découverte : soirées d'observation, randonnées astronomiques, etc.

Aquarium, musée et jardin de papillons..... Granville A5

Le Roc
50400 - Granville
Tél. : 02 33 50 19 10 (aquarium) - 02 33 50 19 83 (musée) - 02 33 50 03 13 (jardin de papillons)
Ouv. tlj de 9 h à 12 h et de 14 h à 19 h de fin mars au 11 nov. ; de 14 h à 18 h dim. et vac. scol. le reste de l'année

pour tous

Une visite variée au cours de laquelle on partage son temps entre l'aquarium, qui présente des poissons des mers froides et des mers tropicales, un musée sur l'histoire de la ville, composé de dioramas animés par des jeux de lumière, une féerie de coquillages (compositions représentant les grands monuments du monde) et un jardin de papillons.

Musée historique

Le Mont-Saint-Michel B6

50116 - Le Mont-Saint-Michel
Tél. : 02 33 60 14 09-Fax : 02 33 60 37 31
Ouv. tlj de 9 h à 18 h
L'entrée comprend l'accès aux trois musées

+8 ans

Mille ans d'histoire du Mont-Saint-Michel : les constructions et les bâtisseurs de l'abbaye, la prison et les cachots ; le périscope du XIXe s. avec lequel on découvre la baie et une salle de 35 personnages en cire font revivre l'histoire du Mont avec les voix de grands acteurs.

Musée maritime

Le Mont-Saint-Michel B6

50116 - Le Mont-Saint-Michel
Tél. : 02 33 60 14 09-Fax : 02 33 60 37 31
Ouv. tlj de 9 h à 18 h
L'entrée comprend l'accès aux trois musées

+8 ans

Une collection de plus de 300 maquettes de bateaux, des vidéos et des animations par ordinateur pour comprendre les grands phénomènes naturels des marées, l'ensablement de la baie et les travaux pour y remédier.
Juste à côté, l'**Archéoscope** présente un spectacle au laser retraçant l'histoire de la construction de l'abbaye (tél : 02 33 48 09 37).

Les Imaginaires

Le Mont-Saint-Michel B6

50116 - Le Mont-Saint-Michel
Tél. : 02 33 60 14 14
Ouv. tlj sauf lundi de 22 h à 1 h du matin
de mi-avril à fin août ; de 21 h 30 à 23 h en sept. ;
vend. et sam. en avril et mai

+8 ans

Un parcours-spectacle nocturne dans l'abbaye, rythmé par la musique et le silence, l'ombre et la lumière, l'architecture médiévale et l'art contemporain. Le spectateur arrive à l'heure qui lui convient et effectue la visite à son allure propre. La durée du parcours est de 1 heure en moyenne.

Parc animalier Saint-Martin...... Montaigu-la-Brisette B3

50700 - Valognes
Tél. : 02 33 40 40 98-Fax : 02 33 40 16 57
Ouv. de 11 h à 19 h en sem. et de 14 h à 19 h 30 les w.-e. de juill. à sept. ; de 14 h à 17 h les w.-e. et jrs fér. de fév. à mai et de sept. à mi-nov., et de 11 h à 17 h en sem. et de de 14 h à 19 h en juin
Entre Valognes et Saint-Vaast-la-Hougue

pour tous

Dans une vallée aux étangs bordés d'arbres centenaires vivent en toute liberté une multitude d'oiseaux (canards, cygnes, pélicans, etc.). Une île est réservé aux singes et un parc de vision permet d'observer des animaux venus des cinq continents.

Haras national.......... Saint-Lô C4

Av. du Maréchal-juin
50000 - Saint-Lô
Tél. : 02 33 55 29 09-Fax : 02 33 55 26 14
Visites guidées tlj à 11 h et à partir de 15 h en été

+8 ans

Créé au XVIIe s. à la demande de Colbert pour protéger la race chevaline, le haras fut en partie démoli par les bombardements de 1944 et reconstruit à l'identique. 110 étalons occupent les écuries de la mi-juillet à mars. Une présentation commentée des étalons et des attelages a lieu tous les jeudis d'août à 15 h dans la cour d'honneur.

Parc de loisirs l'Ange Michel Saint-Martin-de-Landelles B6

50730 - Saint-Martin-de-Landelles
Tél. : 02 33 49 04 74-Fax : 02 33 49 29 56
Ouv. tlj à partir de 11 h en juin, juill. et août, et à partir de 13 h 30 les w.-e. et jrs fér. en avril, mai, sept. et vac. scol.

pour tous

Dans un amphithéâtre de nature, plus d'une trentaine d'activités (quads, pentagliss, bateaux tamponneurs, train touristique, luge d'été, autos-motos électriques...) sont proposées aux enfants. Un grand chalet permet aux parents de passer un moment sympathique pendant que la jeune classe s'amuse.

ORNE

Musée de la comtesse de Ségur .... Aube F6

3, rue de l'Église
61270 - Aube
Tél. : 02 33 24 60 09
Ouv. vend., sam., dim. et lundi de 14 h à 18 h
et merc. et jeudi de 16 h à 17 h de mi-juin à fin sept.
7 km S.-O. de l'Aigle par la RN 26

+8 ans

La comtesse de Ségur, née Sophie Rostopchine à Saint-Pétersbourg, a passé cinquante ans de sa vie dans le château de Nouettes, situé à Aube. La propriété devint le pavillon de Fleurville, où les « petites filles modèles » passaient leurs vacances. C'est dans ce château que la comtesse accueillait ses enfants et petits-enfants et qu'elle écrivit les *Nouveaux Contes de fées* et dix-neuf autres romans. Des photographies et des documents évoquant sa vie et sa famille sont rassemblées dans ce petit musée, un peu sérieux, mais parfait pour les petites filles… modèles. De là, on pourra se rendre (le mardi) au grand marché de bestiaux de L'Aigle où venait la comtesse avec son âne Cadichon, héros des *Mémoires d'un âne.*

Le marais .... Briouze D6

Grand Hazé
61220 - Briouze
Tél. : 02 33 64 94 89 (maison de l'Eau et de la Rivière)
et 02 33 37 10 97 (OT)
Ouv. les lundi a.-m., jeudi matin et sam. a.-m. en juill. et août
Gratuit pour les – de 12 ans
Rendez-vous place de l'Église
RD 924 entre Flers et Argentan

+8 ans

Situé au cœur du Bocage normand, dans le pays du Houlme, le Grand Hazé, avec ses 200 ha, est la plus grande zone marécageuse de l'Orne. La grande diversité des milieux naturels : mares, tourbières, roselières, petits bois, etc., confère à ce site chargé d'histoire et de légendes un intérêt exceptionnel. Des promenades-découvertes sont organisées dans ce monde surprenant où il est possible de rencontrer des petits chevaux camarguais ou des bovins écossais.
Bottes indispensables et jumelles souhaitables.

Musée du Jouet... La Ferté-Macé D6

32, rue de la Victoire
61600 - La Ferté-Macé
Tél. : 02 33 37 47 00-Fax : 02 33 37 21 06
Ouv. tlj de 15 h à 18 h en juill. et août ;
w.-e. de 15 h à 18 h le reste de l'année
Gratuit pour les – de 6 ans

+8 ans

L'ancien établissement de bains-douches a été réaménagé pour accueillir les joujoux des enfants de la fin du siècle dernier et du début du nôtre. On y trouve des jeux de société, des jouets optiques, des machines à vapeur et des machines à coudre, des soldats de plomb, des poupées en porcelaine, en papier mâché et en celluloïd, etc.

La Ferme du Cheval de trait............ Juvigny-sous-Andaine D6

« La Michaudière »-RN 176
61140 - Bagnoles-de-l'Orne
Tél. : 02 33 38 27 78-Fax : 02 33 30 43 33
Spect. à 16 h 30 merc. jeudi et w.-e.
Gratuit pour les – de 10 ans
S.-E. de Domfront RN 176

pour tous

Du matériel agricole hippomobile de 1830 à nos jours, forge, sellerie et une ferme typique du Bocage normand à l'échelle de 1/10. Un spectacle original de 1 heure présente des numéros de voltige sur des percherons, cobs normands et bretons, des démonstrations de monte hongroise et une course de chars digne de Ben Hur.
Les enfants pourront monter sur le dos de ces gros chevaux, et toute la famille aura la possibilité de faire une balade en roulotte (sur réservation).

Base de plein air .... Le Mêle-sur-Sarthe F7

61170 - Le Mêle-sur-Sarthe
Tél. : 02 33 27 61 02
RN12 entre Alençon et Mortagne-au-Perche

pour tous

Sur la route de Paris au Mont-Saint-Michel, détente et loisirs autour d'un plan d'eau de 23 ha : voile, planche à voile, baignade surveillée, mini-golf, tennis, jeux.

Haras du Pin...... Le Pin-au-Haras E6

61310 - Le Pin-au-Haras
Tél. : 02 33 36 68 68-Fax : 02 33 35 57 70
Ouv. tlj de 9 h 30 à 18 h du 1er avril à mi-oct., et de 10 h à 12 h et de 14 h à 17 h de mi-oct. à fin mars
RN 26

pour tous

Le château, les allées, les terrasses du haras du Pin, créé en 1715, sont bien à l'image du Grand Siècle. Une visite guidée permet de découvrir le célèbre centre de reproduction de la race chevaline.
Au cours des « Jeudis du Pin » (15 h de début juin à oct.), on assiste à une présentation commentée et en musique des étalons et des attelages.
Un livret-jeu destiné aux enfants est vendu à l'entrée.

Croisière.................. Putanges E6

Lac de Rabodanges
61210 - Putanges-Pont-Écrepin
Tél. : 02 33 39 30 30-Fax : 02 33 39 76 34
Circule tlj à 16 h (durée : 1 h 15)
17 km S. de Falaise RD 909

pour tous

Une promenade de 14 km sur le lac de Rabodanges, à bord du bateau-promenade *Le Val d'Orne*. Le site est sauvage et la faune aquatique abondante : canards, grèbes, hérons, foulques, etc.

Musée des Arts et Traditions populaires du Perche .... St-Cyr-la-Rosière G7

Prieuré de Sainte-Gauburge
61130 - Bellême
Tél. : 02 33 73 48 06-Fax : 02 33 73 18 94
Ouv. tlj de 14 h à 18 h 30 de mi-février à fin nov.

+8 ans

L'environnement naturel et culturel du Perche et les ateliers reconstitués évoquent les métiers de l'artisanat traditionnel et l'histoire du Perche et de ses célèbres chevaux. Des circuits, des découvertes et des animations sont prévus à l'intention des enfants.

SEINE-MARITIME

Musée de la Nature

Allouville-Bellefosse G3

76190 - Yvetot
Tél. : 02 35 96 06 54
Ouv. tlj de 9 h à 12 h et de 14 h à 19 h (10 h dim. et jrs fér.) de mi-mars à mi-oct. et de 9 h à 12 h et 14 h à 18 h de mi-oct. à mi-mars (10 h dim. et jrs fér.)
S.-O. d'Yvetot RD 34

+8 ans

Des centaines d'animaux blessés trouvent chaque année refuge à Allouville-Bellefosse. Mazoutés, piégés ou empoisonnés, ils sont recueillis et soignés au centre puis réintégrés dans leur milieu naturel. Enclos, volières et plans d'eau constituent leur arche de Noé.
Des dioramas sonorisés présentent les animaux des cours de ferme, des marais, du littoral, des forêts.
Des sorties à la découverte des oiseaux sont proposées par le groupe ornithologique du parc.

L'Apiculteur

Brotonne (parc naturel régional de) G3

76480 - Mesnil-sous-Jumièges
Tél. : 02 35 91 36 76
Ouv. tlj de 14 h à 18 h d'avril à nov.
5 km S. de Jumièges par la RD 65

pour tous

Reine féconde et nourrices stériles, cirières et ouvrières s'affairent sous nos yeux ; grâce aux explications des apiculteurs, on admire le laborieux travail des butineuses.

Musée de la Marine de Seine............ Caudebec-en-Caux G3

76490 - Caudebec-en-Caux
Tél. : 02 35 95 90 13-Fax : 02 35 95 90 26
Ouv. tlj de 14 h à 18 h 30 en juill. et août
(fermé le mardi le reste de l'année)

+12 ans

Ce musée, qui fait partie du parc naturel régional de Brotonne, rend hommage à la Seine capricieuse et aux hommes qui lui consacrèrent leur vie.
Constructeurs de bateaux, pêcheurs et marins défièrent pendant des siècles les extravagances de la Seine, qui charriait à chaque nouvelle marée bancs de sable et îles fantômes.
Des dizaines de bateaux, dont la dernière gribane – bateau de transport à voiles en usage jusqu'au début du siècle –, sont présentés dans un grand hangar.
Un intéressant montage audiovisuel est présenté.

Parc zoologique.......... Clères H3

76690 - Clères
Tél. : 02 35 33 23 08-Fax : 02 35 33 56 04
Ouv. tlj de 9 h à 18 h en juill. et août ; de 9 h à 12 h
et de 13 h 30 à 17 h ou 18 h à l'automne
et au printemps
RN 27 et RD 51 N. de Rouen

+8 ans

Ce magnifique parc, créé en 1919 par le célèbre ornithologiste Jean Delacour et entourant un château Renaissance et des ruines féodales, contient environ 2 000 oiseaux (grues, flamants, cygnes, bernaches, canards, sarcelles, paons, etc.) et des mammifères (antilopes, kangourous ou singes...). La plupart de ces animaux se promènent en liberté ; seuls quelques oiseaux rares ou des animaux plus sauvages sont installés dans des volières ou de grands enclos.
La légende raconte que Jeanne d'Arc se serait arrêtée une nuit au château avant d'être conduite à Rouen.

Canyon Park............. Épretot F3

76430 - Saint-Romain-de-Colbosc
Tél. : 02 35 20 42 69
Ouv. tlj de 10 h à 19 h de juin à fin août et les merc., w.-e. et jrs fér. du 1er mars au 31 mai et du 1er sept. au 30 oct.
Par la RN 15 entre Le Havre et Bolbec

pour tous

Sur 6 ha, des toboggans nautiques, des pédalos, un train du Far West, un mini-golf, des autos tamponneuses, un village western et plus de 50 jeux.

Musée des Terre-Neuvas et de la Pêche................ Fécamp F2

27, bd Albert-Ier
76400 - Fécamp
Tél. : 02 35 28 31 99
Ouv. tlj sauf mardi de 10 h à 12 h et de 14 h à 17 h 30 et tlj jusqu'à 18 h 30 en juill. et août

+8 ans

Grâce à des maquettes, des peintures et d'authentiques embarcations, le musée retrace la grande aventure des marins fécampois qui partaient de longs mois pêcher la morue dans les eaux glaciales de Terre-Neuve. On trouve également une évocation des Vikings, de la harengaison, de la construction navale, de l'histoire du port et du sauvetage en mer. Un livret-guide est édité pour faciliter la visite et un coin lecture est prévu pour les enfants.

Musée des Maquettes Jean-Guillot............. Forges-les-Eaux I3

Club de l'Âge d'Or
76440 - Forges-les-Eaux
Tél. : 02 35 90 48 89 ou 02 35 90 52 10 (OT)
Ouv. tlj de 14 h à 17 h et le dim. de 14 h 30 à 18 h

+12 ans

L'exposition regroupe les maquettes réalisées avec une remarquable précision par un couple de retraités habiles de leurs mains. Elles évoquent les métiers d'autrefois, les anciens outils agricoles et les moyens de transport en pays de Bray.

Musée des Sapeurs-Pompiers......... Montville H3

76710 - Montville
Tél. : 02 35 33 13 51
Ouv. tlj sauf mardi de 13 h à 18 h d'avril à oct. ;
w.-e. de 13 h à 18 h de nov. à mars

+12 ans

Dans un cadre contemporain, une très large collection se composant d'une part d'une gamme importante d'engins allant de la pompe à bras aux véhicules d'incendie motorisés et, d'autre part, de nombreux objets, casques, uniformes et documents d'époque retraçant l'histoire de la profession. Un musée pour faire rêver les petits garçons.

Musée national de l'Éducation................. Rouen H3

185, rue Eau-de-Robec
76000 - Rouen
Tél. : 02 32 08 32 40
Ouv. du mardi au sam. de 13 h à 18 h
Fermeture provisoire pour travaux

+8 ans

Une salle des années 1880 a été reconstituée dans une vieille taverne de Rouen. Les pupitres sont à deux places, les encriers sont en porcelaine, les porte-plume sont prêts à dessiner les pleins et les déliés, les lettres sont bien dessinées sur le tableau noir…

Musée d'Histoire naturelle........................ Rouen H3

198, rue Beauvoisine
76000 - Rouen
Tél. : 02 35 71 41 50
Ouv. du mardi au sam. de 9 h 45 à 12 h
et de 13 h 45 à 17 h 30 et le dim. de 14 h à 19 h
Fermeture provisoire pour travaux

+8 ans

Le muséum de Rouen est un des plus importants de France. Les animaux sont présentés dans leur milieu naturel reconstitué en décors grandeur nature.
Des collections naturalistes (géologie, zoologie et botanique) permettent de mieux connaître la région normande.

Musée Jeanne-d'Arc.... Rouen H3

33, place du Vieux-Marché
76000 - Rouen
Tél. : 02 35 88 02 70
Ouv. tlj de 9 h 30 à 19 h de mai à fin sept.,
et de 10 h à 12 h et de 14 h à 18 h 30 le reste de l'année

+8 ans

Une suite émouvante de tableaux, avec des personnages en cire grandeur nature, conte la vie de Jeanne d'Arc, de Domrémy au bûcher. Dans une crypte du XVe s. sont exposés des maquettes, des documents et des fac-similés.

Musée des Automates..... Ry H3

76116 - Ry
Tél. : 02 35 23 61 44
Ouv. tlj de 15 h à 18 h en juill. et août ; w.-e., lundi et jrs fér. de 11 h à 12 h et de 14 h à 19 h de Pâques à fin oct.

+8 ans

Cinq cents automates en mouvement dont 300 représentent les principales scènes du roman de Gustave Flaubert *Madame Bovary*.

Dans le Bocage normand broutent les vaches et fleurissent des pommiers. Aussi délicieuses que soient les pommes à croquer, les enfants les préféreront enrobées dans du caramel, comme celles que l'on trouve dans les bonnes pâtisseries du Havre, ou encore en bâton ambré, les fameux sucres de pomme de Rouen.
On doit cette idée de sucrerie à un apothicaire espagnol qui recommandait ce mélange contre la mélancolie.

A
B
C
D
E
1
2
3
4
5
6
7
8
Beaumont-s.-Oise
Asnières-s.-Oise
D922
Auvers-s.-Oise
Oise
L'Isle-A.
N14
N183
Moisson
95
Cergy-Pontoise
Pontoise
N16
N17
D28
Cergy
St-Ouen-l'Aumône
Domont
Meulan
Mantes
Limay
D190
St-Ouen-l'A.
Conflans-Ste-Honorine
Montmorency
Verneuil-s.-S.
Triel-s.-Seine
A14
Épinay-s.-Seine
St-Denis
Le Bourget
Épône
Villeneuve-la-G.
Poissy
Nanterre
La Courneuve
Bobigny
Maule
Aubervilliers
St-Germain-en-Laye
Courbevoie
Pantin
D983
Thoiry
St-Cloud
N13
Vincennes
78
92
PARIS
Boulogne-B.
Vitry-s.-Seine
La Queue-lez-Yvelines
Versailles
Issy-les-Moul.
Créteil
Ivry
Élancourt
St-Cyr-l'École
Bièvres
Thiais
N20
Trappes
Sceaux
L'Haÿ-les-Roses
N118
Fresnes
N10
St-Léger-en-Yv.
Orsay
Palaiseau
Gif-s.-Y.
N7
N6
Choisel
Brie-C
Draveil
Rambouillet
Montlhéry
Évry
Émancé
Corbeil
Arpajon
A10
91
Orge
D449
N191
Dourdan
Juine
Soisy-s.-École
N191
Étampes
D372
D721
Milly-la-Forêt
N20
Essonne
N152
Seine-et-Marne 77
Yvelines 78
Essonne 91
Hauts-de-Seine 92

Seine-Saint-Denis 93

Val-de-Marne 94

Val-d'Oise 95

SEINE-ET-MARNE

Château.................... Blandy F5

77115 - Sivry-Coutry
Tél. : 01 60 69 96 89-Fax : 01 60 66 93 14
Animations de 14 h à 19 h le dim. de juill. à fin août
A 6, sortie Corbeil-Essonnes, RN 104 et A 5,
à 50 km de Paris

+8 ans

Bâtie sur les fondations du palais mérovingien du comte Aurélien, compagnon de Clovis, la forteresse fut achevée au XVe s. Devenu une simple ferme fortifiée, le château est en cours de restauration. L'été venu, les enfants vont pouvoir s'y prendre pour de véritables chevaliers.
Les chevaliers en herbe suivront trois ateliers pour s'initier aux trois disciplines indispensables pour être adoubés devant les seigneurs du château. Le premier enseigne l'interprétation des signes héraldiques, le deuxième permet de confectionner sa propre cotte de mailles, et le troisième apprend à manier avec adresse et courage canne et bâton.
Pour parfaire leur connaissance de l'univers du Moyen Âge, deux autres ateliers leur offrent la possibilité de découvrir des artisanats qui ont occupé des places de choix dans la vie de la société médiévale : l'orfèvrerie et le travail du forgeron. C'est par la magie du feu opérant sur les métaux que naissaient les joyaux des gentes dames et les armes des preux chevaliers...

Musée du Père Noël............... Chailly-en-Bière E6

17, rue de la Fromagerie
77930 - Chailly-en-Bière
Tél. : 01 60 69 22 16
Ouv. du mardi au dim. de 10 h à 13 h
et de 15 h à 18 h ; fermé du 15 janv. au 15 mars
A 6 sortie Fontainebleau, à 60 km S. de Paris

pour tous

À la sortie d'un village, une belle ferme a été transformée en musée. Une famille finlandaise a mis ses connaissances, son goût et son talent dans l'aménagement de deux musées originaux et inattendus. Le premier, le **musée du Père Noël**, est consacré à ce célèbre héros des enfants que la Finlande revendique comme l'un des siens. Une scénographie étudiée et attrayante évoque son histoire depuis

l'époque des dieux vikings jusqu'au Santa Claus américain, en passant par saint Nicolas et la Befana.
Le second musée est le **Médiamusée,** qui a pour ambition d'évoquer l'histoire des moyens de communication du phonographe au lecteur CD et de la lanterne magique à la caméra vidéo.

Château............. Fontainebleau F6

77300 - Fontainebleau
Tél. : 01 60 71 50 70-Fax : 01 60 71 50 71
Ouv. tlj sauf mardi de 9 h 30 à 17 h (18 h du 1er juin à fin sept.
Le parc est ouvert tlj de 9 h à 17 h les mois d'hiver et 20 h 30 les mois d'été
Gratuit pour les – de 18 ans
A 6 et RN 37, à 65 km S. de Paris

+8 ans

Ce château peut s'enorgueillir d'avoir accueilli 34 souverains, de Louis VI le Gros à Napoléon III. Il vaudra mieux éviter de mentionner devant les enfants qu'il contient 1 900 pièces, l'idée de le visiter les découragerait ! Ils ne traverseront que quelques salles, notamment la galerie François-Ier, la salle de bal, la chapelle de la Trinité, le grand cabinet et le boudoir de la reine Marie-Antoinette, la salle du Conseil, la salle du Trône et les appartements privés de Napoléon Ier... Ils pourront également visiter le musée Napoléon-Ier, qui contient des objets et souvenirs évoquant la vie de l'Empereur et de sa famille, et le Musée chinois, où sont réunies les collections de chinoiseries rassemblées par l'impératrice Eugénie.
Des livrets-jeux-parcours sont remis gratuitement aux enfants à l'entrée et permettent aux jeunes visiteurs de découvrir le château en s'amusant.
– La fête de la Saint-Louis, dont l'origine remonte sans aucun doute aux premiers des Louis qui se succédèrent pendant neuf siècles, réunissait la Cour et la Ville le temps des réjouissances... En souvenir, un grand feu d'artifice est tiré le long du canal dans le parc du château et une fête foraine est organisée parallèlement.

Musée napoléonien d'Art et d'Histoire militaires.... Fontainebleau F6

88, rue Saint-Honoré
77300 - Fontainebleau
Tél. : 01 64 22 49 80
Ouv. tlj sauf dim. et lundi de 14 h à 17 h
A 6 sortie Fontainebleau puis RN 37, à 65 km S. de Paris

+8 ans

Ce musée évoque l'histoire militaire du premier Empire.
Près de 100 mannequins ont endossé de prestigieux uniformes authentiques des armées impériales et des vitrines renferment une importante collection d'armes de poing et d'armes à feu. Le célèbre chapeau de Napoléon et l'épée qu'il portait à Fontainebleau complètent l'évocation de l'Empereur.

Promenade en barque, en train et en attelage........... Fontainebleau F6

77300 - Fontainebleau
A 6 sortie Fontainebleau puis RN 37, à 65 km S. de Paris

pour tous

Des promenades en barque permettent de se détendre en ramant tranquillement sur l'étang des Carpes (rens. au 01 60 71 50 70). Un petit train sillonne les rues de la ville (rens. 01 60 74 99 99). Des calèches attelées parcourent le parc (rens. au 06 81 50 09 20).

Uranoscope.... Gretz-Armainvilliers F4

7, av. Carnot
77220 - Gretz-Armainvilliers
Tél. : 01 64 42 00 02-Fax : 01 64 07 86 04
RN 4, 35 km S.E. de Paris

+12 ans

L'Uranoscope, présidé par Hubert Reeves et Jean-Loup Chrétien, a l'ambition de mettre à la portée de tous l'astronomie et les sciences de l'Univers. L'Observatoire astronomique, équipé de téléscopes, est ouvert au public le sam. de 21 h à 23 h. Chacun peut venir découvrir le spectacle céleste (Lune, planètes, comètes, amas d'étoiles, galaxies...). Parallèlement, des conférences, présentées par des astrophysiciens, sont organisées sur des sujets intéressant les sciences de l'Univers.

Tacot des lacs..... Grez-sur-Loing F7

77880 - Grez-sur-Loing
Tél. : 01 64 28 67 67-Fax : 01 64 78 30 78
Circule le sam. et dim. de mai à oct.
A 6 sortie Nemours, à 72 km S. de Paris

pour tous

De la petite gare de Grez, vous partirez pour un charmant voyage à bord d'un train 1900, « le Tacot », un des rares témoins des petits trains Decauville qui sillonnaient autrefois la campagne. Une véritable locomotive à vapeur du début du siècle balade les voyageurs à la vitesse folle de 15 km/h.

Base de plein-air et de loisirs de Jablines-Annet........... Jablines F3

77450 - Jablines
Tél. : 01 60 26 04 31
Ouv. tte l'année du lever
au coucher du soleil
Entrée gratuite de juin à sept., activités payantes
RN 3, à 6 km de Claye-Souilly et 45 km E. de Paris

pour tous

Quelle joie, lorsqu'il fait beau, de se baigner sur cette belle plage aménagée dans la boucle de la Marne et équipée d'un toboggan aquatique ! Les enfants peuvent s'initier à la planche à voile ou au ski nautique et faire des parties de tennis et de mini-golf. Les plus jeunes joueront tranquillement sur l'aire de jeux.
Nouveauté : des ateliers scientifiques (espace et astronomie).

Château de Vaux-le-Vicomte............. Maincy F5

77950 - Maincy
Tél. : 01 64 14 41 90-Fax : 01 60 69 90 85
Ouv. tlj de 10 h à 18 h de fin mars à mi-nov.
Soirées aux chandelles : jeudi et sam. de 20 h à minuit de juill. à oct.
Jeux d'eau : 2e et dernier sam. d'avr. à oct. de 15 h à 18 h
Gratuit pour les – de 6 ans
A 6 sortie Melun, suivre fléchage, à 48 km S. de Paris

+8 ans

Nicolas Fouquet était le surintendant des Finances de Louis XIV ; l'homme était ambitieux et, pour célébrer sa propre gloire, il fit édi-

fier un château avec le concours de l'architecte Louis Le Vau, du paysagiste André Le Nôtre et du décorateur Charles Le Brun.
Pour célébrer son inauguration, il donna le 17 août 1661 une très grande fête où fut convié le jeune roi. Ballets, concerts, représentations théâtrales, feux d'artifice se succédèrent. Cependant, un tel déploiement de faste et de luxe et la somptuosité du lieu provoquèrent la jalousie du roi et la déchéance du ministre. Par ailleurs, Louis XIV pria Le Vau et Le Brun de lui aménager à Versailles un château cent fois plus beau.
Si la visite traditionnelle du château ne passionne pas forcément les jeunes visiteurs, ils apprécieront en revanche infiniment les visites nocturnes, lorsque le château est éclairé aux chandelles ; ils aimeront regarder les carrosses, les calèches et même un char romain du musée des Équipages ; et ils trouveront spectaculaires les jeux d'eau sur les bassins du parc.

Disneyland Paris.......................... Marne-la-Vallée F4

77777- Marne-la-Vallée
Tél. : 0 803 30 60 30 et 01 60 30 60 30
Minitel : 3615 DISNEYLAND
Ouv. tlj de tte l'année de 9 h à 20 h
(10 h en sem. en hiver sauf vac. scol.) et de 9 h à 23 h en juill. et août.
Les passeports (1 à 3 jours) sont en vente sur place, dans les boutiques Disney Store, à la FNAC, Virgin Megastore, Auchan, Carrefour, O.T de Paris, aux aéroports et aux principaux guichets RATP de Paris.
A 4 sortie Disneyland Paris, à 32 km E. de Paris
RER A Marne-la-Vallée/Chessy gare TGV

Disneyland Paris a trouvé son inspiration dans les films de Walt Disney et se fonde sur le succès des parcs à thèmes Disney déjà réalisés en Californie, en Floride et au Japon.
Accueillis par Mickey, Minnie, Donald... et les héros de *Toy Story*, les visiteurs commencent leur journée soit en embarquant à bord d'un train à vapeur qui, de Main Street Station, part pour faire le tour du parc avec arrêt dans chacun des pays, soit en arpentant Main Street, la grande-rue d'une petite ville mythique américaine du début du siècle. Des omnibus tirés par des chevaux circulent sur la chaussée et la rue est bordée de boutiques et de restaurants.
Au bout de la rue se dresse le château de la Belle au bois dormant : il est magnifique comme dans les contes de fées. Mais attention ! il est gardé par un terrible dragon qui se tapit dans le sous-sol.

Le château est le centre du parc et le point de départ pour l'un des quatre pays : Fantasyland, Adventureland, Frontierland et Discoveryland.

Fantasyland est le pays qui ravira le plus les petits. Ils trouveront là des attractions inspirées des films de Walt Disney : Blanche-Neige et les sept nains, Pinocchio, Peter Pan, Dumbo l'éléphant, mais aussi des légendes et contes européens. Ils embarqueront pour une des attractions les plus célèbres de l'univers Disney, It's a small world, un hymne féerique aux enfants du monde entier.

Adventureland est le rendez-vous avec les aventures fantastiques : l'attaque des pirogues par de redoutables flibustiers les *Pirates of the Caribbean*, l'escalade du rocher tête de mort Skull Rock, la recherche du trésor caché sur Adventure Isle, la folle aventure d'*Indiana Jones et le temple du péril*… à l'envers !

Frontierland est le pays de la vitesse et de la peur : un voyage à bord d'un train fou, *Big Thunder Mountain Railroad*, une descente de rivière, *Rivers of the Far West*, une rencontre avec les fantômes de la maison hantée, *Phantom Manor*.

Discoveryland est le pays de l'invention et des émotions fortes : une incroyable mission intergalactique à bord d'un vaisseau spatial, *Star Tours*, un départ vers les montagnes de l'espace, *Space Mountains*, une descente au fond de la mer pour découvrir les *Mystères du Nautilus*, une aventure aux conséquences énormes… *Chérie, j'ai rétréci le public*. On peut aussi assister à la projection d'un film sur un écran à 360°, le *Visionarium*… Il faudra plus d'une journée pour participer à toutes les attractions, flâner à loisir dans les boutiques et goûter à quelques-unes des spécialités des nombreux restaurants. Enfin, les enfants ne rateront sous aucun prétexte l'heure du passage de la parade des héros de Disney le long de Main Street et devant le château de la Belle au bois dormant.

Aux portes du parc, le **Disney Village** est un centre de divertissements, de restaurants, de boutiques, extérieur au parc d'attractions ; on pourra y dîner, assister au dîner-spectacle « La Légende de Buffalo Bill » ou à la magie du cirque nautique le *Crecend'O*, et aussi y dormir dans des hôtels représentant chacun une région ou une époque américaine : Disneyland Hotel, NewYork Hotel, Newport Bay Club, Sequoia Lodge, l'hôtel Cheyenne, l'hôtel Santa Fe et le ranch Davy Crockett.

Un nouveau parc consacré au cinéma est prévu en prolongement de Disneyland Paris (ouverture prévue printemps 2002).

Musée de la Préhistoire.................... Nemours F7

48, av. de Stalingrad
77140 - Nemours
Tél. : 01 64 78 54 80-Fax : 01 64 28 49 58
Ouv. tlj sauf merc. de 10 h à 12 h et de 14 h à 17 h 30
Gratuit pour les – de 13 ans
A 6, à 79 km S. de Paris

+8 ans

Les visiteurs accèdent aux salles d'exposition par une rampe jalonnée de silhouettes évoquant l'évolution humaine. De là partent deux circuits : le premier, vivement recommandé au jeune public, comprend quatre salles qui restituent les aspects de la préhistoire régionale avec de grands tableaux peints sur les murs reconstituant différentes scènes de la vie des lointains ancêtres ; le second s'adresse plus aux visiteurs déjà informés et soucieux d'approfondir leurs connaissances.
Un chantier de fouilles est reconstitué et quatre jardins intérieurs évoquent le milieu naturel de quatre phases climatiques du quaternaire. La mise en valeur des objets et des sites est très réussie et les explications sont claires et bien formulées.
Ne manquez pas le document audiovisuel sur écran panoramique qui fait revivre la vie des derniers chasseurs du paléolithique supérieur.

Fami-Parc.................. Nonville F7

Château de Nonville
6, rue Grande
77140 - Nonville
Tél. : 01 64 29 02 02-Fax : 01 64 29 06 01
Ouv. de 11 h à 18 h les merc., w.-e. et jrs fér. en mai, juin et sept., de 10 h 30 à 19 h, et tlj en juill. et août
A 6 sortie Nemours sud, puis RD 403 dir. Montereau, à 85 km S. de Paris

pour tous

Un tout nouveau parc familial de détente et de loisirs vient de s'implanter dans le cadre magnifique du château de Nonville. Petits et un peu plus grands vont découvrir au fil de leur visite les différentes aires aménagées à leur intention : l'espace attractions, avec son bateau pirate, sa mini-roue, son circuit champignon... ; l'espace récréation, composé de trampolines, de toboggans, de châteaux gonflables ; et un espace rural, où coqs, dindons et oies vagabondent en toute liberté autour des bâtiments de la ferme.

Par ailleurs, un circuit de tacots s'enfonce lentement dans le sous-bois ombragé, un carrousel 1900 tourne gentiment en rond, et une rivière sauvage entraîne dans une descente infernale.
Les enfants pourront également faire des tours à dos de poney et des parties de golf miniature.

Parc zoologique du bois d'Attilly.................. Ozoir-la-Ferrière F4

77330 - Ozoir-la-Ferrière
Tél. : 01 60 02 70 80
Ouv. tlj de l'année de 9 h 30 à 17 h les mois d'hiver, et de 9 h 30 à 18 h en été
RN 4, à 23 km E. de Paris

pour tous

Tout en se promenant sur 16 ha de parc boisé, parcouru d'allées, au milieu d'arbres pour certains centenaires, et agrémenté de nombreux plans d'eau, on rencontre hippopotames, girafes, zèbres, chimpanzés, lamas…

Les grandes heures du Moyen Âge................ Provins H5

Cité médiévale
77180 - Provins
Tél. : 01 64 60 26 26 (OT)-
Fax : 01 64 60 11 97 (OT)
D'avril à nov. se rens. sur les horaires
Prix en fonction des spectacles ; se rens. sur les horaires précis
A 4, sortie n° 13 et dir. Provins, à 85 km de Paris

+8 ans

D'avril à novembre, la ville de Provins entraîne ses visiteurs dans un réel voyage dans le temps pour découvrir à quoi ressemblait la vie quotidienne aux temps des fameuses foires de Champagne du Moyen Âge.
Des spectacles sont montés de Pâques à la Toussaint.
« **À l'assaut des remparts** » propose une revue des machines de guerre médiévales (trébuchet, couillard, mangonneau à roues de carrier, cerbatane). Après une présentation des différents engins, les spectateurs assistent à l'attaque de murailles avec tirs réels.

« **Le Jugement de Dieu** » est un tournoi de chevalerie avec d'impressionnantes cascades, qui évoque le duel qui opposa le comte Thibaud de Champagne au comte de Picardie au XIIIe s. (de la mi-juin à la mi-sept., se rens.).
« **Les Aigles des remparts** » est un spectacle de rapaces en vol libre présenté par des fauconniers vêtus de costumes médiévaux (d'avril à la mi-oct. ; se rens. sur les horaires précis).
Le son et lumière évoque la ville de Provins à l'époque de Thibaud de Champagne (rens. au 01 64 00 57 00).
Par ailleurs, l'office de tourisme propose « **l'Apprentie Famille** », une série d'ateliers de découverte des métiers d'autrefois : réalisation de vitraux, calligraphie, blason. Les séances se déroulent dans la somptueuse demeure des marchands du XIIIe s., la Grange aux dîmes (w.-e., jrs fér. et a.-m. pendant les vac. scol. zone C, à 14 h, 15 h et 16 h ; durée : 45 minutes).
Enfin, comme les villes de Fontainebleau, Meaux, Melun, Vaux-le-Vicomte, Provins invite ses visiteurs à découvrir ses trésors munis d'un livret-découverte qui propose circuit et questions aussi instructives qu'amusantes (disponible à l'OT, chemin de Villecran ; tél. : 01 64 60 26 26).

Parc animalier de l'Emprunt........ Souppes-sur-Loing F7

Rue Hoche
77460 - Souppes-sur-Loing
Tél. : 01 64 29 76 55
Ouv. de 10 h à 19 h de juin à sept.
et de 14 h à 17 h 30 en hiver
A 6 sortie Nemours et RN 7, à 89 km S. de Paris

pour tous

Au cœur de la ville, sur 6 ha de bois, prairies et étang, ce parc accueille les animaux de la faune européenne, qui vivent là en totale ou semi-liberté. Les enfants viennent les voir et caresser un grand nombre d'entre eux.

YVELINES

Château de Breteuil.... Choisel C4

78460 - Chevreuse
Tél. : 01 30 52 05 11-Fax : 01 30 52 71 10
Ouv. 10 h pour le parc,
de 14 h 30 à 17 h 30 pour le château
(11 h dim., jrs fér. et vac. scol. région parisienne)
RN 118 sortie Chevreuse puis suivre parcours fléché,
à 35 km O. de Paris

pour tous

Le château de Breteuil est bâti dans un jardin recréé d'après des cartons de Le Nôtre. Les jeunes visiteurs vont avoir l'occasion de parcourir les pièces d'un château sans soupirer d'ennui... Ils vont rencontrer Marie-Antoinette et Louis XVI, Louis XVIII, Gambetta, Marcel Proust... ; dans les cuisines, ils auront la surprise de voir le pâtissier rouler sa pâte, la cuisinière respirer et le chauffeur du roi d'Angleterre faire l'admiration des femmes de chambre. Tous ces personnages ont ressuscité grâce au musée Grévin.
Les dimanches et jours fériés de mai à oct., les visites sont assurées par des guides en costumes du XVIIIe s. et il existe une visite commentée et adpatée à l'âge des enfants.
Charles Perrault, longtemps collaborateur de Louis de Breteuil, est à l'honneur ; des scènes recréent quelques-uns de ses contes les plus célèbres : la Belle au bois dormant dort dans le château ; Peau d'Âne lave les torchons dans le lavoir ; le Petit Chaperon rouge rend visite à sa mère-grand dans un petit pavillon du parc ; le Chat Botté est dans la petite écurie ; et le Petit Poucet se cache dans le fruitier. Une signalétique, ayant pour symbole la botte de sept lieues, permet de conduire les visiteurs d'un conte à l'autre. Les plus jeunes pourront faire de la balançoire, et toute la famille se promènera dans le parc planté d'arbres magnifiques où quelques daims vivent en liberté.
Une conteuse raconte aux enfants les histoires extraordinaires de Charles Perrault (dim. a.-m. du 1er mai au 14 juill. et de la fin août à fin oct.).
Des goûters anniversaires sont organisés toute l'année sur réservation.

Musée de la Batellerie...... Conflans-Sainte-Honorine D3

Château du Prieuré
3, place Gévelot
78700 - Conflans-Sainte-Honorine
Tél. : 01 39 72 58 05-Fax : 01 34 90 88 89
Ouv. en semaine sauf mardi matin de 9 h à 12 h et de 13 h 30 à 18 h et w.-e. et jrs fér. de 15 h à 18 h en été (14 h à 17 h en hiver)
A 15 sortie Conflans, à 25 km N.-O. de Paris

+8 ans

Le musée évoque la batellerie dans les différentes régions de France grâce à d'extraordinaires maquettes, merveilles de précision, regroupées pour certaines dans de vastes panoramas évoquant la région traitée ; des documents, des photos et des objets se rapportant au bateau apportent un précieux complément à ce panorama de la navigation sur rivière.

France miniature...... Élancourt C4

25, route du Mesnil
78990 - Élancourt
Tél. : 01 30 16 16 30
Fax : 01 30 16 16 31
Ouv. tlj de 10 h à 19 h du 1er avril à la mi-nov. Fermé lundi et mardi en sept. et lundi, mardi, et vend. d'oct. et nov. Tlj de 10 h à 18 h vac. de Toussaint
A 13/A 12 et RN 12, suivre fléchage, à 30 km O. de Paris

pour tous

Une France miniature avec ses montagnes, ses mers et ses océans, ses fleuves et ses rivières. La tour Eiffel est presque au centre avec tout près d'elle le Grand Stade et un peu plus loin les châteaux de la Loire, à l'ouest, Le Mont-Saint-Michel, au sud, Notre-Dame-de-la-Garde à Marseille, au nord, la cathédrale d'Amiens... Dans ce vaste parc arboré représentant la France, plus de 150 monuments et 15 villages typiques reproduits au 1/30 symbolisent les régions françaises.
Les cathédrales ont leurs vitraux, leurs statues, leurs gargouilles ; les toits des hospices de Beaune sont recouverts de tuiles bien vernissées, les trains circulent, les bateaux quittent le port...
Dans la salle dite des « Rois de France » a lieu plusieurs fois par jour une **féerie aquatique** : des jets d'eau de toutes les couleurs sautent et dansent au rythme de la musique.
On peut se procurer à l'entrée un audiophone ou encore faire l'acquisition d'un guide afin d'émailler cette promenade dans la France miniature d'informations pédagogiques et culturelles.

Pendant les mois d'été, des animations sont régulièrement proposées, dont un « Tour de France des saveurs » avec dégustation de produits régionaux dans les sites appropriés (se rens. sur les dates). Les samedis des mois de mai, juillet et août, le parc prend une allure mystérieuse sous les lumières des flambeaux et devient féerique lorsqu'un feu d'artifice est tiré du Mont-Saint-Michel.

Réserve zoologique de Sauvage.................... Émancé B5

78120 - Émancé
Tél. : 01 34 94 00 94
Ouv. tlj de 9 h à 19 h en été
et de 9 h à 17 h 30 en hiver
Par la D 176 de Rambouillet
A 13/A 12, RN 10 jusqu'à Rambouillet et RD 176, à 65 km O. de Paris

pour tous

Autour d'un harmonieux château du XVIIIe s. s'étend un parc à l'anglaise où poussent des arbres exotiques tels que séquoias, tulipiers, cèdres, paulownias… et où évoluent librement kangourous, petites antilopes, cerfs nains et, le long de l'étang, une colonie de flamants roses. Dans une partie du château ont été aménagées des volières pour accueillir de magnifiques oiseaux provenant de tous les coins du monde.

Serre aux Papillons......... La Queue-lez-Yvelines B4

Jardinerie Poullain
78940 - La Queue-lez-Yvelines
Tél. : 01 34 86 42 99-Fax : 01 34 86 42 99
Ouv. tlj de 9 h 30 à 12 h 15 et de 14 h 30 à 18 h
de fin mars au 15 nov.
A 13/A 12 et RN 12, à 50 km O. de Paris

pour tous

Dans une serre, plus de 500 papillons exotiques volent au milieu des hibiscus, des orchidées et des bananiers. Le monde merveilleux des papillons aux couleurs chatoyantes est à portée des petites mains. Puis, avec un peu de chance, on assiste en direct à la transformation des chenilles en papillons. Un film vidéo d'environ 20 minutes explique et montre ce cycle (œuf, chenille, chrysalide, papillon).

Base régionale de plein air et de loisirs............ Moisson B2

78840 - Moisson
Tél. : 02 34 79 33 34
Fax : 02 34 79 31 70
Ouv. tlj de 7 h à 22 h de juin à fin août ; w.-e. et jrs fér. de mars à nov.
Gratuit pour les – de 8 ans
L'entrée ne comprend pas les activités
A 13 sortie Bonnières-sur-Seine, à 70 km O. de Paris

pour tous

Que vous soyez sportif ou simplement désireux d'un peu de farniente, vous aurez le choix de vos activités. L'espace loisirs de Moisson propose tennis, planche à voile, canoë, pédalo, tir à l'arc, pistes de bicross, mini-golf, golf de 18 trous et une belle plage aménagée.

Musée du Jouet.......... Poissy C3

2, enclos de l'Abbaye
78300 - Poissy
Tél. : 01 39 65 06 06-Fax : 01 39 65 03 14
Ouv. du mardi au dim. de 9 h 30 à 12 h et de 14 h à 17 h 30 ; fermé jrs fér.
A 13 sortie Poissy, à 29 km O. de Paris

pour tous

Installé dans un bâtiment du XIVe s., le musée présente sur trois étages un ensemble de jouets et de jeux du XIXe et du XXe s.
Un espace du premier étage est le royaume de la poupée : bébés jumeaux, poupée à tête de porcelaine, de cire, élégante poupée de mode du siècle dernier, baigneurs en celluloïd, poupards en carton, poupées folkloriques… Une autre partie est consacrée aux jouets optiques : lanternes magiques, zootrope (ancêtre du dessin animé), kaléidoscopes, théâtres d'ombres… et le reste de l'étage expose des jeux de société et des animaux : les animaux de la ferme et les ours en peluche… des jeux de plein air, des trains et des jouets mécaniques.
Au deuxième étage, une pièce mansardée recrée l'atmosphère d'un grenier. Autour d'un réseau de trains électriques fonctionnant à l'approche du visiteur sont rassemblées les plus belles pièces du musée : poupées rares, trains et bateaux à vapeur, marionnettes, etc.
Dans une petite pièce aménagée dans une tour du bâtiment, une chambre d'enfant a été reconstituée avec ses jouets et tous ses objets familiers.
Un questionnaire-jeux est remis aux enfants à l'accueil.

Bergerie nationale et musée du Mouton................ Rambouillet B5

Parc du Château
78120 - Rambouillet
Tél. : 01 34 83 68 00
Ouv. du merc. au dim. de 14 h à 18 h et tlj pendant vac. scol.
A 13/A 12 et RN 10, à 54 km O. de Paris

pour tous

L'histoire de la bergerie de Rambouillet est intimement liée à celle des moutons mérinos, réputés pour la finesse de leur laine. Le troupeau d'origine vient de la région de Ségovie, en Espagne, il a été acheté sur ordre de Louis XVI et est arrivé à pied à Rambouillet après un voyage de quatre mois. Les moutons que l'on voit aujourd'hui descendent de ces mérinos espagnols ; ils sont maintenant exportés dans le monde entier sous le nom de Rambouillet.
À la période des naissances (automne et printemps) les jeunes enfants caresseront avec émotion les agneaux nouveau-nés.

Musée rambolitrain.. Rambouillet B5

4, pl. Jeanne d'Arc
78120 - Rambouillet
Tél. : 01 34 83 15 93-Fax : 01 34 83 00 14
Ouv. tlj sauf lundi et mardi de 10 h à 12 h et de 14 h à 17 h 30
A 13/A 12 et RN 10, à 54 km O. de Paris

pour tous

Deux passionnés ont réuni plus de 4 000 pièces de collection retraçant l'histoire du chemin de fer.
On découvre les premiers trains-jouets fabriqués en fer-blanc et peints à la main ; dans une vitrine reconstituant un magasin de jouets, le Paradis des enfants, on admire la Gare centrale (1904) avec tous ses personnages : les passagers attendent sur le quai, le porteur avance son chariot chargé de bagages, dans le wagon-restaurant le cuisinier est entouré de ses casseroles et de ses poêles… Les enfants apprécieront particulièrement le réseau ferroviaire du deuxième étage, où circulent locomotives et wagons.
En été, le petit train du jardin sur lequel on peut monter sera très apprécié des petits.

Espace Rambouillet **Rambouillet B5**

78514 - Rambouillet
Tél. : 01 34 83 05 00 - Fax : 01 34 83 67 34
Minitel : 3614 ESPACERAMB
Ouv. tlj de 9 h à 18 h d'avril à oct. ;
tlj sauf lundi de nov. à avril
Présentation de rapaces en vol d'avril à oct.
A 13/A 12 et RN 10, à 54 km O. de Paris

pour tous

L'espace Rambouillet propose la forêt des cerfs : au cours d'une marche sur des sentiers on y longe des enclos où vivent en liberté cerfs, biches, chevreuils, aurochs ; une forêt sauvage où l'on rencontre au hasard de la marche des cerfs, biches, sangliers ; et une forêt des aigles où vivent plus de 100 rapaces. Ceux-ci (aigles, vautours, milans, faucons) se livrent à de spectaculaires démonstrations de leurs talents, effectuant de splendides vols libres et exhibant leurs subtiles techniques de chasse et de pêche.

Ferme de Gally.. **Saint-Cyr-l'École C4**

Route de Bailly
78210 - Saint-Cyr-l'École
Tél. : 01 34 60 63 30-Fax : 01 30 58 03 00
Ouv. de 9 h à 19 h d'avril à nov. pour la cueillette ;
de 10 h à 12 h 30 et de 14 h à 18 h 30 (merc. 19 h) en semaine,
et de 10 h à 19 h le w.-e. pour la ferme ouverte
15 F la Ferme
Entrée gratuite, prix en fonction de la cueillette
A 13 sortie Rocquencourt, RN 307 dir. Bailly et RD 7 pour St-Cyr-l'École,
à 54 km O. de Paris

pour tous

Chaque saison voit mûrir ses fruits et ses légumes.
Les fruits se cueillent en famille, on se régale de fraises et de framboises et on remplit ses paniers. Non loin des champs de cueillette se dresse la ferme. Petits et grands découvrent en s'amusant la campagne au quotidien. Dans la cour de la ferme les enfants rencontrent canards, biquettes, lapins, poules et poussins..., et dans les bâtiments des **ateliers** sont organisés : fabrication du pain (tous les jours sans réservation) et, en juillet et août, patatogravure pour les petits, barattage du beurre, abeilles et apiculture, fabrication du jus de pomme, plantation des choux et des fraises... (se rens. sur les horaires ; ateliers payants).

De la mi-juill. à la fin sept., de 10 h à 18 h, la ferme de Gally invite les courageux aventuriers à une chasse au trésor dans un **labyrinthe de maïs**.

La ferme de Gally ne manque pas d'imagination pour créer des **événements exceptionnels** : fin mars, elle ouvre son royaume et les visiteurs assistent à la tonte des moutons, au ferrage des chevaux, à la fabrication du pain (les journées de Gally) ; à Pâques, on y fait une chasse aux œufs ; en juin, les enfants se régalent de fraises ; en septembre, on revit les moissons comme autrefois et on cueille les pommes ; fin novembre, les enfants fêtent Halloween... Enfin, on peut y goûter avec ses copains pour fêter son anniversaire.

Musée des Antiquités nationales........ Saint-Germain-en-Laye C3

Château
78103 - Saint-Germain-en-Laye
Tél. : 01 39 10 13 00-Fax : 01 34 51 73 93
Ouv. tlj sauf mardi de 9 h à 17 h 15
RER ligne A Saint-Germain-en-Laye
Gratuit pour les – de 18 ans
A 13 ou A 14 sortie Saint-Germain, à 17 km O. de Paris

+12 ans

Le château de Saint-Germain a été résidence royale à partir du XIIe s. : François Ier, Henri IV, Louis XIII y habitèrent et Louis XIV y naquit. Pour le sauver de la ruine, Napoléon III décida sa restauration dans le but d'y installer un musée.

Aujourd'hui celui-ci présente une des plus riches collections préhistoriques d'Europe. Les objets allant du paléolithique aux périodes mérovingiennes sont remarquablement exposés. On y voit des œuvres capitales, comme la célèbre tête de la dame de Brassempouy, le plus ancien visage humain connu, ou une reconstitution de la salle des Taureaux de la grotte de Lascaux.

Dynamique, le musée des Antiquités nationales proposent des visites spéciales conçues pour les familles.

Ce sont les **visites légères,** d'une durée de 1 heure, destinées aux parents accompagnés de leurs enfants (à partir de 6 ans) ; des **visites-explorations,** au cours desquelles l'enfant, muni d'un questionnaire, réalise une enquête en répondant à des questions sur le guerrier gaulois ou sur Clovis et Dagobert et leur temps ; ou encore un **circuit des curiosités,** qui donne l'occasion de découvrir des objets insolites comme ces énormes dents de mammouth ou encore cette amulette perforée faite à partir d'une rondelle crânienne il y a 8 000 ans.

Par ailleurs, des **ateliers familiaux** accueillent parents et enfants à partir de 8 ans pour une immersion commune dans le passé (merc., sam., dim. et vac. scol. ; séances de 2 heures ; rens. au 01 39 10 13 21).

Parc et château.......... Thoiry B3

78770 - Thoiry
Tél. : 01 34 87 52 25
ou 01 34 87 40 67 (rép.)
Fax : 01 34 87 54 12
Minitel : 3614 THOIRY
Ouv. tte l'année (horaires selon la saison), informations sur répondeur ou site internet : www.thoiry.tm.fr

pour tous

Créé par Paul de La Panouse, il y a plus de trente ans, cette réserve est un petit morceau de jungle africaine en région parisienne.
On parcourt la Réserve africaine en voiture et le jardin zoologique et botanique à pied.
En voiture, on roule à proximité des lions, des girafes, des éléphants, des rhinocéros, des ours, des zèbres et de bien d'autres animaux encore.
Afin de les observer à loisir et en toute sécurité, à bord de votre véhicule, respectez les consignes de sécurité et ne nourrissez pas les animaux.
À pied, on passe au-dessus de la rivière des singes, et par un tunnel de verre, on approche de très près des griffes des tigres et des lions.
Dans le vivarium, on découvre les très rares dragons de Komodo et les crocodiles blancs de Thaïlande.
Les enfants s'amusent sur l'aire de jeux, et peuvent caresser les animaux de la mini-ferme.
Des animations sont régulièrement proposées dans le parc zoologique (programme et horaires affichés à la caisse).
On peut aussi se promener dans le magnifique jardin à l'anglaise et dans le parc à la française et le château familial se visite (a.-m. de 14 h à 18 h de fév. à sept.).
Enfin, on peut tenter de comprendre les règles du cricket en assistant à un match sur le green comme en Angleterre (w.-e. d'avril à oct.).
Un petit train assure des navettes entre l'entrée et le cœur du parc à parcourir à pied.

⛵ Base de loisirs de Saint-Quentin-en-Yvelines Trappes C4

78190 - Trappes
Tél. : 01 30 62 20 12
Fax : 01 30 62 91 72
Ouv. tlj de 7 h 30 à 22 h 30
L'entrée ne comprend pas les activités, elle est gratuite à pied et payante en voiture
A 13/A 12 sortie Saint-Quentin, à 25 km O. de Paris sur la RD 912

pour tous

La base de loisirs de Saint-Quentin-en-Yvelines offre une palette d'activités. Une grande piscine à vagues et ses deux bassins chauffés apportent la mer à la campagne (de 11 h à 19 h).
Une base nautique propose des initiations à la voile et à la planche.
Un centre équestre permet d'apprendre à monter à cheval ou à poney.
Une plaine de jeux, pour jouer au ballon ou lancer des cerfs-volants, et des bacs à sable et des pataugeoires sont à la disposition des jeunes enfants.
Une ferme donne l'occasion d'approcher moutons, chèvres, vaches, cochons, poulets...
Des pistes de jogging et des sentiers de promenade font le tour de l'étang, véritable réserve naturelle peuplée de canards et d'oiseaux.
Un petit train et des calèches permettent de faire le tour du parc sans se fatiguer. Enfin, un parcours de golf attend les adultes et les grands.
Toute la famille pourra se promener au bord de l'étang, et aller ensuite visiter la ferme avec ses ânes du Poitou, ses chèvres et ses moutons. En saison, un petit train dessert les principaux centres d'intérêt du parc.
Les sportifs pourront aussi louer des bicyclettes ou des rosalies (voiture à pédales) à 6 places (merc., w.-e. et vac. scol. de 12 h à 19 h).

☾ Parc aux étoiles... Triel-sur-Seine C3

Observatoire de Triel
2, rue Chapelle
78510 - Triel-sur-Seine
Tél. : 01 39 74 75 10
Ouv. merc., dim., certains jrs fér. et vac. scol. ;
Visites guidées tous les jours de 14 h à 18 h 30
A 13 sortie Poissy, RN 190, à 35 km O. de Paris

+8 ans

Utilisant le principe de la lumière noire, tout le ciel est représenté en trois dimensions. Plus de 20 000 étoiles brillent de tous leurs feux. Des dioramas géants restituent les principales constellations du ciel boréal et racontent les grands moments de la conquête de l'espace. En sortant de cette présentation, on pénètre à l'intérieur de la coupole qui abrite une lunette astronomique et, par temps clair, on observe le ciel.

Base de loisirs du val de Seine.... Verneuil-sur-Seine C3

Chemin du Rouillard
78480 - Verneuil-sur-Seine
Tél. : 01 39 28 16 20
Ouv. tlj de Pâques à la Toussaint
L'entrée ne comprend pas les activités ni la baignade
A 13 sortie Les Mureaux et suivre fléchage, à 70 km O. de Paris

pour tous

Dans le cadre verdoyant de la vallée de la Seine, cette base de loisirs s'étend en un chapelet d'étangs, bordés de bois et de prairies. Elle vous offre des activités multiples : jouer au tennis, se promener à cheval, se baigner, glisser dans l'eau du haut du toboggan, naviguer sur des kayaks ou des dériveurs, faire de la planche à voile, louer un vélo ou un kart-cross...
Des activités pour les 7 à 77 ans sont programmées tout au long de la saison.

Château.................. Versailles D4

78000 - Versailles
Tél. : 01 30 83 78 00
ou 01 30 83 77 22
Gratuit pour les – de 18 ans
A 13 sortie Versailles, à 23 km O. de Paris

+8 ans

Château

Ouv. tlj de 9 h à 18 h 30 de mai à fin sept. ;
tlj sauf lundi de 9 h à 17 h 30 d'oct. à fin avril
Entrée porte A pour les visites libres et porte C
pour les visites commentées

L'ancien pavillon de chasse de Louis XIII fut transformé et agrandi par Louis XIV, qui y installa sa cour et le gouvernement. Louis XV et Louis XVI y résidèrent ensuite. Et Louis-Philippe convertit le château en musée. La visite des grands appartements du roi et de la reine, de la galerie des Glaces, de la galerie des Batailles et des appartements du Dauphin et de la Dauphine peut se faire individuellement.

Ateliers, conférences, récits et légendes

Réserv. le matin au 01 30 84 76 22
Ouv. merc. à 14 h et tlj à 10 h 30 vac. scol.

Les **visites-ateliers** s'adressent aux enfants de 8 à 11 ans (durée : 2 heures). Elles commencent par la découverte des appartements historiques, des cours et des jardins. Selon le thème (construction du château, leçon de musique, la famille royale, l'enfance à Versailles, un jardin à la française, etc.), les enfants réalisent ensuite un travail manuel qui leur permet de concrétiser les explications reçues.

Les **visites-conférences,** conçues elles aussi pour les 8-11 ans (durée : 1 h 30), ont pour but d'initier les jeunes visiteurs aux richesses du domaine de Versailles (le château et la vie du roi et de la Cour).

Les **récits et légendes** s'adressent aux plus petits (5-7 ans) : à travers les récits inspirés de la vie quotidienne du roi ou de la mythologie, les enfants découvrent la magie et la richesse du château et de ses jardins (durée : 1 heure).

Les grandes heures du Parlement

Château, aile du Midi (aile gauche)
Tél. : 01 39 67 07 73
Ouv. tlj sauf lundi de 9 h à 18 h 30 de mai à fin sept., et de 9 h à 17 h 30 d'oct. à fin avril
Gratuit pour les – de 18 ans

Dans la salle des Congrès du château de Versailles, les bons élèves en histoire et les futurs étudiants en droit vont s'asseoir sur les bancs où députés et sénateurs siègent lorsqu'ils se réunissent en séance exceptionnelle pour débattre d'une révision de la Constitution. C'est aussi là que, sous la IIIe et la IVe République, étaient élus les présidents de la République et que fut adoptée la Déclaration des droits de l'homme et du citoyen. Un spectacle audiovisuel évoque les grands débats de la nation.

Grand Trianon

Ouv. tlj sauf lundi de 10 h à 18 h 30 de mai à fin sept. ; du mardi au vend. de 10 h à 12 h et de 14 h à 17 h 30 et w.-e. de 10 h à 17 h 30 d'oct. à fin mars

Le château actuel, tout de marbre et de porphyre, dû à Jules Hardouin Mansart, a remplacé le premier Trianon construit pour Louis XIV par Le Vau. Le Grand Trianon fut utilisé comme lieu de délassement par tous les souverains jusqu'à Napoléon III, puis restauré sous la présidence du général de Gaulle.

Petit Trianon

Ouv. tlj sauf lundi de 10 h à 18 h 30 de mai à fin sept. ; du mardi au vend. de 10 h à 12 h et de 14 h à 17 h 30 ; et w.-e. de 10 h à 17 h 30 d'oct. à fin mars

Construit par l'architecte Gabriel pour Louis XV et Mme de Pompadour, il fut donné par Louis XVI à Marie-Antoinette, qui y fit aménager un jardin anglais et le célèbre hameau de la Reine qui enchantera les enfants.

Parc

Ouv. de 7 h du matin à la tombée de la nuit
L'accès en voiture est payant, les pique-niques interdits

Aménagé de 1661 à 1700 par Le Nôtre, le parc est le modèle du jardin régulier à la française avec un grand canal et des bassins il est orné de statues d'inspiration antique. Le parc peut se parcourir à bicyclette (location à l'entrée sud du parc, bd St-Antoine), en petit train (possibilité d'embarquer à chacun des arrêts prévus), en voiture, en calèche (rens. au 01 30 97 04 40) et bien sûr à pied. Tous les dimanches, du début mai au début octobre ont lieu les « Grandes Eaux musicales » au bassin de Neptune (rens. et réserv. au 01 30 83 78 88 ; gratuit pour les moins de 10 ans). Les samedis d'été, on peut également assister aux « Grandes Fêtes de la nuit » au bassin de Neptune (spectacle avec feux d'artifice et grandes eaux lumineuses). Rens. tél. au 01 39 50 36 22 (OT).

Le potager du Roi..... Versailles D4

6, rue Hardy
78000 - Versailles
Tél. : 01 39 24 62 62-Fax : 01 39 24 62 01
Ouv. sam. et dim. de 10 h à 18 h d'avril à oct.
Boutique de fruits et légumes de saison

+8 ans

Le potager du Roi a été créé par Jean-Baptiste La Quintinie à la demande de Louis XIV. Le Roi-Soleil s'était pris d'un goût immodéré pour les fraises et les figues, qu'il voulait voir pousser près de son château. Chaque carré central, réparti en 16 carrés séparés par des arbres fruitiers taillés en contre-espaliers et disposés autour d'un grand bassin, est dominé par des terrasses offrant au roi, et maintenant aux visiteurs, une vue sur les cultures et les fruits. Une douzaine de jardins clos de murs abritent la centaine de variétés de pommes et de poires.

Les enfants seront curieux de découvrir des tomates de formes bizarres, des aubergines blanches, des arbres à kiwis, des fraises très rares, etc. Bien entendu il est défendu de goûter. Dommage ! Mais tous les fruits et légumes sont en vente à la boutique.

ESSONNE

Musée français de la Photographie.......... Bièvres D4

78, rue de Paris
91570 - Bièvres
Tél. : 01 69 35 16 50-Fax : 01 60 19 21 11
Ouv. tlj sauf mardi et jrs fér. de 10 h à 12 h et de 14 h à 18 h
RN 118, à 17 km S.-O. de Paris

+12 ans

La technique de la photographie trouvée par Nicéphore Niepce et Jacques Daguerre a considérablement évolué au fil des années, il est donc vraiment intéressant de découvrir les ancêtres de nos appareils photo et de voir les premiers clichés, certains très rares comme les fameux daguerréotypes.

Port aux Cerises.......... Draveil E4

Rue du Port-aux-Cerises
91210 - Draveil
Tél. : 01 69 83 46 00
Ouv. tte l'année du lever
au coucher du soleil
L'entrée ne comprend pas les activités
RN 6, à 24 km S. de Paris

Pour tous

Voici une base de loisirs vaste et bien équipée.
Petits et grands vont s'en donner à cœur joie : tennis, poney, mini-golf, planches à voile, barques et pédalos, etc., et, en été, ils peuvent se baigner dans une belle piscine à vagues chauffée, et en hiver, ils patinent sur une patinoire en plein air.
Des ateliers scientifiques sont proposés aux enfants et aux ados de 7 à 16 ans.

Base régionale de plein air et de loisirs.................. Étampes D6

5, av. Charles-de-Gaulle
91150 - Étampes
Tél. : 01 64 94 76 18 et 01 69 92 74 32
(pour la piscine à vagues)
L'entrée ne comprend pas les activités
A 13/A 12 et RN 10, à 54 km S.-O. de Paris

pour tous

Un magnifique plan d'eau de 5 ha et des espaces verts très bien aménagés. Les activités proposées sont multiples : tennis, vélo, kart, tir à l'arc, mur d'escalade, planche à voile, plongée sous-marine, et même surf sur la piscine à vagues... (location de matériel sur place).

Chemin de fer de Saint-Eutrope..................... Évry E5

Parc Saint-Eutrope
91000 - Évry
Tél. : 01 60 78 18 64 (gare)
et 01 45 81 30 28-Fax : 01 45 81 36 12
Ouv. les merc., w.-e. et jrs fér. de 14 h 30 à 18 h de Pâques au 11 nov.
A 6 sortie Evry, à 33 km S. de Paris

pour tous

Un petit train à vapeur sifflera trois fois avant de partir pour son parcours, le parc de Saint-Eutrope, sur des voies datant du début du siècle.

Aquagif............... Gif-sur-Yvette D4

Rond-point des
Prés-Mouchard - Chevry
91190 - Gif-sur-Yvette
Tél. : 01 60 12 07 54
Fax : 01 60 12 40 03
Ouv. en semaine de 10 h à 19 h et w.-e. ; fermé en janv.
RN 118 sortie Gif, à 32 km O. de Paris

pour tous

Au cœur de la vallée de Chevreuse, l'Aquagif, avec ses 7 500 m² d'installations aquatiques, est l'endroit idéal pour passer une bonne journée. Une piscine à vagues, trois toboggans, un jacuzzi attendent les baigneurs dans l'enceinte couverte, alors que six pentagliss entourés de pelouse sont installés à l'extérieur pour la grande joie des enfants. Des ateliers de l'École du cirque sont ouverts les après-midi en semaine.

Le « Cyclop » de Jean Tinguely.......... Milly-la-Forêt E6

91490 - Milly-la-Forêt
Tél. : 01 64 98 83 17 (réserv. oblig.)
et 01 64 98 83 17 (OT)
Ouv. vend., sam. et dim. de mai à oct.
Interdit au - 10 ans
A 6 et RN 948, à 62 km S. de Paris

+8 ans

Une visite guidée de 30 minutes donne l'opportunité de découvrir le monstre supermonumental.
La tête s'élève à 22, 50 m et un magnifique chêne, inclus à l'intérieur, la dépasse de 2 ou 3 m : il est comme « un brin de persil derrière l'oreille du gitan », comme aimait à le dire Jean Tinguely. Le visage du Cyclop est recouvert de mosaïques dues à Niki de Saint-Phalle.
À l'intérieur se trouvent un gigantesque billard que l'on ne peut actionner qu'à deux, une microscopique salle de théâtre avec de drôles de sièges, un appartement totalement aménagé et, au sommet, un bassin carré que l'on atteint par une série d'escaliers.
De la bouche du Cyclop jaillit une grande langue que l'on peut emprunter comme un toboggan pour redescendre.

La Verrerie d'art... Soisy-sur-École E6

Le moulin des Noues
91840 - Soisy-sur-École
Tél. : 01 64 98 00 03-Fax : 01 64 98 05 48
Ouv. de 8 h 45 à 12 h 30 et de 13 h 30 à 18 h en semaine (18 h 30 sam.) et de 14 h 30 à 18 h 30 le dim ; fermé les lundi et mardi matin en janv. et fév.
A 6 sortie Corbeil-Essonnes, puis RD 948, à 35 km S. de Paris

+8 ans

Les maîtres verriers travaillent selon des techniques vieilles de 2 000 ans. Le verre, chauffé à plus de 1 400 °C, est tout d'abord « cueilli », puis soufflé et travaillé avec une mailloche en bois ou au sabot de bois. Commence ensuite le méticuleux travail de la mise en forme. Enfin, le tailleur effectue les motifs à l'aide d'une meule abrasive.
Le travail des verriers est suffisamment spectaculaire pour fasciner petits et grands.
Ce fascinant spectacle a lieu en semaine (sauf lundi) et le week-end. Un audiovisuel « Pour une poignée de sable » conte l'histoire du verre et ses techniques à travers les âges.

HAUTS-DE-SEINE

Musée Albert-Kahn....... Boulogne-Billancourt D4

14, rue du Pont
92100 - Boulogne-Billancourt
Tél. : 01 46 04 52 80-Fax : 01 46 03 86 59
Minitel : 3615 KAHN
Ouv. tlj de 11 h à 19 h du 1er mai au 30 sept.
et de 11 h à 18 h du 1er oct. au 30 avril
Gratuit pour les – de 8 ans
M. Pont-de-Saint-Cloud

+12 ans

Albert Kahn (1860-1940), banquier et humaniste, a consacré sa fortune à mettre en place des outils de connaissance, de réflexion et de communication destinés à réunir les moyens nécessaires à l'avènement de la paix internationale. Son œuvre, conservée dans sa propriété, nous livre aujourd'hui une image du monde au début du XXe siècle sous ses multiples facettes. Au moyen d'expositions, de documents filmés, de diaporamas, de visites commentées, de conférences, l'équipe du musée s'attache à faire connaître cette utopie.
Les **Archives de la planète** ont été conçues dès leur création comme un inventaire en images de l'activité humaine sur terre entre 1909 et 1932 ; c'est une collection de séquences filmées et de plaques autochromes accessibles sur postes de consultation informatisés.
Les expositions thématiques issues des Archives de la planète permettent aux enfants de découvrir différents aspects de la vie quotidienne au début du siècle.
Les **jardins** font partie intégrante des collections du musée ; ils sont à l'image du monde réconcilié dont rêvait Albert Kahn : jardins français, anglais, japonais, forêt bleue et forêt vosgienne coexistent en harmonie et permettent aux enfants de les identifier.
Une brochure d'aide à la visite, *Déclics*, est distribuée gratuitement sur demande à l'entrée.
Attention ! le jardin est une partie du musée : les enfants doivent rester sagement près de leurs parents afin de ne pas risquer d'endommager ce lieu magique.
Nouveauté : un **Village de Brousse** où l'on rencontre de drôles d'habitants – des serpents pour se faire peur dans l'**Arche des Reptiles**, des macaques dans la **Forêt des Singes**, de petits animaux dans la **Ferme miniature,** et des enfants maquillés par les hôtesses.

Musée Roybet-Fould............. Courbevoie D3

Parc de Bécon - 178, bd. Saint-Denis
92400 - Courbevoie
Tél. : 01 43 33 30 73-Fax : 01 41 16 91 56
Ouv. tlj sauf mardi de 10 h 30 à 18 h
Train de banlieue au départ de la gare Saint-Lazare

+8 ans

Dans le parc de Bécon, dominant la Seine, on aura la surprise de découvrir deux maisons bien insolites dans la région parisienne : la première est une authentique maison suédoise, la seconde est un étrange édifice coiffé de coupoles orientales. Toutes deux sont des rescapées de l'Exposition coloniale de 1878. Dans la drôle de maison de bois, on admire parmi les souvenirs de la famille une exceptionnelle collection de poupées : 784 différentes. Certaines sont en bois sculpté, d'autres en papier mâché, en cire ou en chiffon. Des visites et des ateliers à l'intention des enfants sont proposés le jeudi de 16 h 30 à 18 h et une heure des histoires a lieu les lundi et vend. de 17 h à 18 h. Il est prudent de réserver pendant les vac. scol., tél. : 01 43 33 30 73. Les petits ne s'ennuieront pas, ils feront des tours de manège ou glisseront sur les toboggans du jardin.

Maison de la Nature des Hauts-de-Seine... Issy-les-Moulineaux D4

Parc de l'île Saint-Germain
92130 - Issy-les-Moulineaux
Tél. : 01 55 95 80 70-Fax : 01 55 95 80 79
Ouv. du lundi au vend. de 9 h à 12 h 30
et de 14 h à 18 h (17 h en hiver), et le dim. de 14 h à 18 h (17 h en hiver).
Ateliers : le merc., sauf vac. scol., de 14 h à 16 h 30,
et le dim. découverte de 15 h à 17 h
Gratuit pour les – de 18 ans
RER C, station Issy-les-Moulineaux

+8 ans

La grande halle, qui date de la fin du XIXe s., abrite la maison de la Nature, qui a pour vocation de sensibiliser le public à la découverte et à la protection de l'environnement. Elle propose une **exposition** interactive permanente, un **jardin de découverte**, une **médiathèque,** des **ateliers découverte,** et des **après-midi découverte**. Conçue pour un vaste public, l'**exposition** sur l'écologie de trois milieux : la ville, le jardin, la forêt, est adaptée aux enfants, qui en admirent les décors et participent à des jeux interactifs.

Les nombreuses plantes du **jardin de découverte** ont été choisies pour être touchées, senties, observées et sont devenues autant d'objets de curiosité. Les plantes portent fréquemment des étiquettes proposant des énigmes que doivent résoudre les enfants.
Les **ateliers découverte-nature** sont destinés à des enfants de 8 à 12 ans. Ils sont divisés en deux parties, observation sur le terrain et animation en salle ; les sujets varient selon la saison. Les dimanches **après-midi découverte**, ouverts à tout public, sont consacrés par exemple à la découverte des épices, à un voyage au pays des abeilles, au décor d'Halloween ou de Noël, aux oiseaux aquatiques…

Île Saint-Germain

Issy-les-Moulineaux D4

92130 - Issy-les-Moulineaux
Tél. : 01 40 93 44 94
Se rens. sur les horaires qui varient selon les mois
RER C dir. St-Quentin-en-Yvelynes, Issy-Val-de-Seine

pour tous

Aménagé sur des terrains encombrés jusqu'alors par diverses constructions devenues inutiles et démolies aujourd'hui, le parc a conservé les arbres existants et créé une grande pelouse au relief accidenté qui permet le jeu et la détente, et des aires de jeux agrémentées de tables de ping-pong. Une grande halle abrite un poney-club. Au centre du parc se dresse la **Tour aux Figures**, une tour que l'on doit à Jean Dubuffet (visite sur réserv. au 01 40 95 65 43).

Parc de Saint-Cloud

Saint-Cloud D4

92210 - Saint-Cloud
Tél. : 01 41 12 02 90
Ouv. de 7 h à 20 h du 1er nov. à fin fév., 21 h en mars, avril, sept. et oct. et 22 h de mai à août
M. Pont-de-Sèvres, Pont-de-Saint-Cloud

pour tous

Du domaine où habita Napoléon il ne reste que le parc, le château ayant été détruit par les flammes en 1870.
Le parc de 450 ha tracé par Le Nôtre est couvert d'une belle forêt. La cascade très spectaculaire vaut le coup d'œil.
Le parc donnera prétexte à des marches à pied, à des randonnées à

bicyclette, à des promenades en rosalie (voiture à pédales), à des tours de manège, ou encore à des éclats de rire devant les aventures de Guignol (grille d'Orléans, tél. : 01 60 70 04 80 ; séances les merc., sam. et dim. à 15 h 15 et 16 h 30). En septembre a lieu une grande foire avec attractions foraines et grande roue.

Parc........................ Sceaux D4

92330 - Sceaux
Ouv. tlj de 8 h à 22 h en été et de 9 h
au coucher du soleil en hiver
RER B dir. St-Rémy-les-Chevreuse, Bourg-la-Reine
À 10 km de Paris

pour tous

Le parc, dessiné à l'origine par Le Nôtre pour Colbert et restauré au XIXe s., est un lieu de promenade exceptionnel. En hiver les grands bassins gelés sont spectaculaires et au printemps les cerisaies en fleur sont ravissantes. Moitié entretenu, moitié en friche, le parc se prête aux courses folles, aux interminables parties de cache-cache, aux premiers essais de bicyclette.
Dans le château situé à l'entrée du parc a été installé un musée de l'Île-de-France (rens. au 01 46 61 06 71).

Une journée au cirque....... Villeneuve-la-Garenne D3

Parc départemental des Chanteraines
115, bd Charles-de-Gaulle
92390 - Villeneuve-la-Garenne
Tél. : 01 47 99 40 40-Fax : 01 47 99 02 22
Spect. : merc. et dim. et tlj de vac. scol. à 15 h
Journée au cirque : merc. et dim.
et tlj de vac. scol. de 10 h 15 à 17 h (repas inclus)
A 86 sortie Villeneuve-la-Garenne, à 7 km N. de Paris

pour tous

Qui n'a pas rêvé un jour d'être clown, acrobate, jongleur ou dresseur de lions ? Le cirque de Paris propose de passer une journée sous un chapiteau. Le matin, on s'entraîne avec les artistes ; à midi, visiteurs, artistes, garçons de piste, directeurs, animaux... déjeunent ensemble ; et l'après-midi, tout le monde applaudit le spectacle Swing.
Le Parc départemental des Chanteraines (tél. : 01 47 98 47 06) est un lieu de promenade et aussi un espace d'activités pour tous : aire de jeux pour les petits, jardins de fleurs, ferme pédagogique, poney-club, théâtre de Guignol, petit train.

SEINE-SAINT-DENIS

Théâtre équestre Zingaro .... Aubervilliers E3

176, av. Jean-Jaurès
93300 - Aubervilliers
Rés. tél. : 0 803 808 803 et 01 48 39 18 03
M. : Fort d'Aubervilliers

+12 ans

Dans un bâtiment tout en bois où se succèdent écuries et salle de spectacle, Bartabas et sa troupe donnent des spectacles mythiques et fantastiques dans lesquels les chevaux sont les acteurs principaux. Les mises en scène et la musique sont exceptionnelles et les futures productions seront, gageons-le, aussi enthousiasmantes. Se renseigner sur les spectacles.

Musée de l'Air et de l'Espace............. Le Bourget E3

Aéroport du Bourget
93300 - Le Bourget
Tél. : 01 49 92 70 22-Fax : 01 49 92 70 95
Ouv. tlj sauf lundi de 10 h à 17 h
(18 h du 1er mai au 31 oct.)
RER B dir. Roissy-Charles-de-Gaulle, Le Bourget

+8 ans

Installé dans des bâtiments désaffectés de l'aérogare du Bourget, ce musée présente à travers une collection de près de 200 appareils un panorama complet de l'épopée de l'aérospatiale, de l'avion de Clément Ader à la fusée Ariane. Il s'adresse aux passionnés car, s'il est amusant de voir le drôle d'avion de Santos-Dumont, le Breguet de Nungesser et Coli, qui le premier effectua la traversée de l'Atlantique en 1927, ou d'admirer des prototypes de l'armée de l'air, les hangars sont vastes et les petites jambes se lassent un peu de parcourir de longues distances pour voir un avion et encore un avion sans animation particulière.
À l'extérieur se dressent les fusées Ariane 1 et Ariane 5 grandeur nature, et dans le hall Concorde on peut monter à bord du prototype Concorde 001 et voir un Mirage IV ainsi que les plus beaux avions de la Seconde Guerre mondiale (Spitfire, Mustang...).
Un **planétarium** donne l'occasion de découvrir le ciel étoilé de la saison et permet de voyager dans le système solaire.

Parc départemental....... La Courneuve E3

93120 - La Courneuve
Tél. : 01 48 95 60 60
Ouv. de 7 h l'été (7 h 30 l'hiver) à la tombée de la nuit
RER B dir. Roissy-Charles-de-Gaulle,
La Courneuve-Aubervilliers

pour tous

Dans cette cité du Nord industriel de Paris, une ancienne carrière comblée par les gravats a été transformée en un remarquable espace vert. Bois et pelouses entourent quatre lacs, un belvédère domine un jardin alpin et une roseraie enchante le paysage. Une piste cyclable parcourt le parc et des jeux divers sont à la disposition des petits.

Parc de l'Île-Saint-Denis..... Épinay-sur-Seine D3

93800 - Épinay-sur-Seine
Ouv. de 9 h à la tombée de la nuit (l'hiver) et jusqu'à 20 h 45 (l'été)
RER ligne C, A 86, à 5 km N. de Paris

pour tous

Ce parc longiligne de 23 ha, bordé par la Seine, offre au promeneur d'agréables clairières gazonnées et le point de vue des peintres impressionnistes qui le fréquentèrent jadis. Une piste cyclable le traverse, et une belle aire de jeux avec un bateau pirate attend les jeunes corsaires.

Stade de France..... Saint-Denis D3

Tél. : 01 55 93 00 00
Minitel France-Fax : 01 55 93 00 49
Visite de 10 h à 18 h
(fermeture des caisses à 17 h 30)
Métro : Saint-Denis RER B, station La Plaine-Stade de France ;
A 1 sortie n° 2

+8 ans

Hors manifestations, le stade se visite tous les jours : un parcours, **Premiers regards** vous permet d'explorer à votre rythme 500 m² d'exposition ludique et interactive avant de découvrir l'arène pour de vrai. Confortablement assis en tribune, vous êtes rejoint par un guide du Stade de France qui vous présente l'arène et répond à vos questions.

Une visite guidée, **Les coulisses du Stade,** vous entraîne au cœur du Stade de France : les trois niveaux de tribunes et la tribune officielle, la voie de desserte intérieure, et le parcours emprunté par les joueurs les soirs de match (vestiaires, tunnel d'entrée sur le terrain, etc.). Visite de 10 h à 16 h 30 pendant les vacances scolaires (durée : 1 h 30), et 10 h, 14 h et 16 h hors vac. scol.

Parc du Sausset....... Villepinte E3

Tél. : 01 43 93 98 48
93420 - Villepinte
Ouv. de 7 h 30 à la tombée de la nuit
A 3 sortie RN 2 Aulnay ZI ;
RER B3 station Villepinte

pour tous

À cheval sur les communes de Villepinte et d'Aulnay-sous-Bois, un parc de 200 ha a été aménagé. Vous allez vous promener dans un lieu sauvage composé d'un bocage, d'un marais, de prairies semées de fleurs. Vous partirez à la découverte du marais oiseleur en suivant le parcours de l'eau et en observant les canards, les foulques, le grèbe huppé transportant son petit sur son dos… Les enfants apprendront à reconnaître le maïs, l'orge, l'avoine, le lin… dans les « petits champs ».
Les petits joueront sur les aires de jeux, feront de l'équilibre sur les passerelles, glisseront sur les toboggans et se perdront pour mieux se retrouver dans le labyrinthe végétal.

Une fois par an, début décembre, a lieu à Montreuil un **salon du Livre Jeunesse**. Il réunit pendant 5 jours tous les éditeurs de livres de jeunesse français. Les auteurs viennent y dédicacer leurs livres et les animations autour du livre y sont nombreuses. Rens. au Centre de Promotion du Livre de Jeunesse : 3, rue François-Debergue à Montreuil (tél. : 01 55 86 86 55, fax : 01 48 57 04 62).

VAL-DE-MARNE

Playmobil Funpark... Fresnes D4

Parc Silic
94260 - Fresnes
Tél. : 01 49 84 94 44
Ouv. tlj sauf lundi de 10 h à 17 h 30

pour tous

Un parc de loisirs de 1 600 m², réparti en 6 aires de jeux où les enfant s'amuseront avec tout leur petit monde de figurines en plastique. Un véritable paradis pour les plus jeunes.

La Roseraie du Val-de-Marne.......... L'Haÿ-les-Roses D4

Rue Albert-Watel
94240 - L'Haÿ-les-Roses
Tél. : 01 43 99 82 80-Fax : 01 43 99 82 74
Ouv. tlj de 10 h à 20 h du 15 mai au 15 sept.
A 6, à 6 km S. de Paris

pour tous

N'imagine-t-on pas le paradis comme un beau jardin rempli de fleurs et merveilleusement parfumé ? La roseraie de L'Haÿ en donne probablement une bonne idée avec ses 3 500 roses différentes qui y fleurissent et qui embaument.
On doit ce beau parc à un grand voyageur, Jules Gravereaux, qui rapportait des pieds de rose de chacun des pays qu'il visitait et qui en 1892 fit l'acquisition du domaine de L'Haÿ pour y planter sa prestigieuse collection.
En bordure des deux grandes pelouses, des bacs à sable et des jeux à ressorts ont été installés pour les petits, et le Village viking, tout en rondins, est un espace de jeu idéal pour les enfants un peu plus grands.

Centre européen d'escalade .... Thiais E4

3, rue des Alouettes
94320 - Sénia-Thiais
Tél. : 01 46 86 38 44
Ouv. du lundi au vend. de 12 à 23 h,
le sam. de 9 h 30 à 23 h, et le dim. de 9 h 30 à 19 h
RN 7, à 4 km S. de Paris

+8 ans

Des murs à escalader avec des voies à emprunter, une grotte où l'on grimpe à l'intérieur comme à l'extérieur… Les futurs alpinistes vont ici apprendre la varappe ou s'entraîner à loisir. Il est possible de louer le matériel sur place.
Juste à côté se trouve un incroyable labyrinthe de 500 m², le **Cosmic Laser,** dans lequel, équipé d'un laser et d'un gilet électronique, il va falloir désactiver ses adversaires sous les conseils d'un maître de jeu (tél. 01 46 86 84 86 ; ouv. tlj de 14 h à 24 h).

Rollerparc Avenue .... Vitry-sur-Seine E4

100, rue Léon-Geoffroy
ZI Les Ardoines
94400 - Vitry-sur-Seine
Tél. : 01 47 18 19 19
Ouv. le lundi de 14 h à 21 h, du mardi au vend. de 14 h à minuit,
les merc. et dim. de 10 h à 21 h, et le sam. de 10 h à minuit ;
fermé le jeudi
RN 305, à 5 km S. de Paris, et RER ligne C

+12 ans

Les passionnés de rollers vont s'éclater sur deux aires de street de 1 500 et 500 m² et sur l'incroyable piste avec obstacles de 13 m de large, la *big*, ou encore sur la piste de vitesse ou dans l'*half pipe*. Les différentes pistes ont été spécialement conçues pour des pratiquants de niveaux différents.
Possibilité de louer des rollers sur place et de prendre des cours.

VAL-D'OISE

Abbaye de Royaumont...... Asnières-sur-Oise D2

95270 - Asnières-sur-Oise
Tél. : 01 30 35 59 00
ou 01 30 35 88 90
Fax : 01 34 68 00 60
Ouv. de 10 h à 18 h (17 h 30 de nov. à fév.) tlj de l'année
Itinéraire fléché à partir de la RN 1, RN 16 et A 1, à 35 km N. de Paris

+8 ans

En 1228, le jeune roi Louis IX, alors âgé de 12 ans, et sa mère la dévote Blanche de Castille font entreprendre la construction de cette immense abbaye. Des années plus tard, le roi y fera de fréquents séjours au retour des croisades. Il aimera à y lire les Évangiles installé sur une chaire de pierre surplombant le réfectoire, que l'on peut encore voir aujourd'hui. Après la Révolution, l'abbaye fut vendue aux enchères et le nouveau propriétaire s'empressa de faire démolir l'église pour transformer les bâtiments en filature. Seule reste, toujours dressée, une tour du chœur renfermant un escalier. Devenue une fondation, l'abbaye est aujourd'hui un centre culturel international. La visite du site séduira les enfants, car ils disposeront de livrets-jeux adaptés à leur âge, qui leur permettront d'apprendre l'histoire du lieu en s'amusant.
On ne peut que louer le dynamisme de l'équipe dirigeante, qui ouvre chaque année pendant trois jours l'abbaye aux enfants. Soixante-cinq ateliers autour de thèmes se rapportant à la richesse patrimoniale de l'édifice sont proposés aux 7-14 ans. Par exemple, les enfants peuvent découvrir les plantes du Moyen Âge, la manière dont on construisait une abbaye, les chants rituels de l'époque, ou s'initier à la gravure ou à la calligraphie, et les plus grands apprendre les rudiments de l'archéologie ou la façon de jouer d'un instrument à percussion (se rens. sur la date exacte, qui change chaque année).

Voyage au pays des impressionnistes..... Auvers-sur-Oise D2

Château d'Auvers
95430 - Auvers-sur-Oise
Tél. : 01 34 48 48 48-Fax : 01 34 48 48 44
Ouv. du mardi au dim. de 9 h à 19 h 30
d'avril à sept. ; de 9 h à 18 h d'oct. à mars
A 15 et RN 184 sortie Auvers, à 30 km N.-O. de Paris

+8 ans

Corot, Pissarro, Renoir, Vlaminck, Cézanne, Van Gogh… ont séjourné à Auvers-sur-Oise, encouragés par le docteur Gachet, médecin et grand amateur d'art.
Un voyage au pays des impressionnistes est organisé au château d'Auvers, qui domine le bourg.
Conçu comme un parcours-spectacle de 90 m, le voyage donne l'occasion de faire mieux connaissance avec Cézanne, Pissarro, Monet, Van Gogh… La promenade commence à Paris, sur les Grands Boulevards, dans un café-concert, se poursuit en train jusqu'à Auvers. À l'arrivée, vous rejoindrez Renoir dans une partie de campagne, irez vous promener avec Monet sur la plage et vous détendre dans les guinguettes au bord de l'eau… Sur un mur d'images, plus de 500 tableaux sont projetés et expliqués.

Base de loisirs Cergy-Neuville......... Cergy-Pontoise C6

Rue des Étangs
95000 - Cergy-Pontoise
Tél. : 01 30 30 21 55
Fax : 01 30 31 37 24
Ouv. tte l'année
Les activités sont payantes
A 15, à 38 km N.-O. de Paris

pour tous

La base de loisirs des étangs de Cergy-Neuville s'étale sur 250 ha d'eau et de verdure dans une boucle de l'Oise. Ouverte toute l'année, elle propose de multiples activités nautiques et terrestres : en pratique libre, tennis, téléski *, planche à voile, catamaran, canoë, barque, pédalo, VTT… ; en pratique encadrée, stages de voile, de planche à voile, de tennis…

La plage est surveillée et dispose d'un toboggan nautique géant de 105 m de long, d'une pataugeoire et de jeux d'eau. Les petits trouveront des manèges et des aires de jeux conçus à leur intention.

Un **petit train touristique** permet de visiter la base de loisirs (10 F). Pendant tout l'été, ladite base propose des animations scientifiques gratuites : sensibilisation au vol d'une fusée, construction et lancement de microfusées, découverte de l'Univers grâce à la visite du planétarium.

* Le téléski est une attraction originale : tirés par un câble sur une boucle de 820 m de long, neuf skieurs peuvent évoluer simultanément à une vitesse allant de 28 à 59 km/h (d'avril à oct.).

Musée départemental de l'Éducation... Saint-Ouen-l'Aumône C3

2, rue des Écoles
95310 - Saint-Ouen-l'Aumône
Tél. : 01 34 64 08 74
Ouv. merc., jeudi, vend., sam., dim. de 14 h à 18 h ; fermé jrs fér. et mois d'août

+8 ans

Installé dans les salles de classe de l'ancienne école communale de filles de Saint-Ouen-l'Aumône, le musée présente des collections de matériel scolaire, la reconstitution d'une classe en 1900 et une exposition consacrée à l'écriture.
La classe avec ses pupitres toujours tachés d'encre, son tableau noir, ses cartes de géographie murales, son gros poêle, les vilaines blouses grises pendues au portemanteau et surtout l'humiliant bonnet d'âne fait apprécier les salles de classes confortables des écoles d'aujourd'hui.
Le musée organise des animations ponctuelles autour d'expositions.

A
B
C
D
E
1
2
3
4
5
6
7
8
Bd Bessières
Av. de Saint-Ouen
Av. de Clichy
Petit
de Montm
Bd Berthier
Av. de Wagram
Av. de Villiers
Boulevard
17e
Pl. de Clichy
Pl. Blanche
Bd de Clic
Bd des Batignolles
Vers la Défense
Jardin d'acclimatation
Pl. de la Porte Maillot
Pl. des Ternes
Parc Monceau
Musée Cernuschi
Malesherbes
Pl. de Budapest
Musée en herbe
Av. de la Gde Armée
PLACE CHARLES DE GAULLE-ÉTOILE
Musée des Arts et Traditions populaires
Av. Foch
Arc de Triomphe
Av. Marceau
8e
Pl. St-Augustin
Paris Story
Lac Inférieur
Avenue Victor Hugo
Bd Lannes
P. de la Découverte
J. des Champs-Élysées
Les É
Bois de Boulogne
Musée Galliera
M. d'Art moderne
Bateaux-mouches
Pt Palais
M. des Arts Déco
J. des Tuileries
M. de l'Homme et de la Marine
Égouts de Paris
Paris Canal
Carrousel
M. d'Orsay
M. du Louvre
La Se
Pl. de la Pte de Passy
Jardin du Ranelagh
Jardins du Trocadéro
Promenade en bateau
Tour Eiffel
Champ-de-Mars
M. de l'Armée
M. de Monnai
M. Rodin
Bd Suchet
16e
La Seine
Droite
Gauche
Bd de Grenelle
7e
Pl. Clément Ader
Rive
Jardin de Babylone
6e
Place Cambronne
Bd Garibaldi
Pl. de Breteuil
R. de Sèvres
Jardin du Luxembourg
Quais
M. Bourdelle
Raspail
Rue de la Convention
15e
Lecourbe
Vaugirard
Tour Montparnasse
Avenue de Versailles
Parc André-Citroën
Rue de
Place Denfert-Rochereau
Catacombes
Bd Victor
Pl. de la Pte de Versailles
Square Georges-Brassens
St-Ja
Av. du Maine
Rue d'Alésia
14e
Aquaboulevard
Boulevard Lefebvre
Boulevard Brune
Av. du Général Leclerc
Parc Montsouris
0
1
2 km

F
G
H
I
Bd Ney
Bd MacDonald
Cité des Sciences et de l'Industrie
La Géode
Le Cinaxe et l'Argonaute
Rue de la Chapelle
Bd Barbès
18e
Musée de la Musique
Canauxrama
Avenue Jean Jaurès
19e
Place du Col. Fabien
Rue La Fayette
Boulevard de Magenta
Parc des Buttes-Chaumont
Bd Sérurier
Bd de la Villette
Rue de Belleville
Maison de l'Air
Parc de Belleville
10e
Avenue Gambetta
Musée des Arts et Métiers
PL. DE LA RÉPUBLIQUE
Avenue de la République
Boulevard Voltaire
Pl. de la Pte de Bagnolet
20e
3e
M. de la Poupée
Place Léon Blum
Boulevard de Charonne
Boulevard Davout
M. Carnavalet
PL. DE LA BASTILLE
11e
Conciergerie
Cryp. arch.
M. de la Curiosité et de la Magie
Notre-Dame
Inst. du Monde Arabe
R. du Faubourg Saint-Antoine
PLACE DE LA NATION
Port et J. de l'Arsenal
5e
12e
Jardin des plantes
Avenue Daumesnil
Promenade plantée
Pl. F. Éboué
Boulevard Soult
Bd de Bercy
La Seine
Bd Saint-Marcel
Parc de Bercy
Bd Vincent Auriol
Place d'Italie
Boulevard Poniatowski
Avenue d'Italie
Tolbiac
13e
Boulevard Masséna
M. des Arts Africains et Océaniens
Parc floral
Parc zoologique
Bois de Vincennes
Ferme de Paris

PARIS

Conciergerie.................. Ier F4

1, quai de l'Horloge
Tél. : 01 53 73 78 50
Ouv. tlj de 9 h 30 à 18 h 30 du 1er avril au 30 sept.
et de 10 h à 17 h du 1er oct. au 31 mars
Gratuit pour les – de 12 ans
L'entrée comprend aussi la visite de la Sainte-Chapelle
M. Cité - RER Châtelet-Les Halles, Saint-Michel-Notre-Dame

+8 ans

La Conciergerie est une petite partie de l'ancien palais des rois capétiens. À l'époque, le concierge était un personnage important, il assurait l'ordre, la police et enregistrait les prisonniers. La quasi-totalité du niveau bas du palais fut transformée en prison à la fin du XVIIIe s. et le Tribunal révolutionnaire s'y installa.
La visite des prisons révolutionnaires ne serait guère palpitante si le souvenir de Marie-Antoinette n'habitait pas les lieux. La vue du misérable cachot où séjourna la pauvre reine, dont les « yeux n'avaient plus de larmes », a fait pleurer les enfants de toutes les générations.
À l'angle de la tour de la Conciergerie se trouve une horloge qui inlassablement compte le temps depuis 400 ans.
Des visites spéciales pour les enfants sont prévues le mercredi à 14 h 30.

Sainte-Chapelle............... Ier F4

4, bd du Palais
Tél. : 01 53 73 78 51
Ouv. de 9 h 30 à 18 h 30 du 1er avril au 30 sept. et de 10 h à 17 h du 1er oct. au 31 mars
Gratuit pour les – de 12 ans
L'entrée comprend aussi la visite de la Conciergerie
M. Cité - RER - Châtelet-les-Halles, Saint-Michel-Notre-Dame

+8 ans

Derrière, dans l'enceinte du Palais de Justice, se dresse la Sainte-Chapelle, qui fut construite sous le règne de Louis IX pour abriter la couronne d'épines du Christ, que le saint roi avait achetée à l'empereur de Constantinople. La chapelle communiquait alors avec les appartements royaux. Le sanctuaire du rez-de-chaussée était destiné aux courtisans, aux soldats et aux serviteurs, et la chapelle haute était réservée au roi et à ses familiers. Les magnifiques vitraux et les sculptures de pierre qui les soutiennent racontent l'histoire du monde de la Création à l'Apocalypse de la fin des temps. Les éblouissantes couleurs de ces gigantesques verrières enchanteront les visiteurs, petits et grands. Des visites guidées sont prévues à l'intention des enfants entre 8 et 12 ans le mercredi à 14 h 30.

Notre-Dame.................. IVe F5

Place du Parvis-Notre-Dame
Tél. : 01 42 34 56 10
Ouv. tlj de 8 h à 19 h
M. Cité - RER Saint-Michel-Notre-Dame

+8 ans

Les enfants seront impressionnés par les proportions de la nef de la cathédrale de Paris, certains évoqueront les fastes du sacre de Napoléon en 1804 (immortalisé sur l'immense tableau de Louis David que l'on peut voir au Louvre), d'autres seront fascinés par les couleurs des deux grandes rosaces, tous iront voir la grande maquette de la construction disposée sur le bas-côté droit, et surtout ils prendront plaisir à grimper les 387 marches qui conduisent au sommet de la tour nord (tél. : 01 44 32 16 72, ouv. tlj sauf jrs fér. de 9 h 30 à 17 h les mois d'hiver, 19 h 30 en été, gratuit pour les – de 12 ans).
De là-haut, le panorama sur Paris et la vue de la toiture reposant sur une charpente surnommée la Forêt sont très spectaculaires. Il sera amusant d'observer de plus près les mimiques des gargouilles représentant des animaux imaginaires ou des démons grimaçants et de se laisser impressionner par la flèche de la cathédrale, haute de 45 m.
En chemin, une petite pause dans la chapelle haute de la tour permettra de voir une vidéo retraçant les grandes heures de la cathédrale. Il faudra également aller visiter la crypte archéologique qui se trouve sous l'esplanade.

Crypte archéologique...... IVe F5

Place du Parvis-Notre-Dame
Tél. : 01 43 29 83 51
Ouv. tlj de 10 h à 17 h 30
M. Cité - RER Saint-Michel-Notre-Dame

+8 ans

Accessible sous le parvis de Notre-Dame, ce site archéologique témoin du vieux Paris est très bien mis en valeur ; on peut y voir des vestiges de maisons vieilles de 2 000 ans et mieux appréhender l'aspect du Paris médiéval en contemplant les maquettes et les dioramas.

Égouts de Paris............. VIIe C4

Pont de l'Alma
Tél. : 01 53 68 27 81-Fax : 01 53 68 27 89
Ouv. tlj, sauf jeudi et vend., de 11 h à 17 h en hiver, fermé du 1er oct. au 30 avril et de 11 h à 18 h de mai à fin sept. et 3 sem. en janv.
M. Alma-Marceau - RER Pont-de-l'Alma

+8 ans

Jusqu'au Moyen Âge, Paris, alimenté en eau à partir de la Seine, rejetait ses eaux usées dans les champs ou dans les ruelles en terre battue. Vers 1200, Philippe Auguste fit paver les rues de Paris et prévoir, en leur milieu, une rigole d'évacuation. Avec Napoléon apparut le premier réseau d'égouts voûtés, mais il fallut attendre l'arrivée du baron Haussmann (1850) et de l'ingénieur Eugène Belgrand pour voir se développer le réseau d'égouts actuel. Une visite guidée par des égoutiers conduit au cœur du réseau d'assainissement de Paris. Un petit musée et un spectacle audiovisuel complètent la visite.
Une brochure très bien faite est remise aux jeunes visiteurs.

Tour Eiffel....................... VIIe C4

Tél. / Fax : 01 44 11 23 23
Quai Branly
Minitel : 3611 TOUR EIFFEL
Ouv. tlj de 9 h à 24 h de mi-juin au 1er sept. (ascenseur et escalier) et de 9 h 30 à 23 h de janv. à déc. (ascenseur), 9 h 30 à 18 h 30 (escalier)
M. Trocadéro - RER Champ-de-Mars

pour tous

La tour Eiffel a eu 100 ans en 1989.
Construite pour l'Exposition universelle de 1889 par Gustave Eiffel, elle avait été conçue pour être un monument provisoire !
Elle mesure 318,70 m et pèse 10 100 tonnes ; 2 500 000 rivets ont été nécessaires pour assembler les 18 000 pièces de fer qui forment sa charpente ; 1 652 marches conduisent au 3e étage (360 au premier) ; 60 tonnes de peinture sont appliquées tous les sept ans par quelque 25 peintres acrobates ; elle reçoit une moyenne de 5 millions de visiteurs par an.
Outre l'ascension aux 1er, 2e et 3e étages, il est possible de visiter :
– la machinerie (niveau jardin, pilier est ou pilier ouest) ; ce voyage en sous-sol, dont l'atmosphère rappelle le monde de Jules Verne, permet la découverte des imposantes machines hydrauliques conçues par Gustave Eiffel ;
– le FerOscope (1er étage), autour d'une poutrelle de la Tour située au cœur d'un bulbe transparent : vidéos interactives, lunettes vidéo

et mises en scène lumineuses permettent de découvrir les techniques qui ont permis l'assemblage du monument ;
– Cineiffel (1er étage) : un mur d'écrans présente des images éclatées et insolites de la Tour, des « boîtes magiques » aux images virtuelles ouvrent des fenêtres sur le monde de Gustave Eiffel, une longue-vue électronique permet de découvrir Paris dans ses moindres détails, enfin un film sur grand écran raconte l'histoire de sa construction ;
– l'observatoire des mouvements du sommet (1er étage) : un ensemble unique qui retrace, en temps réel, par rayon laser, les oscillations décrites par le sommet de la tour en fonction du vent et de la température ;
– la Galaxie des visiteurs (2e étage) : guidé par un petit robot, chacun participe à la construction d'une tour virtuelle formée de millions d'étoiles, chacune née de la venue d'un visiteur…
– le bureau de Gustave Eiffel (3e étage) : une reconstitution présente Gustave Eiffel et sa fille Claire recevant Thomas Edison ;
– des dioramas (3e étage) : une présentation des événements qui ont marqué l'histoire du sommet de la tour Eiffel.

Arc de Triomphe............ VIIIe C3

Place Charles-de-Gaulle
Tél. : 01 55 37 73 77-Fax : 01 43 80 64 12
Ouv. tlj de 9 h 30 à 23 h du 1er avril au 30 sept. et de 10 h à 22 h 30 du 1er oct. au 31 mars
Gratuit pour les – de 12 ans
M. RER Charles-de-Gaulle-Étoile

pour tous

L'idée de construire un monument grandiose au centre du carrefour de l'Étoile remonte au temps de Louis XV. Parmi les projets, fort divers, le plus pittoresque prévoyait un éléphant surmonté de la statue royale et à l'intérieur duquel auraient été aménagées des pièces de réception. Ce fut Napoléon qui, en 1806, après la bataille d'Austerlitz, décida d'élever un arc de triomphe à la gloire de la Grande Armée. La première pierre fut posée le 15 août 1806, mais en 1810 l'Arc n'en était encore qu'aux fondations, et les travaux furent interrompus jusqu'à ce que Louis XVIII décide d'en réentreprendre la construction. L'Arc sera enfin achevé en 1831 et, le 15 décembre 1840, le cortège des cendres de Napoléon, de retour de l'île Sainte-Hélène, passera sous sa voûte. L'Arc de Triomphe de l'Étoile est aujourd'hui le symbole de la mémoire patriotique, avec la flamme qui brûle depuis 1923 au-dessus de la tombe d'un soldat inconnu mort pour la France. Les enfants prendront plaisir à monter au sommet (50 m), les plus courageux pourront gravir les 300 marches qui y conduisent. De là-haut, ils s'amuseront à réciter dans le bon ordre le nom des douze avenues qui rayonnent de la place. Dans la grande salle-musée du sommet de l'Arc, un film de 15 minutes raconte les grandes heures de l'histoire du monument.

Catacombes.................. XIVe E6

1, place Denfert-Rochereau
Tél. : 01 43 22 47 63
Ouv. du mardi au vend. de 14 h à 16 h et sam. et dim. de 9 h à 11 h et de 14 h à 16 h, fermé jrs fér.
Gratuit pour les – de 18 ans
M. Denfert-Rochereau

+12 ans

Les catacombes, qui prirent leur nom par assimilation avec les souterrains de la Rome antique, ont été installées dans les galeries évidées des anciennes carrières de calcaire. Elles furent créées pour permettre le transfert des ossements entassés dans le cimetière des Innocents (actuel les Halles), puis ceux de plusieurs autres cimetières parisiens. Cet ossuaire est le plus gigantesque du monde, puisque quelque 6 millions de Parisiens y ont été transférés. Le parcours sous terre est balisé du nom des rues sous lesquelles il passe.
Certes, la visite est impressionnante et peu recommandable aux jeunes enfants ; en revanche, l'atmosphère mystérieuse et angoissante pourra séduire un certain nombre des plus grands.
Se munir d'une lampe électrique.

Tour Montparnasse......... XVe D5

Rue de l'Arrivée
Tél. : 01 45 38 52 56
Ouv. du dim. au jeudi de 10 h à 22 h en hiver et les vend., sam. et veilles de fêtes de 10 h à 23 h ; tlj de 9 h 30 à 23 h 30 en été
M. Montparnasse-Bienvenüe

+8 ans

La tour, haute de 209 m, a remplacé la vieille gare Montparnasse dont une locomotive avait un jour traversé la façade.
Les étages du sommet sont ouverts au public : du 56e étage, la vue sur la capitale est spectaculaire, et du 59e, une terrasse à ciel ouvert, le panorama est plus impressionnant encore. Une animation audiovisuelle complète la visite.

Sacré-Cœur.................. XVIIIe F2

Parvis du Sacré-Cœur
Tél. : 01 53 41 89 00
Ouv. tlj de 7 h à 23 h
M. Abbesses, Anvers (+ funiculaire), Château-Rouge, Lamarck-Caulaincourt

+8 ans

Le Sacré-Cœur est le résultat du vœu de faire édifier une église si Paris était épargné par les Allemands au cours de la guerre de 1870. Une souscription nationale fut levée et la basilique dédiée au Sacré Cœur de Jésus fut achevée avant la Première Guerre mondiale et consacrée en 1919, après la victoire de la France sur l'Allemagne.
Cette curieuse « pâtisserie » recouverte de « crème chantilly » est le monument préféré de la plupart des touristes américains, et sa photo est la carte postale des monuments parisiens la plus vendue.
Soyons francs, seule la montée dans le dôme intéressera les enfants. 237 marches permettent d'atteindre le sommet d'où la vue est magnifique (accès par le bas-côté gauche de la basilique, ouv. tlj de 9 h à 18 h ou 19 h).
De la terrasse au pied de la basilique, le panorama sur Paris et sur 50 km à la ronde est spectaculaire. La terrasse est accessible par un funiculaire ultramoderne qui gravit la colline, épargnant ainsi la rude montée aux petites jambes.

La Grande Arche.................... Paris La Défense A2

Tél. : 01 49 07 27 57
Ouv. tlj de 10 h à 19 h
RER La Défense

pour tous

La Grande Arche, conçue par l'architecte danois Johan Otto von Spreckelsen, est non seulement un remarquable monument de marbre blanc mais aussi un arc de triomphe à la gloire de l'humanité et un symbole de fraternité : « … ici, sous l'arc de triomphe de l'homme, les hommes viendront du monde entier, pour connaître les autres hommes, pour apprendre ce que les hommes ont appris, pour connaître leurs langues, leurs coutumes, religion, arts et cultures… », ainsi s'exprimait Spreckelsen.
Déjà, Napoléon III avait rêvé d'une voie impériale qui prolongerait l'avenue de la Grande-Armée. Mais la guerre éclata avec la Prusse et l'empereur n'eut pas l'occasion de concrétiser son idée. Dans les années 60, les projets se multiplièrent et ce fut finalement un gigan-

tesque cube monolithe haut de 110 m et large de 106, suffisamment grand pour pouvoir abriter dessous Notre-Dame et sa flèche, qui fut retenu. La Grande Arche est un monument vivant. Elle est habitée par des milliers de personnes qui viennent y travailler. Des ascenseurs panoramiques permettent d'accéder au sommet, où un espace est réservé à des expositions de la Fondation d'Arche de la fraternité et où une terrasse permet d'avoir une vue panoramique sur Paris.

Musée du Louvre............ Ier E4

34-36, quai du Louvre
Tél. : 01 40 20 51 51
ou 01 40 20 53 17
Minitel : 3615 LOUVRE
Ouv. jeud., vend., sam. et dim. de 9 h à 18 h et lundi et merc. de 9 h à 21 h 45 (lundi aile Richelieu seule), fermé le mardi
Entrée principale : Pyramide (cour Napoléon)
Autres entrées : via la galerie du Carrousel (accès par le jardin ou 99, rue de Rivoli) ou passage public Richelieu (pour les titulaires de la carte Louvre jeunes)
Gratuit pour les – de 18 ans et le premier dim. du mois
M. Louvre, Palais-Royal

Le musée du Louvre, entièrement réaménagé et agrandi par les grands travaux de l'État décidés par François Mitterrand, comprend sept départements : antiquités orientales et arts d'Islam, antiquités égyptiennes, antiquités grecques, étrusques et romaines, objets d'art, sculptures, arts graphiques et peintures. À ces départements s'ajoutent des salles sur l'histoire du palais et les appartements Napoléon III. Aussi extraordinaire soit-il, le musée est beaucoup trop vaste pour les enfants ; il faudra donc bien organiser la visite en faisant des choix et revenir au besoin plusieurs fois. La plupart du temps, ce sont les salles des antiquités égyptiennes et étrusques qui retiendront plus particulièrement leur attention.

Le musée du Louvre propose aux enfants des visites-conférences et des ateliers.

Visites-conférences

Rens. et insc. au 01 40 20 52 09
Vac. scol. à 14 h 15 (sauf mardi, sam. et dim.)
Durée : 1 h 30
Achat des billets et départ des visites à l'accueil des groupes, hall Napoléon (sous la pyramide)

Assurées par des conférenciers des musées nationaux, ces visites des collections du musée sont adaptées à un jeune public (6 à 13 ans).

Ateliers

Rens. et insc. le matin pour l'a.-m. au 01 40 20 52 09
L'inscription est accordée en fonction des places disponibles.
Séances merc., jeudi, sam. a.-m. - Durée : 1 h 30, 2 heures ou 2 h 30
Achat des billets et départ des ateliers à l'accueil des groupes, hall Napoléon (sous la pyramide)

Les ateliers pour les 4-13 ans permettent de favoriser la découverte active du musée et des collections. Ils proposent une quarantaine de thèmes, parmi lesquels : techniques de la peinture, de la sculpture, du dessin, récits de l'Antiquité égyptienne, costume égyptien, techniques de construction dans l'Antiquité, le Parthénon, initiation aux écritures antiques (hiéroglyphique et cunéiforme), du visage au portrait, sculpture et cinéma, l'architecture du palais du Louvre, etc.
Le programme des activités en ateliers comportant les dates correspondantes est édité chaque trimestre (disponible à l'accueil sous la pyramide, ou sur demande au service culturel du musée, 36, quai du Louvre, 75058 Paris Cedex 01).

Musée des Arts décoratifs, musée de la Mode et du Textile et musée de la Publicité....... Ier J8

107, rue de Rivoli
Tél. : 01 44 55 57 50 - Fax : 01 44 55 57 84
Ouv. tlj du mardi au vend. de 11 h à 18 h, merc. 21 h et sam. et dim. de 10 h à 18 h
M. Palais-Royal, Tuileries

+8 ans

Le musée des Arts décoratifs est en cours de rénovation ; certaines salles – comme celles contenant les collections sur l'art religieux du Moyen Âge et de la Renaissance – se sont rouvertes.
Le musée de la Mode et du Textile propose chaque année une nouvelle présentation thématique de ses collections dans une scénographie originale.
Le tout nouveau **musée de la Publicité** est le premier du genre au monde. Ses collections, qui vont du XVIIIe s. à nos jours (plus de 100 000 affiches françaises et étrangères, films publicitaires, annonces presse, PLV, etc.), seront exposées alternativement afin de donner une idée de cette pratique qui a envahi notre vie et qui fait partie des arts décoratifs. La mise en scène dynamique du musée est à l'image de son contenu. Une médiathèque est le prolongement naturel de ce lieu interactif.

Artdécojeunes (tél. : 01 44 55 59 25 ou 59 75) organise pour les enfants de 4 à 14 ans des **ateliers**, qui ont lieu le mercredi par cycles de 4 à 10 séances et pendant les vacances scolaires. Les enfants se répartissent par tranches d'âge : 4-6 ans pour « Mon premier atelier », 7-12 ans pour l'atelier « Art déco », et 8-14 ans pour celui de la mode. Après une visite des collections des trois musées, les enfants se livrent à des travaux manuels, prolongement de ce qu'ils viennent de découvrir. Artdécojeunes propose aussi aux enfants de fêter leur **anniversaire** aux « Arts déco » avec leurs amis.

Ateliers du Carrousel

111, rue de Rivoli
Tél. : 01 44 55 59 02
À partir de 4 ans
Merc. tte l'année et pendant les vac. scol.

Les ateliers du Carrousel, ateliers d'arts plastiques de l'Union centrale des arts décoratifs, proposent dans l'un de leurs deux sites, 111, rue de Rivoli, et à l'école Camondo, 266, bd Raspail, des cours à l'année pour un large public d'enfants à partir de 4 ans. Ils organisent également des ateliers durant les vacances scolaires (rens. au 01 44 55 59 02).

Musée Carnavalet........... IIIe G4

23, rue de Sévigné
Tél. : 01 42 72 21 13-Fax : 01 42 72 01 61
Ouv. tlj sauf lundi et jrs fér. de 10 h à 17 h 45
M. Saint-Paul

+8 ans

L'hôtel Carnavalet et l'hôtel Le Peletier-de-Saint-Fargeau abritent le musée de l'Histoire de Paris. Le passé de la capitale est raconté à travers des tableaux, des estampes, des documents, des photographies, des collections d'objets très divers et des reconstitutions d'intérieurs évoquant des personnages et des lieux disparus.
Les grands moments de ce parcours historique sont notamment l'évocation de la famille royale à la prison du Temple, les multiples souvenirs de la Révolution et les reconstitutions de pièces comme la chambre de Marcel Proust, la boutique du joaillier Fouquet ou la salle de bal de l'hôtel de Wendel.
Le musée Carnavalet ne manque pas d'imagination pour distraire intelligemment les enfants : une conférencière **raconte des histoires passionnantes** (à partir de 7 ans) ou des contes pour les petits (à partir de 4 ans) ; des **visites-animations** (à partir de 7 ans) sont prétextes à la découverte de la vie parisienne d'autrefois ou donnent l'occa-

sion de confectionner un petit théâtre ; des **ateliers** « **Paris en jeux** » permettent de réaliser un reportage ou un objet-souvenir après la visite du musée ou d'un monument (à partir de 4 ans). Les enfants, selon leur âge, participent à un rallye dans le Marais, jouent à l'archéologue après une visite des arènes de Lutèce, créent une carte postale après une promenade le long de la Seine, jouent au petit reporter à Notre-Dame, découvrent les vieux métiers parisiens, les monuments de Paris dans les tableaux du musée, etc. (rens. et réserv., tél. : 01 42 72 21 13 ; fax : 01 40 27 85 59).
Les **anniversaires** peuvent aussi être célébrés au musée Carnavalet : tous les contes, certaines visites-animations, et certains ateliers en une séance peuvent être organisés pour cette occasion exceptionnelle.

Musée des Arts et Métiers............. IIIe F4

292, rue Saint-Martin
Ouv. tlj sauf lundi et jrs fériés de 10 h à 18 h, nocturnes jeudi jusqu'à 21 h 30
M. Arts-et-Métiers

+8 ans

Après une longue fermeture, le musée des Arts et Métiers va rouvrir ses portes. Toujours situé dans le lieu prestigieux qu'est l'ancienne abbaye de Saint-Martin-des-Champs, où il avait été installé à la fin du XVIIIe s., le conservatoire des Arts et Métiers propose maintenant une exposition permanente, conçue comme un parcours dans l'histoire des techniques.
Pour commencer, les visiteurs découvrent les instruments de la science (appareils à mesurer le temps, l'espace, instruments mathématiques), puis ils passent aux matériaux et à leur élaboration (textile, céramique, verre, métallurgie, etc.) et aux travaux publics, enfin ils découvrent le vaste domaine de la communication (des arts graphiques à la micro-informatique en passant par la photographie, la radio, le cinéma et la télévision). Le domaine de l'énergie n'est pas oublié, ni la mécanique, avec l'exposition des premiers véhicules.
Ce parcours chronologique est jalonné de quelque 150 objets-phares dotés de dispositifs d'animation, qui permettent de mieux se rendre compte de l'évolution des techniques.

Musée de la Poupée....... IIIe F4

Impasse Berthaud
Tél. / Fax : 01 42 72 73 11
Ouv. tlj sauf lundi de 10 h à 18 h
M. Rambuteau

Installé au fond d'une impasse fleurie, le musée de la Poupée d'une part expose une collection permanente de plus de 300 poupées françaises de 1850 à nos jours, présentées en situation avec leurs meubles, accessoires, jouets miniatures, et d'autre part monte des expositions temporaires à thème autour des poupées et des jouets de collection.
Bon à savoir : une clinique est à la disposition des poupées blessées.

Centre national d'art et de culture Georges-Pompidou.............. IIIe F4

Rues Rambuteau, Saint-Martin et Beaubourg
Tél. : 01 42 77 12 33
Minitel : 36 15 BEAUBOURG
Ouv. tlj sauf mardi et 1er mai de 11 h à 22 h (21 h musée)
M. Rambuteau
Gratuit pour les – de 18 ans

L'énorme bloc de verre et d'acier du Centre Pompidou montre aux passants ses tuyauteries de couleurs franches : chacune des couleurs correspond à une fonction différente : le bleu à la climatisation, le jaune à l'installation électrique, le rouge à la circulation, le vert aux circuits d'eau. Les escaliers roulants installés dans des tubes transparents s'accrochent aux parois et grimpent au sommet du bâtiment d'où la vue sur Paris est spectaculaire.
Cette architecture exceptionnelle a valu au Centre, depuis son ouverture, bien des surnoms : le Pompidosaure, la Raffinerie, Notre-Dame-des-Tuyaux…
Le Centre Pompidou se compose de plusieurs espaces : le Forum (niveaux –1, 0 et 1), où se trouvent l'espace spectacles (théâtre, danse, musique, cinéma) et l'espace éducatif, comprenant la **galerie des Enfants** et les différents ateliers, la bibliothèque publique d'information (niveaux 1, 2 et 3), le musée d'Art moderne (niveaux 4 et 5) et les galeries des expositions temporaires (niveau 6).
Le **musée national d'Art moderne** est l'un des rares musées qui pro-

pose une vue d'ensemble de la création moderne et contemporaine. La présentation des œuvres est proposée en un seul parcours pluridisciplinaire et chronologique. Les enfants réagissent toujours positivement à l'art moderne. Ici, ils seront particulièrement fascinés par le drôle de monument de Piano et Rogers, les *Métamécaniques* de Jean Tinguely ou encore par les mobiles de Calder. Ils resteront intrigués et perplexes devant les tambours en tissu flasque de Claes Oldenburg ou le *Container Zéro* de Jean-Pierre Raynaud. Ils découvriront l'importance des couleurs en regardant les toiles de Matisse, de Soutine, de Miró ou encore en admirant l'*IKBlue* de Klein... Ils souriront aussi devant la *Petite fille sautant à la corde* de Picasso.
Dans la **galerie des Enfants**, deux expositions sont montées chaque année. Chacune d'elles est prolongée par des ateliers. Ainsi, à travers des expressions multiples (danse, arts plastiques, design, arts et techniques), l'**atelier des Enfants** initie le jeune public à l'art de notre temps (rens. au 01 44 78 40 69 ou fax : 01 44 78 13 02). Les ateliers ont lieu les merc. et sam. de 14 h à 16 h et tlj pendant les vac. scol.

Musée de la Curiosité et de la Magie.................... IVe G5

11, rue Saint-Paul
Tél. : 01 42 72 13 26-Fax : 01 45 36 01 48
Ouv. merc., sam. et dim. de 14 h à 19 h
M. Saint-Paul

+8 ans

Situé dans des caves voûtées, cet antre de magicien contient des automates, des objets liés à la magie, qui forment un dédale de curiosités à travers lequel les visiteurs sont conduits par des animateurs. Des appareils mystérieux et inattendus, ainsi que des illusions interactives, permettent à tous d'expérimenter individuellement mille secrets amusants. Le spectacle de prestidigitation est permanent et a lieu tout au long de la visite.
Des cours sont dispensés aux adultes et aux enfants à partir de 12 ans les sam. a.-m. Un stage d'initiation à la prestidigitation est organisé pendant les petites vacances (le matin de 9 h 30 à 12 h 15) ; il comprend une visite du musée, un cours par un magicien professionnel, une petite collation, et à la fin du stage les enfants passent en scène devant leurs parents (200 F).

Institut du monde arabe.. Ve F5

23, quai Saint-Bernard ou
1, rue des Fossés-Saint-Bernard
Tél. : 01 40 51 38 38-Fax : 01 43 54 76 45
Ouv. tlj sauf lundi de 10 h à 18 h
M. Cardinal-Lemoine, Jussieu

+12 ans

Cet extraordinaire édifice domine la Seine. La façade sud est ornée de 240 moucharabiehs (fenêtres grillagées typiques de l'architecture arabe). Équipées de diaphragmes, ces ouvertures s'ouvrent et se ferment à chaque changement d'heure.
L'IMA est un grand centre d'expositions et d'informations sur la culture arabe.
Tout au long de l'année, l'espace Jeunes de l'IMA propose des ateliers pour les enfants (rens. au 01 40 51 39 54 au min. 15 jours à l'avance) Les enfants trouvent là l'occasion de s'initier à la calligraphie arabe, à l'écriture cunéiforme, de découvrir l'art islamique, etc. À l'occasion des expositions des visites et ateliers sont organisés sur le thème du moment. Il existe également une Médiathèque jeunesse (diaporama carte géante, musiques, albums, cinéma...).
Enfin, des animations-spectacles permettent à un public d'enfants et d'adultes de rencontrer des artistes (musiciens, danseurs, conteurs, etc.)

Jardin des Plantes........... Ve F5

Accès : Place Valhubert,
rue Cuvier, rue Monge,
rue Geoffroy-Saint-Hilaire
Tél. : 01 40 79 30 00
Ouvert tous les jours de 7 h 30 au coucher du soleil (20 h en été)
M. Jussieu, Monge, Censier-Daubenton, Gare-d'Austerlitz

pour tous

Le Jardin des Plantes permet à la fois de se promener librement à travers l'école de botanique, la roseraie, le labyrinthe, le jardin d'Iris, et en visite guidée au jardin alpin, de visiter plusieurs musées autour des sciences naturelles : la grande galerie de l'Évolution, les galeries de Géologie-Minéralogie et de Paléobotanique, les galeries d'Anatomie comparée et de Paléontologie, la galerie d'Entomologie, d'entrer dans les grandes serres et d'aller rendre visite aux animaux de la ménagerie.
Des activités à caractère ludique, liées à des thèmes naturalistes, sont proposées à des groupes constitués d'un minimum de 10 personnes. Conçues pour un public de jeunes, elles sont également ouvertes aux adultes désireux d'accompagner les enfants.

Grande galerie de l'Évolution

36, rue Geoffroy-Saint-Hilaire
Ouv. tlj sauf mardi de 10 h à 18 h (22 h le jeudi)
M. Censier-Daubenton, Jussieu, Monge

+8 ans

Construite à la fin du XIXe s. pour abriter les collections de zoologie, la grande galerie a été magnifiquement rénovée dans le cadre des grands travaux de l'État.
Dans une grande nef bordée de deux étages de galeries, l'évolution de la vie est racontée et mise en scène, et la diversité des espèces est présentée et expliquée grâce à des techniques modernes aussi claires que spectaculaires. Comme dans le grand spectacle de la nature, sons et musique animent chacun des espaces. Couleurs et lumières illuminent la verrière et la caravane des animaux. Ce dispositif répété par séquences évoque le cours d'une journée, de l'aube au crépuscule.
Des écrans tactiles, des vidéos, des jeux interactifs contribuent à rendre la visite vivante et amusante.

Galeries de Paléontologie et d'Anatomie comparée

2, rue Buffon
Ouv. tlj sauf mardi et jrs fér. de 10 h à 17 h et w.-e. de 10 h à 18 h d'avril à sept.
M. Censier-Daubenton, Jussieu, Monge

+12 ans

La galerie d'Anatomie offre un vaste tour d'horizon du monde des vertébrés, avec près d'un millier de squelettes, des pièces anatomiques liées à l'Histoire, des squelettes d'animaux rares et d'espèces disparues. La galerie de Paléontologie propose une exceptionnelle collection de fossiles : dinosaures, équidés, mammouths, etc.

Galerie d'Entomologie

45, rue Buffon
Tél. : 01 40 79 34 00
Fermeture temporaire
M. Censier-Daubenton, Jussieu, Monge

+8 ans

Mille cinq cents spécimens, choisis parmi les plus beaux et les plus étonnants du monde, donnent une idée de la prodigieuse diversité du monde des insectes. Des ateliers pour les enfants sont organisés à partir de 15 h le sam. et lors des vac. scol. (rens. et réserv. tél. : 01 40 79 36 00).

Galeries de Géologie-Minéralogie
Galerie de Paléobotanique

36, rue Geoffroy-Saint-Hilaire
Ouv. tlj sauf mardi et jrs fér. de 10 h à 17 h
M. Censier-Daubenton, Jussieu, Monge

+12 ans

La galerie de Géologie-Minéralogie détient plus de 600 000 échantillons de roches et minéraux, dont une collection de cristaux géants

unique au monde et une autre de 3 000 pierres précieuses provenant des anciennes collections royales.
La galerie de Paléobotanique retrace l'histoire du monde végétal depuis son apparition sur terre.

Grandes serres

57, rue Cuvier
Ouv. tlj sauf mardi de 13 h à 17 h d'oct. à fin mars, et les w.-e. d'avril à fin sept.
M. Censier-Daubenton, Jussieu, Monge

pour tous

Les deux grandes serres regroupent plusieurs milliers d'espèces de plantes : la serre tropicale, humide et chaude, avec des bananiers, ficus, fougères… et la serre mexicaine, où poussent des cactées américaines, des agaves mexicains, des succulentes d'Afrique australe…

Musée national du Moyen Âge.................... Ve F5

Thermes de Cluny, 6, place Paul-Painlevé
Tél. : 01 53 73 78 00 (serv. voc.)-Fax : 01 46 34 51 75
Ouv. tlj sauf mardi de 9 h 15 à 17 h 45
Gratuit pour les – de 8 ans
M. Cluny-la Sorbonne - RER Saint-Michel

+8 ans

Adossé aux ruines des thermes de Cluny, ce musée veut être le témoignage de la vie au Moyen Âge. On y découvre entre autres la célèbre tapisserie de *la Dame à la licorne*, tant de fois reproduite dans les livres. Des sculptures évoquent des monuments importants : l'abbatiale de Saint-Germain-des-Prés, celle de Saint-Denis, la Sainte-Chapelle, et plus particulièrement Notre-Dame de Paris.

Un **Jardin Médiéval** (ouv. tlj de 9 h à 17 h 30 l'hiver et à 21 h l'été - accès libre), conjuguant l'héritage du Moyen Âge et la modernité, prolonge la visite à l'extérieur (Espace Forêt de la Licorne, fontaine aux roseaux d'argent…).

Des **visites-découvertes** sont proposées aux enfants de 8 à 12 ans (réserv. tél. : 01 53 73 78 30 ; 4e merc. du mois et vac. scol. zone C à 10 h 30 et de juill. à sept. un merc. sur deux à 10 h 30).

Le musée organise également des ateliers pour les 8-12 ans (insc. tél. : 01 53 73 78 30, le 2e merc. du mois à 14 h 30 et durant les vac. scol. d'hiver et de printemps zone C), s'appuyant sur une découverte des œuvres qui sert ensuite de base à une réalisation pratique en atelier.

Musée de la Monnaie...... VIe E4

11, quai Conti
Tél. : 01 40 46 55 35 ou 01 40 46 55 27
Ouv. du mardi au vend. de 11 h à 17 h 30 et sam. et dim. de 12 h à 17 h 30
Gratuit pour les – de 18 ans
M. Pont-Neuf - RER Saint-Michel

+12 ans

Ce musée très moderne dans sa présentation raconte l'histoire de France à travers ses monnaies. Les pièces sont apparues en Gaule vers l'an 300 avant J.-C., elles imitaient alors les monnaies grecques et romaines. Le Moyen Âge se caractérisa par une extraordinaire profusion de pièces due au fait que chaque baron avait son atelier. À partir de Jean le Bon (1360), le mot franc fut régulièrement employé, puis la Révolution introduisit le système décimal.
Un audioguidage permet de construire soi-même sa visite.
Grâce à un tout nouveau parcours, les visiteurs ont accès aux ateliers de fabrication des médailles et reçoivent les explications sur le travail des graveurs (visites sur inscription les merc. et vend. à 14 h 15).
À l'occasion d'expositions, des **parcours-découvertes** sont proposés aux enfants afin de leur rendre la visite plus vivante et attractive.

Musée de l'Armée.......... VIIe D4

Hôtel national des Invalides, esplanade des Invalides
Tél. : 01 44 42 37 72
Ouv. tlj de 10 h à 18 h d'avril à fin sept. et de 10 h à 17 h du 1er oct. au 31 mars, fermé les 1er janv., 1er mai, 1er nov. et 25 déc.
M. Latour-Maubourg, Varenne - RER Invalides

+8 ans

Installé de part et d'autre de la cour d'honneur de l'hôtel des Invalides, le musée de l'Armée présente d'un côté l'évolution de l'armement depuis l'Antiquité jusqu'au XVIIe s. ; les garçons regarderont avec admiration les armures, dont celles de François Ier et d'Henri II enfant, un pistolet à rouet aux armes de Charles Quint, des armes à feu de Louis XIII, un habit de guerre de l'empereur de Chine ou une collection d'armures japonaises.
Au deuxième étage, les salles du musée sont consacrées à la Première et à la Seconde Guerre mondiale. Il sera préférable d'éviter aux jeunes enfants la visite de la section consacrée aux horreurs des camps de concentration. De l'autre côté de la cour, le musée fait une large place à la Révolution et à l'Empire, présentant de nombreux souvenirs de

Napoléon et de ses armées et une rétrospective des armements.
Le musée de l'Armée propose une gamme d'activités à caractère culturel et ludique pour ses jeunes visiteurs (rens. au 01 44 42 51 73 ; fax : 01 44 42 37 64).

• « Il était une fois... les Invalides » : des visites-contes (pour les 7-12 ans), un atelier « armoiries et emblèmes », des parcours-découvertes, au travers desquels les enfants et leur famille explorent, par le biais du jeu, le site et le musée (ces documents, réalisés à l'occasion d'expositions sont disponibles à la caisse).

Musée d'Orsay................ VIIe E4

1, rue de Bellechasse
Tél. : 01 45 49 48 14 et
01 45 49 11 11 (rép.)
Minitel : 3615 ORSAY
Ouv. tlj sauf lundi de 10 h à 18 h,
le jeudi jusqu'à 21 h 45 et le dim. de 9 h à 18 h
Gratuit pour les – de 18 ans
M. Assemblée-Nationale, Rue-du-Bac, Solferino - RER Orsay

+8 ans

Dans l'ancienne gare d'Orsay sont présentées des collections illustrant la création artistique de la deuxième moitié du XIXe s. et des premières années du XXe s. Sur l'esplanade devant le musée se trouve deux impressionnantes statues représentant un éléphant et un rhinocéros : elles proviennent de l'ancien Trocadéro.
Le musée d'Orsay programme, pour les enfants de 5 à 10 ans accompagnés d'adultes, différentes activités auxquelles ont doit s'inscrire préalablement : spectacles, projections de films ou concerts.
Des visites spécialement conçues pour un jeune public (5-10 ans) venant en individuel sont également proposées (prog. envoyé sur demande au 01 40 49 49 49). Des carnets-parcours sont à la disposition des enfants à l'Espace des Jeunes.

Musée Rodin................. VIIe D4

77, rue de Varenne
Tél. : 01 44 18 61 10 et 01 44 18 61 11
Fax : 01 45 51 17 52
Ouv. tlj de 9 h 30 à 16 h 45
(17 h pour le jardin)
M. Varenne - RER Invalides

+12 ans

Autour du bel hôtel du XVIIIe s. dans lequel sont présentées les œuvres et les collections du sculpteur Auguste Rodin s'étend un jardin bien rangé. Ce havre de paix est un agréable lieu de promenade

et une bonne occasion de découvrir deux célèbres sculptures : *Le Penseur* et *Les Bourgeois de Calais*.
Des visites-ateliers pour enfants de 6 à 10 ans et pour les adolescents de 11 à 15 ans sont organisées au musée de Paris et également au musée Rodin de Meudon (10, av. Auguste-Rodin, 92190 Meudon ; tél. : 01 45 34 13 09), le merc. de 14 h 30 à 16 h 30. La découverte d'une œuvre est suivie d'une sensibilisation aux techniques de la sculpture. En fonction du thème les enfants travaillent la terre, le plâtre ou la cire.

Musée Cernuschi.......... VIIIe D4

7, rue Vélasquez
Tél. : 01 45 63 50 75
Ouv. tlj sauf lundi et fêtes de 10 h à 17 h 40
M. Monceau

+12 ans

Dans un hôtel du parc Monceau sont rassemblés des objets d'art chinois et des ateliers pour les enfants y sont organisés le merc. à 14 h 30. Plusieurs programmes sont proposés selon les âges : les enfants auront par exemple le choix entre l'architecture et le décor de la maison chinoise (8-10 ans), le secret des tangram, surnommé « plaquette aux 7 astuces » (5-6 ans), l'initiation à l'écriture chinoise (8-10 ans), des contes (à partir de 5 ans). Pendant les vac. scol., les animations prennent pour thème une fête du calendrier chinois.
Des anniversaires sont organisés sur demande le mercredi.

Petit Palais.................... VIIIe D4

Av. Winston-Churchill
Tél. : 01 42 65 12 73
M. Champs-Élysées-Clemenceau

+8 ans

Édifié à l'occasion de la rétrospective de l'art français en 1900, le pavillon abrite des collections offrant un panorama artistique de l'Antiquité à nos jours et organise des expostions temporaires et ateliers dynamiques.
Le musée est fermé pour rénovation pour une durée approximative de deux ans.

Musée Grévin................ IXe E3

10, bd Montmartre
Tél. : 01 47 70 87 99 ou 01 42 46 13 26
Ouv. tlj de 13 h à 18 h 30 (10 h à 18 h 30 vac. scol.)
M. Montmartre, Richelieu-Drouot

Ce musée est une institution parisienne ; il fut fondé par un caricaturiste, Alfred Grévin, et un journaliste, Arthur Meyer, en 1882. À ce jour, 45 millions de visiteurs sont venus rencontrer les 500 personnages de cire qui racontent l'actualité et l'histoire de France.

C'est Haroun Tazieff, au-dessus d'un volcan, qui accueille les visiteurs puis ce sont les chefs d'État, les vedettes de la chanson, les stars du cinéma et les journalistes de télévision qui reçoivent dans l'étonnante salle des colonnes ; souvent renouvelées, les personnalités changent au gré des exigences de l'actualité.

Sous la coupole, musiciens, chanteurs, danseurs et auteurs littéraires conversent silencieusement. Chut ! il ne faut pas réveiller le dormeur du banc, qui est assoupi depuis 110 ans.

Quelques marches à descendre pour remonter le temps et retrouver tous ces héros de l'histoire de France : Louis XI rend une visite à son prisonnier enfermé dans une cage de fer, François Ier rencontre Henri VIII au camp du Drap d'or, Louis XIV assiste à une somptueuse fête, le jeune Mozart joue du piano, Marie-Antoinette veille tristement dans son cachot…

Plus loin, le temps a passé et le cinéma vit son aventure : Orson Welles regarde la robe de Marilyn Monroe voler au vent, un homme sans tête est entouré des corbeaux d'Alfred Hitchcock, John Wayne joue les cow-boys dans une rue déserte du Texas…

Après le cinéma, retour à l'histoire où, au château de Malmaison, Napoléon Bonaparte et Joséphine de Beauharnais prennent le thé, entourés de leurs frères et sœurs, de musiciens et des maréchaux de l'Empire.

Au premier étage, les enfants de toutes les générations prennent un plaisir chaque fois renouvelé à admirer les transformations du Palais des Mirages. Ce son et lumière bien particulier avait été réalisé pour l'Exposition universelle de 1900. Tout pivote, s'escamote, manœuvre et se remet en place pour transporter successivement dans la jungle asiatique, en Inde et à l'Alhambra de Grenade. Les idoles sacrées se changent en arbres, les éléphants barrissent, l'orage éclate, lucioles et papillons exotiques effleurent les têtes. À côté, dans le « théâtre joli », tous les après-midi, des spectacles toujours renouvelés (prestidigitation, mimes, ombromanies) fascinent les spectateurs de tous les âges.

Musée des Arts d'Afrique et d'Océanie........................ XIIe H7

293, av. Daumesnil
Tél. : 01 44 74 85 00
Ouv. tlj sauf mardi de 10 h à 17 h 30 (18 h le w.-e.)
M. Porte-Dorée

+8 ans

Construit pour l'Exposition coloniale de 1931, il s'appelait alors le musée des Colonies ; en 1935, il devint le musée de la France d'outre-mer, pour devenir ensuite le musée des Arts d'Afrique et d'Océanie.
Le musée présente des masques, des statuettes votives, des sculptures, des sagaies, des instruments de musique, des parures de chef, des bijoux somptueux... provenant des civilisations du Maghreb, de l'Afrique intertropicale et de l'Océanie.
Le tour achevé, les jeunes visiteurs se précipiteront au sous-sol, où est installé un aquarium.
Quatre **ateliers** sur des thèmes en rapport avec les collections présentées au musée sont proposés aux enfants à partir de 6 ans le mercredi à 14 h. Les séances durent 2 heures et peuvent être suivies en cycle ou séparément.
Un **livret-parcours** avec des jeux pour la visite des plus jeunes est maintenant disponible à l'accueil du musée.

Musée Bourdelle........... XVe D5

18, rue Antoine-Bourdelle
Tél. : 01 49 54 73 73-Fax : 01 45 44 21 65
Ouv. tlj sauf lund. et jrs fér. de 10 h à 17 h 40
M. Falguière, Montparnasse-Bienvenüe

pour tous

Une maison, un jardin envahi de statues, tel était le lieu où le sculpteur Bourdelle vécut presque toute sa vie. Le musée est bien aménagé et occupe suffisamment d'espace pour que les enfants se sentent bien. Le merc. à 14 h (durée : 1 heure), les sculptures d'Antoine Bourdelle sont l'occasion d'initier les enfants à la mythologie ; en famille ils écoutent contes et récits fantastiques.
Des ateliers sont organisés pour les enfants et les adolescents (rens. et réserv. tél. : 01 49 54 73 91, merc. 14 h, sam. 10 h et 14 h et vac. scol., cycle de plusieurs séances). Les collections du musée inspirent un travail de modelage ou de création de volumes.
Nouveauté : des anniversaires avec atelier sont organisés sur réservation.

Musée d'Art moderne de la ville de Paris.................. XVIe C4

11, av. du Président-Wilson
Tél. : 01 53 67 40 00 et 05 53 67 40 81 (rép.)
Ouv. tlj sauf lundi et jrs fér. de 10 h à 17 h 30 ;
sam. et dim. de 10 h à 19 h
Gratuit pour les – de 18 ans, pour la collection permanente
M. Alma-Marceau, Iéna

+8 ans

Le musée contient des collections illustrant les principaux courants de l'art moderne du début du siècle à nos jours (fauvisme, cubisme, dadaïsme, abstraction, nouveau réalisme...) et organise de fréquentes expositions. Les enfants de 6 à 12 ans peuvent participer à des visites-animations suivies d'un cours atelier dans les collections ou dans les expositions temporaires (insc. et réserv. tél. : 01 53 67 40 80 et 81 ; merc., sam. et pendant les vac. d'hiver à 14 h 30 et 16 h 30).

Musée national des Arts et Traditions populaires...... XVIe A3

6, av. du Mahatma-Gandhi
Tél. : 01 44 17 60 00-Fax : 01 44 17 60 60
Ouv. tlj sauf mardi de 9 h 30 à 17 h 15
M. Sablons - RER Porte-Maillot

+12 ans

Le musée des Arts et Traditions populaires est consacré à la vie quotidienne des Français de l'an 1000 à nos jours. Il présente au public les témoins matériels (habitat, mobiliers, outillages, coutumes, jeux, etc.) et immatériels (enregistrements audiovisuels de contes et légendes, chants, musique) de la culture populaire des Français. Des tableaux recréent des espaces ou des moments de la vie quotidienne : une salle commune bretonne, un bateau de pêche échoué sur une plage, un chalet d'alpage, une fromagerie du Cantal, l'atelier d'un tourneur de bois...Une visite au musée est aussi l'occasion de comprendre des savoir-faire révolus : comment cultivait-on la terre, construisait-on une maison, tournait-on un pot, etc. ?
Des expositions temporaires sont régulièrement organisées, donnant parfois lieu à des animations particulières.

Musée Galliera............ XVIe C4

Palais Galliera
10, av. Pierre-Ier-de-Serbie
Tél. : 01 47 20 85 23-Fax : 01 47 20 11 56
Ouv. tlj sauf lundi et jrs fér. de 10 h à 18 h
(pendant les expos)
M. Iéna, Alma-Marceau

+8 ans

Installé dans le palais Galliera, construit à la fin du XIXe s. à la demande de la duchesse de Galliera pour y réunir ses collections personnelles, le **musée de la Mode de la ville de Paris** accueille des expositions temporaires.

Au palais Galliera, mode, contes et travaux pratiques se mêlent : des **contes** sont racontés aux 5-12 ans le mercredi et pendant les vacances scolaires, et des **ateliers** sont proposés pour les jeunes en individuel ou en famille.

Ces **ateliers** sont réservés soit aux adolescents de 12-16 ans, auxquels ils donnent l'occasion de confectionner un accessoire de mode inspiré par l'exposition en cours (merc. ou sam. en 2 séances) ou de trouver leur chemin dans les « zigzags de la mode » ; soit aux 8-12 ans, qui réalisent une coiffure à l'imitation des catherinettes (pendant les vac. scol.) ou un bijou symbole d'une mode (merc. et sam. et certaines vac. scol.), ou encore un costume inspiré d'un personnage célèbre (le sam., 5 séances de 2 heures, et pendant les vac. scol. d'hiver et de printemps) ; soit aux familles : parents et enfants réalisent une pochette en soie (vac. de Noël).

Les **anniversaires** peuvent être fêtés au cours d'un après-midi de contes ou d'un atelier de couture (rens. et réserv. au 01 47 20 85 23).

Musée en herbe........... XVIe A3

Jardin d'acclimatation, bois de Boulogne
Tél. : 01 40 67 97 66-Fax : 01 40 67 97 92 13
Ouv. en sem. de 10 h à 18 h ; sam. de 14 h à 18 h ;
tlj vac. scol.
L'entrée comprend la visite du musée et du jardin
M. Sablons

pour tous

Le Musée en herbe accueille les enfants de 4 à 12 ans (parfois dès 3 ans) en tant que visiteurs individuels (ou en groupe, scolaire ou non). Il propose des **expositions-jeux** aux thèmes variés (artistiques, scientifiques, civiques, ethnologiques...) où l'on apprend en s'amusant grâce à de nombreuses manipulations. Il est possible de prolonger la visite d'une exposition par un **atelier** de peinture, de modelage, d'assemblage… à l'issue duquel chaque enfant repart avec son œuvre. **Animations spéciales**, **mini-stages**, **baby-ateliers** sont également au rendez-vous.

Musée de l'Homme....... XVIe C4

Palais de Chaillot
17, place du Trocadéro
Tél. : 01 44 05 72 72 ou
01 44 05 72 00-Fax : 01 44 05 72 92
Ouv. tlj sauf mardi et jrs fér. de 9 h 45 à 17 h 15
M. Trocadéro

+8 ans

La vocation du musée de l'Homme est de réunir en un seul lieu tout ce qui concourt à la définition de l'être humain en suivant son évolution dans le temps et dans le monde : l'homme biologique (anthropologie biologique), l'homme dans sa chaîne évolutive (paléoanthropologie et préhistoire), l'homme culturel et social (ethnologie). Le musée est sérieux et d'une présentation pas toujours très attractive, mais certaines salles comme celle de la « nuit des temps », consacrée à la paléontologie humaine et à la préhistoire, ou l'espace consacré à la population esquimaude ou encore la galerie d'Amérique, retraçant la découverte du Nouveau Monde, et les expositions temporaires, sont remarquablement bien mis en scène. Le musée de l'Homme prévoit des ateliers pour les enfants de 6 à 11 ans. Avant ou après une visite en famille, ils pourront participer à une animation de 1 heure autour de thèmes comme : 6 milliards d'hommes, la chasse et la pêche en Océanie, le chasseur préhistorique, construire sa maison africaine, tous parents, tous différents : à qui ressemblons-nous ? (séance à 14 h 30).

Musée de la Marine...... XVIe C4

Palais de Chaillot
17, place du Trocadéro
Tél. : 01 53 65 69 69
Ouv. tlj sauf mardi de 10 h à 18 h
M. Trocadéro

+8 ans

Le musée de la Marine fut créé au XVIIIe s. par une ordonnance de Charles X, qui avait décidé de rassembler en un seul lieu la collection exceptionnelle de modèles du XVIIIe s. dispersée dans les arsenaux royaux. Modèles, tableaux, sculptures, instruments de navigation racontent 3 siècles d'aventure, de science et de techniques nautiques.

On admire, entre autres, la maquette de la *Santa María* de Christophe Colomb et de *la Belle-Poule* qui ramena les cendres de Napoléon de Sainte-Hélène.
Le musée propose des activités pour les enfants à partir de 5 ans.
Les **visites-ateliers** permettent de comprendre le fonctionnement des bateaux à voile ou à moteur et de s'initier au modélisme ou à l'art des nœuds marins…
Les **visites-découvertes** : des parcours sur différents sujets tels que la construction des bateaux, l'évocation des grands marins et aventuriers…
Les **animations théâtrales**, une observation des collections en entrant dans l'imaginaire des auteurs de romans d'aventures, tels que Stevenson (auteur de *l'Île au trésor*), Jules Verne…
Ces animations sont prévues chaque mercredi à 14 h 30 et pendant les vacances scolaires.
Il est également possible de **fêter son anniversaire** au musée : les enfants visitent le musée déguisés en pirates ou en corsaires.
Un **livret-jeu,** « Quand la loupe remplace la longue-vue ! », est remis à l'entrée du musée pour une première découverte des collections en famille.

Cité des sciences et de l'industrie................. XIXe H1

30, av. Corentin-Cariou
Tél. : 01 40 05 80 00 (rép.)
et 01 40 05 12 12 (réserv.)
Minitel : 3615 Villette
Ouv. tlj sauf lundi de 10 h à 18 h (19 h le dim.)
M. Porte-de-la-Villette

Situé dans le parc de la Villette, le lieu porte bien son nom : une cité. Il faut donc tout d'abord se repérer et planifier sa journée.
Il existe des espaces d'exposition, des salles de spectacle et des espaces de service.

Explora
Cœur de la Cité, il s'agit là d'un gigantesque espace de 30 000 m^2 consacré aux expositions permanentes. Organisées en trois grands secteurs de visite (galerie sud, galerie nord, balcon nord et les mezzanines), ces expositions mettent en évidence les liaisons entre les différentes approches du savoir et les multiples domaines de la science et des techniques. Les visiteurs suivent leur propre chemin selon leurs centres d'intérêt.

La Cité des enfants
La Cité des enfants propose 4 000 m² d'activités et de découvertes des sciences et techniques pour les 3-12 ans. Elle est constituée de deux espaces permanents – l'un pour les enfants de 3 à 5 ans et l'autre pour ceux de 5 à 12 ans – et d'un troisième dévolu aux expositions temporaires. Ici, il faut non seulement regarder et entendre, mais aussi toucher et goûter, sentir, manipuler, expérimenter, etc. Les enfants déambulent à leur rythme avec leurs parents.
L'espace « Premières découvertes » (3-5 ans) s'inspire directement de la manière dont les enfants de cette tranche d'âge appréhendent le monde et le découvrent : par l'action, l'expérience sensorielle, l'imitation, la comparaison. La Cité des enfants se visite par séances de 1 h 30.

Techno cité
Cet espace veut contribuer à changer le regard des visiteurs sur la technologie en proposant une approche de ses différentes dimensions : technique, économique, sociale et culturelle. Réservé aux élèves en semaine, il est ouvert à tous, à partir de 11 ans, les merc. a.-m., les dim. et durant les vac. scol. (séances de 1 h 30).
Une grande exposition pour tous et **des expositions temporaires pour les enfants** sont organisées chaque année.

Les aquariums
Trois aquariums abritent des poissons, crustacés, mollusques et végétaux propres aux fonds marins de la Méditerranée. Les deux premiers bassins reconstituent des milieux plus ou moins profonds et le troisième permet de découvrir l'univers des poissons prédateurs vivant à près de 60 m de profondeur.

L'Argonaute

Ouv. de 10 h 30 à 17 h 30 et de 11 h à 18 h 30 le w.-e.
Interdit aux – de 3 ans
Gratuit pour les – de 7 ans

Désarmé en 1982 après plus de 210 000 milles en mer et 32 700 heures de plongée, ce véritable sous-marin a échoué au parc de la Villette.
Audioguidés par un baladeur, les visiteurs parcourent la coursive, du poste d'équipage au tube lance-torpilles, découvrant au passage la salle des diesels et le poste central d'opérations.
Un lieu d'exposition présentant l'univers des sous-marins accompagne la visite de l'Argonaute.

Le Planétarium (niveau 2 d'Explora)

5 ou 6 séances par jour
Interdit aux – de 3 ans

Une salle de spectacle pour découvrir les nébuleuses, les comètes, la

Voie lactée, les galaxies ou les planètes (trois spectacles en alternance). Prendre ses billets tout de suite en arrivant car le Planétarium a beaucoup de succès.

La Géode

Réserv. par tél. : 01 40 05 12 12 (tlj de 9 h 15 à 17 h 45)
et Minitel : 3615 VILLETTE
Ouv. tlj sauf lundi de 10 h à 21 h
Interdit aux – de 3 ans
Entrée pour les enfants à partir de 3 ans

La Géode est la construction la plus spectaculaire de la Cité : c'est une jolie sphère dans laquelle le ciel, l'eau et les lumières se reflètent. À l'intérieur, assis sur des sièges inclinés, vous contemplez l'écran hémisphérique de 1 000 m² sur lequel, grâce au système de projection Omnimax, vous êtes entouré d'images.

Le cinéma Louis-Lumière

Env. 10 séances par jour
Sans réserv.

Le cinéma Louis-Lumière est la seule salle parisienne spécialisée dans la programmation de films en relief. Il diffuse par l'image des connaissances scientifiques et techniques pour tous les publics.

Le Cinaxe

Le long de la galerie de la Villette
Tél. : 01 42 09 34 00 - Minitel : 3615 VILLETTE
Séances toutes les 20 minutes de 14 h à 18 h du mardi au dim.
Interdit aux – de 4 ans

Le Cinaxe est une salle mobile dite de simulation. Les amateurs de sensations fortes vont vivre le parcours mouvementé d'un promeneur dans un parc d'attractions, s'embarquer dans une aventure intergalactique ou encore se retrouver à toute vitesse sur un circuit automobile.

Musée de la Musique..... XIXᵉ H2

221, av. Jean-Jaurès
Tél. : 01 44 84 44 84 ou 01 44 84 45 45 (rép.)
Minitel : 3615 CITÉMUSIQUE
Ouv. du mardi au jeudi de 12 h à 18 h, vend. et sam. de 12 h à 19 h 30, dim. de 10 h à 18 h
Gratuit pour les – de 6 ans
M. Porte-de-Pantin

+12 ans

Le musée de la Musique fait partie de la Cité de la musique, qui comprend également des salles de concert. Le musée présente une exceptionnelle collection d'instruments de musique joliment mise en

scène. Munis d'un audiocasque à infrarouges remis à l'entrée, les visiteurs progressent dans le musée à leur rythme en découvrant le son exact de l'instrument présenté dans l'environnement de l'orchestre.
Des bornes interactives donnent des informations sur les rapports entre musique et société ainsi que sur les genres musicaux.
Un **livret** « **Expédition au pays des instruments** » peut être remis à chaque jeune visiteur âgé de 6 à 12 ans.
Tous les jours des musiciens jouent en *live* avec des instruments différents.
Des **visites animées** sont proposées (merc. et w.-e.) selon les âges (parcours historique, visite-atelier, visite contée, visite-jeu).
Des **ateliers** pour les enfants seuls ou en famille sont organisés durant les week-ends.
Les ateliers « éveil musical » permettent de découvrir 150 instruments de différentes régions du monde.
Les ateliers « percussions du monde » permettent de jouer des percussions issues de différentes traditions et de s'initier aux techniques de jeu.
Enfin, des **ateliers de gamelan,** l'orchestre traditionnel des îles indonésiennes de Java et de Bali, sont proposés le dim. à 13 h 30 ou à 16 h (en famille, enfants à partir de 6 ans ; sur réservation).

Maison de l'Air.............. XXe H3

Parc de Belleville
27, rue Piat
Tél. : 01 43 28 47 63 (Paris-Nature)
Ouv. tlj sauf lundi de 13 h 30 à 17 h d'oct. à mars, et de 13 h 30 à 17 h 30 (w.-e. 18 h 30) d'avril à sept.
M. Pyrénées, Couronnes

+8 ans

Tout en haut du parc de Belleville, sur un des points culminants de la capitale, s'est installée la maison de l'Air.
Chaque jour, l'actualité de l'atmosphère est donnée grâce à la diffusion en direct d'images satellite et à une station météo. On comprend le pourquoi de la pluie et du beau temps. Le climat livre ses secrets. Mais que respire-t-on ?
C'est dans l'air que se mélangent les différents souffles, le nôtre, celui des animaux et des végétaux, mais aussi les fumées des usines et les gaz d'échappement des automobiles. Un relais du réseau de stations de mesure des polluants affiche les données fournies par les organismes de contrôle sur la pollution de l'air à Paris.
Cette visite permet de se rendre compte de tout ce qui se joue autour de nous, au-dessus de notre tête.

Palais de la Découverte .... VIIIe D4

Av. Franklin-Roosevelt
Tél. : 01 56 43 20 21-Fax : 01 40 74 81 81
Minitel : 3615 DÉCOUVERTE
Ouv. du mardi au sam. de 9 h 30 à 18 h et dim. et jrs fér. de 10 h à 19 h
Gratuit pour les – de 7 ans
M. Champs-Élysées-Clemenceau, Franklin-Roosevelt - RER Invalides

+8 ans

Tout est passionnant dans ce palais où les salles se succèdent, chacune consacrée à une science différente : astronomie, chimie, physique, sciences de la Terre et de la vie, etc.
Les jeunes trouvent là une approche vivante des sciences grâce à des expériences commentées, des manipulations, des maquettes, des vidéos, des bornes interactives et aussi des séances au planétarium.

Planétarium

Tél. : 01 56 43 20 21 (rens. horaires et réserv.)
Séances à 11 h 30, 14 h, 15 h 15, 16 h 30, 17 h 45 du mardi au vend. et les sam., dim. pendant les vac. scol.

Assis sous une voûte de 15 m, les spectateurs se trouvent plongés en quelques minutes sous un ciel étoilé. Guidés par un conférencier, ils peuvent suivre la course des planètes dans le ciel au cours des prochaines années, comprendre le mécanisme des éclipses, voyager pour découvrir les cieux des autres continents, visualiser le système solaire depuis une autre planète, etc.

Les Animations

Des animations sont prévues tous les jours (se rens. par tél.)

Le **Cybermétropole.** Grâce à 22 ordinateurs dont 8 sont connectés à Internet, il permet de découvrir de façon pratique les nouvelles technologies multimédias : CD-roms, Internet, photo numérique, visioconférence, etc. (les explications sont adaptées à l'âge et au niveau des participants).
Les **ateliers,** proposés les merc, w.-e. et vac. scol. à 10 h ou 15 h, sont centrés sur la Terre et la vie : atelier-fouilles, contes de la Terre pour les 8-13 ans, sorties géologiques (tout public, durée 1 h 30), etc., ou sur la bio animale ou encore la physique amusante (rens. au 01 56 43 20 21 ; insc. le jour même à l'accueil).
Des **expositions** sont régulièrement montées, avec parcours et ateliers en rapport avec la visite, spécialement conçus pour le jeune public.

Les Étoiles du Rex.......... IIe E3

Le Grand Rex
1, bd Poissonnière
Tél. : 08 36 68 05 96-Fax : 01 42 21 11 93
Ouv. du merc. au dim. et jrs fér. de 11 h à 17 h
M. Bonne-Nouvelle

Pour tous

Le cinéma le Grand Rex, construit en 1932, est un véritable temple élevé à la gloire du 7e art. Sa façade Art déco, sa voûte étoilée et ses décors baroques font de ce monument un cinéma pas tout à fait comme les autres.
Aujourd'hui, le Rex invite ses spectateurs à découvrir l'univers magique du cinéma et de ses étoiles. Pendant 50 minutes, on suit une visite audioguidée qui nous fait passer derrière l'écran, approcher les étoiles, entrer dans la cabine de projection, où l'on rencontre Manissa la star du dessin animé, participer avec King Kong au tournage d'un film à sensation, vivre en direct les trucages d'un grand film…
Effets spéciaux, bruitages, tournages, décors reconstitués sont autant de moyens techniques utilisés pour projeter le public dans une aventure interactive pleine d'humour et de frissons.

Paris Story.................. IXe E3

11 *bis*, rue Scribe
Tél. : 01 42 66 62 06-Fax. 01 42 66 62 16
Ouv. tte l'année, séance toutes les heures
Gratuit pour les – de 6 ans
M. Opéra

+8 ans

Un spectacle multivision et musical retrace en 10 langues les grandes heures de la capitale. Le spectateur revit en images les joies et les drames de 2 000 ans d'histoire.
Le texte qui accompagne les vues de la capitale est vivant et très intéressant pour les jeunes spectateurs.

Dôme IMAX...... Paris la Défense A2

Colline de la Défense
Tél. : 08 36 67 06 06 (pour obtenir les progammes et les horaires)
RER La Défense

+8 ans

Grâce à son écran géant hémisphérique de 1 144 m², le Dôme est une des plus grandes salles de projection du monde. Les images projetées sont si réelles que l'on se surprend à tendre la main pour les toucher ou, au contraire, à fermer les yeux pour échapper à leur emprise. Dans la salle, les sièges, disposés, sur une forte déclivité et inclinés eux-mêmes à 35°, permettent à tous d'avoir une vision parfaite et d'être littéralement enveloppés par l'image.

Ménagerie.................... Ve F5

3, quai Saint-Bernard et 57, rue Cuvier
Tél. : 01 40 79 37 94
Ouv. tlj de 9 h à 18 h l'été et 17 h l'hiver
Située dans le jardin des plantes
M. Censier-Daubenton, Jussieu, Gare d'Austerlitz, Monge

Quel plaisir de se promener dans ce petit parc zoologique, un des plus anciens du monde.
Pas trop grand, il permet de prendre bien son temps pour faire connaissance avec les animaux en provenance du monde entier.
Du temps et de la patience si l'on se rend au **Microzoo** (ouv. tlj de 10 h à 12 h et de 13 h 30 à 17 h 30, accessible à partir de 11 ans), où des télémicros permettent d'observer le monde fascinant des animaux microscopiques, hôtes de nos forêts et de nos maisons.

Ferme de Paris............. XIIe I8

Route du Pesage,
bois de Vincennes
Tél. : 01 43 28 47 63
Ouv. tlj sauf lundi, de 13 h 30 à 19 h en juill. et août et vac. de Pâques ; w.-e. et jrs fér. de 13 h 30 à 19 h d'avril à juin et en sept., et de 13 h 30 à 17 h d'oct. à mars
M. Château-de-Vincennes

Cette vraie ferme réjouira les petits Parisiens n'ayant pas la chance d'aller souvent à la campagne ; ils verront pour de vrai des veaux, des vaches, des cochons, des lapins, des coqs et des poules. Les enfants caressent les chèvres, donnent du foin aux moutons, assistent à la traite automatique des vaches et découvrent quelques grands principes de la culture des potagers et des champs. Partout, des panneaux didactiques expliquent qui est qui et qui fait quoi.

Parc zoologique de Paris.. XIIe H7

53, av. de Saint-Maurice,
Bois de Vincennes
Tél. : 01 44 75 20 10
Fax : 01 43 43 54 73
Ouv. tlj de 9 h à 17 h en hiver et de 9 h à 18 h ; 18 h 30 en été
Gratuit pour les – de 6 ans
M. Porte-Dorée

pour tous

Le fameux rocher du zoo, que l'on voit d'assez loin, fut construit en 1934, il vient d'être rénové grâce aux techniques les plus avancées. Des ascenseurs permettent maintenant d'accéder à des plates-formes panoramiques et d'avoir de là à la fois une vue d'ensemble et la possibilité d'observer les mouflons qui grimpent sur le rocher.
Le parc est grand et les animaux nombreux (environ 1 200), et la promenade y est agréable hiver comme été. Au côté des habituels pensionnaires des zoos, on rencontre des animaux beaucoup plus rares comme des hippopotames nains, des cerfs d'Eld, des lémuriens nocturnes, des flamants des Andes... La visite aux nouveau-nés (carnet rose affiché à l'entrée) est toujours très appréciée des enfants. Elle ne leur fera pas oublier pour autant l'heure des repas de quelques animaux (9 h 15 et 16 h pour le panda, 14 h 15 pour les pélicans, 14 h 30 pour les manchots, 16 h 30 pour les phoques et les otaries).

Centre de la Mer et des Eaux.......................... V^e F5

195, rue Saint-Jacques
Tél. : 01 44 32 10 90-Fax : 01 40 51 73 16
Ouv. du mardi au vend. de 10 h à 12 h 30 et de 13 h 15 à 17 h 30 et w.-e. de 10 h à 17 h 30
RER Luxembourg

+8 ans

Situé dans l'Institut océanographique fondé par le prince Albert de Monaco, le centre présente un panorama du développement actuel des connaissances et des technologies pour l'étude du milieu marin. On peut y découvrir le rôle fondamental du plancton dans l'aventure de la vie, la fragilité des équilibres naturels, les techniques de pêche et les ressources des océans dans le cadre d'un jeu interactif sur vidéodisque.
Un diorama reconstitue le paysage et la faune d'une source hydrothermale, véritable oasis de vie à 3 000 m de profondeur.
Six aquariums présentent la faune des récifs coralliens des mers tropicales ou de l'Atlantique.

Des films relatant l'odyssée sous-marine de l'équipe Cousteau invitent à vivre des aventures de l'Amazonie aux atolls du Pacifique en passant par l'Antarctique, et des films en rapport avec les expositions en cours sont projetés dans le grand amphithéâtre de l'Institut océanographique (merc. et vac. scol. à 14 h 15 et 16 h, et sam. et dim. à 15 h et 16 h).

Jardin d'acclimatation.... XVIe A3

Bois de Boulogne
Tél. : 01 40 67 90 82
Ouv. tlj de 10 h à 19 h de juin à sept. et de 10 h à 18 h le reste de l'année
Petit train, départ Porte-Maillot, merc., sam., dim., jrs fér. et vac. scol. de 13 h 30 à 18 h toutes les 10 min
L'entrée comprend la visite du jardin, les attractions sont payantes
M. Porte-Maillot, Sablons

-8 ans

Depuis près de 140 ans – il fut inauguré par l'empereur Napoléon III et l'impératrice Eugénie, mais aussi en présence de personnalités artistiques comme Jacques Offenbach, Hector Berlioz, Alexandre Dumas et Théophile Gautier –, le Jardin d'acclimatation accueille les petits Parisiens et leurs copains de passage. Il se modernise de mois en mois et les enfants y ont le choix entre de multiples distractions.

Les jeux dans le jardin
À chaque âge ses attractions : manèges, tacots 1900, circuit automobile où l'on pilote tout seul une mini-voiture, circuit pour vélos géré par la Prévention routière (rens. au 01 45 01 20 92), bateaux téléguidés, maison enchantée pour petits et grands (anniversaire et baby-atelier à partir de 18 mois ; rens. au 01 40 67 92 87), rivière enchantée, train panoramique pour faire le tour du jardin, aires de jeux…

La Maison Enchantée (tél. : 01 40 67 92 87)
Cet espace de 300 m^2 de jeux est réservé aux enfants à partir de 9 mois, accompagnés d'un adulte. Les tout-petits trouveront là une piscine à balles, un espace mousse et des baby-ateliers.

Les animaux
Dans une mini-ferme constituée de vraies chaumières normandes circulent des poules, des pintades, des canards, un cochon et une vache…
Une famille ours se baigne en été dans une grande fosse conçue exprès pour elle et des oiseaux de toutes les contrées exhibent leurs belles couleurs dans la grande volière.

Les promenades à dos de poney

Les ateliers du Jardin
Les ateliers accueillent les enfants de 3 à 12 ans les merc. et sam. et tlj pendant les vac. scol. (rens. et insc. au 01 40 67 90 82) ; là, ils vont apprendre à jouer aux vrais jardiniers, cuisiniers, parfumeurs, apothicaires ou coloristes… Un potager leur est spécialement destiné pour qu'ils puissent planter, biner et récolter. Un vrai mini-laboratoire a été aménagé au sein d'anciennes cuisines afin de pratiquer toutes sortes d'expériences pratiques ou culinaires. Les activités sont conçues pour favoriser une démarche active des enfants. Ils manipulent, testent, tâtonnent comme le font les scientifiques professionnels, et connaissent ainsi le plaisir d'une découverte ou celui d'une expérience réussie. On peut aussi fêter son anniversaire dans les **ateliers du jardin.**
Un **petit théâtre des Enchanteurs** vient d'être créé, où les enfants interprètent les héros des contes, jouent aux acteurs en herbe, inventent des histoires avec Valentin l'enchanteur…

Le golf miniature (tél. : 01 40 67 15 17), et bientôt une école de golf avec son practice et son putting green, le **bowling de Paris** (tél. : 01 53 64 93 14), le **poney club** (tél. : 01 45 01 97 97), le **trampoline,** l'**école de vélo** tout-terrain – qui propose, outre les cours d'initiation, des sorties en forêt et des chasses au trésor « spécial anniversaire » (tél. : 06 07 35 40 17).

L'Exploradrome
Un espace interactif d'initiation à la science, à l'art et aux multimédias destiné à guider les enfants vers la conquête et la connaissance des lois physiques universelles.

Le cirque (tél. : 01 45 00 23 01 et 01 45 01 51 23)
Des numéros drôles ou à frémir et des animaux dans la plus grande tradition du genre (merc. et dim. à 15 h et sam. à 14 h 30 et 17 h, et tlj pendant les vac. scol.).
Les artistes du cirque accueillent les enfants dans des **ateliers** aux cours desquels ils les initient à leurs spécialités : jonglage, équilibrisme, funambulisme, trapèze, maquillage… Puis ils leur font découvrir les coulisses du spectacle et visiter la ménagerie. Après le déjeuner, les enfants assistent au spectacle.

Théâtre de Guignol (tél. : 01 45 01 53 52)
Trente minutes de rires et de cris tous les merc., w.-e., jrs fér. et vac. scol., à 15 h et 16 h.

Théâtre du jardin (tél. : 01 40 67 97 86)
Des spectacles de théâtre, chanson, poésie, danse et musique se succèdent sur le plateau du théâtre.

Aquaboulevard.............. XVe B6

Forest Hill, 4-6, rue Louis-Armand
Tél. : 01 40 60 10 00
Ouv. tlj de 9 h à 23 h (24 h vend. et dim.)
L'entrée est prévue pour 4 heures, ensuite, suppl. pour chaque nouvelle heure
M. Place-Balard, Porte-de-Versailles

pour tous

Sous le ciel parisien, il existe un véritable paradis aquatique : l'eau des bassins intérieurs comme extérieurs est à 30 °C en hiver, des vagues apparaissent à intervalles réguliers, des geysers jaillissent, des toboggans géants dévalent dans l'eau, une rivière coule à contre-courant, des bains bouillonnent à haute température et une végétation tropicale pousse à l'abri de l'immense verrière. Une pataugeoire est prévue pour les plus petits.

Jardin des enfants des Halles......................... Ier F4

105, rue Rambuteau
Tél. : 01 45 08 07 18
Ouv. mardi, merc., jeudi et sam. de 10 h à 19 h de juin à fin sept. et de 9 h à 12 h et de 14 h à 18 h d'oct. à fin mai
M. Les Halles

pour tous

Dans le jardin des Halles dominé par l'église Saint-Eustache, il existe un espace interdit aux parents ! Pendant que ceux-ci feront leurs courses dans le Forum, leurs enfants s'embarqueront pour une promenade étonnante dans un monde sauvage avec pièges à tigres et ponts de singes : ils vont escalader un volcan, descendre des ravins en toboggan pour parvenir sur une île mystérieuse, avant de terminer leur voyage en passant dans le ventre d'un escargot...

Jardin du Palais-Royal..... Ier E4

Bordé par les rues de Montpensier, de Beaujolais, de Valois
Ouv. tlj de 7 h 30 à 20 h 30 en hiver, 22 h en avril, mai et sept., et 23 h de début juin à fin août
M. Palais-Royal

pour tous

Créé au XVIIe s. par le cardinal de Richelieu autour de sa propriété, le parc fut fréquenté par le petit roi Louis XIV, qui habita le palais de l'illustre cardinal avec sa maman la reine Anne d'Autriche et son frère. L'enfant chassait dans le bois et jouait aux abords d'un grand bassin où il aurait, raconte-t-on, failli se noyer.
Les colonnes tronquées de Buren serviront de perchoir aux jeunes grimpeurs qui, debout ou assis, admireront les prouesses des jeunes cyclistes acrobates qui viennent régulièrement s'entraîner à leur pied.

Jardin des Tuileries.......... Ier E4

Place de la Concorde
Tél. : 01 40 20 90 43
Ouv. tlj de 7 h à 21 h d'avril à fin sept. et de 7 h 30 à 19 h 30 d'oct. à fin mars
M. Concorde, Tuileries

pour tous

Pâturages, vignes, jardins et petites maisons occupaient à l'origine le site de l'actuel jardin, qui doit son nom aux fabriques qui s'y étaient installées au XVIe s.
François Ier fit l'acquisition du lieu, qui devint à partir de 1566 le jardin du château de la reine Catherine de Médicis. Au XVIIe s., le jardinier du Roi-Soleil, André Le Nôtre, le transforma et l'aménagea en un magnifique parc à la française.
Lieu de promenade en toute saison pour petits et grands, il attire les bambins qui ne voudront rater à aucun prix les séances de Guignol, les jeunes amis de la nature qui participeront aux ateliers centrés sur les oiseaux, les feuilles et les arbres (serre du jardin des Tuileries, tél. : 01 42 96 19 33).

Jardin du Luxembourg.... VIe E5

Entrées : bd Saint-Michel, rue de Vaugirard
(tél. : 01 45 08 07 18)
rue Guynemer, rue d'Assas, rue Auguste-Comte
(tél. : 01 42 34 20 00)
Ouv. tlj de 7 h ou 8 h (selon la saison) à 1 heure avant le coucher du soleil
M. Odéon, Vavin - RER Luxembourg

Du temps du roi Saint Louis, il existait à l'emplacement de l'actuel jardin du Luxembourg un château maudit du nom de Vauvert. De mauvais esprits semaient la terreur aux alentours du domaine. Le lieu serait à l'origine de l'expression « aller au diable Vauvert ».
Ce jardin fut créé pour la reine Marie de Médicis au XVIIe s. afin d'entourer son palais, devenu aujourd'hui le siège du Sénat.
Chéri des étudiants il est aussi un lieu de rêve pour les enfants de tous âges : ils s'amuseront dans le vaste espace de jeux (payant) qui leur est réservé ; ils feront voguer des petits bateaux à voile sur le grand bassin central (location sur place) ; ils feront des tours de manège sur un carrousel dessiné au siècle dernier ; ils iront applaudir Guignol (tél. : 01 43 26 46 47 et 01 43 29 50 97) et découvrir la ruche des abeilles (rens. sur les cours d'apiculture, tél. : 01 45 42 29 09).

Champ-de-Mars......... VIIe-XVe C4

Av. de La-Motte-Picquet, quai Branly
Ouv. permanente
M. École-Militaire - RER Champ-de-Mars

Créé pour servir de terrain de manœuvres aux élèves de l'École militaire, un collège fondé sous Louis XV et destiné aux jeunes gentilshommes sans fortune, le Champ-de-Mars fut le théâtre d'un grand nombre de fêtes, de manifestations, d'événements historiques et des expositions universelles, dont celle de 1889, pour laquelle fut construite la tour Eiffel. Il fallut attendre le début de notre siècle pour que l'esplanade devienne un jardin.
Tas de sable, balançoires, toboggans, jeux divers, carrousel y sont à la disposition des enfants. Des petits ânes promènent docilement les plus jeunes le long des allées.
Et Guignol frappe du bâton le pauvre Polichinelle dans le petit théâtre de marionnettes (tél. : 01 48 56 01 44).

Jardin de Babylone........ VIIe D5

Rue de Babylone
(entre la rue Vaneau et la rue du Bac)
M. Sèvres-Babylone

+8 ans

Le jardin de Babylone était autrefois le potager et le verger d'un couvent de religieuses. Il a gardé un cachet particulier avec sa longue tonnelle recouverte de vigne. Les enfants peuvent y jouer dans le sable pendant que mamans et demoiselles liront tranquillement au bon air.

Jardins des Champs-Élysées................ VIIIe D3

Ouv. permanente
M. Champs-Élysées-Clemenceau

pour tous

Pour prolonger la perspective du jardin des Tuileries, le génial metteur en scène de la nature André Le Nôtre (1670) eut l'idée d'éclaircir la végétation alentour et de créer une large allée menant jusqu'au sommet de la colline du Roule (aujourd'hui Étoile).
En 1830, Jacques Ignace Hittorff redessine les jardins et fait aménager des cafés où jouent de petits orchestres. Un peu plus tard dans le siècle, le baron Haussmann leur donne un petit air anglais.
Des aires de jeux sont aménagées pour les petits et des spectacles de marionnettes sont donnés les merc., w.-e. et jrs fér. (tél. : 01 42 57 43 34).

Bois de Vincennes......... XIIe H8

M. Porte-de-Vincennes,
Porte-Dorée

pour tous

Le bois de Vincennes, anciennement Vilcena, est l'un des restes de l'antique ceinture de forêts qui entourait Lutèce et où Philippe Auguste venait chasser puis Saint Louis rendre la justice sous un grand chêne. Aménagé sous Napoléon III, il est transformé en parc anglais avec des lacs, dont celui des Minimes avec ses trois îles, de belles allées et des chemins sinueux. Il couvre aujourd'hui une superficie de 995 ha. Lieu de détente et de loisirs, il recèle aussi des sentes piétonnes, des pistes cyclables, des canots à louer pour ramer sur le lac, des espaces aménagés pour les enfants, des manèges, un parc floral, un parc zoologique, deux théâtres et un guignol.

Parc de Bercy............... XIIe H6

Entrée par la rue Joseph-Kessel, la rue de Bercy,
la rue Paul-Belmondo et le POPB
Ouv. du lundi au vend. de 7 h 30 à 18 h
(19 h ou 22 h selon la saison)
M. Bercy

pour tous

Sous les beaux marronniers centenaires étaient installés depuis le XIXe s. les entrepôts des négociants en vin qui avaient développé là une activité déjà existante sur le port de la Rapée où arrivaient le bois flotté et les pièces de vin.
Neuf jardins à thème (roseraie, labyrinthe, jardin de senteurs, jardin romantique, etc.) et de grandes pelouses plantées de tulipiers se partagent le parc. Une passerelle traverse la Seine pour permettre de gagner la Grande Bibliothèque.
Des espaces de jeux sont prévus dans différents points du parc.
La maison du Jardinage (rue Paul-Belmondo, tél. : 01 53 46 19 19, ouv. ts les a.-m. de 13 h à 18 h, sauf lundi) propose des cours et des conseils de jardinage pour les grands et un potager où les enfants des écoles viennent cultiver légumes et fleurs.

Parc floral de Paris........ XIIe I7

Accès : esplanade du Château, bois de Vincennes, rte de la Pyramide
Tél. : 01 55 94 20 20
Minitel : 3615 PARCFLORAL
Ouv. tlj de 9 h 30 à 20 h d'avril à sept., de 9 h à 18 h en mars et oct., et de 9 h à 17 h de nov. à fév.
Entrées : château, esplanade du château de Vincennes et Nymphéas, route de la Pyramide
M. Château-de-Vincennes

pour tous

Aménagé à l'occasion des Floralies de 1969, le parc floral est une heureuse synthèse entre le jardin d'agrément et le parc attractif. On y trouve une pinède de 3 ha, une chênaie symbolisant l'imagerie populaire du bon roi rendant la justice sous son chêne, des vallées de fleurs, un miroir d'eau, un jardin des quatre saisons, un jardin sculpté avec des vagues de pelouses...
Lieu de promenade, le parc est aussi le royaume des enfants, avec une soixantaine de **jeux gratuits** et quelques-uns payants, des collines de pierre construites à leur intention, des bateaux de corsaires à escalader, des sculptures à grimper, des toboggans, un **circuit de formule 1,** une **piste de kart,** des **manèges,** un très spectaculaire **mini-**

golf constitué de jolies maquettes en bois représentant les monuments de Paris, un **guignol** (tél. : 01 40 82 90 99), un **théâtre pour enfants** (**théâtre Astral**, tél. : 01 42 41 88 33), une maison de la Nature et un jardin des Papillons. Bonne nouvelle pour les petites jambes, un **petit train** fait le tour du parc.

Maison de Paris-Nature

Pavillons 1, 2 et 5
Tél. : 01 43 28 47 63 (Paris-Nature)
Ouv. de 9 h 30 à 12 h et de 13 h 30 à 17 h en semaine ; de 13 h 30 à 17 h le w.-e. d'oct. à mars ; de 9 h 30 à 12 h et de 13 h 30 à 17 h 30 en semaine ; et de 13 h 30 à 18 h 15 le w.-e. d'avril à sept.

Au cœur du parc floral, Paris-Nature a créé une maison de la Nature pour apprendre aux citadins, petits et grands, à regarder et à comprendre leur environnement naturel. Trois pavillons, chacun avec une destination particulière (information, documentation et exposition), constituent cette maison.
Dans le **pavillon d'information,** une exposition permanente met en scène les différents milieux de notre environnement : l'eau, l'air, la faune, la flore et la géologie de la capitale. On apprend à reconnaître les oiseaux parisiens, les empreintes des animaux sur le sol, les couches géologiques du sous-sol parisien...
Le pavillon de la connaissance est une **bibliothèque-ludothèque**, spécialement conçu et aménagé pour les 6-14 ans.

Jardin des papillons

Pavillon 6
Ouv. en semaine de 13 h 30 à 17 h 30 (18 h le w.-e.) du 15 mai au 30 sept. et de 13 h 30 à 17 h du 1er au 15 oct.

Les papillons, qui partout dans le monde sont victimes de la destruction de leur milieu de vie, ont trouvé au parc floral un lieu d'accueil privilégié. Dans un jardin de plantes aux senteurs et aux couleurs variées, des centaines de papillons appartenant aux espèces spécifiques à l'Île-de-France se poursuivent en un ballet silencieux.

Port et jardin de l'Arsenal.. XIIe G5

Quai de la Bastille
M. Bastille

pour tous

En regardant les bateaux de plaisance amarrés sur ce bassin intermédiaire entre la Seine et le canal Saint-Martin, le flâneur s'imaginera aisément à des kilomètres de la capitale.

Les enfants prendront aussi plaisir à grimper et descendre du bateau de corsaire construit sur l'aire de jeux du jardin fleuri de l'Arsenal pendant que leurs parents se promèneront sous les ombrages des érables, saules, pommiers et liquidambars plantés le long des allées. Il est possible d'embarquer pour une croisière sur les canaux en direction du parc de la Villette.

Promenade plantée........ XIIe H5

De la place de la Bastille au bois de Vincennes
M. Bastille, Bel-Air, Dugommier

pour tous

Cette promenade est le lieu idéal pour faire de la bicyclette à Paris. Aménagée sur l'ancienne voie du chemin de fer Bastille-banlieue est, elle renoue avec la tradition des cours du XVIIe s. Longue de 4,5 km, elle longe l'avenue Daumesnil, la gare de Reuilly, la rue du Sahel, et rejoint la Porte Dorée pour finir au bois de Vincennes. Elle franchit viaducs et ponts, passe sous de petits tunnels, se transforme en chemin creux, grimpe sur des remblais couverts de flore sauvage et se faufile entre les immeubles.

Parc Montsouris............ XIVe E7

Bd Jourdan
Ouv. de 9 h au coucher du soleil
M. Cité-Universitaire

pour tous

Le site s'appelait à l'origine Moquesouris en raison des moulins abandonnés vides de tout grain, y compris pour les souris… Ce serait là que le géant Issoire aurait affronté Guillaume d'Aquitaine. Autrefois repaire de brigands, il fut aménagé en parc sous Napoléon III. Le jardin vallonné est harmonieusement ordonné de part et d'autre d'une voie ferrée habilement dissimulée dans des ravins bordés d'arbres. Des petits chemins en lacet serpentent à travers des pelouses vallonnées et des massifs de plantes et d'arbustes. On découvre dans le parc la mire de l'Observatoire, repère du méridien Paris. Les petits trouveront des espaces de jeux et riront de bon cœur aux malheurs de Guignol (marionnettes du parc Montsouris ; tél. : 01 69 09 72 13).

Parc André-Citroën........ XVe B6

Entrées : angle rue Saint-Charles et rue Balard,
rue Leblanc, rue de la Montagne-de-la-Fage,
rue de la Montagne-de-l'Espérou
Tél. : 01 45 57 13 35 et 01 45 57 22 14
Ouv. merc., jeudi, vend., sam. de 8 h 30 à 21 h 30 h (en été) ou 19 h (en hiver), dim., lundi, mardi de 8 h 30 à 20 h 30 (18 h 30 en hiver)
M. Balard, Javel - RER Javel - André-Citroën

pour tous

Autrefois, les champs qui s'étendaient là étaient couverts de fleurs et la rue des Cévennes s'appelait la rue des Marguerites ; plus tard, la poésie s'effaça au profit de la chimie : une manufacture fabriqua de l'hydrochlorite de potasse, plus connue sous le nom d'eau de Javel, et M. André Citroën installa ses usines de construction automobile. Les usines Citroën furent rasées et à la place, en 1992, un grand parc ouvrit ses portes. De conception originale, il est composé de différents jardins – un jardin d'herbes folles, un jardin blanc, un jardin noir, sorte de labyrinthe très ombragé...–, de deux grandes serres, d'un grand bassin et d'une fontaine. En été, les enfants en maillot de bain courent sous la pluie qui jaillit au lieu de tomber, selon un programme fascinant à observer.

Square Georges-Brassens XVe C6

Rue des Morillons
Tél. : 01 46 51 71 20
Ouv. tlj de 9 h au coucher du soleil
M. Convention, Porte-de-Vanves

pour tous

Aménagé sur l'emplacement des anciens abattoirs de Vaugirard, dont il conserve certains éléments comme la halle aux chevaux, le beffroi de la criée et deux statues de taureau, ce parc a pris le nom du poète-chanteur qui proposait si tendrement « un petit coin de parapluie contre un coin de paradis ». Les enfants aimeront grimper sur le mur d'escalade, jouer dans les maisons en rondins et franchir à gué la rivière (bonne occasion de patauger !) ; les adultes apprécieront la roseraie, le jardin des senteurs et le petit arpent de vigne. Une séance de marionnettes (86, rue Brancion ; tél. : 01 48 42 51 80) achèvera la journée dans le rire.

Bois de Boulogne.......... XVIe A4

M. Portes d'Auteuil, Dauphine,
de la Muette, de Passy

Le bois de Boulogne est, comme le bois de Vincennes, un reste de la ceinture de forêts qui entourait Lutèce. Il fut d'abord appelé le bois Rouvray car il était planté presque essentiellement de chênes rouvres et servait alors de terrain de chasse aux rois de France : Louis XIII y chassait le loup et Charles X encore participa sous ses frondaisons à des chasses à courre. Sous le second Empire furent créés le lac Supérieur et le lac Inférieur, avec son île accessible en bateau.
Lieu de promenades à pied ou à bicyclette, le bois de Boulogne offre de nombreuses distractions : canotage sur le lac Inférieur, possibilité de faire naviguer son bateau téléguidé sur le lac Supérieur, location de vélos avec des pistes cyclables aménagées, manèges équestres (leçons à l'année), un parc d'attractions, le Jardin d'acclimatation, et deux musées, le musée des Arts et Traditions populaires et le Musée en herbe.

Jardin du Ranelagh........ XVIe B4

Av. Raphaël, av. Prudhon
Ouv. permanente
M. Muette

Le château de la Muette, détruit en 1920, possédait un magnifique parc, la place de Colombie était autrefois un des ronds-points de la propriété dont l'actuel jardin du Ranelagh occupe une des extrémités. Aujourd'hui, les enfants viennent jouer dans ce jardin et ont le choix entre plusieurs aires de jeux, un manège mécanique fonctionnant à la main, des promenades à dos d'âne ou des représentations de guignol (tél. : 01 45 83 51 75).

Jardins du Trocadéro...... XVIe C4

Place du Trocadéro
Ouv. permanente
M. Trocadéro

Occupant l'emplacement du couvent démoli, ces jardins furent aménagés à l'occasion de l'Exposition universelle de 1878 et redessinés après celle de 1937 autour de la plus grande pièce d'eau de Paris.

Le Trocadéro est particulièrement séduisant au printemps, lorsque tous les arbustes sont en fleurs, et en été lorsqu'il fait bon se rafraîchir autour du grand bassin ; en toutes saisons, les jeux d'eau particulièrement spectaculaires font l'admiration de tous. Des espaces-jeux ont été aménagés pour les petits et l'esplanade s'avère être le grand rendez-vous des fans de rollers et de skateboard qui dévalent à vive allure les pentes du jardin.

Parc Monceau................ XVIIe D3

Bd de Courcelles
Tél. : 01 42 27 08 64
Ouv. de 8 h à 22 h en été et de 8 h à 19 h en hiver
M. Monceau

pour tous

Sur le terrain du hameau de Monceau où campa Jeanne d'Arc en 1429, le duc de Chartres, futur Philippe Égalité, fit construire en 1787 une folie.
Autour de ce pavillon s'étendait un jardin avec des rivières, des petits ponts, des rochers, des grottes, des évocations chinoises et égyptiennes ; de toute cette fantaisie pittoresque il ne reste aujourd'hui que la Naumachie, un bassin entouré d'une colonnade, et une sorte de pyramide égyptienne.
Ce fut dans ce parc qu'atterrit en 1797 le premier parachutiste de l'histoire : l'homme, aussi courageux que téméraire, avait sauté d'un ballon dirigeable.
Des aires de jeux et une piste de patins à roulettes sont prévues pour les enfants.

Parc des Buttes-Chaumont............. XIXe H2

Rue Botzaris, rue de Crimée,
rue Manin
Tél. : 01 42 41 66 60
Ouv. tlj de 7 h à 21 h en hiver et
de 7 h à 23 h en été
M. Botzaris, Buttes-Chaumont, Laumière

pour tous

Sur le terrain escarpé et chaotique du mont chauve, d'où viendrait le nom des Buttes-Chaumont, fut aménagé sous l'empereur Napoléon III le parc des Buttes-Chaumont. Inauguré lors de l'Exposition universelle de 1867, au terme de quatre ans de travaux titanesques, il

devint un grand parc populaire, plein d'attractions, un lieu féerique et bon marché capable de concurrencer le parc Monceau.
Une colline, des falaises, un lac et son île, une cascade de plus de 30 m de haut furent créés. L'île fut reliée à la terre ferme par un grand pont suspendu de 63 m et le parc fut parsemé de rochers et planté de cèdres de l'Himalaya.
Des aires de jeux sont réservées aux petits, et Guignol et Polichinelle ont moult histoires à leur raconter (Guignol Anatole, tél. : 01 43 98 10 95 ; et Guignol de Paris, tél. : 01 46 36 32 01).

Parc de Belleville.......... XXe H3

Rue des Couronnes (bas du parc),
rue Piat (haut du parc)
Ouv. tlj de 7 h à 21 h en hiver et de 7 h à 23 h en été
M. Couronnes, Pyrénées

pour tous

Belvédère exceptionnel dominant Paris, situé à l'emplacement d'anciennes guinguettes, c'est un jardin paysager remarquablement aménagé à flanc de colline. Des aires de jeux sont prévues pour les petits.

Bateaux vedettes du Pont-Neuf.................... IVe F4

Square du Vert-Galant
Tél. : 01 46 33 98 38 - Minitel : 3614 PING-PONG
Départ ttes les 30 minutes, tlj de 10 h à 12 h,
de 13 h à 18 h 30, et croisières des illuminations
de 21 h à 22 h 30
Durée : 1 heure
M. Louvre, Pont-Neuf

pour tous

L'heure de navigation sur la Seine et sous les ponts de Paris est une promenade toujours appréciée. Le premier pont sous lequel passent les bateaux est le Pont-Neuf, qui comme son nom ne l'indique pas est le plus vieux de Paris. Sa première pierre fut posée par le roi Henri III en 1578 et il fut inauguré en 1607 par Henri IV. Ce massif pont de pierre fut, quelques jours de 1985 durant, entièrement emballé de toile par Christo, l'artiste américain d'origine bulgare.

Paris Canal............... VIIe-XIXe D4

Quai Anatole-France
Tél. : 01 42 40 96 97
Départ à 9 h 30 (musée d'Orsay) et 14 h 30 (parc de la Villette), les dim. en hiver et tlj en été
RER Musée-d'Orsay

pour tous

Une croisière insolite de 3 heures conduit au parc de la Villette. En partant du musée d'Orsay, on longe d'abord le Louvre, Notre-Dame et l'île Saint-Louis, puis le bateau entre dans le canal Saint-Martin, étonnante voie d'eau bordée de marronniers, avant de pénétrer sous un tunnel long de 2 km. Quatre écluses, deux ponts tournants et un pont levant franchis, le bateau accoste devant la Géode de la cité des Sciences.

Promenade en bateau...................... VIIe-XVe C4

Circule toute l'année, horaires selon le mois (se rens. auprès des compagnies)
M. Bir-Hakeim - RER Champ-de-Mars

pour tous

De chaque côté du pont d'Iéna, sur la rive gauche, des bateaux proposent des promenades commentées le long de la Seine : Vedettes de Paris, port de Suffren (à gauche du pont d'Iéna, tél. : 01 47 05 71 29) et les Bateaux parisiens, port de la Bourdonnais (à droite du pont d'Iéna, tél. : 01 44 11 33 44).

Bateaux-mouches.......... VIIIe D4

Embarcadère pont de l'Alma, rive droite
Tél. : 01 40 76 99 99 (rens.) et 01 42 25 96 10 (réserv.)
Fonctionne tlj de 10 h à 22 h, se rens. sur l'heure exacte des départs, qui varient selon les saisons
Durée de la croisière : 1 h 15
M. Alma-Marceau

pour tous

Toutes les demi-heures part une promenade commentée qui permet de découvrir les plus beaux monuments de Paris bordant la Seine : le palais du Louvre, l'Institut de France, Notre-Dame, l'Hôtel de Ville, le Palais de Justice et la Conciergerie, le palais de Chaillot et la tour Eiffel.

Petit train de Montmartre................. XVIIIe E2

Départ : place Blanche (Moulin-Rouge)
et place du Tertre (église Saint-Pierre)
Circule tlj de 10 h à 19 h, nocturne les w.-e.
de mai à oct. et tlj en juill. et août
M. Pigalle

Un petit train grimpe sur la butte et sillonne le long des rues le village de Montmartre, racontant en plusieurs langues l'histoire du site.

Canauxrama................. XIXe G2

Bassin de la Villette
5, quai de la Loire
Tél. : 01 42 39 15 00
Départ tlj à 9 h 15 et 14 h 45 (haute saison) du bassin de la Villette, et à 9 h 45 (haute saison) et 14 h 30 du port de l'Arsenal (face au 50, bd de la Bastille 75012)
M. Bastille

Creusé au début du XIXe s., le canal de l'Ourcq et le bassin de la Villette sont inaugurés en grande pompe en 1808, le jour anniversaire du sacre de Napoléon Ier. Par la suite, l'ouverture du canal Saint-Denis et du canal Saint-Martin en fera le centre d'un très important trafic fluvial. C'est par là qu'arrivait vers la capitale le charbon du Nord.
Le canal eut des usages plus frivoles et servit de patinoire durant les hivers particulièrement rigoureux. En 1827, pour 15 sous on promenait les dames sur des traîneaux provenant des montagnes russes. L'été, le bassin fut plusieurs fois le cadre de joutes navales.
Une insolite promenade de 3 heures environ conduit du parc de la Villette au port de plaisance de Paris-Arsenal et inversement. L'histoire des quartiers traversés est racontée au fil de l'eau.

A
B
C
D
E
1
2
3
4
5
6
7
8
Givet
Fromelennes
Vireux-W.
Haybes
Meuse
Revin
Rocroi
Renwez
Nouzonville
Charleville-Mézières
Mohon
Sedan
08
Rethel
Montmédy
Belval-Bois-des-Dames
Boult-aux-Bois
Vouziers
Aisne
Reims
Cormontreuil
Sept-Saulx
Mourmelon-le-Grd
Suippes
Ste-Menehould
Verdun
55
Parc naturel de la Montagne de Reims
Épernay
51
Châlons-en-Champagne
Bar-le-Duc
Vitry-le-François
Sézanne
Ligny-en-Barrois
St-Rémy-en-Bouzemont
St-Dizier
Lac du Der-Chantecoq
Giffaumont-Champaubert
Aube
Romilly
Nogent-s.-S.
Méry-s.-Seine
Montier-en-Der
Joinville
10
Piney
Troyes
Pont-Ste-M.
Ste-Savine
Lac de la Forêt d'Orient
Dolancourt
Lusigny-s.-Barse
Bar-s.-A.
Vendeuvre-s.-Barse
Seine
Chaumont
Esnouve
Châteauvillain
Nogent
Langres
52
A26-E17
A4-E50
A5-E17-E54
A31-E17-E21
0
20
40 km

F G H I

Ardennes	08	Meurthe-et-Moselle	54
Aube	10	Meuse	55
Marne	51	Moselle	57
aute-Marne	52	Vosges	88

LORRAINE - CHAMPAGNE-ARDENNE

ARDENNES

Parc de vision......... Belval-Bois-des-Dames D3

08240 - Buzancy
Tél. : 03 24 30 01 86
Ouv. tlj sauf mardi et merc. de 12 h 30 à 19 h et le dim. de 10 h 30 à 19 h du 1er mai à début sept.
Entre Buzancy et Stenay par le RD 947 et le RD 4

pour tous

L'originalité du Parc de vision est de ne montrer que des espèces d'animaux sauvages vivant (ou ayant vécu) dans la région : cerfs, daims, biches, chevreuils, sangliers, bisons, mouflons, élans, ours.
Sa découverte peut se faire en voiture (circuit de 7 km) ou à pied sur des sentiers balisés, ponctués de miradors d'où l'on peut observer les animaux.

Centre d'initiation à la nature............. Boult-aux-Bois D3

Rue des Friches
08240 - Boult-aux-Bois
Inscriptions au 03 24 30 08 74
Fax : 03 24 30 22 61

+8 ans

Au fil des saisons sont organisées des « journées nature » dont le thème varie chaque semaine. Les enfants peuvent par exemple apprendre à reconnaître les traces d'animaux (3 h un samedi de janvier) ou encore les étoiles en février. Ils participent à la nuit de la chouette ou découvrent les petites bêtes des mares (avril). Ils partent à la rencontre des renards et des blaireaux (mai) et observent les oiseaux (mai). Toute la famille chemine tranquillement aux côtés d'ânes bâtés (septembre) ou part sur les traces des lutins (octobre), etc.

Le Grand Marionnettiste.... Charleville-Mézières C2

08000 - Charleville-Mézières
Tél. : 03 24 56 06 08
Fonct. tlj de 10 h à 21 h (21 h 15 le sam.)

pour tous

Sur la façade de l'institut de la Marionnette, le Grand Marionnettiste, de 12 m de haut, a la tête dans la lucarne et les jambes dans le porche. Cette horloge géante déclame, toutes les heures entre 10 h et 21 h, un épisode de la légende des *Quatre Fils Aymon*, tragique épopée médiévale de l'histoire des Ardennes. Les douze tableaux sont donnés en une seule représentation, le sam. à 21 h 15.

Parc animalier de Saint-Laurent.. Charleville-Mézières C2

08000 - Charleville-Mézières
Tél. : 03 24 32 44 80
Ouv. lundi, mardi, merc., vend. de 14 h à 18 h
et les w.-e. et jrs fér. de 13 h 30 à 19 h d'avril à sept. ;
tlj sauf jeudi de 13 h 30 à 17 h d'oct. à mars

pour tous

Une très agréable promenade dans la belle forêt des Ardennes, peuplée de cerfs, de daims, de sangliers, de mouflons…

Promenade sur la Meuse....... Charleville-Mézières C2

5, rue du Moulin
08000 - Charleville-Mézières
Tél. : 03 24 56 00 63-Fax : 03 24 59 95 65
Circule d'avril à sept. (se rens. sur les jours
et les horaires qui varient selon le mois)
Départ du Vieux Moulin à Charleville-Mézières, du quai des Paquis
à Monthermé et du port de la Bouverie à Revin

pour tous

La Meuse déroule ses méandres dans le massif ardennais parmi des paysages grandioses. Au tournant d'une des boucles apparaît une échine rocheuse composée de quatre pointes de quartzite. Vu de loin ce rocher évoque la silhouette du cheval Bayard emportant les quatre fils Aymon loin de la colère de Charlemagne.
La croisière commentée sera l'occasion d'écouter légendes et histoires extraordinaires.

Grotte de Nichet.... Fromelennes D1

08600 - Givet
Tél. : 03 24 42 00 14 (mairie) ou 03 24 42 03 54 (OT)
Ouv. tlj de 10 h à 12 h et de 13 h 30 à 19 h de juin à fin août ; tlj de 14 h à 18 h du 1er avril au 31 mai et en sept.
À 3 km de la frontière belge

+8 ans

Creusées dans le calcaire et les schistes de Givet, de vastes salles garnies d'abondantes concrétions se superposent sur trois niveaux. Une curiosité géologique des Ardennes.

Musée de la Forêt...... Renwez C2

08150 - Rimogne
Tél. : 03 24 54 82 66-Fax : 03 24 54 81 20
Ouv. tlj de 9 h à 19 h en juill., août et jusqu'à mi-sept. ; de 9 h à 12 h et de 14 h à 18 h en mai, juin, de mi-sept. à fin oct. ; de 14 h à 17 h en avril
RN 43 et RD 40 O. de Charleville-Mézières

pour tous

Un musée original consacré aux métiers du bois et à ceux qui en découlent. On se promène dans un joli parc ponctué d'étendues d'eau où vont paisiblement canards et cygnes, et au détour des chemins on croise de petits personnages réalisés tout en bois qui symbolisent l'un le bûcheron, l'autre le charbonnier, le troisième le scieur de long…

Historium.................... Sedan D2

Château fort de Sedan
08200 - Sedan
Tél. : 03 24 27 73 73-Fax : 03 24 29 03 28
Ouv. tlj de 10 h à 20 h en juill. et août ; de 10 h à 19 h du 15 mars à fin juin et du 1er au 15 sept. ; w.-e., jrs fér. et vac. scol. de 10 h à 18 h ; du mardi au vend. de 13 h 30 à 18 h de mi-sept. à mi-mars

+8 ans

L'histoire de Sedan, qui remonte au XVe s., nous est racontée tout au long d'un parcours animé aménagé dans la forteresse.
Munis d'un écouteur, les visiteurs se déplacent à leur rythme dans les différentes salles du château fort. Ils entrent dans la salle de garde où les veilleurs de nuit se sont assemblés ; traversent le logis seigneurial, où Robert Ier de La Marck et son épouse Jeanne de Marley se réchauffent devant un feu ; passent par la cuisine où le fils de la cuisinière est en train de se faire gronder ; regardent les soldats manipuler deux canons à crochets… Une heure de visite aussi vivante que passionnante.
Des visites aux flambeaux sont organisées les vend. et sam. en juillet et août.

AUBE

Nigloland................ Dolancourt C6

10200 - Dolancourt
Tél. : 03 25 27 94 52-Fax : 03 25 27 94 37
Minitel : 3615 NIGLO
Ouv. tlj de 9 h 30 à 19 h de mi-juill.
à fin août et les dim. de juin et juill. ; de 10 h à 18 h en avril, mai, juin ;
de 10 h 30 à 17 h 30 les w.-e. de sept. et d'oct.

pour tous

Accueillis par la charmante mascotte Niglo, un petit hérisson, les enfants n'auront que l'embarras du choix pour se distraire. Il leur faudra la journée entière pour profiter à souhait de toutes les attractions. Les grands iront vivre des émotions fortes sur la Chenille déchaînée, se laisseront entraîner sur les Bûches canadiennes, vivront l'aventure à bord du train de la Mine d'or, dévaleront la montagne à bord des bobsleighs, crieront de peur et de joie sur le grand huit de l'Espace... Les petits hésiteront entre tourner dans les coquilles de noix du manège, conduire les Vieux Tacots, faire une balade sur la Rivière enchantée, etc. Pour se reposer, tous pourront aller voir les spectacles du Niglo Show.

Bases de loisirs........ Forêt d'Orient (lac de la) C6

Maison du Parc à Piney
10220 - Piney
Tél. : 03 25 43 81 90 (maison du Parc)
Ouv. en fonction de l'activité et de la saison
Prix selon les activités
Carrefour du CD 43 et du CD 79

pour tous

À 25 km de Troyes, les grands lacs de la forêt d'Orient offrent 5 300 ha de plans d'eau pour le sport et les loisirs.
À chacun son lac : il y en a un pour le motonautisme (Port-Dienville sur le lac Amance), un pour la voile et la baignade (lac d'Orient) et un pour la pêche et l'observation de la nature (lac du Temple). Le lac d'Orient a trois plages de sable fin aménagées : l'une est au Mesnil-Saint-Père, l'autre à Géraudot et la troisième à Lusigny-sur-Barse. On pratique sur les trois aussi bien le catamaran que le dériveur et la planche à voile. Les mini-planches qui sont proposées aux enfants leur permettent de débuter dans la joie.

Parc de Vision Animalier....... Forêt d'Orient (parc de la) C6

+8 ans

Maison du Parc
10220 - Piney
Tél. : 03 25 43 81 90 -Fax : 03 25 41 54 09
Ouv. les dim. et jrs fér. de 14 h à la nuit d'oct. à mars ;
tlj (sauf jeud. et vend.) de 17 h à la nuit en avril, juill. et août ;
w.-e. et jrs fér. de 17 h à la nuit de mai à fin juin et sept.
Gratuit jusqu'à 10 ans

Dans la forêt domaniale bordant le lac d'Orient s'étend un parc de vision animalier. Dans trois enclos distincts, cerfs, chevreuils et sangliers vivent en semi-liberté au milieu des bois et des prairies. Deux miradors permettent d'observer les animaux en toute sécurité, avec un peu de patience et une bonne paire de jumelles. Un garde-animateur confie à qui veut l'écouter les secrets de la vie de ces hôtes sauvages.

Voyage au pays des Automates...... Lusigny-sur-Barse C6

pour tous

10270 - Lusigny-sur-Barse
Tél. / Fax : 03 25 41 55 51
Ouv. tlj de 15 h à 19 h en juill. et août ; w.-e. et jrs fér. de 15 h à 19 h en avril, mai, juin, sept. et oct.
RN 19 12 km S.-E. de Troyes

Un univers de rêve et de féerie pour petits et grands. Quelques tours de clef et les personnages se mettent à vivre devant les regards ravis. On admire « Mozart au piano », « La Danseuse du Moulin-Rouge », « Le Chat Botté », « Le Singe qui fume »... en écoutant les commentaires du maître des lieux.

Méryland........... Méry-sur-Seine B6

pour tous

10170 - Méry-sur-Seine
Tél. : 03 25 21 62 62
Ouv. tlj de 10 h 30 à 19 h 30 de juill. à sept.
Gratuit pour les moins de 1 m

L'aventure attend les enfants dans les maïs, entre Troyes et Reims, où ils devront découvrir la sortie de cinq labyrinthes végétaux. Un plan leur sera remis à l'entrée, avec les règles à suivre pour arriver à bon

port sans trop de temps. Un grand coq et ses compères accueillent les enfants de 2 à 6 ans dans leur royaume enchanté. Un petit train permet de faire le tour du parc.
La journée peut s'achever par une promenade dans l'élevage d'autruches voisin à Baudement (9 km ; tél. : 03 26 42 47 88).

Musée d'Histoire naturelle.......... Troyes B6

1, rue Chrestien-de-Troyes
10000 - Troyes
Tél. : 03 25 76 21 67
Ouv. tlj sauf mardi et jrs fér. de 10 h à 12 h
et de 14 h à 18 h
Gratuit le merc.

+8 ans

Le musée occupe plusieurs salles et deux cloîtres de l'abbaye Saint-Loup. Il évoque particulièrement la géologie et la zoologie. On y voit des vitrines consacrées à la faune : les mammifères dans leur milieu, la basse-cour, les oiseaux des parcs, des forêts, des marais et des bords de mer, et des rapaces, etc. Une salle est également consacrée au milieu aquatique.
Un musée pour les bons élèves, qui pour rien au monde ne rateraient la collection de météorites.

Spectacle historique.......... Vendeuvre-sur-Barse C6

10140 - Vendeuvre-sur-Barse
Tél. / Fax : 03 25 41 44 76
Spect. vend. et sam. en juill. à 22 h 15

+8 ans

L'époque de François Ier reprend vie grâce à 300 acteurs de l'association Vindovéra.
Ils fêtent la victoire de Marignan, recréent les festivités au camp du Drap d'or et le mariage de Jeanne d'Albret, racontent les aventures du géant Gargantua, etc.
Lumières, cascades, pyrotechnie, cavaliers et attelages, musique et effets spéciaux… contribuent à produire un spectacle fascinant pour tous.

MARNE

Maison de l'Oiseau et du Poisson... Der-Chantecoq (lac du) D5

51280 - Outines
Tél. : 03 26 74 00 00-Fax : 03 26 74 73 74
Ouv. tlj de 10 h 30 à 19 h en juill. et août
En bordure du lac entre Giffaumont et Arrigny

+8 ans

Avec ses reconstitutions grandeur nature, ses murs d'images animées, ses bornes interactives, ses jeux, ses ambiances sonores…, la maison invite à découvrir les mille et une richesses naturelles du lac. Des sorties nature sont organisées pour aller en groupe observer les nombreux oiseaux qui transitent par le lac lors de leur vol migratoire. De grands aquariums présentent les principales espèces de poissons du lac de Der.

Base de loisirs......... Der-Chantecoq (lac du) D5

51290 - Giffaumont-Champaubert
Tél. : 03 26 72 62 80
Fax : 03 26 72 64 69
Ouv. tte l'année

pour tous

Le plus grand lac artificiel de France, avec 77 km de rives et un plan d'eau de 4 800 ha, dispose de 6 plages aménagées, de 3 ports de plaisance et offre la possibilité de pratiquer tous les sports et loisirs nautiques.

Train du Der Der-Chantecoq (lac du) D5

51290 - Giffaumont-Champaubert
Tél. : 03 26 72 62 80-Fax : 03 26 72 64 69
Circule tte l'année sauf en janv.

pour tous

Balade commentée à la découverte du lac du Der-Chantecoq et de son environnement à partir de la plus haute digue du lac.

Vedette de promenade « L'Exploreur ».. Der-Chantecoq (lac du) D5

51290 - Giffaumont-Champaubert
Tél. : 03 26 72 62 80 (OT)-Fax : 03 26 72 64 69 (OT)
Circule dim. a.-m. de Pâques au 15 sept.
Départ de la maison du Lac
Gratuit pour le 3e enfant

pour tous

À partir du port de plaisance de la station nautique de Giffaumont, une promenade en vedette sur le lac parmi les voiliers et les oiseaux. Le bateau passe devant l'église de Champaubert, dernier témoin du village englouti.

Jardin des Papillons.... Épernay B4

63 bis, av. de Champagne
51200 - Épernay
Tél. : 03 26 55 15 33
Ouv. tlj de 10 h à 12 h et de 14 h à 18 h
du 1er mai au 15 sept.

pour tous

Une serre exotique où des centaines de papillons volent en liberté. Chaque jour, dans les éclosoirs, les chrysalides se métamorphosent en papillons...

Les faux de Verzy ...... Montagne de Reims (parc naturel de la) B4

Rens. au tél. : 03 26 59 44 44
(maison du parc de la Montagne de Reims)
Ouv. tte l'année
N. d'Épernay

+8 ans

Dans les bois qui couronnent le bourg de Verzy des sentiers conduisent à l'observatoire du mont Sinaï (288 m), le point le plus élevé de la Montagne de Reims, et au site protégé de la forêt des faux de Verzy. Ces faux sont des hêtres tortillards dont les troncs noueux et difformes et les branches tout en courbures et en zigzags sont une curiosité unique au monde. Leur âge se perd dans le temps. On raconte même que Jeanne d'Arc se serait assise sur l'un d'eux !

Planétarium................. Reims B3

Ancien collège des Jésuites - 1, place Museux
51100 - Reims
Tél. : 03 26 85 51 50-Fax : 03 26 82 78 63
Ouv. séances sam. et dim. à 14 h 45, 15 h 30
et 16 h 45 et tlj pendant les vac. scol.
Durée de la séance : 45 minutes
Gratuit pour les – de 16 ans

pour tous

Le Planétarium n'est pas un observatoire, mais un dispositif complexe de projection qui permet de reconstituer la voûte céleste sur un dôme servant d'écran. La position de plus de 5 000 étoiles est minutieusement respectée. On peut y observer les planètes ainsi que leurs déplacements au fil des heures, des jours et même des années. Les phases de la Lune peuvent défiler en quelques minutes et la chevelure d'une comète peut se déployer dans toute sa splendeur.
Le thème des séances, toutes à vocation pédagogique, varie selon l'actualité astronomique. Quelques exemples : « Des planètes aux galaxies », « Mars, la planète rouge », « Astéroïdes, comètes et étoiles filantes », « Éclipse en Champagne », etc.

Musée automobile de Reims-Champagne....... Reims B3

84, av. Georges-Clemenceau
51100 - Reims
Tél. : 03 26 82 83 84 -Fax : 03 26 07 72 16
Ouv. tlj sauf mardi de 10 h à 12 h et de 14 h à 18 h

+8 ans

Ce musée présente plus de 150 véhicules (autos et motos) de 1900 à nos jours. On y voit notamment la Delaunay-Belleville ayant appartenu au tsar de Russie, la Renault-Vivastella du maréchal Pétain, la Panhard d'Alphonse XIII, et également, pour faire rêver les garçons, une incroyable collection de petites voitures.

Cathédrale de lumière... Reims B3

51100 - Reims
Tél. : 03 26 88 28 94
Spect. vend. et sam. de début juill. à fin août (22 h 30 et 23 h 30 en juill. et 21 h 30 et 22 h 30 en août)

+12 ans

Le spectacle débute dans la nef de la cathédrale, où les spectateurs écoutent l'histoire de l'art gothique en admirant des effets de lumière qui mettent en valeur les richesses architecturales. Puis chacun peut se promener et déambuler à travers l'édifice. Lumières, chants anciens et musique accompagnent la visite.

Ferme aux Grues

Saint-Rémy-en-Bouzemont C5

51290 - Giffaumont-Champaubert
Tél. : 03 26 72 54 10-Fax : 03 26 72 67 09
Ouv. vend. et w.-e. de 9 h à 17 h 30 de fin oct. à fin mars
Sortie découverte à la demi-journée ou à la journée selon la demande

+8 ans

Située à quelques kilomètres du lac de Der, la ferme aux grues du bocage champenois est un espace privilégié pour mieux connaître la vie des grues cendrées, ainsi que la faune et la flore sauvages du bocage.
Des visites guidées font découvrir le périple effectué chaque année par les grands oiseaux au cours de leur migration.

Parc naturel

Sept-Saulx C4

6, rue de la Libération
51400 - Sept-Saulx
Tél. : 03 26 03 24 91
Ouv. tlj de 10 h à 19 h en juill. et août ;
tlj sauf jeudi de 10 h à 19 h de mars à juin et en sept. et oct.
RN 44 entre Reims et Sainte-Menehould

pour tous

Chacun trouve son bonheur dans ce parc : on peut faire une balade en barque sur les canaux qui traversent la tourbière naturelle, jouer à faire semblant de se perdre en passant d'île en île, grimper et sauter comme des corsaires ou se prendre pour un chercheur d'or…

Reims a vu le baptême de Clovis en 496 et le sacre de 25 rois de France. Mais le nom de la ville est associé dans le monde entier au champagne, que nous devons à un moine champenois, dom Pérignon. Le saint homme, las de voir les bouteilles entreposées dans les celliers de l'abbaye d'Hautvillers exploser en raison de la pression causée par la fermentation, eut l'idée de faire venir d'Angleterre des bouteilles en verre plus solide pour conserver ce « vin du diable ». Peu de temps après, le vin de Champagne devenait « le roi des vins et le vin des rois ».

HAUTE-MARNE

Parc animalier de la Bannie....... Bourbonne-les-Bains F7

Auberive
52400 - Bourbonne-les-Bains
Tél. : 03 25 90 14 90 et 03 25 90 14 12 (OT)
Fax : 03 25 90 14 12
Ouv. tlj sauf vend. de 14 h à 18 h et dim. de 11 h à 18 h 30 de mars à oct. ; merc. et sam. de 14 h à 17 h d'oct. à mars. Fermé de mi-sept. à mi-oct.

pour tous

À moins de 3 km du centre de Bourbonne, des cerfs, des biches, des daims, des mouflons..., vivent en totale liberté dans un parc de plus de 100 ha. Une dizaine de sentiers balisés, allant de 2 à 10 km, sont proposés aux promeneurs. Plusieurs espèces de faisans et de canards colverts s'ébattent dans une volière.
Au centre du parc, un espace de jeux est réservé aux petits afin de les récompenser d'avoir bien marché.

Parc aux Daims... Châteauvillain D7

52120 - Châteauvillain
Tél : 03 25 32 99 22
Ouv. w.-e. et a.-m. tte l'année et tlj en juill. et août

+8 ans

Des allées parcourent un grand parc de 272 ha où une centaine de daims vivent en liberté et où nombreux sont les oiseaux.

Musée de la Crèche.. Chaumont D7

Rue des Frères Mistarlet
52000 - Chaumont
Tél. : 03 25 32 39 85
Ouv. tlj sauf mardi de 14 h à 18 h 30

+8 ans

Parmi les crèches du monde entier, la napolitaine est une des plus célèbres : de grande taille les personnages qui y sont présents appartiennent à la société locale et n'ont aucun lien avec la naissance de Jésus.
Outre cette curiosité, le musée de Chaumont expose des crèches françaises, très spectaculaires aussi.

Parc de loisirs du Cavalier.................. Chaumont D7

Rue Jules-Ferry
52000 - Chaumont
Tél. : 03 25 02 82 10
Ouv. tlj en juin, juill., août et jusqu'à mi-sept.

pour tous

Ce parc comporte une piscine couverte, un bassin ludique avec toboggan, une rivière à contre-courant, un canon à eau, une pataugeoire et des jeux pour enfants.

Le Cor de chasse.................. Esnouveaux E7

52340 - Biesles
Tél. : 03 25 01 21 39 et 03 25 01 22 93
Ouv. tlj de 12 h à 20 h 30 de juin à fin sept. et w.-e. et jrs fér. de mai à juin
O. de Chaumont par la RN 74, la RD 119 et la RD 142

pour tous

Un parc de loisirs avec bascules, bacs à sable et animaux nains pour les moins de 6 ans, toboggans et châteaux gonflables pour les plus de 6 ans, mini-golf de 18 trous pour les plus grands.
Il est également possible pour les enfants de faire des balades en calèche.

Aventure Parc........ Guyonvelle F7

La Combe du Bois-des-Dames
52400 - Guyonvelle
Tél. : 03 25 90 00 02
Ouv. tlj de 9 h à 19 h 30 en juill. et août et de 10 h à 18 h en juin et sept. et les w.-e d'oct.

+8 ans

Les Tarzan amateurs ont trouvé leur paradis dans ces parcs d'un concept original où des parcours à la fois sportifs et amusants sont proposés dans les arbres. On se déplace de branche en branche grâce à des filins, on franchit les distances entre les arbres sur des ponts en lianes, on saute à l'élastique, etc. Chacun trouve un parcours à son niveau sportif, des pistes de couleur permettent de se repérer.
Sur tous les postes, l'acrobate amateur est relié à des câbles de sécurité par des harnais et des longes qui permettent d'éviter toute chute.

L'Auditoire................ Joinville D6

52300 - Joinville
Tél. : 03 25 94 17 90
Ouv. sam. et dim. de 15 h à 18 h 30 en juill., août et sept. ; dim. de 15 h à 18 h 30 en mai, juin et oct.

+8 ans

Cet ancien tribunal seigneurial, créé en 1561, est un des seuls rescapés du genre en France. L'été, l'équipe « Sauvegarde du patrimoine joinvillois » le restaure et fait revivre son histoire avec des mannequins en costume. On y rencontre alors le roi Saint Louis, Louis XIII et ses mousquetaires, le cardinal de Richelieu...
Il faudra compter les enfants avant de repartir, afin de s'assurer qu'aucun d'entre eux ne s'est laissé enfermer dans le cachot !

La Ronde des Hallebardiers.................. Langres E7

Départ du square de la Cathédrale
52200 - Langres
Tél. : 03 25 87 67 67 (OT)
Fax : 03 25 87 73 33 (OT)
Spect. vend. et sam. d'août et début sept. à 21 h

+8 ans

Attention, le tourbillon de l'Histoire souffle dans les rues de Langres durant les week-ends d'été. Costumés d'une cape de couleur, les promeneurs parcourent la cité fortifiée en compagnie de comédiens, et à tout moment, au détour d'un passage ou au pied d'un rempart, se trouvent directement mêlés à l'intrigue. Chacun des cinq parcours-aventures se termine dans l'ambiance musicale d'une taverne.
Dans la journée et le reste de la semaine, un petit train panoramique sillonne la ville (tlj en juill.-août).

Haras............... Montier-en-Der D6

52220 - Montier-en-Der
Tél. : 03 25 04 22 17 ou 03 26 72 62 80 (OT)
Fax : 03 25 04 68 60
Ouv. tlj de 14 h 30 à 17 h 30

+8 ans

Installé dans des bâtiments du XIXe s. jouxtant l'abbatiale, le haras exerce ses activités particulièrement dans trois secteurs : les courses, l'élevage et l'équitation. On peut librement visiter les écuries, la forge, les selleries et les remises à voitures. Tous les jeudis a.-m. de sept., oct.

MEURTHE-ET-MOSELLE

Musée du Cristal....... Baccarat H6

54120 - Baccarat
Tél. : 03 83 76 60 06-Fax : 03 83 76 60 04
Ouv. tlj de 9 h 30 à 12 h 30 et de 14 h à 18 h 30 d'avril à nov. ; tlj de 10 h à 12 h et de 14 h à 18 h de nov. à mars
Gratuit pour les – de 10 ans

+12 ans

« Jamais je n'ai vu quelque chose d'aussi beau ! » s'écria le roi Charles X devant l'exposition de Baccarat en 1827.
C'est en 1764 que fut créée dans cette ville la verrerie Sainte-Anne, transformée en 1816, sous le règne de Louis XVIII, en cristallerie. Depuis, tous les grands de ce monde ont choisi Baccarat et en ont fait le symbole du cristal.
Le musée du Cristal expose plus de 1 100 réalisations exécutées depuis 1817 : un candélabre de 2,15 m vendu au chah de Perse, des verres réalisés pour le tsar Nicolas de Russie, le service de l'empereur du Japon, etc. On y découvre, grâce à une vidéo, les techniques de fabrication : travail à chaud, taille, gravure, dorure, etc.

Musée de l'Art forain et de la Musique mécanique .... Conflans-en-Jarnisy F4

Place de l'Hôtel-de-Ville
54800 - Conflans-en-Jarnisy
Tél. : 03 82 33 57 30 et 03 82 33 37 57
Ouv. dim. et jrs fér. de 14 h à 18 h de mars à nov.

+8 ans

Orgues de Barbarie, limonaires et pianos mécaniques jouent pour accompagner la visite de ce musée où est réunie une belle collection d'orgues de salon, de boîtes à musique appelées serinettes, merlinettes, perroquets (leur musique était censée attirer les petits oiseaux), de phonographes, de lanternes magiques... Le clou du musée est un orchestrion composé de 10 instruments (accordéon, saxophone, trombone, trompette, cymbales, batterie, xylophone...) fonctionnant sans musicien, à l'aide de cartons perforés.

Musée de la Moto et du Vélo.................... Lunéville G5

1, place de la 2e-DB
54300 - Lunéville
Tél. : 03 83 74 07 20 et 03 83 74 10 56
Ouv. tlj sauf lundi de 9 h à 12 h et de 14 h à 18 h

+8 ans

Le musée des ancêtres des deux roues : il est bien drôle le tricycle de Dion-Bouton datant de 1898, et le vieux tricar de 1900 n'est pas mal non plus. On voit aussi la première motocyclette, une moto-tandem et une patinette à moteur…

Draisine.................. Magnières G6

54129 - Magnières
Tél. : 03 83 72 34 73
Ouv. tlj de 9 h à 12 h et de 16 h à 19 h en janv. et de mai à sept.

pour tous

À partir du petit village de Magnières, situé à 15 km de Baccarat, part un parcours en draisine (pédalo sur rail). Dans la vallée de la Montagne, on pédale ainsi en famille pendant plus de 1 heure, en choisissant de s'arrêter selon son bon plaisir.

Musée de l'Histoire du fer................ Nancy F5

Av. du Général-de-Gaulle
54140 - Jarville-la-Malgrange
Tél. : 03 83 15 27 70-Fax : 03 83 53 16 07
Ouv. tlj de 14 h à 17 h (18 h juill. et août) ;
w.-e. et jrs fér. de 10 h à 12 h et de 14 h à 18 h
Faubourg de Nancy

+12 ans

Nous connaissons mal l'histoire du fer, et pourtant l'utilisation de ce métal par l'homme a commencé il y a plus de 3 000 ans et a joué dans son évolution un rôle déterminant.
Le musée raconte l'histoire de la métallurgie, montre des outils et différents objets, dont une épée mérovingienne, une cuirasse gauloise, un kriss balinais, et explique à l'aide de maquettes les différentes techniques de production du fer, de la fonte et de l'acier.
À l'extérieur du musée, des grues, martinets, ponts roulants et diverses machines témoignent de la sidérurgie du XIXe s.

Musée de Zoologie et Aquarium tropical............ Nancy F5

34, rue Ste-Catherine
54000 - Nancy
Tél. : 03 83 32 99 97-Fax : 03 83 32 30 16
Ouv. tlj de 10 h à 12 h et de 14 h à 18 h
Gratuit pour les – de 6 ans

+8 ans

Le musée comprend 10 000 spécimens d'animaux naturalisés et rassemblés depuis plus de 200 ans. Certaines des espèces présentées sont devenues très rares, comme le loup marsupial de Tasmanie, disparu depuis près de 60 ans, la rougette, cette grande chauve-souris de l'île Maurice, ou le perroquet-hibou de Nouvelle-Zélande.
Un musée intéressant pour ceux qui aiment les animaux naturalisés ! L'aquarium voisin, le seul en Lorraine, présente dans 70 bassins plus de 300 poissons, vivants, eux.

Vedette panoramique...... Pierre-Percée (lac de) H6

54540 - Badonviller
Tél. : 03 83 73 04 05
Circule tlj de juin à sept. et dim. de mars à nov.

pour tous

Une promenade nautique à bord du *Cristal* sur le lac de Pierre-Percée, qui s'étend au bord du massif vosgien, une vaste étendue d'eau aux allures de lac canadien. Le commentaire de la promenade est agrémenté de récits de légendes, nombreuses dans cette région de montagne. En descendant au lac de la Plaine, on pourra s'adonner aux joies de la baignade, du pédalo et du ski nautique.

Parc de loisirs de la forêt de Haye................ Velaine-en-Haye F5

54840 - Velaine-en-Haye
Tél. : 03 83 23 24 99
Ouv. tte l'année
Activités payantes

pour tous

Aux portes de Nancy, un espace d'air pur, lieu de détente et de loisirs pour petits et grands. Outre les jeux pour enfants, location de vélos, mini-golf, promenade en calèche, etc., on trouve un zoo, une

ferme pour les petits, un musée de l'Automobile et un Musée militaire pour les papas.
Le zoo (tél. : 03 83 23 26 16) a la particularité d'accueillir des pensionnaires qui ont été blessés ou qui se trouvent en difficulté. Ils sont soignés et remis en liberté. Des animaux appartenant à des espèces en voie de régression leur tiennent gentiment compagnie.
Le musée de l'Automobile (tél. : 03 83 23 28 38) expose une soixantaine de voitures exceptionnelles réunies par des collectionneurs passionnés.

Jardin botanique du Montet............ Villers-lès-Nancy F5

100, rue du Jardin-Botanique
54600 - Villers-lès-Nancy
Tél. : 03 83 41 47 47-Fax : 03 83 27 86 59
Ouv. du lundi au vend. de 10 h à 12 h et de 14 h à 17 h, sam. de 14 h à 17 h et dim. et jrs fér. de 14 h à 18 h d'avril à sept. (17 h d'oct. à fin mars)
Les serres sont ouvertes l'a.-m. de 14 h à 17 h
Faubourg de Nancy

pour tous

Un magnifique jardin botanique, idéal pour faire une jolie promenade. Les enfants peuvent se procurer des livrets-jeux qui les distrairont intelligemment pendant la visite de la serre.

Il était une fois un roi polonais qui devint duc de Lorraine. Ce souverain était, raconte-t-on, un grand consommateur de confitures et de pâtes de fruits. C'est à lui que nous devons le baba, dont la forme évoque une babka (vieille paysanne) polonaise, et les madeleines, spécialités de la ville de Commercy. La légende raconte que lors d'un dîner auquel assistait le roi Stanislas, on s'aperçut à la dernière minute que le dessert avait été oublié. Une simple soubrette, nommée Madeleine, avait alors rapidement préparé des petits gâteaux, les seuls que sa mère lui eût appris à faire. Le roi fut charmé par leur forme de coquillage et en apprécia vivement le goût ; il décida sur-le-champ de baptiser ce nouveau gâteau du nom de l'accorte servante.

MEUSE

Plages et centre nautique....... Madine (lac de) F4

55210 - Nonsard
Tél. : 03 29 89 58 68-Fax : 03 29 89 35 60
(Maison de Madine-Nonsard)

pour tous

Nager, sauter, glisser, grimper, pédaler, pagayer… à chacun de choisir son activité préférée dans une des deux bases aménagées, Nonsard et Heudicourt.
D'un port miniature, parents et enfants embarquent à bord des Brittany Ferries, des chalutiers, des vapeurs du Mississippi, des remorqueurs… et partent pour une croisière en toute sécurité (port de Madine, tél. : 03 29 89 56 60).
Tout à côté partent des bateaux électriques que l'on pilote à son gré sur le lac.

Centre mondial de la paix........................ Verdun E4

Palais épiscopal
55100 - Verdun
Tél. : 03 29 86 55 00-Fax : 03 29 86 15 14
Ouv. tlj sauf lundi de 9 h 30 à 19 h de juin à mi-sept., et de 10 h à 13 h et de 14 h à 18 h de fév. à mai et de mi-sept. à mi-déc.
Gratuit pour les – de 12 ans

+12 ans

Les plus grands ne doivent pas manquer cette exposition permanente sur la guerre et la paix conçue comme un parcours initiatique. Munis d'un baladeur infrarouge, ils écoutent les « ombres et les lumières » de la guerre durant la période de 1870 à 1945.
Ils apprennent comment fonctionne l'ONU et ce qu'englobent les droits de l'homme. Enfin, chacun peut rêver la paix.

Citadelle souterraine.... Verdun E4

Av. du 5e-RAP
55100 - Verdun
Tél. : 03 29 86 14 18-Fax : 03 29 84 22 42
Ouv. tlj de 9 h à 12 h et de 13 h 30 à 18 h

+12 ans

Assis dans des véhicules filoguidés, les visiteurs sont transportés dans l'univers extraordinaire de cette ville souterraine au temps de la Seconde Guerre mondiale : scènes animées, effets spéciaux, panorama des champs de bataille... Un musée vivant, aussi intéressant qu'émouvant.

Base de loisirs du Pré l'Évêque.............. Verdun E4

55100 - Verdun
Tél. : 03 29 86 00 72-Fax : 03 29 86 44 15
Ouv. tlj en juill. et août

pour tous

Une plage, une baignade surveillée et un grand nombre d'activités nautiques pour tous les âges.

Les dragées sont originaires de Verdun. On les doit à un droguiste qui en 1220 eut l'idée d'enrober des amandes dans du sucre et de les faire durcir ; elles portaient alors le nom d'épices. Le roi Henri II en reçut pour son sacre et, en 1603, Henri IV, grand amateur de douceurs, s'en fit offrir lors de son passage dans la ville. La coutume voulut bientôt qu'on donnât des dragées aux jeunes accouchées : ces bonbons sucrés contribuaient à redonner de la force à la maman et étaient offerts aux parents et amis venus voir le nouveau-né. Depuis, on le sait, il n'y a pas de baptême sans dragées.

MOSELLE

Zoo........................ Amnéville F3

57360 - Amnéville-les-Thermes
Tél. : 03 87 70 25 60-Fax : 03 87 71 41 45
Ouv. tlj de 9 h 30 à 19 h 30 (20 h dim.)
d'avril à sept. ; de 10 h à la tombée
de la nuit d'oct. à mars
Entre Metz et Thionville : A 31 sortie Mondelange, A 4 sortie Amnéville

pour tous

Un zoo sympathique ! Dans une nature boisée vivent de beaux animaux : d'impressionnants loups blancs aux yeux bleu clair, des élans, des alpagas, des mouflons, de superbes jaguars, une hyène presque aimable, de redoutables lycaons (les terribles prédateurs des savanes africaines), de très rares tigres de Sibérie, des ours polaires, des éléphants d'Afrique…
On y rencontre aussi des aurochs parfois appelés fossiles vivants…
Les jeunes enfants ont le plaisir d'approcher et de caresser les animaux domestiques.
À ne pas rater : le Penguinland, un ballet aquatique de loutres et de manchots avec vision sous l'eau, et le spectacle de perroquets (Perrot's Jungle).

Aquarium Imperator.................... Amnéville F3

57360 - Amnéville-les-Thermes
Tél. : 03 87 70 36 61
Ouv. tlj de 10 h à 19 h en juill. et août ;
de 10 h à 19 h les w.-e. et jrs fér.
et de 14 h à 18 h le reste de l'année
Entre Metz et Thionville : A 31 sortie Mondelange, A 4 sortie Amnéville

pour tous

On se croirait dans un sous-marin au fond de la mer lorsqu'on regarde les milliers de poissons du monde entier (poissons-anges, poissons-papillons, murènes, barracudas…) qui nagent derrière les hublots.
En remontant des fonds de l'eau… on traverse une serre tropicale, franchissant ponts et cascades avant de surplomber quatre grands bassins où évoluent des poissons d'Amazonie (piranhas, poissons-crocodiles, cichlidés, poissons-dragons, etc.)
Nouveauté : en extérieur, cinq aquariums accueillent les poissons de la région.

Parc Walibi-Schtroumpf..... Hagondange F3

57280 - Maizières-lès-Metz
Tél. : 03 87 51 90 52 et 03 87 51 73 90
Fax : 03 87 51 71 15
Minitel : 3615 WALIBI
Ouv. tlj de 10 h à 19 h en juill.
et août ; de 10 h à 18 h en avril, mai, juin, sept. et oct.
A 4 sortie Semécourt, entre Maizières-lès-Metz et Hagondange

pour tous

Dans un joli parc fleuri, des dizaines d'attractions pour passer d'aventure en aventure : descente vertigineuse de l'Anaconda et de l'Aquachute, loopings vertigineux du Comet Space, roulis tempétueux du Pirador, scénario renversant du Sysmic Panic… et, pour les amateurs de sensations encore plus fortes, la Vengeance de Gargamel propulse ses passagers jusqu'à 55 m de haut en quelques secondes.
Les petits hommes bleus sont partout, prêts à toutes les blagues, ils accompagnent les petits dans les piscines à boules et sur les manèges.
Pour se remettre de ces émotions, divers spectacles et animations susceptibles de plaire à toute la famille sont proposés tout au long de la journée.
Attention, le Grand Schtroumpf a décidé que certaines attractions ne seraient pas accessibles aux enfants de moins de 1,20 m.

Château de Malbrouck............... Manderen G3

57480 Manderen
Tél. : 03 82 82 42 90-Fax : 03 82 82 42 91
Ouv. en sem. de 10 h à 18 h et les w.-e. de 10 h à 19 h de mars à mi oct. au 4 déc. et en sem. de 10 h à 17 h et les w.-e de 10 h à 18 h de fin oct. à début déc.
Gratuit pour les – de 16 ans

+8 ans

Le château de Malbrouck retrace son passé de cinq siècles à travers un parcours-découverte animé par des personnages en costume.
Des spectacles sont régulièrement montés : à la mi-août le château se métamorphose pour accueillir une fête de légende (spectacles de rues, joutes médiévales) ; le 31 octobre a lieu la « Nuit de l'épouvante » pour fêter Halloween (frissons et hurlements dans le château et bal des vampires) ; et début décembre, une veillée de contes endort les enfants et le château.

Aquadrome....... Norroy-le-Veneur F3

57140 - Woippy
Tél. : 03 87 51 30 00
Ouv. tlj de 10 h à 19 h en juill. et août
et les w.-e., jrs fér. et vac. scol. d'avril à oct.
Faubourg de Metz

pour tous

On nage dans la piscine, on saute dans les vagues, on se détend dans les bains bouillonnants, on glisse sur les deux toboggans couverts, on fonce à 60 à l'heure dans l'Hydrowhip et on se relaxe en mangeant une glace sous les palmiers. Vive les tropiques à Metz !

Parc animalier de Sainte-Croix.............. Rhodes H5

57810 - Maizières-les-Vic
Tél. : 03 87 03 92 05-Fax : 03 87 03 95 36
Ouv. tlj de 10 h à 19 h d'avril à mi-sept. ; de 13 h à 18 h les w.-e. de sept., oct. et mi-nov.
S. du parc régional de Lorraine

pour tous

Dans une réserve naturelle de 100 ha de forêts, d'étangs et de plaines vivent les animaux de Lorraine et d'Europe. Des sentiers permettent de longer les enclos des loups, cerfs, lynx, aurochs, tarpans… Un petit train en fait le tour, et certains jours des visites guidées sont organisées pour approcher les animaux et découvrir certains aspects de la vie animale. Les enfants assistent aux repas des cochons, des ratons laveurs ou cervidés et aident le fermier à nourrir les chèvres naines, à moins qu'ils ne préfèrent écouter le conteur leur dévoiler le « secret du loup ».

Asinerie...................... Ibigny H5

Hablurz
57830 - Heming
Tél. : 03 87 25 81 82
Ouv. tlj à 15 h en juill. et août ; dim. et jrs fér. à 15 h le reste de l'année
RN 4 13 km S. de Sarrebourg

pour tous

Une ferme où sont élevés des ânes, des mulets et des tarpans de toutes les tailles et de toutes les couleurs. Les jeunes enfants peuvent monter de petits ânes tandis que les plus grands ont la possibilité de monter de grands ânes ou des mulets. Les parents préféreront la promenade en calèche.

VOSGES

Complexe nautique ludique........................ La Bresse H7

88250 - La Bresse
Tél. : 03 29 25 41 29 (OT)
Fax : 03 29 25 64 61
Ouv. tlj de 10 h 30 à 19 h 30 en juill. et août ;
de 9 h à 12 h et de 14 h à 18 h de janv. à juin et de sept. à déc., w.-e. et jrs fér., vac. scol. sauf mardi

pour tous

Un bassin ludique de 25 m, un autre avec rivière, jets, cascades, un toboggan de 80 m de long et un bowling.
À La Bresse aussi, une piste de luge d'été (route de Vologne) fera la joie des enfants.

Imagerie d'Épinal......... Épinal G6

42 *bis*, quai de Dogneville
88000 - Épinal
Tél. : 03 29 31 28 80-Fax : 03 29 31 12 24
Ouv. du lundi au sam. de 8 h 30 à 12 h
et de 14 h à 18 h 30 et les dim. et jrs fér. de 14 h à 18 h 30

+12 ans

En 1796, Jean-Charles Pellerin crée l'imagerie. Les techniques de fabrication sont très particulières : l'image est d'abord gravée sur une planche de bois, puis l'impression de la feuille s'effectue à l'aide d'une presse à bras dite Gutenberg, intervient ensuite le coloriste, qui utilise des pochoirs pour placer ses couleurs.
Sous le premier Empire, l'imagerie célèbre l'Empereur, sa famille et son armée. À l'aube de la Belle Époque, elle fait appel à des dessinateurs de renom, comme Benjamin Rabier ou Job. La visite de l'écomusée permet de voir encore fonctionner plusieurs machines et de bien comprendre l'originalité de la technique.
Par ailleurs, l'imagerie continue à créer et à produire des images.

Fraispertuis City...... Jeanmenil H6

88700 - Jeanmenil
Tél. : 03 29 65 27 06-Fax : 03 29 65 41 27
Ouv. tlj de 10 h à 18 h 30 en juill. et août ; de 10 h à 18 h en juin et les w.-e. d'avril, mai et sept.
RD 32 entre Rambervillers et Saint-Dié

pour tous

Un petit parc sympathique aménagé dans le style western.
Le petit train, la piscine à boules, le bateau à roues, le manège avec de véritables poneys distrairont la jeune classe. Les plus grands préféreront les vélos humoristiques à une ou deux places, les pédalos, la rivière canadienne et surtout le super-TV, un petit grand huit, pas trop rapide mais bien amusant quand même.

Les sapins des montagnes des Vosges contribuent à leur façon aux plaisirs des enfants. Le suc contenu dans leurs bourgeons entre dans la fabrication de pastilles qui adoucissent les gorges irritées par de vilaines toux.
À Gérardmer, il y a des « oignons de tulipe » en chocolat qui plairont beaucoup plus aux gourmands qu'aux jardiniers.

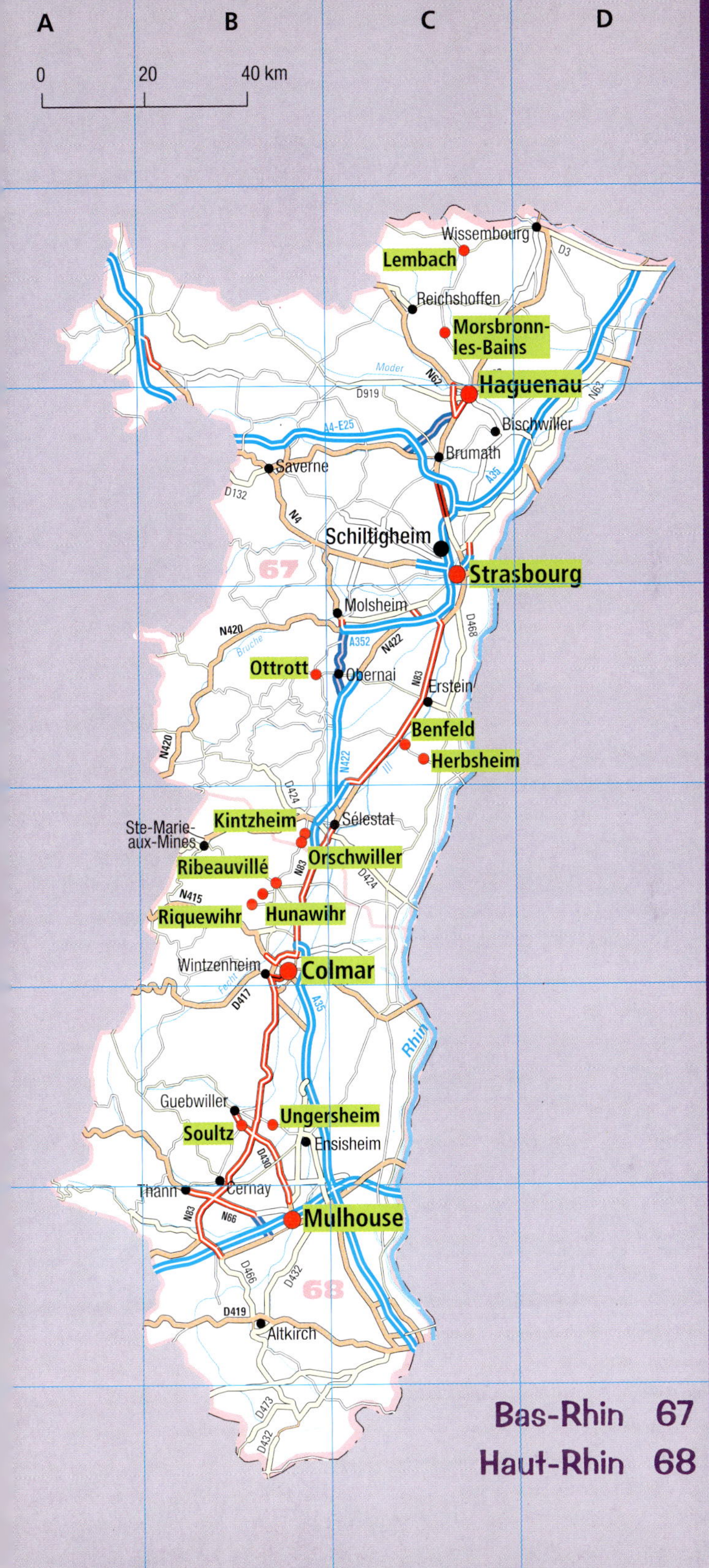
A
B
C
D
0
20
40 km
Wissembourg
D3
Lembach
Reichshoffen
Morsbronn-les-Bains
Moder
N62
Haguenau
D919
N63
A4-E25
Bischwiller
Brumath
A35
Saverne
D132
N4
Schiltigheim
67
Strasbourg
Molsheim
D468
N420
Bruche
A352
N422
Ottrott
Obernai
N83
Erstein
Benfeld
Herbsheim
N420
N422
Ill
D424
Kintzheim
Sélestat
Ste-Marie-aux-Mines
Orschwiller
Ribeauvillé
N83
D424
N415
Riquewihr
Hunawihr
Wintzenheim
Colmar
Fecht
D417
A35
Rhin
Guebwiller
Ungersheim
Soultz
D430
Ensisheim
Thann
Cernay
N83
N66
Mulhouse
D466
D432
68
D419
Altkirch
D473
D432
Bas-Rhin 67
Haut-Rhin 68

BAS-RHIN

Nautiland................ Haguenau C3

8, rue des Dominicains
67500 - Haguenau
Tél. : 03 88 90 56 56 et 03 88 73 51 51 (rép.)
Ouv. tlj de 12 h à 20 h (10 h à 20 h vac. scol.)
L'entrée est valable 1 heure

pour tous

Un centre aquatique avec deux bassins, une rivière extérieure, des jets d'eau rigolos, des bains bouillonnants, une pataugeoire et un espace de jeux pour les petits.
Des animations rythment, hiver comme été, une journée à Nautiland, où le beau temps et la bonne humeur sont de mise.

Centre de loisirs...... Herbsheim C4

67230 - Boofzheim
Tél. : 03 88 74 46 79
Ouv. tlj sauf lundi de 14 h à 18 h d'avril à fin oct. ;
de 10 h à 19 h dim. et jrs fér.
RD 5 entre Benfeld et Boofzheim

pour tous

Un petit parc animalier dans lequel on peut voir des daims, des cerfs, des singes, des chèvres naines, des ânes, des émeus, des canards, des oies bernaches… Un espace de jeux est prévu pour les petits.

Volerie des Aigles.... Kintzheim B5

67600 - Sélestat
Tél. : 03 88 92 84 33-Fax : 03 88 82 11 05
Ouv. tlj à partir de 14 h ; démonst. à 15 h et 16 h
du 1er avril à fin oct. ; démonst. de 14 h à 17 h 30
de mi-juill. à fin août ; merc., sam., et dim. du 1er au 11 nov.
5 km au S.-O. de Sélestat

pour tous

Vautours, serpentaires, aigles, faucons, condors, milans… ont élu domicile dans une volerie aménagée dans les ruines du château médiéval de Kintzheim.
Quelques mois par an, pour la grande joie des spectateurs, ils font des démonstrations de leurs talents : le grand aigle s'élève vers le ciel et revient à tire-d'aile se poser sans hésiter sur le bras de son dresseur ;

les vautours marchent sur les jambes tendues des enfants du premier rang ; le petit vautour égyptien, le percnoptère, fait preuve d'ingéniosité lorsque, pour se régaler du contenu d'un bel œuf d'autruche, il saisit des pierres avec son bec et les jette avec le plus de force possible contre la coquille afin de la briser ; un aigle vocifer, rapace des grands lacs africains, repère de son perchoir un poisson nageant dans un petit bassin et d'un coup d'aile descend s'en emparer…
Un spectacle aussi beau qu'étonnant. Un vrai plaisir pour tous.

Montagne des Singes.................. Kintzheim B5

67600 - Sélestat
Tél. : 03 88 92 11 09-Fax : 03 88 82 30 02
Ouv. tlj de 10 h à 18 h en juill. et août ;
de 10 h à 12 h et de 14 h à 17 h en avril, oct. et nov. (18 h en mai, juin et sept.)
5 km au S.-O. de Sélestat

pour tous

Dans la belle forêt vosgienne vivent en totale liberté quelque 200 singes. Les visiteurs marchent le long d'un petit chemin, et les singes, familiers, viennent quémander le pop-corn que l'on aura pris soin d'acheter à l'entrée. Les singes tendent leurs petites mains et grignotent tranquillement leurs friandises sous les yeux ébahis des enfants.
Ces singes, hauts d'environ 60 cm, sont des macaques de Barbarie ou magots. Outre le pop-corn, ils mangent des fruits, des feuilles et des tubercules ; leurs deux bajoues leur permettent d'emmagasiner une grande quantité d'aliments qu'ils dégusteront tranquillement un peu plus tard.
Une grande partie de leur journée se passe à la recherche de cette nourriture ; le reste du temps ils jouent ou s'épouillent (ce n'est qu'un signe de bonnes relations). La nuit, ils se réfugient sur des arbres dortoirs, se groupant entre eux afin de se protéger des prédateurs.
Originaires des pays du Maghreb, ils supportent pourtant très bien les rudes hivers des Vosges.
Les mamans guenons, leur petit sur le ventre, s'approchent à leur tour : il vaut mieux alors garder ses distances car, jalouses, elles risquent de se montrer méchantes.

Parc des Cigognes et de loisirs................ Kintzheim B5

67600 - Sélestat
Tél. : 03 88 92 05 94
Ouv. tlj de 10 h à 19 h du 1er avril à fin sept. (selon les conditions atmosphériques) ; merc. et w.-e. a.-m. en mars, oct. et nov.
5 km au S.-O. de Sélestat

Les enfants font des promenades à dos de poney, des tours en charrette ou encore en petit train ; ils pilotent des voitures électriques, disputent une partie de mini-golf et s'élancent sur les balançoires. Toute la famille se retrouve devant l'enclos des cigognes ou celui des chèvres naines du Sénégal, des émeus d'Australie et des lamas.

Aire de jeux médiévale.................... Lembach C2

Ferme-auberge Gimbelhof
67510 - Lembach
Tél. : 03 88 94 43 16 (SI)
Ouv. tte l'année, tte la journée
24 km N. d'Haguenau par la RD 27

Les vestiges d'un vieux château ont été transformés en aire de jeux médiévale : les fondations, le pont-levis... servent de parcours de jeux ; on se perd, on se retrouve face à un preux chevalier ou à de terribles animaux mythiques taillés dans le grès, on se cache alors prudemment derrière un bouclier...
Une initiative originale !

Fantasialand.. Morsbronn-les-Bains C2

1, route de Gunstett
67360 - Wœrth
Tél. : 03 88 09 46 46-Fax : 03 88 09 39 96
Ouv. tlj sauf lundi du 1er juin au 1er sept. et les merc., w.-e. et jrs fér. en mai, de 10 h à 18 h
9 km N. d'Haguenau par la RD 27

Des attractions pour tous les âges : Rivière sauvage, Train de la mine, descente en luge et Cinéworld pour les plus grands ; train western, circuit de vieux tacots, jumbo éléphant, Flying Clown... pour les plus petits. Un après-midi pour bien s'amuser.

Château du Haut-Kœnigsbourg....... Orschwiller B5

67600 - Sélestat
Tél. : 03 88 82 45 82-Fax : 03 88 82 50 61
Ouv. tlj de tte l'année à partir de 9 h ; horaires de fermeture variant en fonction des saisons
Gratuit pour les – de 18 ans
10 km O. de Sélestat par la RD 159

+8 ans

La forteresse primitive construite au XIIe s. fut détruite au XVe s., reconstruite peu après, puis incendiée pendant la guerre de Trente Ans. À la fin du XIXe s., l'empereur d'Allemagne Guillaume II décida de faire reconstruire le château dans le même esprit que celui qui existait au XVe s.

Les enfants prennent plaisir à grimper au sommet du donjon et des tours, à parcourir le chemin de ronde. Ils ont une animation exprès pour eux « monument jeu d'enfant ».

Des soirées médiévales sont organisées de mai à sept.

Musée vivant « les Naïades »................ Ottrott B4

30, route de Klingenthal
67530 - Ottrott
Tél. : 03 88 95 90 32-Fax : 03 88 95 99 65
Ouv. tlj de 9 h 30 à 18 h 30
RD 426 O. d'Obernai

+8 ans

Un musée dynamique où l'on suit la fabuleuse aventure d'une goutte d'eau. Le tour du musée achevé, l'eau sous toutes ses formes (sources, cascades, fleuves et rivières, lacs…) apparaît claire et limpide dans l'esprit du visiteur.

Les eaux rapides telles que les sources et les cascades traversent trois aquaterrariums à la végétation luxuriante. Les eaux calmes des fleuves et des rivières du monde entier permettent de découvrir des milieux aquatiques étranges aux poissons fantastiques. Les eaux stagnantes évoquent les grands lacs africains.

La faune (3 000 poissons exotiques, des requins, des tortues, des crocodiles, des anguilles électriques, des moules et autres crevettes d'eau douce…) et la flore aquatique sont bien mises en valeur dans ce musée pas comme les autres.

Horloge astronomique .... Strasbourg C3

Cathédrale
67000 - Strasbourg
Tél. : 03 88 43 60 40
Le mécanisme se met en marche à 12 h 30,
il faut se trouver sur place à 12 h 15
Fonct. tlj
Durée : 15 minutes

pour tous

Après un rappel de l'origine de l'horloge, une explication de son fonctionnement et l'énumération de tout ce qu'il faut observer (elle indique le jour, le mois, la saison...), le mécanisme se met en marche : à chaque coup de midi un des douze apôtres passe et au douzième coup le coq bat des ailes et chante trois fois.
Un spectacle son et lumière met en valeur la cathédrale (rens. au 03 88 60 97 14).

Musée alsacien....... Strasbourg C3

23, quai Saint-Nicolas
67000 - Strasbourg
Tél. : 03 88 52 50 04-Fax : 03 88 52 50 09
Ouv. tlj de 10 h à 12 h et de 13 h 30 à 18 h
(dim. de 10 h à 17 h)

+8 ans

Un musée d'art populaire aménagé dans trois pittoresques maisons : meubles, costumes, objets de fabrication artisanale... Des salles sont consacrées à l'agriculture, à la culture de la vigne, à l'artisanat : une forge, un atelier de menuiserie, une *stube* (salle où se réunissait la famille) ont été reconstitués. Des personnages en costume sont visibles un peu partout : une mariée, le *marcaire* (domestique chargé des étables et de la fromagerie), le mineur...
Une salle est consacrée aux jouets avec des poupées, des dînettes, des jeux, des chevaux à bascule, etc.
Bien sûr, comme dans tous les musées de traditions populaires, les enfants ne s'intéresseront pas à tout, mais celui-ci est particulièrement attrayant.

Musée zoologique de l'université de la ville.... Strasbourg C3

29, bd de la Victoire
67000 - Strasbourg
Tél. : 03 88 35 85 35-Fax : 03 88 24 24 91
Ouv. tlj sauf mardi de 10 h à 12 h et de 13 h 30 à 18 h ; dim. de 10 h à 17 h
Gratuit pour les – de 12 ans

+8 ans

Le musée possède une belle collection d'oiseaux, d'insectes, de tortues, de crocodiles...
Les animaux sont présentés dans des paysages évoquant leur pays d'origine, aussi différent l'un que l'autre, des régions polaires au lac Tanganyika...
Des ateliers d'initiation à la nature sont proposés aux 10-15 ans.

Planétarium............ Strasbourg C3

Rue de l'Observatoire
67000 - Strasbourg
Tél . : 03 88 21 20 40 (rés. 03 88 21 20 44)
Fax : 03 88 21 20 45
Ouv. du lundi au vend. de 9 h à 12 h et de 14 h à 17 h ; sam., dim. et jrs fér. de 14 h à 18 h

+8 ans

Une visite guidée à travers les merveilles de l'univers astronomique : découverte de la lunette de la grande coupole, de l'installation Météosat permettant de voir la Terre telle qu'elle apparaît vue de 36 000 km dans l'espace...
Un cinéma « cosmique » présente des spectacles à thème astronomique, et des expositions sont montées dans la Crypte aux étoiles.

Parc de l'Orangerie.. Strasbourg C3

Av. de l'Europe
67000 - Strasbourg
Inf. tél. : 03 88 61 62 88
Ouv. tte l'année, tte la journée

pour tous

Un grand parc avec possibilité de canotage, un petit zoo avec un enclos pour les cigognes et un bowling.
Un grand parc dessiné par Le Nôtre et réaménagé en 1804 à l'occasion de la visite de l'impératrice Joséphine, où il fait bon se promener sous les grands arbres. Les enfants pourront canoter sur le grand

bassin ou aller faire des parties de bowling. Les plus petits iront pendant ce temps-là voir les animaux du petit zoo et les cigognes, installées dans un enclos conçu spécialement pour elles.

Mini-train............... Strasbourg C3

14, rue de la Gare-aux-Marchandises
67000 - Strasbourg
Tél. : 03 88 77 70 03
Circule tlj de début avril au 1er nov.
Départ de la cathédrale et de la Petite France

pour tous

Un sympathique petit train pour visiter sans se fatiguer les quartiers pittoresques du vieux Strasbourg.

Promenade en bateau.................. Strasbourg C3

Port autonome
67100 - Strasbourg
Tél. : 03 88 84 13 13
Circule tlj de fin mars à fin oct.
Départ de l'embarcadère de la promenade Dauphine

pour tous

En bateau, des promenades commentées sur l'Ill, dans le port et sur le Rhin.

À Erstein dans le Bas-Rhin, on célèbre la fête du sucre le dernier week-end d'août, et ce depuis 630 ans. Tous les ans, des mains habiles réalisent un énorme objet en sucre. Une année, le char de Cendrillon fut confectionné avec 1 500 kg de sucre : il mesurait 8,50 m de long sur 3 m de large et 4 m de haut.

HAUT-RHIN

Musée animé du Jouet et des Petits Trains......... Colmar B5

40, rue Vauban
68000 - Colmar
Tél. : 03 89 41 93 10-Fax : 03 89 24 55 26
Ouv. tlj sauf mardi de 10 h à 12 h et de 14 h à 18 h

pour tous

Aménagé sur plusieurs niveaux dans un ancien cinéma, le musée rassemble une collection de jouets : poupées, automates, avions et petites voitures... Un spectacle de marionnettes et un réseau de petits trains circulant sur une dizaine de voies complètent la visite. Une animation bien faite entraîne les jeunes visiteurs fascinés dans la magie des contes de Perrault et des fables de La Fontaine.

Muséum d'Histoire naturelle...................... Colmar B5

11, rue de Turenne
68000 - Colmar
Tél. : 03 89 23 84 15-Fax : 03 89 41 29 62
Ouv. tlj sauf mardi de 10 h à 12 h et de 14 h à 17 h ;
dim. de 14 h à 18 h ; fermé en janv. et fév. et jrs fér.

+8 ans

La faune d'Alsace est présentée dans des dioramas très joliment mis en scène. La salle égyptienne avec ses momies, les collections ethnographiques, les costumes, les sagaies et le grand Tiki retiendront particulièrement l'attention des jeunes visiteurs.

Petit train touristique.. Colmar B5

68000 - Colmar
Tél. : 03 89 24 19 82-Fax : 03 89 41 50 34
Circule de Pâques à la Toussaint
Départ quai de la Sinn (en face du musée Unterlinden)

pour tous

Découvrir les charmes du vieux Colmar à bord du petit train, écouter bien assis l'histoire de la ville. Idéal pour faire faire un peu de tourisme aux enfants sans les ennuyer.

Promenade en barque.. Colmar B5

68000 - Colmar
Tél. : 03 89 41 01 94-Fax : 03 89 41 01 94
Ouv. tlj de 10 h à 18 h 30 de juin à sept.
Départ toutes les 15 minutes du pont Saint-Pierre

pour tous

Une promenade au fil de la Lauch dans les quartiers pittoresques de la Petite Venise et des maraîchers.
« Cool », diront les enfants !

Centre de réintroduction des cigognes en Alsace....... Hunawihr B5

68150 - Ribeauvillé
Tél. : 03 89 73 72 62-Fax : 03 89 73 81 25
Ouv. tlj de 10 h à 12 h et de 14 h à 18 h
(19 h en saison) du 1er avril au 11 nov.
Spect. à 15 h, 16 h et 17 h (18 h en saison)

pour tous

Symbole de l'Alsace, les cigognes avaient presque totalement disparu des toits des villages. Des centres comme celui-ci tentent de les réintroduire et de leur faire oublier leur instinct migratoire.
Des centaines de cigognes vivent et se reproduisent dans ce parc sauvage. Elles volent en toute liberté et se posent près des pièces d'eau où nagent des canards. Les cigogneaux, bien chouchoutés, sont gardés au chaud dans des couveuses conçues tout exprès pour eux.
Le centre s'applique également à la réintroduction des loutres européennes et présente un exceptionnel spectacle d'animaux pêcheurs (plusieurs spectacles par jour selon le mois).
Dans un grand bassin dont les parois sont transparentes se déroule un spectacle original : il a pour acteurs des cormorans, des poissons, des loutres, des manchots, des otaries… Chacun d'entre eux montre les talents propres à son espèce : le cormoran plonge telle une fusée pour attraper un poisson lâché au fond de l'eau, la loutre, se dirigeant avec sa queue, donne une leçon de pêche, le manchot a mis son smoking pour faire applaudir ses bonnes manières.

La serre à papillons exotiques vivants........................ Hunawihr B5

68150 - Ribeauvillé
Tél. : 03 89 73 69 58-Fax : 03 89 73 31 56
Ouv. tlj en juill. et août de 10 h à 19 h ; d'avril à juin de 10 h à 18 h ; du 1er oct. à mi-nov. de 10 h à 17 h
Entre Ribeauvillé et Riquewihr

pour tous

Il existe paraît-il 140 000 espèces différentes de papillons dans le monde ! Ils ne sont pas tous là, mais des centaines de papillons exotiques de toutes les couleurs volettent parmi une flore luxuriante. Les enfants découvrent le cycle complet de la vie des papillons et assistent ébahis à l'éclosion de quelques-uns d'entre eux.

Musée national de l'Automobile............ Mulhouse B7

192, av. de Colmar
68100 - Mulhouse
Tél. : 03 89 33 23 23-Fax : 03 89 32 08 09
Ouv. tlj de 9 h à 18 h (18 h 30 juill. et août) de mars à fin oct., et de 10 h à 18 h de nov. à Pâques

pour tous

Ce musée vient d'être totalement rénové. Des plus anciennes (la fameuse Panhard et Levassor de 1894) aux plus puissantes comme la Porsche 936, plus de 400 voitures de rêve y sont mises en scène. Des films sur l'histoire de l'automobile sont projetés sur des bornes multimédias.

On peut monter dans certaines voitures et se faire photographier dans des modèles prestigieux.

Trois espaces ont été conçus dans un esprit instructif et ludique : un espace Aventure fait revivre l'aventure de l'automobile, de la première voiture construite en série à celles d'aujourd'hui ; un espace Course restitue l'ambiance d'un départ de grand prix ; un espace Chefs-d'œuvre présente les plus belles voitures du monde. Les casse-cou peuvent faire des tonneaux dans une voiture spéciale, et les pilotes en herbe se prendre pour des pilotes de formule 1 grâce à des simulateurs vidéo.

Un petit train électrique, la chenille, parcourt les allées et permet de découvrir le musée sans trop marcher.

Un espace plein air, constitué d'un circuit de voitures à pédales et de tables de pique-nique, permet aux enfants de s'amuser et de se détendre.

Musée français du Chemin de fer.......... Mulhouse B7

2, rue Alfred-de-Glehn
68200 - Mulhouse
Tél. : 03 89 42 25 67-Fax : 03 89 42 41 82
Ouv. tlj de 9 h à 18 h du 1er avril à fin sept.
et de 9 h à 17 h du 1er oct. à fin mars

+8 ans

Une centaine de wagons, de locomotives, d'autorails... sont alignés dans le grand hall. Non, ce ne sont pas des trains miniatures, mais d'authentiques véhicules de taille réelle !
Un « musée express » propose jeux, maquettes, panneaux explicatifs et manipulations diverses autour de l'univers du chemin de fer.

Musée Electropolis... Mulhouse B7

55, rue du Pâturage
68200 - Mulhouse
Tél. : 03 89 32 48 50-Fax : 03 89 32 82 47
Ouv. tlj de 10 h à 18 h en juill. et août,
fermé le lundi le reste de l'année

+12 ans

Comme on se sent intelligent dans un musée comme celui-là ! En s'amusant, on se familiarise avec l'énergie électrique. Une maquette animée, longue de 80 m, explique l'utilisation et la production de l'électricité.
Des expositions, spectacles et animations autour de l'électricité et de ses applications sont régulièrement proposés.

Musée du Sapeur-Pompier........... Mulhouse B7

2, rue Alfred-de-Glehn
68200 - Mulhouse
Tél. : 03 89 42 25 67-Fax : 03 89 42 41 82
Ouv. tlj de 9 h à 18 h du 1er avril à fin sept.
et de 9 h à 17 h du 1er oct. à fin mars

+8 ans

Quel petit garçon n'a pas rêvé d'être pompier ?
Voici un musée pour lui, avec des voitures de pompiers bien rouges et bien briquées, des lances à incendie, des casques rutilants...
Son seul regret sera de ne pas pouvoir grimper en haut d'une grande échelle.

Parc zoologique et botanique................ Mulhouse B7

111, av. de la 1re-DB (entrée supérieure)
68100 - Mulhouse
Tél. : 03 89 31 85 10-Fax : 03 89 31 85 26
Ouv. tlj de 9 h à 19 h de mai à août ;
de 9 h à 18 h en mars et avril et de sept. à nov. ;
de 10 h à 16 h en déc., janv., fév.

pour tous

Dans un magnifique parc paysager agrémenté d'expositions florales différentes selon les saisons vit une grande variété d'animaux. Certains sont en voie de disparition, comme le tigre de Sibérie, la panthère de l'Amour, le tapir à dos blanc, l'antilope addax…
Les fauves ont l'air d'être à portée de main derrière les hautes plaques de verre ; les manchots se croient chez eux sur la banquise ; les animaux domestiques sont en liberté pour se laisser approcher par les enfants.

Petit train touristique.................. Ribeauvillé B5

1, Grand-Rue
68150 - Ribeauvillé
Tél. : 03 89 73 62 22-Fax : 03 89 73 23 62 (OT)
Circule tlj de Pâques à fin oct.

pour tous

Des circuits commentés dans la ville ou dans le vignoble. Surtout, ne manquez pas de faire en juillet la promenade de nuit.

Tour des Voleurs..... Riquewihr B5

Rue des Juifs
68340 - Riquewihr
Tél. : 03 89 40 08 40 (OT)
Ouv. tlj de 9 h 15 à 12 h
et de 13 h 30 à 18 h 15 d'avril au 11 nov.
Gratuit pour les – de 10 ans

+12 ans

Une vraie chambre de torture avec un appareil à estrapade et l'oubliette où l'on « oubliait » les prisonniers. Âmes sensibles s'abstenir, car les gravures représentant les différentes tortures sont assez impressionnantes.

Musée de la Diligence.................... Riquewihr B5

6, rue des Écuries-Seigneuriales
68340 - Riquewihr
Tél. : 03 89 47 93 80-Fax : 03 89 47 84 71
Ouv. tlj sauf mardi de 10 h à 12 h
et de 14 h à 18 h d'avril au 11 nov.
L'entrée comprend la visite du musée des PTT

Une collection de véhicules hippomobiles utilisés pour le transport du courrier du XVIIIe au XXe s.

Musée d'Histoire des PTT d'Alsace.................... Riquewihr B5

Château des Princes de Wurtemberg-Montbéliard
68340 - Riquewihr
Tél. : 03 89 47 93 80-Fax : 03 89 47 84 71
Ouv. tlj sauf mardi de 10 h à 12 h
et de 14 h à 18 h d'avril au 11 nov.
L'entrée comprend la visite du musée de la Diligence

Les souvenirs de la poste et des télécommunications en Alsace : manuscrits, mannequins, maquettes, objets divers, photos… retracent l'histoire de la poste. Un musée pour les grands, mais les enfants n'en reviendront pas de voir les antiques téléphones à l'heure des portables.

Petit train touristique.................... Riquewihr B5

68340 - Riquewihr
Tél. : 03 89 73 74 24-Fax : 03 89 73 32 94
Départ en face de la mairie
Circule tlj de Pâques à fin oct.
Durée : 30 minutes

Une visite commentée de la ville et un petit tour dans les vignes : l'occasion de visiter un des plus beaux villages de France sans marcher.

La Nef des jouets........ Soultz B6

Commanderie Saint-Jean de l'ordre de Malte
68360 - Soultz
Tél. : 03 89 74 30 92-Fax : 03 89 76 83 06 63
Ouv. tlj sauf mardi de 14 h à 18 h
S. de Guebwiller

+8 ans

L'imposante commanderie des chevaliers de Saint-Jean-de-Jérusalem a été récemment restaurée et abrite maintenant une exceptionnelle collection de jouets anciens et contemporains : poupées, figurines, voitures, trains, jeux de société, jeux scientifiques, livres pour enfants...

Écomusée d'Alsace..................... Ungersheim B6

Chemin de Grosswald-Ungersheim
68190 - Ensisheim
Tél : 03 89 74 44 54 et
03 89 74 44 44 (journal parlé)
Fax : 03 89 48 15 30
Ouv. tlj de 9 h à 19 h en juill. et août. ; de 9 h 30 à 18 h d'avril à juin et en sept. ; de 10 h à 17 h en mars et oct. ; de 10 h 30 à 16 h 30 de nov. à fév.
A 35 sortie Ensisheim, A 36 sortie Guebwiller ou RN 83 sortie Écomusée

pour tous

Un musée vivant où il fait bon se promener : un véritable village alsacien et son environnement reconstitués avec d'authentiques maisons anciennes, les ateliers des artisans, les animaux de la ferme... Le potier, les paysans, le scieur travaillent tous les jours, le forgeron, le charron, le tonnelier viennent à tour de rôle faire des démonstrations de leur métier. Chacune des activités est liée à la saison.
Las de marcher, on monte sur une barque de pêcheur pour découvrir le milieu aquatique, puis on va au lavoir assister au spectacle de marionnettes pour enfants, écouter des histoires au Moulin à paroles et s'amuser à la fête foraine, où l'on peut voir un exceptionnel carrousel.
Les grandes fêtes de l'année, Saint-Nicolas, Noël, l'Épiphanie, le Mardi gras, Pâques, la Saint-Jean, donnent lieu à des animations particulières.

A
B
C
D
E
1
2
3
4
5
6
7
8
Trégastel
Perros-Guirec
Pleumeur-Bodou
Roscoff
Paimpol
St-Pol-de-Léon
Lannion
Plouguerneau
Bégard
Lesneven
Morlaix
Landivisiau
Guingamp
Trégomeur
St-Renan
Le Cloître-St-Thégonnec
Guipavas
Landerneau
Plouagat
Brest
Plougastel-Daoulas
Sizun
Hanvec
Aulne
22
29
Crozon
Carhaix-Plouguer
Châteaulin
St-Goazec
Canal de Nantes à Brest
Cap Sizun
Douarnenez
Gourin
Pointe du Raz
Audierne
Plouhinec
Priziac
Quimper
Scaër
Pontivy
Le Faouët
Rosporden
Bannalec
Fouesnant
Pont-l'Abbé
Quimperlé
Penmarc'h
Concarneau
Trégunc
Pont-Scorff
Inzinzac-Lochrist
Le Guilvinec
Languidic
Moëlan-s.-Mer
Guidel
Hennebont
Clohars-Carnoët
Queven
Lanester
Lorient
Ploemeur
Larmor-Plage
Iles de Glénan
Auray
Ile de Groix
Vannes
Le Bégo
Carnac
Belle-Ile
N12
N164
N165
0
20
40 km

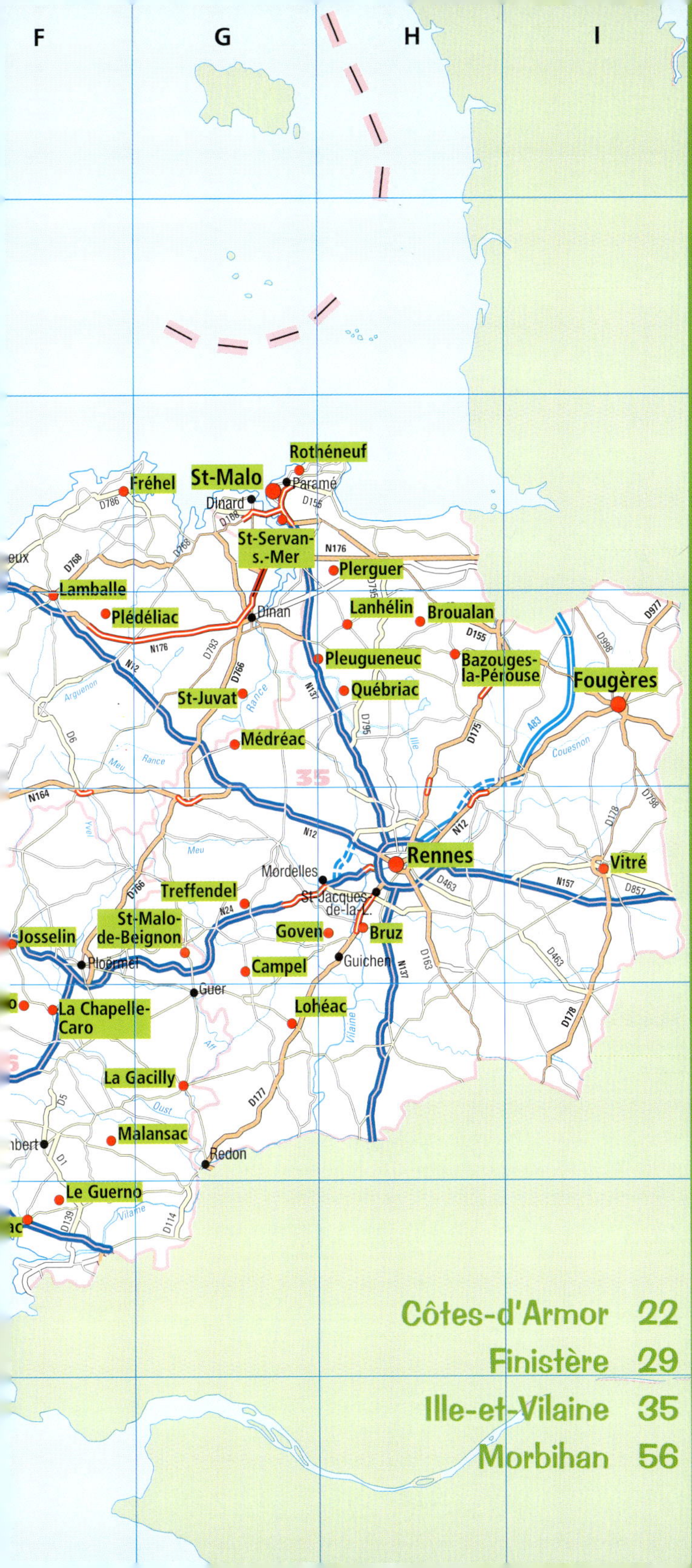

BRETAGNE

Côtes-d'Armor 22
Finistère 29
Ille-et-Vilaine 35
Morbihan 56

CÔTES-D'ARMOR

Armoripark................ Bégard D3

22140 - Bégard
Tél. : 02 96 45 36 36
Ouv. tlj de 11 h à 19 h de mi-juin à fin août ; merc., w.-e. et jrs fér. de 11 h à 18 h à Pâques, d'avril à mi-juin et en sept.
Entre Guingamp et Bégard sur la RN 767

pour tous

À une dizaine de kilomètres de Guingamp, un parc de loisirs et un centre aquatique.
Dans le parc, les attractions sont à volonté, les jeunes enfants ont le choix entre trampolines, château gonflable, piscine à boules, manèges, mini-golf, rocher d'escalade, bateaux et voitures télécommandés, etc. Pendant que les petits s'amusent, les plus grands pourront nager, sauter dans les vagues de la piscine et glisser sur les toboggans dans une eau à 28 °C – ce qui n'est pas désagréable certains jours en Bretagne !

Fort de la Latte........... Fréhel F3

Plevenon
22240 - Fréhel
Tél. : 02 96 41 40 31
Ouv. tlj de 10 h à 19 h en juill. et août ; de 10 h à 12 h 30 et de 14 h 30 à 18 h 30 en juin, sept. et vac. de Pâques ; dim. de 14 h 30 à 17 h 30 en mai et vac. scol.
4 km du cap Fréhel

+8 ans

Édifié au XIIIe s. sur une pointe rocheuse, le château s'avance fièrement dans la mer. Deux ponts-levis permettent de franchir les crevasses qui le séparent de la côte. On se promène sur le chemin de ronde, regardant à travers les mâchicoulis, découvrant le four à rougir les boulets, le mur pare-boulets et grimpant jusqu'au poste de garde en haut de la tour de guet. Un vrai château fort comme on en voit dans les films de cape et d'épée.
Les vendredis de juill. et août, des conteurs viennent raconter des légendes bretonnes à la lueur des torches (tél. : 02 96 41 53 81 OT).

Haras national.......... Lamballe F4

22400 - Lamballe
Tél. : 02 96 50 06 98-Fax : 02 96 50 88 54
Ouv. tlj de 10 h 30 à 12 h 30 et de 14 h à 18 h 30 de mi-juin à mi-sept. ; tlj de 14 h à 17 h 30 vac. scol. ; merc. et w.-e. de 14 h à 17 h 30 le reste de l'année

+8 ans

Haut lieu du cheval en Côtes-d'Armor, le haras national de Lamballe, créé au début du siècle dernier, s'étend sur un parc de 6 ha au cœur de la ville. Huit races différentes de chevaux (chevaux de course, de sport, de selle et de trait) et une race d'âne y sont représentées.
Des visites guidées des installations sont assurées tout l'été. En dehors des chevaux, on trouve de superbes voitures d'attelage du siècle dernier : le grand break, utilisé pour la chasse à courre, ou le fameux omnibus, voiture de fonction attribuée aux directeurs du haras.
Le haras propose également une balade en attelage (lundi, mardi, merc. et vend.) et pour les enfants des petits tours à dos de poney (mardi et jeudi de 14 h à 16 h 30).

Château de la Hunaudaye................ Plédéliac F4

22270 - Plédéliac
Tél. : 02 96 34 82 10-Fax : 02 96 34 19 09
Ouv. tlj sauf sam. de 11 h à 13 h et de 14 h 30 à 19 h ; dim. et jrs fér. de 14 h 30 à 18 h en avril, mai, juin et sept., soirée à thème merc. à 21 h en juill. et août
S.-O. de Plancoët par la D 28

pour tous

Non loin du bourg de Plédéliac, à l'orée de la forêt du même nom, se dressent les tours de la forteresse médiévale de la Hunaudaye. Sitôt franchi le pont-levis, chevaliers et gentes dames accueillent les visiteurs et les transportent dans la vie quotidienne d'un château breton en plein Moyen Âge.
À 1 km de là, dans le village de Saint-Esprit-des-Bois, une ferme vit comme au début du siècle (la Ferme d'Antan ; tél. : 02 96 34 14 67 ; ouv. tlj de 10 h à 12 h et de 14 h à 19 h de juin à fin août et dim. et jrs fér. de 14 h à 19 h d'avril à fin sept.).

Musée des Télécommunications Pleumeur-Bodou D2

Site de Cosmopolis
22560 - Pleumeur-Bodou
Tél. : 02 96 46 63 80
Minitel : 3615 RADÔME
Ouv. tlj de 10 h à 19 h en juill. et août ; tlj sauf sam. de 10 h à 18 h en avril, mai, juin et sept. (sam. de sept. de 14 h à 18 h) ; tlj sauf sam. de 10 h à 17 h en fév., mars et vac. scol. (dim. de 14 h à 19 h) ; tlj sauf w.-e. de 13 h 30 à 17 h 30 en oct., nov., déc. et janv. - Spect. plusieurs fois par jour selon le mois
RD 21 de Lannion à Trégastel

+8 ans

La grande aventure des télécommunications est racontée au cours d'un spectacle son et lumière de 30 minutes donné à l'intérieur du radôme, cette immense bulle blanche de 60 m de haut. C'est là que, le 11 juillet 1962, furent captées les premières images télévisées envoyées des États-Unis grâce au satellite Telstar.
Une grande maquette permet de comprendre ce qu'est un satellite géostationnaire. Puis, dans la cale de l'*Agamemnon*, l'un des tout premiers câbliers, on découvre l'histoire des câbles sous-marins.
Enfin, on regarde Intelsat 5 et Télécom 2, les satellites mis sur orbite à 36 000 km d'altitude et on assiste au lancement de la fusée Ariane comme si on y était.
À côté, le Planétarium de Bretagne (tél. : 02 96 15 80 30) propose plusieurs fois par jour des séances consacrées aux planètes, aux étoiles et aux galaxies.

Village gaulois... Pleumeur-Bodou D2

Cosmopolis
22560 - Pleumeur-Bodou
Tél. : 02 96 91 83 95
Ouv. tlj de 10 h à 19 h ; de Pâques à fin sept. tlj sauf sam. de 14 h à 18 h

+8 ans

Un village gaulois animé par des adolescents qui ont trouvé le moyen de joindre l'utile à l'agréable. Ces jeunes de 15 à 17 ans passent leurs vacances à construire des huttes et à aménager des sentiers. Ils animent des activités récréatives pour la plus grande joie des enfants et, du même coup, ils financent des écoles pour les petits Africains.
Des films vidéo et un diaporama, des ateliers et des outils reconstitués, des maquettes, des expositions ponctuent un circuit pédagogique.
De nombreuses activités de loisirs sont proposées en juillet et août.

Station ornithologique de l'Île-Grande....... Pleumeur-Bodou D2

22560 - Pleumeur-Bodou
Tél. : 02 96 91 91 40
Ouv. tlj sauf sam. matin et dim. matin de 10 h à 13 h et de 14 h 30 à 19 h (18 h pendant les vac. scol.) et le w.-e. de 14 h à 18 h le reste de l'année

+8 ans

La station a pour mission principale de soigner les oiseaux mazoutés, mais elle présente aussi une exposition permanente et un diorama géant sur l'écologie des oiseaux marins. Elle propose aussi des visites guidées « Découverte des oiseaux et des plantes du littoral » et organise des excursions autour de la réserve naturelle des Sept-Îles, la plus grande colonie d'oiseaux de Bretagne.
Une caméra vidéo télécommandée et équipée d'un zoom puissant, placée sur l'île Rouzic, permet de suivre en direct, sur un écran géant, l'évolution des poussins et d'observer les mouvements de la colonie des fous de Bassan.

Terrarium de Kerdanet................. Plouagat E3

22170 - Plouagat
Tél. : 02 96 32 64 49
Ouv. merc., w.-e. et jrs fér. de 10 h à 12 h et de 14 h à 18 h de mi-mai à mi-sept.
RN 12 entre St-Brieuc et Guingamp

pour tous

Le monde insolite et fascinant des animaux dits « mal aimés » : vipères, crapauds, grenouilles ou tortues dans des fosses de vision ; pythons, anacondas, boas, venimeux crotales et cobras, inoffensifs couleuvres et iguanes dans un vivarium.
Bravo aux responsables du terrarium qui ont le don de savoir communiquer leur passion pour les reptiles.

En juillet à Lamballe et en août à Plébéliac a lieu une fête du pain. Petits et grands vont regarder les boulangers pétrir le bon pain et se régalent de miches à la croûte craquante et à la mie moelleuse encore toute chaude.

La Ferme fleurie...... Saint-Juvat G4

Le Mottay
22630 - Saint-Juvat
Tél. : 02 96 83 48 18-Fax : 02 96 83 44 74
Ouv. tlj de 9 h 30 à 12 h et de 14 h à 19 h
Gratuit pour les – de 12 ans
10 km S. de Dinan

-8 ans

Plus de 250 animaux domestiques (poules, dindes, lapins, paons, oies, moutons, chèvres, porcs, etc.) habitent ce joli parc où il fait bon se promener.

Les rochers de granite rose............. Trégastel D2

Plage de Coz Pors
22730 - Trégastel

pour tous

Longer la Côte de Granite rose est une des promenades les plus spectaculaires de Bretagne. Des rochers de couleur rose façonnés par la mer et le vent se sont amoncelés le long de la mer. Chacun cherchera à quoi tel ou tel rocher ressemble le plus : est-ce à une tête de mort ? à une tortue ? à un chapeau de Napoléon ? à un dé ? à une voiture de sport ?

Aquarium................. Trégastel D2

22730 - Trégastel
Tél. : 02 96 23 88 67-Fax : 02 96 23 85 97
Ouv. tlj de 10 h à 20 h en juill. et août ; tlj de 10 h à 12 h et de 14 h à 18 h de Pâques à fin juin et en sept. et de 14 h à 17 h pendant les vac. scol.

pour tous

Aménagés dans des grottes naturelles de granite rose, 28 aquariums présentent toute la faune du littoral breton : bars, congres, homards, langoustes, galathées aux yeux bleus, etc.
Une maquette de 30 m^2, simulant le flux et le reflux, permet de comprendre le phénomène des marées.

Le Forum.................. Trégastel D2

22730 - Trégastel
Tél. : 02 96 15 30 44
Ouv. tlj de 9 h 30 à 19 h 30 (jusqu'à 21 h 45 le jeudi) en juill. et août et de 9 h 30 à 13 h 30 et de 15 h à 19 h 30 le reste de l'année ; fermé du 15 nov. au 15 déc.

pour tous

Entre le ciel et la mer, à l'abri des caprices du temps, un espace aqua-ludique avec un parcours thalassotonique d'eau de mer à 28 °C.
Jets sous-marins, bains à remous, rivière à courant, etc., pour les grands, et une pataugeoire pour les petits.

Parc zoologique.................. Trégomeur E3

Moulin Richard
22590 - Trégomeur
Tél. : 02 96 79 01 07-Fax : 02 96 79 32 42
Ouv. tlj de 11 h à 18 h 30 en juill. et août ;
de 10 h à 17 h 30 en juin ; de 14 h à 17 h 30 le reste de l'année (w.-e. uniquement en déc. et janv.)
RD 6 entre St-Brieuc et Paimpol (parcours fléché)

pour tous

Un grand parc où chacun se sent proche des animaux. Élans du Cap, autruches, lamas, zèbres, nandous, émeus, gnous, onagres, pécaris et yacks en semi-liberté derrière de discrètes clôtures marchent au même rythme que les visiteurs. Les singes et les lémuriens sautent de branche en branche dans les arbres de l'île. En totale liberté, des daims, des chèvres et des moutons vont et viennent aux côtés des enfants, chapardant les goûters des petits. Dans de vastes enclos, les lions et les tigres parviennent à confondre la prairie bretonne avec la savane africaine.
Bravo pour la clarté et la lisibilité des panneaux d'informations sur les animaux.
Une aire de jeux est à la disposition des enfants et, en été, ils ont également la possibilité de faire des promenades en barque et en petit train.

FINISTÈRE

Planète Aquarium..... Audierne A5

Rue du Goyen
29113 - Audierne
Tél. : 02 98 70 03 03-Fax : 02 98 70 19 76
Ouv. tlj de tte l'année de 9 h à 19 h

Pour tous

Planète Aquarium invite à la découverte du patrimoine naturel d'une région restée sauvage. Partiellement ouvert sur l'extérieur et en parfaite harmonie avec le paysage, il propose une promenade ludique et pédagogique qui part des rives du Goyen pour se terminer aux rivages de l'océan Atlantique.
Une trentaine de bassins présentent la variété de la faune marine. Truites et saumons évoluent dans les eaux saumâtres de la rivière côtière. Une animation invite à comprendre les mécanismes des vents. À la pointe des Oiseaux, un parcours-découverte permet d'observer goélands, cormorans et aigrettes, puis d'admirer la dextérité et les techniques de pêche des oiseaux marins. Puis le hurlement du vent et le bruit violent du ressac accueillent les visiteurs qui découvrent les vestiges d'un galion où s'ébattent de nombreuses espèces côtières : roussettes, poulpes, homards géants. Dans un bassin géant entouré de gradins, le « Cuirassé », évoluent requins-hâs, requins émissoles, poissons-lunes.
Un cinéma en trois dimensions permet de s'immerger au milieu des requins. Enfin, un espace-découverte permet de nourrir et toucher des raies et des étoiles de mer.

Musée de la Marine...... Brest A3

Château
29200 - Brest
Tél. : 02 98 22 12 39-Fax : 02 98 43 30 54
Ouv. tlj sauf mardi de 9 h à 12 h et de 14 h à 18 h
du 1er oct. au 1er mai, et tlj sauf mardi matin de 10 h à 18 h 30.

+12 ans

Installé dans les tours du château du Moyen Âge achevé par Vauban au XVIIe s., ce musée abrite une collection de modèles de navires, des tableaux, des souvenirs qui rappellent l'histoire de l'arsenal de Richelieu et des grandes flottes de haute mer à l'apogée de la voile. Les jeunes visiteurs seront particulièrement frappés par le sous-

marin de poche allemand et le bateau qui transporta des *boat people,* que l'on peut voir à l'entrée.
Un musée sérieux mais qui intéressera les passionnés de la mer.

Océanopolis................ Brest A3

Port de Plaisance du Moulin-Blanc
29000 - Brest
Tél. : 02 98 34 40 00-Fax : 02 98 34 40 49
Ouv. tlj de 9 h à 19 h de juin à fin oct.,
et tlj sauf lundi (hors vac. scol.) de 9 h à 18 h du 1er oct. au 31 mai
En hiver, les pavillons peuvent se visiter individuellement.

Océanopolis s'est métamorphosé en un parc de découverte des océans. Trois pavillons révèlent au visiteur les océans du monde. Le Pavillon tempéré est consacré aux fonds sous-marins bretons. Le Pavillon tropical est accessible par un ascenseur vitré qui entraîne les visiteurs dans un bassin de 7 m de haut donnant différentes visions des paysages sous-marins les plus beaux du monde : un face-à-face impressionnant mais sans danger avec les requins. Le Pavillon polaire est consacré aux écosystèmes de l'Arctique et de l'Antarctique : les phoques évoluent sur une banquise de vraie glace, tandis qu'une quarantaine de manchots s'abritent le long des falaises ou plongent dans l'eau.
Plus de 1 000 espèces différentes d'animaux, des spectacles, des animations, etc. Une belle journée en perspective.

Parc animalier du Quinquis........... Clohars-Carnoët C6

Route du Pouldu
29360 - Clohars-Carnoët
Tél. : 02 98 39 94 13
Ouv. tlj de 10 h à 19 h de juin à sept. ;
de 14 h à 18 h 30 mai et vac. scol. ;
merc. et dim. de 14 h à 18 h le reste de l'année

À 2 km du Pouldu, le parc animalier du Quinquis est l'occasion d'une promenade parmi plus de 1 000 animaux appartenant à plus de 130 espèces différentes. En semi-liberté, une importante colonie de lémuriens (petits singes de Madagascar) cohabite joyeusement avec les cerfs et les daims. Une mini-ferme héberge des chèvres et des moutons nains qui feront la joie des plus petits. Enfin, une maison de la Nature propose des expositions et des animations pour les enfants.

Musée du Loup...... Le-Cloître-Saint-Thégonnec C3

29410 - Le Cloître-Saint-Thégonnec
Tél. : 02 98 79 70 36
Ouv. tlj de 14 h à 18 h en juill. et août et
le dim. jusqu'à Noël
RN 12 entre Morlaix et Landivisiau

+8 ans

Dans le cloître de Saint-Thégonnec a été aménagé un des écomusées du parc régional d'Armorique : plus que les autres consacrés à la vie paysanne, à l'école ou à la pêche, celui-ci retiendra l'attention des enfants car il est consacré au loup qui, il y a une centaine d'années, était encore présent dans la région.

Marinarium............ Concarneau C5

Place de la Croix
29900 - Concarneau
Tél. : 02 98 97 06 59-Fax : 02 98 97 81 24
Ouv. tlj de 10 h à 12 h et de 14 h à 18 h 30
de Pâques au 30 sept.

+12 ans

Expliquer la mer, tel est le but du Marinarium : des aquariums présentent la faune et la flore marines, des panneaux, des documents audiovisuels, des bornes d'informations interactives expliquent les différents aspects de la biologie et de l'écologie marines (les marées, les plantes sous-marines, la vie des poissons, des oiseaux et des mammifères marins, etc.).
En plus de l'exposition, on peut assister dans une salle de laboratoire à une animation sur la vie microscopique dans l'océan.

Musée de la Pêche Concarneau C5

3, rue Vauban (Ville close)
29900 - Concarneau
Tél. : 02 98 97 10 20-Fax : 02 98 97 79 78
Ouv. tlj de 9 h 30 à 19 h 30 en juill. et août et
de 10 h à 12 h et de 14 h à 18 h le reste de l'année
sauf les 3 dernières sem. de janv.

+8 ans

La pêche au thon, à la baleine, à la morue, à la sardine... est racontée et illustrée avec des documents, des maquettes et de vrais bateaux. Une salle, accessible par une porte au-dessus de laquelle est suspendue la carapace d'un crabe géant japonais, est aménagée avec

des petits aquariums présentant les poissons des côtes bretonnes.
La visite se poursuit sur les flots en montant à bord de trois bateaux amarrés sur l'estacade, un racleur d'océan, un chalutier hauturier de pêche latérale et un petit chalutier côtier.

Vedettes Rosmeur....... Crozon A4

29100 - Douarnenez
Tél. : 02 98 92 83 83 ou 02 98 27 10 71
Fax : 02 98 92 55 99
Circulent tlj en juill. et août
(horaires en fonction des marées)
Durée de la promenade : 45 minutes

Une promenade en bateau dans la baie de Morgat à la découverte des grottes maritimes : la grotte de l'Autel, profonde de 80 m, dans laquelle le bateau entre, la grotte de Sainte-Marine, dont on écoute la légende, la cheminée du Diable et la chambre du Diable, aussi sombres et austères l'une que l'autre…

Le Port-musée....... Douarnenez B5

Place de l'Enfer
29100 - Douarnenez
Tél. : 02 98 92 65 20-Fax : 02 98 92 05 41
Ouv. tlj de 10 h à 19 h de mi-mars à fin oct.
Bateaux visitables tlj de début juill. à mi-sept. et w.-e. jusqu'à fin oct.
La promenade sur les quais du Port-Rhu est possible tte l'année.

Dans l'ancien port de cabotage de Port-Rhu, réaménagé avec des quais de pierre et des estacades de bois selon des techniques du XIXe s., une vingtaine de bateaux sont amarrés : parmi eux, une galéasse norvégienne centenaire, un langoustier de Douarnenez ou encore une barge de la Tamise. Ils sont les témoins d'un métier, d'une technique de pêche, d'une époque, d'une région. Les six plus grands d'entre eux sont accessibles à la visite d'avril à octobre.
Tout à côté, dans une ancienne sardinerie, sont conservés à l'abri une soixantaine de bateaux authentiques. Des scènes sont reconstituées : un port-abri, un chantier de charpentier de marine, une embarcation en cours de réalisation.
Plusieurs fois par semaine, les quais s'animent grâce à de jeunes artisans ou aux anciens de Douarnenez qui font revivre les métiers traditionnels : charpentiers de marine, voilières, gréeurs ; tannage de filets, atelier de maquettes navigantes, etc.

Les plus petits enfourchent tritons, sardines ou sirènes sur le carrousel marin de la place de l'Enfer, ou participent à l'atelier d'origamis sur le thème maritime.

Vedettes Rosmeur... Douarnenez B5

29100 - Douarnenez
Tél. : 02 98 92 83 83 ou 02 98 27 10 71
Fax : 02 98 92 55 99
Circulent d'avril à sept. (horaires en fonction des marées)

pour tous

Au départ du port de Douarnenez, deux promenades en vedette sont proposées, l'une dans la baie (1 h 15) et aux approches des grottes marines taillées dans la falaise, et l'autre au pied des pics vertigineux de la réserve des oiseaux du cap Sizun (2 h 15).

Haliotika................ Le Guilvinec B5

Terrasse panoramique de la Criée
29115 - Guilvinec
Tél. : 02 98 58 28 38-Fax : 02 98 58 98 99
Ouv. tlj de 14 h 30 à 19 h sauf dim. du 15 mars au 15 oct.

+12 ans

Situé à quai au-dessus de la criée du quatrième port de pêche français, le Centre de découverte et d'interprétation de la pêche en mer est le contraire d'un musée. De manière pédagogique, ludique et vivante, il plonge les visiteurs dans le monde de la pêche bretonne sous tous ses aspects. Casque aux oreilles, on écoute les confidences et les motivations des marins. Des logiciels de jeux interactifs apprennent tout des lieux et des modes de pêche par espèce. Un chalut grandeur nature indique à quelle profondeur on capture tel banc de poissons représentés par des moulages. On apprend à reconnaître les bateaux, malamok, chalutier, caseyeur, fileyeur, etc. Des vidéos montrent les techniques de pêche et un cinéma en 3 D entraîne à bord d'un chalutier en pleine mer.

Parc animalier de Ménez-Meur.............. Hanvec B4

29460 - Hanvec
Tél. : 02 98 68 81 71-Fax : 02 98 21 92 85
Ouv. tlj de 10 h à 19 h de juin à sept. ; merc., dim. et jrs fér. de 10 h à 12 h et de 13 h à 18 h de fév. à mai et d'oct. à déc. et pendant les vac. scol.

pour tous

Dans ce parc, les petites jambes sont mises à l'épreuve car il faut beaucoup marcher pour voir daims, cerfs, vaches, chevaux, aurochs, moutons… qui paissent tranquillement dans de vastes enclos entourés de barrières rustiques.
À l'entrée du parc, la maison du Cheval breton expose une riche documentation sur ce cheval particulier à la région.

La Galopette.............. Hanvec B4

29460 - Hanvec
Tél. : 02 98 21 92 51
Ouv. tlj de 10 h 30 à 19 h de juin à sept.
7 km de St-Rivoal par la RD 42 et la RD 342

pour tous

Au sein du parc régional d'Armorique, un parc de loisirs et de jeux pour enfants : toboggans, téléphériques, balançoires, piscine à boules, montagne molle, tonneau géant et tonneau marcheur, baby-bob pour les tout-petits, luges d'été…
De quoi bien s'amuser tout un après-midi, avec en plus la possibilité de se baigner dans une piscine chauffée agrémentée d'un toboggan « multigliss ».

Musée des Beaux-Arts.................. Quimper B5

29000 - Quimper
Tél. : 02 98 95 45 20-Fax : 02 98 95 87 50
Ouv. tlj de 10 h à 19 h en juill. et août ; tlj de 10 h à 12 h et de 14 h à 18 h de Pâques à fin juin et en sept. ; w.-e. et jrs fér. de 14 h à 17 h pendant les vac. scol.

+8 ans

Une série de jeux de piste permet aux enfants de découvrir l'art et la peinture en s'amusant. À partir d'un tableau-collage composé de détails empruntés à dix œuvres de musée, les enfants, tels des détectives, doivent localiser et identifier les tableaux concernés.

Les boîtes-manipulations pour les plus petits suivent le même objectif : identifier les objets et les retrouver sur les tableaux.
Des livrets-jeux sont à la disposition des 7-12 ans afin de leur permettre de faire une visite ludique du musée permanent ou des expositions.
Des ateliers sont organisés pour les 6-12 ans pendant les vacances scolaires : encadrés par des animateurs, de petits groupes d'enfants réalisent peintures, dessins, collages et modelages sur des thèmes donnés, liés là encore à l'observation des œuvres exposées au musée.

La pointe du Raz.......... Raz A5

Rens. maison de la Pointe du Raz
Tél. : 02 98 70 67 18
Fax : 02 98 70 35 16

+8 ans

La pointe du Raz est un des sites les plus spectaculaires de Bretagne. Un sentier borde les gouffres vertigineux et les rochers sur lesquels la mer se fracasse dans un bruit effrayant.
On peut en parcourir une partie en tenant bien la main des enfants et en prenant soin de porter des chaussures à semelles non glissantes.
Des promenades guidées sont organisées au départ de la maison du Raz.

Aquarium................. Roscoff C2

29680 - Roscoff
Tél. : 02 98 29 23 25-Fax : 02 98 29 23 24
Ouv. tlj de 10 h à 12 h et de 14 h à 19 h en juin, juill. et août (18 h en juin) ; tlj de 14 h à 18 h en avril, mai et de sept. à la Toussaint

pour tous

Des requins, des raies, des torpilles, des hippocampes, des seiches, des pieuvres, des oursins, des astéries évoluent dans 37 aquariums. D'intéressantes expositions traitant de l'océanographie sont régulièrement organisées.

Parc et château de Trevarez............. Saint-Goazec C4

29520 - Saint-Goazec
Tél. : 02 98 26 82 79-Fax : 02 98 26 86 77
Ouv. tlj de 11 h à 19 h en juill. et août ; tlj de 13 h à 18 h 30 en avril, mai, juin et sept. ; les w.-e. et jrs fér. de 14 h à 18 h et pendant les vac. scol. de Noël et de printemps
Gratuit pour les – de 11 ans
RD 36 S. de Châteauneuf-du-Faou

pour tous

Un petit train touristique circule dans ce magnifique parc de 85 ha parmi les massifs de fleurs (bulbes, camélias, rhododendrons, azalées, hortensias... variant selon les saisons). Les enfants pourront avant ou après la promenade jouer sur l'aire de jeux puis faire un goûter breton.

Maison de la Rivière..... Sizun B3

Moulin de Vergraon
29450 - Sizun
Tél. : 02 98 68 86 33-Fax : 02 98 24 10 28
Ouv. tlj de 11 h à 19 h en juill. et août ; tlj de 13 h à 18 h 30 en avril, mai, juin et sept. ; de 14 h à 18 h les w.-e. et jrs fér. et pendant les vac. scol. de Noël et de printemps

pour tous

L'exposition permanente consacrée à la vie des poissons et à l'eau en Bretagne a été récemment rénovée, de nouveaux aquariums ont été installés et des maquettes complètent la présentation audiovisuelle. Non loin de là, à Châteaulin, un **espace de visualisation** de poissons migrateurs (saumons, truites de mer, lamproies, anguilles, aloses...) a été aménagé dans une salle immergée à proximité d'une passe à poissons.

Réserve ornithologique de Goulien.................. Sizun (cap) A4

Tél. : 02 98 70 13 53
Ouv. tlj de l'année ; meilleures périodes de visite : 15 avril au 15 juill., pour l'observation des oiseaux

+8 ans

Ce cap granitique très sauvage, formé de falaises, de pointes et de criques, abrite des colonies d'oiseaux marins : mouettes tridactyles, pingouins guillemots, pétrels, goélands, cormorans...
Un petit sentier, qu'il ne faut pas quitter, parcourt la réserve. Promenades guidées organisées sur rendez-vous.

ILLE-ET-VILAINE

Port miniature de Villecartier..... Bazouges-la-Pérouse H4

35560 - Bazouges-la-Pérouse
Tél : 02 99 98 37 24
Ouv. tlj de 11 h à 19 h en juill. et août ; sam. et jrs fér. de 14 h à 18 h d'avril à juin et en sept.
RD 90 S. de Pontorson

Pour tous

Une navigation paisible et sans risque à bord de 7 bateaux miniatures : reproduction de 2 ferries, 2 chalutiers, 1 remorqueur et 2 bateaux à roues « Mississippi », chacun assez spacieux pour accueillir un jeune pilote et 2 ou 3 passagers.

Spectacle de Rapaces.................. Broualan H4

Château de Landal
35120 - Dol-de-Bretagne
Tél. / Fax : 02 99 80 10 15
Ouv. tlj de 12 h à 18 h d'avril à nov. ; spect. tlj sauf mardi à partir de 14 h
10 km S.-E. de Dol-de-Bretagne

Pour tous

Au château médiéval de Landal, aigles royaux, aigles des steppes, aigles pêcheurs, vautours, milans, buses, faucons, hiboux grands ducs, chouettes hulottes, etc. ont élu domicile.
Comme ils sont fascinants ces oiseaux de proie, nous toisant de leur regard perçant… Certes, ils ne peuvent que nous impressionner lorsqu'ils font des démonstrations de leur dextérité en s'envolant vers le ciel et revenant à grande vitesse se poser sur le gant du fauconnier.
À la fin de la démonstration, une visite guidée du château est proposée. Une aire de jeux a été aménagée pour les plus petits.

Parc ornithologique de Bretagne...................... Bruz H5

53, bd Pasteur
35170 - Bruz
Tél. : 02 99 52 68 57-Fax : 02 99 52 95 48
Ouv. tlj de 10 h à 12 h et de 14 h à 19 h
en juill. et août ; de 14 h à 19 h de mi-avril à fin sept. ;
le dim. de 14 h à 18 h en hiver
10 km S.-O. de Rennes par la RD 177

Dans un gros bourg des environs de Rennes, 1 000 oiseaux exotiques se font remarquer par leurs couleurs et leurs chants.
Calaos, toucans, ibis, faisans, canards exotiques… apportent un peu de chaleur tropicale en Bretagne.

Secrets de soie......... Campel G5

La Sorais
35330 - Maure-de-Bretagne
Tél. / Fax : 02 99 34 93 93
Ouv. tlj de 10 h à 19 h du 15 avril au 15 oct.
50 km S.-O. de Rennes ; 6 km N. de Maure-de-Bretagne

Un voyage sur la route de la soie grâce à un théâtre d'ombres et le grand jeu des échanges qui vous fera « toucher du doigt » l'aventure de Marco Polo.
Cette initiation à la sériciculture et la visite du jardin des mûriers seront une bonne occupation pour les jours de pluie.

L'« Oriental Express » Fougères I4

La Garenne
35300 - Fougères
Tél. : 02 99 99 71 72
Circule tlj de 10 h à 19 h de mai à sept.

Le petit train part de la ville basse et, après un arrêt au jardin public, va à la forteresse aux 13 tours.
Les amateurs de musées insolites pourront aller jeter un coup d'œil au musée de la Chaussure, dont la ville de Fougères s'était fait autrefois une spécialité.

La ferme du Tessonnet.................. Goven H5

Le Tessonnet
35580 - Guichen
Tél. : 02 99 42 02 55
Ouv. tlj sauf sam. de 14 h à 19 h en juill. et août ;
merc., dim. et jrs fér. de 14 h à 18 h du 15 avril à fin juin et en sept.
20 km S.-O. de Rennes

pour tous

On n'a pas fini de s'étonner lorsque l'on visite le grand parc de la ferme du Tessonnet… On y rencontre des poules qui pondent des œufs bleus et des cochons couverts de laine !
Heureusement que les poneys sur lesquels les enfants font leur baptême d'équitation ne se font pas remarquer par leur fantaisie…

Cobac Parc.............. Lanhélin H4

35270 - Saint-Pierre-de-Plesguen
Tél. : 02 99 73 80 16
Fax : 02 99 73 73 56
Ouv. tlj de 10 h à 19 h en juill. et août ; de 11 h à 18 h 30 de mi-avril à mi-sept.
8 km N.-O. de Combourg par la RD 73

pour tous

Ce sympathique parc de jeux s'agrandit chaque année : trampolines, châteaux gonflables, balades à poney, petit train, manèges, etc. Les deux ponts en lianes sont l'occasion de se prendre pour un sherpa sur les sentiers des montagnes du Népal ; puis, pour changer, les courageux aventuriers iront dévaler le toboggan géant ou le « rapido » et plongeront dans une piscine d'eau à 28 °C.

Manoir de l'Automobile............... Lohéac G6

La Cour-Neuve
35550 - Pipriac
Tél. : 02 99 34 02 32
Ouv. tlj sauf lundi de 10 h à 12 h et de 14 h à 18 h
RD 117 entre Rennes et Redon

+8 ans

Les fameux bolides de rallye hyperpuissants, d'élégants cabriolets des années 20, des voitures de prestige comme cette impressionnante limousine Rolls-Royce ou ce coupé Panhard de Mistinguett,

des Ferrari de 6, 8 et 12 cylindres… sont exposés dans cet incroyable temple de l'automobile aménagé au cœur de la Bretagne. Un spectacle vidéo permet de voir les bolides de course en action et de multiples animations sont régulièrement organisées autour de l'automobile.
Dans l'espace « maquette », on peut voir rassemblés plus de 3 000 modèles réduits.

Vélo rail.................... Medréac G4

35360 - Montauban
Tél. : 02 99 07 30 48 (SI)
Ouv. tlj de 10 h à 19 h en juill. et août ;
tlj de 14 h à 18 h du 15 au 30 juin ;
dim. et jrs fér. de 14 h à 18 h d'avril à mi-juin et de mi-sept. au 11 nov.
Durée : 1 heure
S. de Dinan ; 8 km de Montauban par la RD 61

pour tous

Des vélos rail et des draisines (wagonnets pour 22 personnes) parcourent l'ancienne voie de chemin de fer.
De la bicyclette sans risque pour découvrir la campagne alentour !

Chèvrerie du Désert... Plerguer H3

35540 - Miniac-Morvan
Tél. : 02 99 58 92 14-Fax : 02 99 58 12 79
Ouv. tlj de 11 h à 19 h en juill. et août et les w.-e., jrs fér. et vac. de printemps de 14 h 30 à 18 h 30
RN 176 entre Dinan et Dol-de-Bretagne

pour tous

Bonjour, les petites chèvres !
Comme elles sont douces les chèvres angoras, comme elles ont de longues oreilles les chèvres syriennes, comme elles sont petites les chèvres du Sénégal !
Si on ne veut plus les entendre bêler, on peut aller voir les dindons bronzés d'Amérique, les cochons du Viêt Nam et les canards bouteilles.
Et pour calmer une petite fringale, une bonne tartine de pain de campagne et de fromage de chèvre fera l'affaire.

Zoo du château de la Bourbançais...... Pleugueneuc H4

35720 - Pleugueneuc
Tél. : 02 99 69 40 07-Fax : 02 99 69 46 04
Ouv. tlj de 10 h à 19 h de mai à mi-sept. ; de 10 h à 12 h et de 14 h à 18 h d'avril à fin sept. et de 14 h à 18 h le reste de l'année
RN 137 entre Rennes et St-Malo

pour tous

Autour d'une belle propriété, un magnifique parc fleuri accueille des animaux originaires des cinq continents : zèbres, antilopes, girafes, panthères, lynx, loups, singes, maki-catta, gibbons, flamants roses, kangourous, cerfs et biches... Des jeux de piste pédagogiques permettent aux enfants de s'amuser tout en apprenant à mieux découvrir et connaître la faune et la flore locales, mais également celles d'autres pays du monde. L'heure de la soupe des chiens de la meute est un moment à ne pas rater (17 h les dim. et jrs fér. de Pâques à la Toussaint).

Zooloisirs................ Québriac H4

Les Brûlons
35190 - Québriac
Tél. : 02 99 68 10 22
Ouv. tlj de 10 h 30 à 18 h 30 d'avril à sept.

pour tous

Surgissant des steppes, marais, banquises, savanes ou jungle, plus de 300 animaux naturalisés entraînent les visiteurs, petits et grands, dans un tour du monde étonnant. Un petit parc animalier extérieur accueille des animaux sympathiques et des oiseaux multicolores. De nombreux jeux ont été installés pour sauter, glisser, se balancer, tourner, etc.

Écomusée du pays de Rennes...................... Rennes H5

La Bintinais - Route de Châtillon-sur-Seiche
35200 - Rennes
Tél. : 02 99 51 38 15-Fax : 02 99 50 68 35
Ouv. tlj sauf mardi et jrs fér. de 9 h à 12 h et de 14 h à 18 h ; le w.-e. de 14 h à 18 h ; fermé 15 jours du 16 au 31 janv.

+12 ans

À partir de l'histoire de la ferme de la Bintinais et de ses habitants, l'écomusée propose de suivre l'évolution de tout un monde rural. Des projections sur les murs d'une salle de la ferme permettent de

faire la connaissance des habitants de la Bintinais depuis le XVIIe s. jusqu'à nos jours. Puis, dans chacune des pièces, les divers aspects de la vie paysanne (vie quotidienne, architecture et environnement, production agricole) sont mis en valeur.
Si les thèmes abordés n'intéressent pas toujours les jeunes visiteurs, les jeux interactifs et les mises en scène originales les séduiront.
Dans les dépendances de la ferme, on peut voir toutes les anciennes races d'animaux domestiques allant de la poule au cheval de trait.
L'écomusée est aussi un lieu d'animation qui propose régulièrement des fêtes et des démonstrations en rapport avec la saison (fête du Pommé, concours d'attelage, etc.).
Des feuilles-jeux sont distribuées aux enfants pour qu'ils se distraient intelligemment en suivant leurs parents pendant la visite des bâtiments.

Les rochers sculptés — Rothéneuf G3

35400 - Saint-Malo
Tél. : 02 99 56 97 64-Fax : 02 99 6 23 95
Ouv. tlj de 9 h à 19 h en juill. et août ; de 10 h à 17 h le reste de l'année ; fermé en janv.
Gratuit pour les – de 7 ans
RD 210 entre St-Malo et Cancale

pour tous

Pendant 25 ans, l'abbé Fouré a sculpté au burin et au marteau la falaise de granite. Aujourd'hui, dans un site magnifique entre la plage du Val et celle du Havre, on contemple près de 300 sculptures représentant de drôles de personnages, mi-lutins mi-monstres.

Maison de Jacques Cartier............ Rothéneuf G3

Limoëlou
rue David-Macdonald-Stewart
35400 - Saint-Malo
Tél. : 02 99 40 97 73-Fax : 02 99 40 82 63
Ouv. tlj de 10 h à 20 h en juill. et août ; de 10 h à 12 h et de 14 h à 18 h de Pâques à fin juin et en sept., et de 14 h à 17 h pendant les vac. scol.

+12 ans

Dans une malouinière du XVIe s., une présentation audiovisuelle de la vie quotidienne d'autrefois et des voyages de Jacques Cartier, le découvreur du Canada.
Une évocation qui intéressera les passionnés d'histoire et tous ceux que les aventures lointaines font rêver.

Le Grand Aquarium.. Saint-Malo G3

La Ville Jouan, av. du Général-Patton
35400 - Saint-Malo
Tél. : 02 99 21 19 00-Fax : 02 99 21 19 01
Ouv. tlj de 9 h à 20 h en juill. et août ; de 9 h 30 à 19 h de sept. à juin

Un des derniers-nés des aquariums de France. Une cinquantaine de spectaculaires aquariums, dont certains vont du sol jusqu'au plafond, accueillent des poissons extraordinaires des eaux froides (Manche, Atlantique Nord) et des eaux chaudes (Pacifique, Caraïbes, Amazone). Les visiteurs, petits et grands, sont particulièrement impressionnés par les crabes géants, les poissons-loups à l'allure préhistorique, les étonnants animaux-fleurs, le bal des demoiselles, les drôles de poissons porte-drapeaux, les gigantesques tortues, l'anguille pointant la tête hors de son trou, les poissons pommes de pain ou encore les ravissantes rascasses toutes de froufrous parées.
Après un passage par le « Vaisseau englouti », un espace dans lequel on se croit pour quelques minutes au fond des mers, on pénètre dans l'« Anneau » une salle entourée de murs aquariums remplis de 600 000 litres d'eau de mer dans lesquels vont et viennent des myriades de poissons.
Un grand bassin pour les requins est en cours de construction à l'extérieur de l'actuel bâtiment.
Juste avant de sortir, un film en 3 D entraîne une ultime fois les visiteurs au fond de la mer.

Aquarium intra-muros................ Saint-Malo G3

Place Vauban
35400 - Saint-Malo
Tél. : 02 99 56 94 77 et 02 99 20 08 84
Ouv. tlj de 9 h à 22 h de juin à fin sept. ; tlj sauf lundi de 10 h à 13 h et de 14 h à 18 h du 1er oct. au 31 mai

Les habitués des grands aquariums et des mises en scène spectaculaires seront étonnés par la situation de ce petit aquarium qui a été aménagé à l'intérieur d'une courtine du rempart qui servait au XVIIIe s. de magasin d'artillerie. L'aquarium a été récemment totalement rénové et s'est spécialisé dans les poissons colorés et insolites des eaux douces tropicales tels que les très rares killies qui nagent dans les eaux stagnantes des forêts humides du Gabon, barbus de Sumatra, labeons de Thaïlande... ; au milieu de tous ces poissons, on a la surprise de voir des iguanes et des tortues.

Le Labyrinthe du Corsaire.................. Saint-Malo G3

Route de Quelmer (face à la Malouinière du Bos)
35400 - Saint-Malo
Tél. : 02 99 81 92 64-Fax : 02 99 19 14 89
Ouv. tlj de 11 h à 19 h en juill. et sept. (de 10 h 30 à 20 h du 15 juill. à fin août)
Nocturnes en juill. et août (se rens. sur les jours)

pour tous

Un champ de maïs de 11 ha se transforme chaque été en labyrinthe où se perdre, se retrouver et surtout s'amuser. Des comédiens costumés croisent les enfants, les orientent ou les désorientent, et leur posent des énigmes à résoudre sur le pays malouin, son histoire et son environnement agricole. Une mini-ferme et des jeux sont prévus pour les plus petits.
Des soirées spéciales de magie et de jonglerie ont lieu certains soirs d'été (se munir d'une lampe de poche).

Petit train.............. Saint-Malo G3

35400 - Saint-Malo
Tél. : 02 99 40 49 49-Fax : 02 99 40 44 62
Circule tlj de Pâques à la Toussaint ; nocturne jusqu'à 23 h en juill. et août
Départ porte Saint-Vincent, au pied du château
Durée du trajet : 30 minutes

pour tous

Une visite commentée de la ville intra-muros, du port, de la baie de Saint-Malo : l'occasion d'entendre évoquer les célèbres corsaires, d'écouter le récit de la destruction de la ville en août 1944 et de comprendre le phénomène des marées.

Promenades sur la Rance............... Saint-Malo G3

35400 - Saint-Malo
Tél. : 02 99 40 48 40 (Saint-Malo)
02 99 46 10 45 (Dinard)
Circulent d'avril à sept.

pour tous

Au départ de Dinard ou de Saint-Malo, des promenades commentées le long de la Rance jusqu'au vieux port de Dinan.

Musée international du Long Cours cap-hornier....... Saint-Servan-sur-Mer G3

Tour Solidor
35400 - Saint-Malo
Tél. : 02 99 40 71 58
Ouv. tlj de 10 h à 12 h et de 14 h à 18 h d'avril à fin sept. ; fermé lundi et jrs fér. le reste de l'année

+12 ans

Le souvenir et l'évocation de la vie des marins partis à bord de trois-mâts vivre des expériences lointaines fascinent tous ceux qui sont épris d'aventure.
Des plans en relief et de belles maquettes de bateaux sont également présentés dans ce musée, aménagé dans une tour qui se dresse fièrement à l'entrée de l'estuaire de la Rance.

Parc et cirque........ Treffendel G5

35380 - Treffendel
Tél. : 02 99 61 04 21-Fax : 02 99 61 04 22
Ouv. tlj sauf lundi de 10 h à 19 h

pour tous

Tout à la fois parc de loisirs, parc animalier et cirque, ce lieu propose des rencontres avec des animaux exotiques et des activités liés aux arts du cirque.
Atelier, spectacle, visite du parc, une journée bien complète en perspective.

Musée de l'Abeille vivante................ Vitré I5

18, rue de la Briqueterie
35500 - Vitré
Tél. : 02 99 75 09 01-Fax : 02 99 74 48 44
Ouv. tlj sauf lundi matin de mi-mars à fin oct.

+8 ans

Le mystère de la vie des abeilles n'aura presque plus de secrets pour ceux qui viennent visiter l'exposition consacrée aux butineuses, regarder les ruches d'observation et le diaporama sur les abeilles.

MORBIHAN

Musée de la Chouannerie et des Guerres de l'Ouest.... Le Bégo D6

56340 - Plouharnel
Tél. : 02 97 52 31 31
Ouv. tlj de 10 h à 12 h et de 14 h à 18 h de Pâques à fin sept.
Gratuit pour les – de 13 ans
3 km de Carnac

+8 ans

Des tableaux constitués de petites figurines retracent les principales étapes de la guerre des Chouans contre la Révolution française. Des armes et des documents d'époque complètent cette évocation.

Musée de la Préhistoire Carnac D6

10, place de la Chapelle
56340 - Carnac
Tél. : 02 97 52 22 04-Fax : 02 97 52 64 04
Ouv. du lundi au vend. de 10 h à 18 h 30 et les w.-e. et jrs fér. de 10 h à 12 h et de 14 h à 18 h 30 en juill. et août ; tlj sauf mardi de 10 h à 12 h et de 14 h à 18 h en juin et sept. (17 h du 1er oct. au 31 mai)
Gratuit pour les – de 10 ans

+8 ans

Situé dans une des capitales mégalithiques, ce musée se consacre à la connaissance de l'homme du pays de Carnac dans sa vie quotidienne et dans ses réalisations de 450 000 avant J.-C. au VIIIe s. de notre ère. Sur deux niveaux sont présentés des objets sélectionnés pour leur richesse scientifique et artistique : pierres taillées et gravées, outils, bijoux, poteries, haches polies…
Des reconstitutions et des documents audiovisuels contribuent à mieux faire apprécier ce voyage dans le temps.

Le petit train.............. Carnac D6

56340 - Carnac
Rens. tél. : 02 97 52 13 52 (OT)
Circule de mi-juin à mi-sept.

pour tous

Un petit train circule entre Carnac et La Trinité : le trajet commenté de 50 minutes passe le long des alignements, célèbres et mystérieux mégalithes dressés que l'on ne peut malheureusement plus visiter.

Château du Crévy.............. La Chapelle-Caro F6

56460 - La Chapelle-Caro
Tél. : 02 97 74 91 95
Ouv. tlj de 10 h à 18 h en juill. et août
RN 166 8 km S. de Ploërmel (N.-E. de Vannes)

+8 ans

Le château du Crévy abrite une collection de costumes civils du XVIIIe s. à 1930. Robes et habits portés par des mannequins sont présentés « en situation » dans les appartements du château, meublés et décorés de bibelots d'époque.

Le Végétarium.......... La Gacilly G6

56200 - La Gacilly
Tél. 02 99 08 35 84-Fax. 02 99 08 28 93
Ouv. tlj de 10 h 30 à 19 h de mi-mai à mi-sept., et tlj sauf lundi de 14 h à 18 h de mars à nov.

+8 ans

Grâce à une collaboration entre le Muséum national d'histoire naturelle et Yves Rocher, vous allez découvrir un espace multisensoriel et interactif mettant en valeur la diversité et la beauté de la nature. Un lieu de vie, d'émotion, de connaissance, pour écouter, voir, sentir et toucher la nature. Visite également d'un jardin botanique, et un tour du monde grâce à un arboretum international.

L'Abeille vivante et la cité des Fourmis...... Le Faouët D5

Kercadoret
56320 - Le Faouët
Tél. : 02 97 23 08 05-Fax : 02 97 23 11 34
Ouv. tlj de 10 h à 19 h de mi-juin à mi-sept. ;
tlj de 10 h à 12 h et de 14 h à 18 h en avril, mai et jusqu'à mi-juin et de mi-sept. à mi-nov.

pour tous

La découverte de l'univers des abeilles à travers des ruches transparentes et des bonbonnes de verre, et de celui des fourmis dans une fourmilière géante.
Des tunnels transparents traversent la fourmilière et permettent aux enfants de pénétrer au cœur de celle-ci afin de mieux observer les fourmis qui s'activent autour d'un grand dôme d'aiguilles de pin.

Parc de Branféré..... Le Guerno F7

56190 - Muzillac
Tél. : 02 97 42 94 66-Fax : 02 97 42 81 22
Ouv. tlj de 10 h à 21 h en juill. et août,
de 10 h à 19 h en avril, mai, juin et sept.,
et de 14 h à 18 h d'oct. à mars
RD 20 9 km E. de Muzillac

pour tous

Dans un parc de 50 ha entourant une propriété cossue et plantée de beaux arbres exotiques s'ébattent en liberté un grand nombre d'animaux : wallabies, maras, lémuriens, daims, antilopes, oiseaux de toutes sortes...
Le charme particulier de ce parc est de donner l'impression de se promener sur ses propres terres.
Dans l'« espace contact », les enfants peuvent caresser les animaux domestiques.

Musée des Poupées... Josselin F5

3, rue des Trente
56120 - Josselin
Tél. : 02 97 22 36 45-Fax : 02 97 75 68 16
Ouv. tlj de 10 h à 18 h en juill. et août ; tlj de 14 h
à 18 h d'avril à oct. et les merc., w.-e., jrs fér. et vac. scol. de 14 h
à 18 h

pour tous

L'arrière-grand-mère de la propriétaire actuelle du château collectionnait déjà les poupées, elle en rapportait de chacun de ses voyages ; plus tard, parents et amis invités au château de Josselin prirent l'habitude d'offrir une poupée en cadeau. Les poupées furent un temps exposées puis oubliées jusqu'à ce que l'actuelle duchesse de Rohan décide de créer un musée pour les mettre en valeur dans les anciennes écuries du château.
Plus de 500 poupées sont exposées, entourées de leurs petits meubles, de leurs trousseau et accessoires.
En complément de la visite de la collection permanente, une exposition sur un thème précis est organisée chaque été.

Écomusée des Vieux Métiers.............. Lizio F6

« Bob-Huet »
56460 - Serent
Tél. : 02 97 74 93 01-Fax : 02 97 74 70 84
Ouv. tlj de 10 h à 12 h et de 14 h à 19 h d'avril à sept.
et de 14 h à 18 h d'oct. à mars
RN 166 et RD 151 N.-E. de Vannes

+8 ans

La visite de ce musée sur la vie d'antan commence par la traversée d'une salle de classe du début du siècle et de pièces d'habitat breton traditionnel. Elle se poursuit en longeant les ateliers des artisans (le sabotier, le tonnelier, le vannier, le tanneur, l'apiculteur...) et les boutiques de la repasseuse, de la chapelière, de la coiffeuse..., tous reconstitués tels qu'ils étaient à la fin du siècle dernier.

Parc de la Préhistoire................ Malansac F6

56220 - Malansac
Tél. : 02 97 43 34 17-Fax : 02 97 43 34 24
Ouv. tlj de 10 h 30 à 19 h 30 du 1er avril
au 15 oct. ; de 13 h 30 à 18 h les dim.
de mi-oct. à mi-nov. et tlj pendant les vac. de la Toussaint
Durée de la visite : 1 h 30 à 2 heures
RD 21 S. de Rochefort-en-Terre

pour tous

Un paysage insolite pour la région, en partie recouvert de petits bois et creusé de gouffres (anciennes carrières d'ardoise) : ce site étrange est peuplé de dinosaures et habité par les hommes de Cro-Magnon. Un chemin suit un parcours balisé qui conduit de l'univers peuplé de stégosaures, de tricératops, de tyrannosaures, de brachiosaures... (grandeur nature) aux terres des hommes de la préhistoire. Ils sont là nos lointains ancêtres : les hommes vont à la chasse au cerf, pêcher en barque sur des étendues d'eau d'un beau vert émeraude, ils transportent un énorme menhir... ; les femmes préparent le repas devant la hutte pendant que les enfants jouent ; les jeunes font de la musique... en tout 30 scènes font revivre des temps reculés allant de 350 millions d'années à 2 000 ans avant J.-C.
La visite est suffisamment spectaculaire pour que les petites jambes marchent sans se plaindre.

Moulin de Pen Mur.... Muzillac F7

56190 - Muzillac
Tél. : 02 97 41 43 79
Ouv. tlj de 10 h à 18 h du 15 juill. au 15 sept. ; fermé le dim. matin et le mardi hors saison

Le processus de la fabrication du papier à partir de chiffons est reconstitué selon les méthodes du XVIIIe s. et en utilisant des machines d'époque rénovées.
Une visite instructive pour toute la famille.

Parc zoologique de Kerruisseau........... Pont-Scorff D6

56620 - Pont-Scorff
Tél. : 02 97 32 60 86-Fax 02 97 32 57 06
Ouv. tlj de 9 h 30 à 21 h en juill. et août, 9 h 30 à 19 h en juin et sept., et de 10 h à 12 h et de 13 h à 17 h le reste de l'année

Girafes, rhinocéros, hippopotames, zèbres, chameaux, ours, loups, félins et même des éléphants en Bretagne !
L'élevage de félins (chats sauvages, chats du Bengale, lynx, ocelots, panthères, jaguars, etc.) est particulièrement spectaculaire. En été, les visiteurs peuvent assister à une séance de dressage de pumas ou encore à des spectacles d'otaries, de perroquets dressés et de poules savantes.

Parc Aquanature « Le Stérou » .... Priziac D5

56320 - Le Faouët
Tél. : 02 97 34 63 84
Fax : 02 97 34 64 79
Ouv. tlj de 11 h à 19 h de Pâques à fin nov.
RD 132 N.-O. du Faouët

Au sein du domaine des Six-Vallées, un parc de plus de 75 ha où vivent en liberté une centaine de cerfs et de daims. Des sentiers balisés le parcourent et, autour du moulin, des aquariums présentent des poissons d'eau douce.
La visite peut se faire à pied, en calèche et en 4 x 4.

Port miniature et base de loisirs......... Saint-Malo-de-Beignon G5

56380 - Guer
Tél. : 02 97 75 83 70
Ouv. tlj en juill. et août et les w.-e. et jrs fér. d'avril à oct.
RD 773 N. de Guer

pour tous

Pour les moussaillons d'occasion, une navigation à bord de bateaux électriques, répliques de paquebots, remorqueurs, vapeurs du Mississippi, et pour ceux qui n'ont pas le pied marin, une aire de jeux est à leur disposition.

Palais des Automates.. Vannes E6

Parc du Golfe
56000 - Vannes
Tél. : 02 97 40 40 39-Fax : 05 46 44 21 28
Ouv. tlj de 10 h à 19 h en juill. et août et de 10 h à 12 h 30 et de 14 h à 18 h en avril, mai, juin, sept. et oct.

pour tous

Les automates fascinent toujours petits et grands.
Les pièces réunies dans ce musée appartiennent à différentes époques et sont aussi variées que spectaculaires.

Aquarium.................. Vannes E6

Parc du Golfe
56000 - Vannes
Tél. : 02 97 40 67 40-Fax : 02 97 63 49 45
Ouv. tlj de 9 h à 19 h en juin, juill. et août et de 9 h à 12 h et de 13 h 30 à 18 h 30 le reste de l'année

Dans une cinquantaine d'aquariums, des poissons des mers bretonnes ou tropicales évoluent devant nos yeux émerveillés. Certains sont étonnants, comme les poissons-alligators, les anguilles électriques ou encore les nautiles, véritables fossiles vivants qui n'ont pas évolué depuis des millions d'années ; d'autres rivalisent de beauté et d'élégance : poissons-arlequins, demoiselles, mandarins, rascasses volantes, etc. Un récif corallien est recréé dans un bassin contenant 35 000 litres d'eau, où les nombreuses espèces qui le peuplent forment des bancs multicolores.
Une passerelle transparente surplombe les grands bassins où nagent requins, tortues géantes et crocodiles.

Jardin des Papillons..... Vannes E6

Parc du Golfe
56000 - Vannes
Tél. : 02 97 46 01 02-Fax : 02 97 63 49 45
Ouv. tlj de 10 h à 19 h en juill. et août et de 10 h à 12 h 30 et de 14 h à 18 h en avril, mai, juin, sept. et oct.

pour tous

Dans un décor tropical, des centaines de papillons vont et viennent inlassablement : ils se posent sur les fleurs ou une main tendue pour s'envoler l'instant suivant. Avec un peu de chance, on assistera ébahi à la métamorphose d'une chrysalide en papillon.

L'Univers des Enfants.................... Vannes E6

« Le Petit Versa »
56800 - Vannes
Tél. : 02 97 63 69 63 et 02 97 47 40 60
Ouv. merc. et w.-e. de 14 h 30 à 18 h 30 et tlj de 10 h à 12 h et de 14 h 30 à 18 h 30 pendant les vac. scol.
À 100 m de l'Intermarché Poulfanc ZI Séné

pour tous

Un espace où les enfants sont priés de toucher à tout !
Sur 400 m², les 3-7 ans partent à la découverte d'eux-mêmes et du monde qui les entoure (l'espace, la fabrication du pain, les sons, les jeux d'habileté, de logique, d'eau...). Des manipulations simples, des jeux interactifs, des expositions ludiques... 1 h 30 d'échange fructueux entre enfants et adultes.
Une salle est prévue pour l'accueil des bébés.

À Pont-Aven, on grignote les galettes « traou mad », des gâteaux sablés au beurre salé de Bretagne fabriqués depuis 1924 selon une recette familiale.

A
B
C
D
E
0
20
40 km
1
2
3
4
5
6
7
8
Craon
Châteaubriant
Noyant-la-Gravoyère
44
Blain
Pontchâteau
Nort-s.-E.
Kerhinet
St-Malo-de-Guersac
Guérande
Savenay
Ancenis
Le Croisic
St-André-des-E.
La Chapelle-s.-Erdre
Batz-sur-Mer
La Baule
Trignac
Carquefou
Pornichet
St-Nazaire
St-Etienne-de-M.
Sautron
Orvault
St-Laurent-des-Autels
Frossay
Couëron
Nantes
La Boissière-du-Doré
St-Herblain
Rezé
Vertou
Beaupréau
Vallet
Pornic
Port-St-Père
Clisson
Machecoul
Tiffauges
Île de Noirmoutier
St-Sulpice-le-Verdon
Les Landes-Genusson
La Barre-de-M.
Les Herbiers
Sallertaine
Challans
St-Jean-de-Monts
St-Hilaire-de-Riez
Aizenay
Ile d'Yeu
Merlin-Plage
St-Gilles-Croix-de-Vie
La Roche-s.-Yon
Chantonnay
85
Olonne-s.-Mer
Les Sables-d'Olonne
Château-d'Olonne
Talmont-St-Hilaire
Luçon
St-Cyr-en-Talmondais
La Faute-s.-Mer
N12
N171
N137
N165
D773
A11
N249
N149
N137
D763
N160
D948
A83
D949
D746
D80
D38
D123
D95
D937
Loire
Chère
Don
Erdre
Maine
Vie
Yon
Lay

Loire-Atlantique 44

Maine-et-Loire 49

Mayenne 53

Sarthe 72

Vendée 85

LOIRE-ATLANTIQUE

Le Grand Blockhaus................. Batz-sur-Mer A5

Route de la Côte sauvage
44740 - Batz-sur-Mer
Tél. / Fax : 02 40 23 88 29
Ouv. tlj (sauf mardi en basse saison) de 10 h à 19 h d'avril à mi-oct.
7 km de La Baule

+12 ans

Dans un blockhaus, authentique poste de commandement du mur de l'Atlantique, s'est récemment ouvert le musée 39-45 de la poche de Saint-Nazaire.
La visite s'articule autour de trois thèmes : l'opération Chariot, raid des commandos britanniques en mars 1942, la vie quotidienne dans les blockhaus et l'histoire de la poche de Saint-Nazaire, dernière région libérée d'Europe.
Toutes les scènes historiques sont reconstituées avec des personnages en cire mis en situation, rendant ainsi la visite plus vivante et accessible aux jeunes visiteurs.

Musée de la Fève et de la Crèche................. Blain C4

2, place J.-Guihard
44130 - Blain
Tél. : 02 40 79 98 51
Ouv. tlj sauf lundi et jrs fér. de 14 h 30 à 17 h 30

+8 ans

Inutile de se cacher sous la table pour savoir qui aura la fève, elles sont là par milliers, les fèves en forme d'Enfant Jésus, d'animaux, de porte-bonheur…
Toujours dans le domaine de la fête, admirons les crèches de Noël venues de plus de 40 pays du monde.
Enfin, promenons-nous sur la place de village 1900 sur laquelle ont été reconstituées des boutiques traditionnelles.

Espace zoologique......... La Boissière-du-Doré D5

Le Grand Quartier
44430 - Le Loroux-Bottereau
Tél. : 02 40 33 70 32-Fax : 02 40 33 75 15
Ouv. tlj de 14 h à 19 h d'avril à fin sept. ;
w.-e., jrs fér. et vac. scol. de 14 h à 18 h d'oct. à fin mars ;
fermé en déc. et janv.
7 km N. de Vallet par la RD 763

Les animaux semblent heureux dans ce joli bois de châtaigniers. Dromadaires, zèbres, yacks, jaguars, tigres, loups, ours… évoluent dans de vastes enclos sans grillage.
Les enfants auront plaisir à croiser les sympathiques singes magots qui se déplacent en totale liberté.

Océarium du Croisic.. Le Croisic A5

Av. de Saint-Goustan
44490 - Le Croisic
Tél. : 02 40 23 02 44-Fax : 02 40 23 22 93
Ouv. tlj de 10 h à 19 h en juin, juill. et août
(21 h mi-juill. à mi-août) ; de 10 h à 12 h
et de 14 h à 18 h de sept. à mai ; fermé en janv.

Cet aquarium bien conçu met en valeur la vie sous-marine de l'Atlantique : grondins, saint-pierre et rascasses évoluent sereinement, les pieuvres se déplacent à pas feutrés, les seiches se camouflent et les maquereaux nagent en rangs serrés…
La faune exotique n'est pas pour autant oubliée et on admire les couleurs fascinantes des poissons tropicaux.
Le passage sous un tunnel procure la sensation forte d'être nez à nez avec les impressionnants requins.
Un bassin de contact permet de toucher étoiles de mer et coquillages.
L'Île Vancouver, où se dressent totems et tipis, vient d'être récemment créée : elle procure l'occasion de découvrir la faune marine de la côte ouest du Canada.
Le repas des manchots est également un moment à ne pas manquer.

Sentier des Daims...... Frossay B5

La Poitevinière
44320 - Saint-Père-en-Retz
Tél. : 02 40 39 75 06
Ouv. tlj de 10 h à 18 h en juill. et août ; les dim. et jrs fér. de 14 h 30 à 18 h 30 en mai, juin et sept. et pendant les vac. de Pâques.
10 km N.-E. de St-Père-en-Retz par la D 78

+8 ans

Au cœur du pays de Retz, le Sentier des Daims est un véritable parc au sein duquel vivent cerfs et daims en complète harmonie avec le milieu naturel. La promenade peut se faire à pied ou en charrette attelée.
Une reconstitution raconte la légende de saint Hubert.

Ferme aux Biches..... Guérande A5

Route des étangs de Sandrun
44350 - Guérande
Tél. : 02 40 42 95 01
Ouv. tlj de 15 h à 19 h en juill. et août ; le dim. de Pâques à sept.

pour tous

À 5 km de Guérande, sur la route des étangs Sandun, se trouve un élevage de biches et de cerfs. La visite est guidée : ainsi apprend-on le mode de vie des cervidés de la bouche de l'éleveur passionné par son métier. Au mois de juin, à la période de naissance des faons, la visite séduira encore plus les petits.

Muséum d'Histoire naturelle.......................... Nantes C5

12, rue Voltaire
44000 - Nantes
Tél. : 02 40 41 67 67
Ouv. du mardi au sam. de 10 h à 12 h et de 14 h à 18 h ; dim. de 14 h à 18 h

+8 ans

Bien rénové, ce musée est à l'heure actuelle un des plus importants de France en matière d'histoire naturelle. Les salles sont consacrées à la zoologie, à la faune régionale, à l'ethnographie, à la préhistoire... On trouve également un vivarium contenant des reptiles et des amphibiens et plusieurs terrariums, un pour les insectes, un autre pour les vipères et un troisième pour les couleuvres.

Les enfants sont particulièrement bienvenus le mercredi, où des activités d'éveil scientifique leur sont proposées.

Musée Jules-Verne...... Nantes C5

3, rue de l'Hermitage
44000 - Nantes
Tél. : 02 40 69 72 52
Ouv. tlj sauf mardi, dim. mat. et jrs fér. de 10 h à 12 h
et de 14 h à 17 h
Gratuit le dimanche

+8 ans

Cette maison bourgeoise du XIXe s. aurait pu être celle où vécut le célèbre Jules Verne, à tel point que, traversant le salon, nous sommes presque surpris de ne pas le trouver en train de lire son journal. Chacune des pièces de la demeure est consacrée à un thème cher à l'écrivain : l'espace, la Lune, les voyages extraordinaires, les fonds sous-marins, les îles et les bateaux. L'une d'entre elles évoque sa vie, et notamment ses relations avec son éditeur Hetzel.

Musée de la Poste...... Nantes C5

2 *bis*, rue du Président-Herriot
44000 - Nantes
Tél. : 02 51 83 39 39 et 02 51 83 39 99
Ouv. du lundi au vend. de 9 h à 19 h
et le sam. de 9 h à 12 h

pour tous

Un nouvel aménagement pour ce musée où l'on voit une maquette de relais de poste, des costumes de postillon et de facteur, un ballon monté, un guichet de poste 1900, etc.
Une intéressante rétrospective de la poste à travers les âges.

Musée de la Poupée.... Nantes C5

39, bd Saint-Aignan
44100 - Nantes
Tél. : 02 40 69 14 41
Ouv. merc., jeudi, vend. et sam. de 14 h 30 à 17 h 30
de mi-avril à mi-sept.

pour tous

Une collection particulière de poupées installées dans leurs meubles avec bibelots et accessoires : les jeunes personnes sont dans un salon, dans un cabinet de toilette, assistent à une séance de guignol, sont à la plage ou à l'école...

Planétarium................ Nantes C5

Square Moysan - 8, rue des Acadiens
44100 - Nantes
Tél. : 02 40 73 99 23
Ouv. tlj sauf dim. (plusieurs séances par jour)

+8 ans

À deux pas du musée Jules-Verne, c'est un voyage dans le ciel qui nous attend. Chaque jour, une séance est consacrée à un thème différent : observation des phénomènes célestes, découverte du cycle des saisons, des mouvements des planètes, de la Terre et de la Lune.

Croisière et promenade................. Nantes C5

Quai de la Motte-Rouge
44000 - Nantes
Tél. : 02 40 14 51 14
Circule d'avril à nov.
(se rens. sur les horaires de départ)

pour tous

Une promenade en bateau sur l'Erdre et sur la Sèvre avec le passage de l'écluse de Vertou.

Planète sauvage... Port-Saint-Père C5

« La Chevalerie »
44580 - Port-Saint-Père
Tél. : 02 40 04 82 82
Fax : 02 40 04 87 43
Ouv. 7jrs/7 de la mi-mars à la mi-nov. de 10 h à 17 h 30 en juin, juill. et août et 16 h les autres mois ; le Village est ouvert jusqu'à 21 h en été

pour tous

Une réserve africaine en Loire-Atlantique.
L'aventure africaine se déroule en voiture, toutes vitres fermées : on traverse l'enclos des lions et des tigres, on passe à proximité des rhinocéros et des éléphants ; on se retrouve nez à nez avec une girafe familière qui courbe son long cou pour regarder les passagers de plus près… Parvenu au bout de la piste, dans le village de brousse, les aventures ne sont pas finies pour autant : les otaries ont préparé un show époustouflant et les singes ont décidé d'être vraiment amicaux…
Un petit train est à la disposition des visiteurs pour la visite du parc (sur réserv. au 02 40 02 82 82 à partir de 4 adultes).
Nouveauté : un **Village de Brousse** où l'on rencontre de drôles d'habitants : des serpents pour se faire peur dans l'**Arche des Reptiles**,

des macaques dans la **Forêt des Singes**, de petits animaux dans la **Ferme miniature,** et des enfants superbement maquillés grâce aux hôtesses.

« Ker Anas », le village des Canards..... Saint-André-des-Eaux B5

La Maisonneuve
44117 - Saint-André-des-Eaux
Tél. : 02 40 01 27 48
Ouv. tlj de 10 h à 18 h 30 en juill. et août,
de 14 h à 18 h 30 d'avril à sept.
8 km N.-O. de St-Nazaire en dir. de St-Lyphard (parc rég. de Brière)

+8 ans

Un sentier serpente entre les étangs peuplés d'oies, de bernaches, de canards et autres sarcelles.

Parc animalier.......... Saint-Malo-de-Guersac B5

44550 - Saint-Malo-de-Guersac
Tél. : 02 40 91 17 80-Fax : 02 40 66 85 01
Ouv. tlj de 9 h à 18 h de mai à la Toussaint
(19 h en juill. et août)

+8 ans

Différent d'un parc animalier traditionnel, il s'agit plus d'un parc d'observation des animaux familiers, des vasières et des piardes (plans d'eau peu profonds) du parc naturel de la Brière.
Des panneaux sur la faune et la flore permettent de découvrir entre autres le mode de vie des sarcelles et des poules d'eau, des insectes et des batraciens, des reptiles et des poissons d'eau douce ou encore des ragondins.
Location de jumelles possible sur place.
Une promenade en chaland dans les piardes et les curées (petits canaux) séduira toute la famille (rens. maison du Parc à Saint-Joachim ; tél. : 02 40 91 68 68, ou à la maison du Tourisme de La Chapelle-des-Marais, tél. : 02 40 66 85 01).

Le Port................ Saint-Nazaire B5

44600 - Saint-Nazaire
Tél. : 0 810 888 444
Ouv. tlj de 9 h 30 à 24 h en juill. et août ; de 9 h 30 à 12 h 30 et de 13 h 30 à 18 h d'avril à juin et en sept. et oct.

+8 ans

Le port de Saint-Nazaire propose une variété de visites, toutes plus passionnantes les unes que les autres, pour les amoureux de la mer : **Escal'Atlantic**, un voyage inoubliable dans l'univers des paquebots, une visite des **chantiers de l'Atlantique**, un des plus grands chantiers navals, une descente à bord du **sous-marin *Espadon***, un **écomusée** afin de découvrir la légende des hommes qui ont construit les plus grands bateaux du monde, une **promenade nocturne** dans les bassins du port à bord d'une vedette croisière du *France* (départ 22 h 15 en juill. et août - réserv. conseillée).

Les Naudières........... Sautron C5

44880 - Sautron
Tél. : 02 40 63 21 05
7 km O. de Nantes D 965 dir. Vannes
Gratuit pour les enfants mesurant moins de 1 m

pour tous

Un parc familial avec plus de 60 jeux à la disposition des enfants : trampolines, château gonflable, piscine à boules, bateaux électriques, piste de kart, etc. Certaines attractions sont classiques mais d'autres, dues à l'imagination des propriétaires, sont plus originales.

Le village de Kerhinet : « Tout était petit, petit dans ce village-là… » Les chaumières sont recouvertes de chaume, les portes et les volets sont joliment peints dans le même bleu que le ciel, des hortensias fleurissent devant les maisons, et les canards se promènent comme chez eux car il n'y a pas de voitures dans ce village de poupée. Kerhinet est situé dans le parc naturel de la Brière, à 5 km au S. de Saint-Lyphard.

MAINE-ET-LOIRE

Parc de loisirs de l'Étang................ Brissac-Quincé F5

49320 - Brissac-Quincé
Tél. : 02 41 54 80 65-Fax : 02 41 91 72 65
Ouv. tlj de 11 h à 18 h de mai à sept.
20 km S.-E. d'Angers par la RN 160 et la RD 761

pour tous

Quatre ha de verdure et de jeux de plein air.
Un petit train fait le tour du parc et des rosalies (voitures à pédales) sont à louer pour faire des petites balades sympa.
L'étang a été aménagé pour la baignade avec des toboggans pour les enfants et des pédalos pour les parents.

Omlande.................. Brion G5

49250 - Beaufort-en-Vallée
Tél. : 02 41 57 27 17-Fax : 02 41 57 25 95
Ouv. tlj de 11 h à 19 h en juill. et août, et les w.-e de juin et sept. ; de 10 h 30 à 18 h les jrs de sem. en juin ; et de 11 h à 18 h 30 les deux derniers w.-e. de mai

pour tous

Omlande est un petit parc de loisirs intelligent : outre les jeux nombreux (bateaux tamponneurs, manèges, rivière enchantée, tacots, etc.), il propose de découvrir les arbres et les arbustes et d'apprendre à les reconnaître. Un espace aquatique, équipé d'un toboggan, d'une rivière rapide et d'une pataugeoire, ouvre dès les beaux jours.

Bisonland Les Cerqueux-sous-Passavant F6

49310 - Vihiers
Tél. : 02 41 59 58 02-Fax : 02 41 59 57 68
Ouv. tlj de 10 h à 19 h en juill. et août et dim. a.-m. et jrs fér. de mai à sept.
18 km O. de Doué-la-Fontaine par la RD 960 et la RD 167

pour tous

Inutile de traverser l'océan Atlantique pour se croire en territoire indien ! Au château des Landes, les bisons d'Amérique sont comme chez eux et le grand chef indien est là pour accueillir les visages pâles dans le village de tipis.

Musée des Commerces anciens.................. Doué-la-Fontaine F5

49700 - Doué-la-Fontaine
Tél. : 02 41 59 28 23-Fax : 02 41 59 72 39
Ouv. tlj de 9 h à 19 h en juill. et août ; tlj sauf lundi et jeudi matin de 9 h 30 à 12 h et de 14 h à 19 h en mai et oct. ; et de 10 h à 12 h et de 14 h à 18 h de nov. à avril

+8 ans

Une rue à deux niveaux, reconstituée dans les écuries XVIIIe du baron Foullon au fond du jardin des roses. Toute la vie du petit commerce de 1850 à 1950 y est évoquée, avec ses boutiques aux étagères couvertes des produits typiques d'autrefois. Une fiche-jeu est distribuée aux enfants et leur permet de faire les commissions en s'amusant avec Jules et Charlotte.

Zoo................. Doué-la-Fontaine F5

Route de Cholet
49700 - Doué-la-Fontaine
Tél. : 02 41 59 18 58-Fax : 02 41 59 25 86
Ouv. tlj de 9 h à 19 h en saison, de 10 h à 12 h et de 14 h à 18 h le reste de l'année
19 km S.-O. de Saumur par la RD 960

pour tous

Installé dans d'anciennes carrières de pierre coquillière, le parc met à profit les rochers et la végétation naturelle pour l'aménagement de son zoo. Les singes sont sur des îles, les léopards sont dans un bosquet de bambous et d'acacias, les lions sont dans une jolie brousse que l'on regarde d'une hutte, les très rares hippopotames pygmées pataugent dans un marigot comme chez eux, en Afrique.
Il faut prévoir du temps pour aller regarder les manchots dans leur bassin gelé et pour aller assister à la pêche des jaguars, à la curée des vautours et au goûter des girafes.

La Soie vivante... Montreuil-Bellay G6

« Les Petits Augustins »
49260 - Montreuil-Bellay
Tél. : 02 38 72 58 et 02 41 38 86 98
Ouv. tlj sauf lundi de 10 h à 18 h de mai à mi-oct., tlj en juill. et août
18 km S. de Saumur par la RN 147

+12 ans

Un élevage de vers à soie où l'on assiste à des démonstrations de dévidage de cocons et où l'on écoute des explications sur la sériciculture.

Une fiche-jeu « un ver à soie… ça tisse énormément » est distribuée aux jeunes visiteurs.

La Mine bleue — Noyant-la-Gravoyère E4

49520 - Noyant-la-Gravoyère
Tél. : 02 41 61 55 60
Fax : 02 41 61 58 00
Ouv. tlj de 10 h à 17 h d'avril à fin sept.
Visite : env. 2 heures
Entre Pouancé et Segré sur la RD 775

La mine d'ardoise de la Galetière étant inexploitée depuis 1936, la municipalité a eu la bonne idée d'aménager le site et de l'ouvrir aux visiteurs.
Coiffés de casques de mineur, les visiteurs descendent par un funiculaire à 130 m sous terre, puis, accompagnés d'un ancien mineur, ils empruntent un train minier pour parcourir les galeries et atteindre les anciennes chambres d'extraction où, à pied, ils iront assister à des spectacles son et lumière faisant revivre l'histoire de la mine.
Une sixième chambre d'extraction vient d'ouvrir ses portes : elle met en scène l'irruption d'un volcan avec des effets spéciaux très spectaculaires.
En surface, la visite se poursuit par des démonstrations de fente d'ardoise à l'ancienne. Une ancienne chaufferie abrite un musée qui complète cette initiation au monde de la mine. Un petit train conduit au parc de loisirs Saint-Blaise, où les enfants pourront jouer et où, par beau temps, tout le monde pourra se baigner (tél. : 02 41 61 75 39).

Domaine de la Petite Couère — Nyoiseau E3

49520 - Nyoiseau-Châtelais
Tél. : 02 41 61 06 31-Fax : 02 41 61 16 64
Ouv. tlj de 10 h à 19 h de juin à mi-sept. ; de 14 h à 18 h dim. et jrs fér. du 1er fév. au 31 mai et du 15 sept. au 30 nov.
Gratuit pour les – de 6 ans
N.-O. de Segré sur la D 71 entre Châtelais et Nyoiseau

Dans un parc de 80 ha où évoluent en semi-liberté lamas, daims et moutons, un village a été reconstitué et vit comme au début du siècle. La visite peut se faire à pied ou à bord d'un petit train.

L'Arche................ La Possonnière F5

49170 - Saint-Georges-sur-Loire
Tél. : 02 41 72 21 09-Fax : 02 41 72 29 03
Ouv. tlj de 10 h à 19 h de juin à sept.
(20 h le w.-e.) et le dim. en mai
16 km S.-O. d'Angers le long de la Loire

pour tous

Un parc de loisirs sur la Loire avec une plage aménagée, une baignade surveillée, des toboggans aquatiques… et des jeux variés tels qu'une montagne magique et une maison hantée.

Musée européen de la Communication...... Saint-Barthélemy F4

Château-musée de Pignerolles
49124 - Saint-Barthélemy
Tél. : 02 41 98 38 38-Fax : 02 41 93 89 34
Ouv. tlj de 10 h à 12 h et de 14 h à 18 h
Faubourg E. d'Angers

+8 ans

L'histoire de la communication entre les hommes, du tam-tam au satellite. Le musée rend tout d'abord hommage à Léonard de Vinci, puis retrace l'histoire de l'imprimerie et celle de l'électricité, avant de raconter l'épopée de la radio et de la télévision. La visite s'achève par l'évocation d'un voyage intergalactique.
Un thème original bien présenté dans le cadre séduisant du château de Pignerolles.

Parc miniature « Pierre et Lumière ».. Saint-Hilaire-Saint-Florent G5

49400 - Saumur
Tél. : 02 41 50 31 55-Fax : 02 41 50 61 94
Ouv. tlj de 10 h à 19 h de mi-fév. à mi-nov.
O. de Saumur

+8 ans

Plusieurs centaines de tonnes de pierre ont été tronçonnées, taillées puis sculptées jusqu'aux plus petits détails. Une heure de promenade sous terre permet de découvrir les plus belles églises, villes et villages du Val de Loire. Un travail extraordinaire !

Musée du Champignon.. Saint-Hilaire-Saint-Florent G5

49400 - Saumur
Tél. : 02 41 50 31 55-Fax : 02 41 50 61 94
Ouv. tlj de 10 h à 19 h de mi-fév. à mi-nov.
O. de Saumur

+12 ans

Les champignons ont aussi leur histoire et leurs petits secrets : le musée de Saint-Hilaire-Saint-Florent les met à l'honneur et, dans des kilomètres de galeries souterraines, raconte la culture des champignons ! Avec un peu de chance on pourra même voir des champignons pousser !
Une exposition mycologique permet de se familiariser avec 200 espèces de champignons de forêt, comestibles ou vénéneux. Elle prolonge utilement la visite de la champignonnière.
On remarquera particulièrement l'amusante collection d'objets « champignons » en provenance du monde entier et rassemblée dans une maison troglodytique.

Musée du Masque........ Saint-Hilaire-Saint-Florent G5

Rue de l'Abbaye
49400 - Saumur
Tél. : 02 41 50 75 26-Fax : 02 41 50 28 71
Ouv. tlj de 10 h à 13 h et de 14 h 30 à 19 h d'avril à mi-oct. et le w.-e. le reste de l'année
O. de Saumur

+8 ans

Un musée original qui expose une collection de masques de 1870 à nos jours.
Des masques de carnaval, des masques représentant des animaux fantastiques, des caricatures de personnages célèbres...
Tous les masques sont présentés sur des mannequins costumés et mis en scène dans des décors et des éclairages spéciaux.

Cité des Métiers de tradition... Saint-Laurent-de-la-Plaine E5

49290 - Chalonnes-sur-Loire
Tél. : 02 41 78 24 08-Fax : 02 41 78 56 87
Ouv. tlj de 10 h à 12 h et de 13 h 30 à 19 h
de mi-mars à mi-nov.
Gratuit pour les – de 6 ans
5 km S. de Chalonnes-sur-Loire

+8 ans

Un village a été reconstitué tel qu'il était au début du siècle avec ses ateliers artisanaux fonctionnant comme autrefois, ses outils d'antan et ses surprenantes machines. Instructif pour les enfants.

La Coulée du Cerf......... Saint-Laurent-des-Autels D5

Route de Saint-Sauveur-de-Landemont
49270 - Saint-Laurent-des-Autels
Tél. : 02 40 83 73 25 et 02 40 83 78 25
Fax : 02 40 83 77 98
Ouv. tlj de 11 h à 20 h en juin, juill. et août, et de 14 h à 19 h merc., w.-e. et jrs fér. de Pâques au 11 nov. et vac. scol.
10 km S. d'Ancenis par la RD 763

pour tous

Taureaux, vaches, ânes, chevaux, daims, yacks, lamas… ils sont nombreux à brouter paisiblement les prairies de la « Coulée du Cerf ». Les enfants viennent leur dire un petit bonjour et vont caresser les chèvres naines et les petits poneys avant d'aller jouer sur l'aire de jeux. Les parents pendant ce temps-là iront voir la collection de carrioles, de calèches et de charrettes.

École nationale d'équitation.................. Saumur G5

Saint-Hilaire-Saint-Florent
49000 - Saumur
Tél. : 02 41 53 60 50-Fax : 02 41 67 63 08
Ouv. tlj sauf lundi mat., sam. a.-m. et dim. de 9 h 30 à 12 h et de 14 h à 17 h 30 d'avril à fin sept.
O. de Saumur

+8 ans

L'École nationale d'équitation, plus connue sous le nom de Cadre noir, se visite.

On parcourt les écuries en admirant quelques-uns des 400 chevaux, et on assiste à l'entraînement des écuyers (le matin sauf en août). Quelques matinées par an (tél. : 02 41 53 50 66), le Cadre noir fait une démonstration de ses exceptionnels talents, et au mois de juillet sont données quelques représentations de gala (rens. et réserv. tél. : 02 41 40 20 60).

Château.................... Saumur G5

49400 - Saumur
Tél. : 02 41 40 24 40-Fax : 02 41 40 24 49
Ouv. tlj de 9 h 30 à 18 h de juin à fin sept. (nocturne les merc. et sam. en juill. et août) ; tlj sauf mardi de 9 h 30 à 12 h et de 14 h à 17 h 30 d'oct. à mai

+12 ans

Un musée sérieux, qui abrite des collections d'art décoratif sans intérêt particulier pour les jeunes visiteurs mais comprend une partie, consacrée au harnachement du cheval de l'Antiquité à nos jours et à l'évocation de la célèbre école du Cadre noir, susceptible d'intéresser les jeunes cavaliers. De même, la salle consacrée aux Figurines-Jouets est fascinante à découvrir pour tout le monde.

Musée des Blindés..... Saumur G5

1043, route de Fontevraud
49400 - Saumur
Tél. : 02 41 53 06 99-Fax : 02 41 53 06 90
Ouv. tlj de 9 h à 12 h et de 14 h à 18 h

+8 ans

Sont réunis dans ce musée peu ordinaire des monstres d'acier qui se sont affrontés pendant les dernières guerres : engins blindés de la guerre de 14, chars de 1940 – notamment ceux qui conduisirent à la victoire –, chars allemands…
Des véhicules spectaculaires qui ne manqueront pas d'impressionner les garçons.
Une fiche-jeu distribuée aux jeunes visiteurs leur raconte qu'un espion visite aussi le musée et observe les diverses pièces de l'ennemi. À eux de dessiner le char repéré.

MAYENNE

Centre médiéval de Clairbois.................. Chammes F2

53270 - Sainte-Suzanne
Tél. : 02 43 01 42 15-Fax : 02 43 01 45 31
Ouv. dim. et jrs fér. de 14 h 30 à 18 h 30 d'avril à sept. (spectacle médiéval à 15 h) ; visites commentées le dim. à 14 h 30 et 16 h 30 le reste de l'année
3 km S.-O. de Ste-Suzanne

+8 ans

Une ferme fortifiée avec son logis, ses tours en bois, son chemin de ronde et son courtil (jardin potager et médicinal), dans laquelle déambulent damoiselles et damoiseaux en costume d'époque.
Le « seigneur de Clairbois » présente des combats à cheval dans la lice spécialement aménagée avec des gradins couverts.
Belle occasion d'être catapulté au Moyen Âge !

Musée Robert-Tatin............ Cossé-le-Vivien E3

La Frénouse
53230 - Cossé-le-Vivien
Tél. : 02 43 98 80 89-Fax : 02 43 98 78 89
Ouv. tlj sauf mardi de 10 h à 12 h et de 14 h à 19 h d'avril à sept., et tlj sauf mardi, dim. mat. et jrs fér. de 10 h à 12 h et de 14 h à 18 h le reste de l'année

+8 ans

Dans le bocage mayennais, Robert Tatin a érigé pendant 20 années un temple à la gloire de la vie imaginative et créatrice.
Ce palais fou puise son architecture dans celle des civilisations du bout du monde. Fantasmagories primitives, créatures mythologiques et imaginaires, tout un univers de contes et légendes revisité par un metteur en scène aussi génial que fou.
Les jeunes visiteurs entrent de plain-pied dans ce monde fantastique.

Base de loisirs « Au fil de l'eau »............. Daon F3

53200 - Château-Gontier
Tél. : 02 43 06 90 08
Ouv. tlj d'avril à fin sept.
Gratuit pour les – de 6 ans
12 km S. de Château-Gontier par la RD 22

pour tous

Un toboggan aquatique pour le plaisir des petits et des grands, une plage de sable fin, des bateaux pour se promener sur la rivière, des pédalos et des barques, un mini-golf… Tout ce qu'il faut pour passer une belle journée d'été.

Musée archéologique.. Jublains F2

53160 - Bais
Tél. : 02 43 04 30 16
Ouv. tlj sauf lundi (hors saison) et en février de 10 h à 12 h 30 et de 13 h 30 à 17 h 30 (18 h de mai à sept.)
Gratuit pour les enfants et le dim. pour tous
Entre Mayenne et Bais

+8 ans

Un musée bien présenté, consacré à l'archéologie du paléolithique au Moyen Âge, a été aménagé dans l'énigmatique forteresse de Noviodonum, l'ancienne capitale fondée par les Romains au cœur du paysage gaulois.
Les bornes interactives rendent la visite attrayante pour les enfants.

La Halte fluviale............ Laval E2

53100 - Laval
Tél. : 02 43 53 31 01-Fax : 02 43 49 46 46
Circule en juill. et août, se rens. sur les horaires

pour tous

Le bateau-promenade *Alain Gerbault* propose deux circuits de 1 h 30, l'un en amont vers Changé et l'autre en aval vers Avesnières.
Des barques, pédalos, canoës, bateaux à moteur et électriques peuvent également se louer à la demi-heure ou à la journée.

Refuge de l'Arche..... Saint-Fort E3

53200 - Château-Gontier
Tél. : 02 43 07 24 38-Fax : 02 43 70 18 32
Ouv. tlj de 9 h 30 à 19 h de mai à août ;
de 10 h à 12 h et de 13 h 30 à 18 h en mars, avril, sept. et oct. ;
de 13 h 30 à 18 h en janv., fév., nov. et déc.
S. de Château-Gontier

Conçu, réalisé et entretenu par des enfants, ce refuge animalier accueille des animaux blessés : Isis la cigogne a perdu la vue en se heurtant à des fils électriques, Miska l'ours a été ramassé par les pompiers dans les rues de Paris, la tigresse a été trouvée au fond d'un jardin... 800 animaux de tout poil, petits et gros, exotiques et domestiques, vivent dans de grands espaces aménagés pour leur confort.
Une petite visite fait toujours plaisir à ceux qui la font comme à ceux qui la reçoivent, et puis des jeux, des buggies, un petit train sont là pour contribuer à passer un merveilleux après-midi.

SARTHE

Domaine animalier de Pescheray....... Le Breil-sur-Mérize H3

72370 - Le Breil-sur-Mérize
Tél. : 02 43 89 87 77-Fax : 02 43 89 27 91
Ouv. tlj de 9 h à 19 h en juill. et août et les w.-e. de printemps ; tlj de 9 h à 17 h de fév. à fin juin et de sept. à mi-nov.
17 km O. du Mans par la RN 157 et la RD 20

pour tous

Un parc sympathique où les animaux vivent dans un cadre proche de leur milieu d'origine.
Au fil des saisons, les jeunes visiteurs peuvent participer à des animations autour de la vie dans la nature (brame des cerfs, observation des animaux la nuit).
Un circuit pédagogique présente les différentes essences d'arbres, un petit musée expose d'antiques machines agricoles et une aire de jeux attend les enfants.
Signalons que ce parc est en grande partie entretenu par des hommes et des femmes handicapés.

Base de loisirs... La Ferté-Bernard I2

72400 - La Ferté-Bernard
Tél. : 02 43 71 04 41-Fax : 02 43 71 58 13
Ouv. tlj en juill. et août
Prix selon les activités

pour tous

Une plage aménagée, avec toutes les activités nautiques dont on peut rêver, et des jeux pour tous les âges afin d'occuper la famille toute la journée.

Au Lude, cinq siècles d'histoire, depuis la guerre de Cent Ans jusqu'à la fin du siècle dernier, sont évoqués dans des spectacles nocturnes avec personnages en costume, effets pyrotechniques et jeux de lumière. Le Lude est à 15 km à l'ouest de La Flèche, par la RD 306 (tél. : 02 43 94 67 27).

Zoo.......................... La Flèche G4

72200 - La Flèche
Tél. : 02 43 48 19 19
Fax : 02 43 48 19 18
Ouv. tlj de 9 h 30 à 19 h en juill.
et août et de 10 h à 18 h le reste de l'année
Spect. ou repas toutes les heures d'avril à sept.
Gratuit pour les – de 6 ans

pour tous

Dans un parc exotique de 14 ha évoluent plus de 800 animaux des cinq continents.
Les visiteurs progressent à leur rythme, chacun s'attardant plus longuement face à ses animaux préférés, prenant connaissance de leur origine et de leurs habitudes grâce à des bornes interactives et des panneaux d'informations bien faits. Tout le monde marquera une longue pause face à la vaste plaine arborée évoquant la brousse africaine où est installée la famille d'éléphants, puis restera fasciné par l'agilité des chimpanzés qui sautent de branches en cordes sur leur île.
Parents et enfants iront admirer le spectacle que donnent les otaries, les manchots et les loutres dans le Marine World ; ils iront applaudir les acrobaties des perroquets à la Parrot Jungle et regarder le show des serpents afin de démystifier la peur que l'on peut avoir des reptiles ; enfin, ils iront assister aux repas commentés des manchots, des loutres, des hippopotames, des girafes et des chimpanzés.

Musée de l'Automobile Le Mans H3

72000 - Le Mans
Tél. : 02 43 72 72 24-Fax : 02 43 85 38 96
Ouv. tlj de 10 h à 19 h de juin à sept.
et de 10 h à 18 h d'oct. à mai
Gratuit pour les – de 6 ans
S. du Mans entre la route de Tours et celle d'Angers

+8 ans

Situé aux portes du circuit, le musée, remarquablement mis en scène, retrace sur 4 000 m² la passionnante aventure de l'automobile. On y voit exposés, aux côtés d'une centaine de véhicules rares, quelques-uns des bolides qui ont fait le prestige des Vingt-quatre Heures du Mans.
On remarquera particulièrement la drôle de voiture dont le moteur est entraîné par une hélice, une 2 CV qui a fait le tour du monde, une chenillette ayant participé à la Croisière jaune, une voiture fonctionnant grâce à une turbine à gaz, et un grand nombre d'automobiles du début du siècle.

Plan d'eau................ Marçon H4

72340 - La Chartre-sur-le-Loir
Tél. : 02 43 79 91 01 (OT)
Ouv. tlj de 10 h à 12 h et de 14 h à 18 h d'avril à fin oct., en journée continue en juill. et août
Gratuit pour les – de 6 ans
Entre La Chartre-sur-le-Loir et Château-sur-Loire

pour tous

Une plage aménagée avec une baignade surveillée, un club de voile, des courts de tennis et des chevaux, toutes les activités qu'il faut pour passer de bons moments.

Sittellia......... Montfort-le-Gesnois H2

72680 - Montfort-le-Gesnois
Tél. : 02 43 54 01 70
Ouv. tte l'année (horaires variant selon les mois)

pour tous

À mi-chemin entre Le Mans et La Ferté-Bernard, un parc récréatif joliment appelé « Sittellia », d'après le nom d'un petit oiseau présent dans les landes et les bruyères du parc naturel des Brières, vient d'ouvrir ses portes. Il propose un ensemble d'installations sportives et ludiques pour toute la famille : une piscine au toit coulissant, un bassin de natation, un bassin de loisirs avec geyser, cascades, rivière à contre-courant, champignon d'eau et toboggan, une plage ouvrant sur un parc de verdure, et de nombreuses activités et animations.

Jardin des Oiseaux........ Spay H3

La Martinière
72700 - Allonnes
Tél. : 02 43 21 33 02-Fax : 02 43 21 19 46
Ouv. tlj de 9 h 30 à 20 h en juill. et août (17 h en hiver)
Gratuit pour les – de 6 ans

pour tous

Si l'on veut en savoir un peu plus sur les oiseaux du monde, voici une volière où vivent plus de deux cents espèces différentes et qui mérite une visite. On y apprend par exemple que le rossignol du Japon ne vient pas de l'Empire du Soleil levant, mais qu'il est d'origine chinoise et se plaît particulièrement dans nos sous-bois ; que le tisserin gendarme est polygame – à peine la femelle attirée dans son nid, il part vers d'autres aventures – ; que les perruches amazone furent rapportées par Christophe Colomb…

Et si l'on ne veut que regarder et écouter les oiseaux, voilà un lieu où il faut venir se promener.
Une aire de jeux est prévue pour les enfants.

Plan d'eau.................... Tuffé H2

72160 - Connerré
Tél. : 02 43 93 88 34
Ouv. tlj de 10 h à 12 h et de 14 h à 18 h
d'avril à fin oct.
Entre Le Mans et La Ferté-Bernard

pour tous

Un plan d'eau aménagé où l'on pourra se baigner (baignade surveillée en juillet et août de 10 h à 12 h et de 14 h à 18 h), faire de la voile et du pédalo et piloter des bateaux électriques.

Papéa City .... Yvré-l'Évêque H3

72530 - Yvré-l'Évêque
Tél. : 02 43 89 61 05-Fax : 02 43 89 81 75
Ouv. tlj de 10 h à 18 h 30 de mai
à début sept. et les merc., w.-e.
et jrs fér. d'avril à fin sept.
7 km E. du Mans

pour tous

Pendant que les plus petits sauteront sur le château gonflable, feront un tour de petit train, tourneront sur les manèges ou pataugeront dans le mini-bain chauffé, les plus grands glisseront sur les super toboggans aquatiques.
Il ne faudra pas pour autant oublier de faire un tour de bateaux tamponneurs et d'aller faire des câlins aux animaux de la mini-ferme.
Des animations western sont organisées les dimanches et jours fériés.

La ville du Mans est décidément bien célèbre : si son nom est associé aux Vingt-Quatre Heures, il évoque aussi les délicieuses tartines de rillettes et les croquantes pommes de reinette, un fruit gris un peu tacheté mais au goût acidulé à souhait. Goûtez aussi sans hésiter les sablés de... Sablé.

VENDÉE

Écomusée « Le Daviaud »...... La Barre-de-Monts B6

85550 - La Barre-de-Monts
Tél. : 02 51 68 57 03
Fax : 02 51 49 26 70
Ouv. tlj sauf lundi de 14 h à 18 h de fév. à mars, avril et d'oct. à mi-nov. ; de 10 h à 19 h de mai à sept.

Au cœur d'un parc naturel de 15 ha, l'écomusée de la Vendée est un conservatoire de l'histoire naturelle et humaine du marais. On y visite une métairie et une bourrine, un conservatoire de la faune et de la flore avec des animaux domestiques et un potager.
Un observatoire d'oiseaux a également été aménagé et un marais salant a été remis en activité.

Le Puy du Fou........ Les Épesses E6

85590 - Les Épesses
Tél. : 02 51 64 11 11
et 08 36 68 68 85 (serv. voc.) ;
Fax : 02 51 57 35 47
Minitel : 3615 PUY-DU-FOU

Le Puy du Fou est un gigantesque parc qui propose d'une part une promenade animée dans l'Histoire, et d'autre part un spectacle, « La Cinéscénie ».

Le Grand Parc

Ouv. tlj de 10 h à 19 h de juin à mi-sept. ; dim. et jrs fér. de 10 h à 19 h en mai

À pied, en yole ou à bord d'un petit train, les visiteurs parcourent les siècles, stoppant le temps où bon leur semble.
On choisit de vivre l'an mille en visitant le fort et en assistant au spectacle qui fait revivre, grâce à la tradition orale et à la magie des technologies d'avant-garde, la légende de saint Philibert et des moines de Noirmoutier. On pénètre dans le haut Moyen Âge en entrant dans la Cité médiévale plongée dans l'effervescence de l'époque. Passé le seuil des maisons, on trouve les artisans qui travaillent comme autrefois : voici l'herboriste, l'enlumineur, le tailleur de pierre… Puis on

vibre face aux joutes équestres et devant les démonstrations de l'art du fauconnier. On fait une escale au XVIIIe s. en se promenant dans un village tout en pierres où une fête bat son plein. On retourne au XXe s. en admirant une chorégraphie de 1 500 jets d'eau orchestrés par ordinateur.
Dernière nouveauté : le **Stadium gallo-romain**.
Les fastes, la fureur et les frissons des jeux de l'Antiquité vont revivre dans un Colisée de 115 m de long entouré de gradins. Courses de chars, combats de gladiateurs, parades romaines, etc. vont se succéder.

La Cinéscénie

Réserv. nécessaire : 02 51 64 11 11
Spect. vend. et sam. en juin, juill., août et les 1er w.-e. de sept. et le dernier de mai
Durée du spect. : 1 h 40

Depuis plus de 20 ans, des acteurs bénévoles de la région présentent sur une scène de 15 ha une extraordinaire reconstitution historique faisant revivre l'histoire de la Vendée. 800 acteurs, 4 000 costumes, 50 cavaliers, des effets de lumière, les voix de Philippe Noiret, Jean Piat, Robert Hossein, Marie Dubois… 300 pièces d'artifice, 1 500 projecteurs, des jets d'eau informatisés, des aquaflammes…

Ferme ornithologique du parc de la Californie....... La Faute-sur-Mer D8

Route de La Tranche-sur-Mer
85460 - La Faute-sur-Mer
Tél. : 02 51 27 10 48
Ouv. tlj de 9 h à 12 h 30 et de 14 h à 19 h de mars à fin sept.

pour tous

Des oiseaux du monde entier : échassiers, flamants roses, grues, nandous, perruches et perroquets, oiseaux exotiques, canards d'ornement, etc., ont joyeusement envahi cette ferme ornithologique installée en bordure de rivière.

La Cité des Oiseaux....... Les Landes-Genusson D6

85130 - La Gaubretière
Tél. : 02 51 91 72 25
Ouv. tlj de 10 h à 12 h et de 14 h à 19 h
de mai au 15 sept.
9 km N. des Herbiers

Un espace naturel pour découvrir le monde secret des oiseaux : des observatoires, des expositions, des vidéos, des dioramas et une animation spectacle sur les migrations.

Atlantic Toboggan... Merlin-Plage B7

Les Becs
85270 - Saint-Hilaire-de-Riez
Tél. : 02 51 58 05 37
Fax : 02 51 59 64 92
Ouv. tlj de 10 h à 18 h de mai à sept.

Un parc aquatique pour se baigner et s'amuser : une piste large pour descendre en groupe, un « boa » déroulant ses 250 m de méandres, l'impressionnant « kamikaze » pour les amateurs de sensations fortes, et de tranquilles pédalos-cygnes pour ceux qui préfèrent des plaisirs plus tranquilles.

Parc zoologique......... Mervent E8

Le Gros Roc
85200 - Fontenay-le-Comte
Tél. : 02 51 00 22 54
Ouv. tlj de 10 h à 19 h ;
fermé du 15 nov. au 1er fév.
10 km N. de Fontenay-le-Comte

Un petit zoo familial sympathique avec des animaux allant des gros mammifères aux rapaces et perroquets.
On admire entre autres de belles panthères et des dromadaires qui broutent paisiblement dans un pré.

Parc de Pierre Brune.. Mervent E8

85200 - Fontenay-le-Comte
Tél. : 02 51 00 20 18-Fax : 02 51 00 25 53
Ouv. tlj de Pâques à la Toussaint
10 km N. de Fontenay-le-Comte

pour tous

Dans un site plaisant, le parc familial de Pierre Brune propose un grand nombre d'attractions pour tous les âges : petit train du Far West, bateaux tamponneurs, bateaux téléguidés, manèges, deux mini-golfs… en tout plus de 60 jeux.

Musée du Château

Noirmoutier (île de) B6

Place d'Armes
85330 - Noirmoutier-en-l'Île
Tél. : 02 51 39 10 42
Ouv. tlj de 10 h à 19 h du 15 juin au 15 sept. ;
tlj sauf mardi de 10 h à 12 h et de 14 h à 18 h de fév. à mi-juin
et de mi-sept. à nov.

+8 ans

Cette forteresse du XIIe s. abrite des collections diverses : histoire naturelle (oiseaux, animaux marins), histoire (évocation des guerres de Vendée) et objets de marine.
La très belle collection de faïences n'intéressera pas beaucoup les enfants.

Sealand……… Noirmoutier (île de) B6

Le Vieux Port
85330 - Noirmoutier-en-l'Île
Tél. : 02 51 39 08 11-Fax : 02 51 39 88 12
Ouv. tlj de 10 h à 12 h et de 14 h à 18 h de fév.
à mi-nov. (de 10 h à 19 h en juill. et août)

pour tous

Les visiteurs découvrent dans une musique d'ambiance l'univers fantastique de la faune et de la flore sous-marines : inquiétantes murènes, cruels piranhas du Brésil, requins des récifs, tortues des Açores… et des otaries que l'on voit jouer, sauter et glisser sur les rochers et également sous l'eau à travers un écran.

Océanile......... Noirmoutier (île de) B6

85330 - Noirmoutier-en-l'Île
Tél. : 02 51 35 91 35
Fax : 02 51 35 88 12
Ouv. tlj de 10 h à 19 h de juin à sept.

pour tous

Un parc aquatique très joliment conçu : on pourrait vraiment se croire à la mer ! Des toboggans, une piscine à vagues, des jeux et des pataugeoires pour les petits, une rivière rapide pour les grands, des bains à remous… et une eau à 28 °C. Pas désagréable en Vendée !

Zoo des Sables Les Sables-d'Olonne C8

Route du Tranchet
85100 - Les Sables-d'Olonne
Tél. : 02 51 95 14 10-Fax : 02 51 95 15 35
Ouv. tlj de 9 h 30 à 19 h en juill. et août ;
de 10 h 30 à 12 h et de 14 h à 18 h le reste de l'année

pour tous

Cette oasis de vie sauvage à quelques pas des plages sera prétexte à une belle promenade parmi des animaux venus du monde entier : lions d'Afrique, tigres d'Indonésie, aras d'Amérique du Sud, gibbons de Malaisie, loutres d'Inde…

Parc floral de la Cour-d'Aron... Saint-Cyr-en-Talmondais D8

85540 - Saint-Cyr-en-Talmondais
Tél. : 02 51 30 86 74-Fax : 02 51 30 87 37
Ouv. tlj de 10 h à 19 h

pour tous

Un magnifique parc fleuri où il fait bon se promener. On y découvre une végétation tropicale rare dans nos régions (bambous, eucalyptus, bananiers, palmiers, etc.) et surtout, dès le mois de juillet, d'immenses lotus qui s'épanouissent sur les lacs. Dans les étangs, les grosses carpes du Japon aux mille couleurs viennent familièrement chercher le pain dans la main des enfants. Sur les bords, des tortues réchauffent leur carapace au soleil, et dans les sous-bois des daims jouent à cache-cache avec les petites chèvres du Sénégal.
Une aire de jeux est prévue pour les plus petits.

Le Logis de la Chabotterie..... Saint-Sulpice-le-Verdon C6

85260 - Saint-Sulpice-le-Verdon
Tél. : 02 51 42 81 00-Fax : 02 51 42 46 22
Ouv. tlj de 10 h à 19 h en juill. et août ; de 9 h 30 à 18 h du lundi au sam. et de 10 h à 19 h dim. et jrs fér. de sept. à juin ; fermé 3 sem. en janv.
Gratuit pour les – de 18 ans

+8 ans

Site de l'arrestation du général Charette en 1796, la Chabotterie est aussi un haut lieu historique qui marque la fin de la guerre de Vendée. Le logis est animé toute l'année par un parcours-spectacle permanent qui retrace la guerre de Vendée en traversant les dix salles historiques et les jardins. Animations et expositions se succèdent.

Moulin de Rairé...... Sallertaine B6

85300 - Challans
Tél. : 02 51 35 51 82-Fax : 02 51 35 60 51
Ouv. tlj de 10 h à 12 h et de 14 h à 18 h 30 en juill. et août, et l'a.-m. en juin, sept. et pendant les vac. scol.
8 km O. de Challans

+8 ans

Il n'a jamais cessé de moudre, le moulin de Rairé, depuis sa construction en 1560 ! Une visite explique la transformation du blé en farine et la vie des meuniers d'autrefois. Commentée par un guide passionné, son intérêt principal est de permettre aux enfants d'observer l'intégralité du circuit allant du blé à la farine puis au pain, à travers la présence d'outils anciens et de panneaux pédagogiques. Une journée complète d'animation et de travaux pratiques autour du pain peut être organisée pour les vrais passionnés.

Musée automobile........ Talmont-Saint-Hilaire C8

85440 - Talmont-Saint-Hilaire
Tél. : 02 51 22 05 81-Fax : 03 51 22 06 20
Ouv. tlj de 9 h 30 à 12 h et de 14 h à 19 h d'avril à fin sept. et de 9 h 30 à 19 h de juin à fin août

+8 ans

Une collection de voitures restaurées avec amour par une famille de

passionnés : on admire de superbes automobiles du début du siècle, de Dion-Bouton, Hispano-Suiza, Delaunay-Belleville, Bugatti… et quelques modèles rares plus récents.
Les grands-bi, bicycles, vélocipèdes… sont bien amusants à regarder.

Château de Gilles de Rais................ Tiffauges D6

85130 - La Gaubretière
Tél. : 02 51 65 70 51-Fax : 02 51 65 75 67
Ouv. tlj de 11 h à 19 h en juill. et août ; les lundi, mardi, jeudi et vend. de 10 h à 12 h 30 et de 14 h à 18 h et les w.-e. et jrs fér. de 14 h à 19 h d'avril à juin et en sept.
17 km O. de Cholet sur la RD 753

+8 ans

Ce château fort de 18 tours qui surplombe un plan d'eau a appartenu au terrible Barbe-Bleue. Depuis quelques années il a repris vie : les machines de guerre médiévales tirent de véritables boulets, l'histoire de Gilles de Rais est contée au cours d'un parcours-visite, un alchimiste livre ses secrets dans une mise en scène impressionnante, digne des meilleurs illusionnistes.
Outre l'évocation du Moyen Âge, un spectacle d'ombres chinoises évoque le conte de Perrault. Guidés par l'équipe d'animation du château vêtue comme au Moyen Âge, les enfants, harnachés et munis de lances, s'essaient aux joutes sur des destriers de bois mus par une manivelle… tournée à la force des muscles des papas.

Village vendéen miniature..................... Tiffauges D6

85130 - La Gaubretière
Tél. : 02 41 30 22 25 et 02 51 65 71 94
Ouv. tlj de 10 h à 12 h et de 14 h à 19 h en juill. et août et dim. et jrs fér. de mars à juin et sept.
17 km O. de Cholet sur la RD 753

pour tous

Dans un village miniature évoquant la Vendée, plus de 200 santons miment les gestes des artisans d'autrefois.
Un voyage dans l'espace et dans le temps sans se déplacer d'un pouce !

A
B
C
D
E
1
2
3
4
5
6
7
8
D939
N23
Nogent-le-Rotrou
D955
Chauvigny-du-Perche
N157
Montoire-s.-le-Loir
N10
Villech
Château-Renault
D766
D766
D766
N138
N10
D31
La Membrolle-s.-Choisille
Savigné-s.-Lathan
Fondettes
Tours
Lussault-s.-L.
Ambo
Savonnières
St-Pierre-des-C.
Montlouis
Mor
Langeais
Joué-lès-T.
Chambray
Chenonceaux
St-Michel-s.-Loire
Rigny-Ussé
Montbazon
Avoine
N143
Reignac-s.-Indre
D751
D751
Chinon
A10
N10
37
Ste-Maure-de-Touraine
Loches
Indre
Vienne
Le Grand-Pressigny
N151
0
20
40 km

F
G
H
I
Cher 18
Eure-et-Loir 28
Indre 36
Indre-et-Loire 37
Loir-et-Cher 41
Loiret 45
Dreux
Chartres
Lucé
Auneau
Malesherbes
Pithiviers
Ferrières-en-Gâtinais
Châteaudun
Artenay
Chilleurs-aux-Bois
Gidy
Montargis
Amilly
Saran
Ingré
La Chapelle-St-M.
Orléans
Olivet
Châteauneuf-s.-Loire
Meung-s.-L.
Beaugency
Sully-s.-Loire
La Ferté-St-Aubin
St-Laurent-Nouan
Mer
Gien
Briare
St-Brisson-sur-Loire
Chambord
Chaumont-s.-Tharonne
Chaon
Vineuil
Cheverny
Aubigny-s.-Nère
Concressault
Salbris
Bannay
Villeherviers
Nançay
Romorantin-Lanthenay
Neuilly-en-Sancerre
Selles-s.-C.
Vierzon
Menetou-Salon
Valençay
Mehun-s.-Y.
Bourges
St-Germain du-Puy
Issoudun
Châteauneuf-s.-Cher
Déols
Châteauroux
Meillant
St-Amand-Montrond
Argenton-s.-C.
La Châtre
36
45
18

C E N T R E

CHER

Jardin du Tisserand..... Bannay I5

18300 - Sancerre
Tél. : 02 48 72 32 10-Fax : 02 48 72 34 60
Ouv. tlj de 10 h 30 à 19 h en juill. et août ;
de 14 h à 18 h en avril, mai, juin, sept. et oct.
6 km N. de Sancerre par la RD 955

+12 ans

La tradition de l'élevage des vers à soie avait disparu du Berry depuis plus de 100 ans, elle renaît aujourd'hui au jardin du Tisserand. On y apprend tout sur la sériciculture (éclosion des œufs, mue, formation des cocons, métamorphose des chrysalides, émergence des papillons, ponte), puis on découvre le dévidage des cocons, le moulinage, le tissage sur des machines d'époque ou reconstruites à l'identique.

Muséum d'Histoire naturelle........................ Bourges H6

18000 - Bourges
Tél. : 02 48 65 37 34-Fax : 02 48 69 89 98
Ouv. tlj sauf jrs fér. de 14 h à 18 h et de 10 h à 12 h
et de 14 h à 18 h vac. scol.

+8 ans

Quel bonheur de visiter un musée d'histoire naturelle aussi intelligemment conçu !
Les visiteurs sont accueillis par des animaux naturalisés : éléphants, girafes, bisons, lions...
Au premier étage, dans la salle sur l'image de la nature, chacun progresse suivant un parcours ponctué de jeux : flipper du Moyen Âge pour apprendre les teintes des vitraux, puzzle géant pour l'art de la tapisserie, grotte préhistorique pour les peintures rupestres...
Avant d'entreprendre le voyage dans l'espace et le temps, on se détend en regardant les poissons évoluer gracieusement dans les aquariums. Puis on découvre le Berry grâce à un diorama reconstituant l'espace naturel de la région.

Château...... Châteauneuf-sur-Cher H7

18190 - Châteauneuf-sur-Cher
Tél. : 02 48 60 64 21-Fax : 02 48 60 51 57
Ouv. tlj de 10 h à 12 h et de 14 h à 19 h d'avril à fin oct. ; dim. et jrs fér. de 14 h à 17 h de nov. à mars

pour tous

Si la visite de cet imposant château du XVIe s. et de ses salons d'apparat peut plaire aux parents, les enfants, eux, préféreront la promenade en petit train dans le parc animalier où vivent de grands fauves (tigres, ours, panthères, pumas), de gentils kangourous, des daims familiers et des perroquets bavards.
En été, ils auront le plaisir de découvrir des maquettes animées évoquant l'aventure de Robin des Bois et un spectacle d'automates autour des contes de Perrault.

Musée de la Sorcellerie................ Concressault H5

La Jonchère
18260 - Vailly-sur-Sauldre
Tél. : 02 48 73 86 11-Fax : 02 48 73 71 03
Ouv. tlj de 10 h à 19 h en juin, juill., août et sept. ; de 10 h à 18 h en avril, mai et oct.
RD 8 14 km S.-E. d'Argent-sur-Sauldre

+8 ans

Dans une ambiance où règnent magie et mystère surgissent tous les personnages des contes et légendes.
Après une première rencontre avec la sorcière Méphisto, nous traversons une forêt de lutins puis longeons une mare aux crapauds avant de passer à proximité de la tour de Merlin.
Nous entrons dans le passé des sorcières, remontant le temps jusqu'à la préhistoire, puis nous regardons des saynètes représentant des faits historiques, comme les procès de l'Inquisition, ou des personnages de légende. Il ne faudra surtout pas partir avant d'aller revoir la sorcière qui, avec un peu de chance, dévoilera aux enfants le secret de sa potion magique...
Un point-conte permet de visionner des histoires.
Le musée utilise toutes les techniques modernes, telles que jeux de lumière, automatismes, détecteurs de son, diffuseurs d'odeurs, etc.
Un diable de musée !

Château.................... Meillant H7

18200 - Meillant
Tél. : 02 48 63 32 04 ou 02 48 63 30 58-Fax : 02 48 63 31 87
Ouv. tlj de 9 h à 11 h 30 et de 14 h à 18 h 30 de fév. à fin oct.

+8 ans

Le château médiéval, orné d'une tour octogonale, est entouré d'un parc aux arbres centenaires. Un jeu d'énigmes conduit les enfants d'arbre en arbre pour connaître les essences différentes. Un parcours-découverte en miniature des merveilles de la région leur donne l'occasion de faire un voyage extraordinaire en quelques pas. Le monde magique de la miniature les plonge dans une nouvelle dimension de l'Histoire. Au pays de l'infiniment petit, ils sont des grands et les grands sont des géants. Plusieurs espaces selon les époques : l'espace Moyen Âge avec un village médiéval ; l'espace Renaissance dans lequel une fête se prépare au château ; l'espace XVIIIe que l'on survole en montgolfière ; l'espace XIXe et sa ville ; et l'espace XXe avec ses immeubles Art déco. Un chef-d'œuvre !

Château............. Menetou-Salon H6

18510 - Menetou-Salon
Tél. : 02 48 64 80 16-Fax : 02 48 64 83 75
Ouv. tlj de 10 h à 18 h 30 en juill. et août ;
tlj sauf mardi de 10 h à 12 h et de 14 h à 18 h 30 de mars à juin et de sept. à nov.

+8 ans

Dans les dépendances de cette demeure princière du XIXe s. sont parquées des automobiles et des voitures hippomobiles de collection ; et dans le jardin un fascinant labyrinthe néogothique procure un prétexte à jouer et à se perdre…

Espace ciel ouvert...... Nançay G5

18330 - Nançay
Tél. : 02 45 51 18 18-Fax : 02 48 51 18 13
Ouv. tlj sauf mardi de 9 h 30 à 12 h et de 14 h à 18 h ; tlj en juill. et août. Séance de planétarium plusieurs fois par jour selon le jour et le mois ; durée : 50 minutes
Visite guidée de la station de radioastronomie à 10 h et 16 h en semaine, et à 10 h, 11 h, 15 h et 16 h le w.-e.

+12 ans

En plein cœur de la Sologne, au pied du grand radiotélescope de Nançay, le deuxième au monde par sa taille, il existe une station de

radioastronomie dont on peut visiter les installations extérieures, un espace interactif, l'espace ciel ouvert, qui a l'ambition de placer l'Univers et l'astronomie à la portée de tous, et un planétarium qui propose un voyage dans les étoiles et les constellations.
Des premiers instruments d'observation aux sondes spatiales, des précurseurs babyloniens aux projets du futur, tout est rassemblé ici pour que la voûte céleste révèle ses secrets. Une remarquable opportunité d'apprendre l'astronomie en s'amusant.

Voyage au pays des abeilles......... Neuilly-en-Sancerre H6

« Les Petits »
18250 - Henrichemont
Tél. : 02 48 79 00 99-Fax : 02 48 73 79 00 04
Ouv. tlj de 16 h à 17 h en juill. et août
et les w.-e. d'avril, mai et sept.
RD 22 entre Henrichemont et Sancerre

+8 ans

Suivez l'apiculteur qui vous ouvre une ruche et pénétrez dans le monde merveilleux des abeilles.
La miellerie, où l'on peut, entre autres choses, regarder une vidéo sur le monde merveilleux des abeilles, est ouverte toute l'année de 11 h à 19 h.

À Bourges, on trouve de délicieux bonbons pralinés de forme allongée, à l'aspect satiné et aux couleurs chatoyantes : ce sont les « forestines », du nom de leur créateur Georges Forest. Ainsi doit-on à ce maître confiseur berrichon l'invention du bonbon fourré, si souvent copié depuis. La maison Forest existe toujours et la forestine a fêté ses cent ans en 1979.

EURE-ET-LOIR

Les Félins d'Auneau... Auneau G2

28700 - Auneau
Tél. : 02 37 31 20 20-Fax : 02 37 31 26 28
Ouv. de 9 h 30 à 18 h de Pâques à sept. ; de 10 h à 17 h en fév., mars et oct. ; et de 13 h à 17 h en nov., déc. et janv.
Entre Chartres et Paris par l'A 11

pour tous

Le château d'Auneau est en train de devenir un centre européen de reproduction zoologique de félins (ouverture à l'automne 1998).
Dans le parc, autour d'un château du XIVe s. et de son donjon rond du XIe s., l'un des plus vieux de France, vivent des lions et leurs lionceaux, des tigres de Sibérie et de Sumatra, des jaguars, des guépards, des panthères (de Perse, de Sri Lanka et des panthères noires), des lynx, des chats du Bengale, des chats sauvages d'Afrique du Nord, etc. Parmi ces félins très rares, on pourra voir le plus petit félin du monde : le chat rubigineux, qui ne pèse que 700 g, et le plus gros : le tigre de Sibérie, dont le poids atteint 300 kg.
La visite promet d'être passionnante.

Musée départemental de l'École...................... Chartres F6

1, rue du 14-Juillet
28000 - Chartres
Tél. : 02 37 30 07 69
Ouv. de 10 h à 12 h et de 14 h à 18 h du lundi au vend. ; fermé les jrs fér.
A 10, à 100 km O. de Paris

+8 ans

Tiens, grand-grand-papa allait lui aussi à l'école ? Il n'était pas si mal, son bureau ! Heureusement que le bonnet d'âne n'existe plus !
Tout l'univers de l'école au début du siècle a été fidèlement reconstitué dans une salle de classe de campagne. Se renseigner sur les animations.

Maison du Picassiette Chartres F2

28000 - Chartres
Tél. : 02 37 34 10 78-Fax : 02 37 36 14 69
Ouv. tlj sauf mardi et dim. matin de 10 h à 12 h
et de 14 h à 18 h d'avril à fin oct.

pour tous

Lorsque les mamans verront la drôle de maison de Raymond Isidore, découvrant ainsi ce que l'on peut faire avec de la vaisselle cassée, elles n'auront plus de raisons de faire un drame si les enfants font tomber par terre une pile d'assiettes !
Voilà un monsieur qui pendant des années a décoré les murs, le sol, le plafond, les meubles de sa maison avec de la vaisselle brisée… Et, comme il n'avait plus de place, il fit construire une chapelle pour créer de nouvelles surfaces afin de poursuivre son œuvre.
Très amusant à voir, y compris pour les enfants, qui seront fascinés par la bonne idée de cet original !

Petit train................. Chartres F6

28000 - Chartres
Départ place de la Cathédrale
Tél. : 02 37 21 87 60-Fax : 02 37 21 87 60
Circule tlj de 10 h à 19 h de la mi-mars à la mi-nov.
A 10, à 100 km O. de Paris

pour tous

Un circuit de 35 minutes permet de découvrir sans se fatiguer la ville de Chartres ; on pourra ainsi se reposer de la visite de la cathédrale en se promenant tranquillement dans les quartiers historiques de la ville. Les plus courageux pourront néanmoins, pendant ce temps-là, grimper au sommet des **tours de la cathédrale** (rens. au 02 37 36 45 85).

Parc de loisirs... Cloyes-sur-le-Loir F3

28220 - Cloyes-sur-le-Loir
Tél. : 02 37 98 50 53-Fax : 02 37 98 33 84
Ouv. de Pâques à sept.
RN 10 entre Châteaudun et Vendôme

pour tous

Un petit parc de loisirs où les petits s'amusent et se baignent pendant que les adultes se détendent en faisant du pédalo.

INDRE

Parc de la Haute-Touche...... Azay-le-Ferron E7

36290 - Azay-le-Ferron
Tél. : 02 54 39 20 82-Fax : 02 54 39 24 33
Ouv. tlj de 10 h à la tombée de la nuit
de Pâques à la Toussaint
L'accès du parc se trouve entre Azay-le-Ferron et Obterre

180 hectares sur les 500 de ce domaine sont réservés à la présentation de groupes d'animaux : des cervidés, des antilopes africaines et indiennes, des bisons et des watusis, des bouquetins et des mouflons, des lamas, des tigres de Sumatra, des zèbres, des loups, etc. La visite s'effectue au gré des sentiers pédestres parsemés de sites d'observation. Ceux qui n'aiment pas marcher peuvent également louer des vélos tout-terrain.

Village gaulois Moulins-sur-Céphons F6

Les Châteliers
36110 - Moulins-sur-Céphons
Tél. : 02 54 35 80 55 ou 02 54 35 61 39
Fax : 02 54 35 78 05
Ouv. tlj de 14 h à 18 h en juill. et août, les dim. de juin et sept., et jrs fér. et vac. scol. le reste de l'année

Grâce aux résultats de vingt années de fouilles, un village gaulois a été reconstitué à l'échelle 2/3, comprenant maisons et ateliers. Excellent moyen pour découvrir comment vivaient nos ancêtres les Gaulois. D'autant plus que des visites guidées sont proposées aux enfants selon leur âge. La visite pour les 7-14 ans se fait autour des ateliers d'artisans avec la participation des enfants ; celle pour les plus petits (3 à 6 ans) se termine par l'invention d'une histoire née de ce qu'ils viennent de voir.
Des cours d'initiation à la poterie et aux fouilles archéologiques sont donnés aux enfants tlj en juill. et août. Les plus petits pourront pendant ce temps-là se déguiser en Gaulois à l'aide de papiers de couleur

Musée archéologique d'Argentomagus......... Saint-Marcel F8

36200 - Saint-Marcel
Tél. : 02 54 24 47 31-Fax : 02 54 24 11 70
Ouv. tlj sauf mardi de 9 h 30 à 12 h et de 14 h à 18 h
Gratuit pour les – de 6 ans

+8 ans

En visitant le musée archéologique d'Argentomagus, on entreprend un voyage de plus d'un million d'années qui conduit des temps préhistoriques à la fin de l'époque romaine.
Les espaces d'exposition utilisent les dernières technologies muséographiques.
On trouve des reconstitutions de la vie des hommes de la préhistoire et des Gallo-Romains, des vestiges provenant des fouilles et une grande fresque sur les techniques d'écriture.
Sur le site lui-même, remarquablement conservé, on découvre une ville du IIe s. avec ses maisons, son théâtre et sa fontaine.
Un petit livret, comportant un questionnaire ludique et des coloriages, est distribué aux enfants afin de leur permettre d'apprendre l'histoire en s'amusant.

Château.................. Valençay F6

36600 - Valençay
Tél : 02 54 00 10 69-Fax : 02 54 00 02 37
Ouv. tlj de 9 h 30 à 19 h 30 en juill. et août (18 h en sept. et oct.) ; de 14 h à 17 h en sem. et de 10 h à 17 h les w.-e. et jrs fér. en mars ; de 14 h à 17 h les w.-e. et jrs fér. de nov. à fin fév.
Animations tlj de la mi-juill. à la fin août et les w.-e. et jrs fér. du 1er mai au 20 sept.

+8 ans

Ce remarquable château de la Renaissance fut la propriété du prince de Talleyrand, ministre de Napoléon. La visite des appartements somptueusement meublés n'intéressera guère les plus jeunes visiteurs ; en revanche, les animations les réjouiront et leur feront apprécier l'histoire.
Toutes les heures, des comédiens en costume d'époque font revivre la vie au château : préparation du dîner, promenade de M. de Talleyrand, leçon d'équitation, etc.
On peut également assister à une grande fresque historique retraçant la vie de Talleyrand et son séjour à Valençay en assistant au spectacle son et lumière auquel participent plus de 200 acteurs en costume (juill. et août).

INDRE-ET-LOIRE

Maison enchantée...... Amboise E5

7, rue du général-Foy
37400 - Amboise
Tél. : 02 47 23 24 50-Fax : 02 47 23 24 50
Ouv. tlj sauf lundi de 10 h à 19 h en juill. et août ;
de 14 h à 17 h 30 les autres mois

Le monde féerique des automates a toujours le pouvoir de séduire petits et grands : là, 200 personnages animés font revivre des moments de l'histoire ou des passages de films célèbres.

Pagode de Chanteloup Amboise E5

37400 - Amboise
Tél. : 02 47 57 20 97-Fax : 02 47 57 65 97
Ouv. tlj juill. et août de 9 h 30 à 20 h ; de 10 h à 19 h en juin et sept. ; de 10 h à 18 h en mai ; de 10 h à 12 h et de 14 h à 17 h en mars et avril ; de 14 h à 17 h et w.-e. de 10 h à 12 h et de 14 h à 17 h en fév. et d'oct. à déc.
Gratuit pour les – de 12 ans
2,5 km S. d'Amboise par la RD 31

Du sommet de cette drôle de pagode, un magnifique panorama s'étend sur la vallée de la Loire et la forêt d'Amboise.
Pendant l'été, les enfants peuvent apprendre à jouer au croquet ou aux quilles, s'initier à des jeux d'adresse tels que ceux du tonneau, du balancier, des grandes arcades, de la croquarde… Ceux qui préfèrent les jeux plus calmes pourront faire une partie de mikado géant ou jouer aux dominos avec leurs parents dans le salon de jardin. Et, pendant ce temps-là, les plus petits pousseront des chariots de bois ou chevaucheront un des balais de sorcière. Enfin, les plus sportifs s'adonneront aux joies de l'aviron en pagayant sur la pièce d'eau.

Dans la vallée de la Loire, les enfants et les parents gourmands n'auront que l'embarras du choix parmi les friandises et pâtisseries, spécialités de la région. À Loches, ils se laisseront tenter par le « fripon », un gâteau praliné aux amandes et au chocolat, le tout glacé au citron, et croqueront les cerises au chocolat dites « caprices d'Agnès Sorel ». À Amboise, les enfants suceront des sucres d'orge aromatisés à la pomme ou à la cerise, laissant les Amboisines, des chocolats parfumés au marc, à leurs papas.

Manoir du Clos-Lucé.. Amboise E5

2, rue du Clos-Lucé
37400 - Amboise
Tél. : 02 47 57 62 88-Fax : 02 47 30 54 28
Ouv. tlj de 9 h à 20 h en juill. et août ; de 9 h à 19 h de fin mars à fin juin et en sept. ; de 9 h à 18 h en fév. et mars et de nov. à fin déc. ; de 10 h à 17 h en janv.

+8 ans

Quelques-unes des maquettes des fabuleuses machines volantes conçues par Léonard de Vinci ont été réalisées scrupuleusement par IBM d'après les dessins du maître et avec les matériaux de l'époque. On admire, entre autres : une lanterne magique – Léonard de Vinci avait découvert le principe de la projection de la lumière à l'aide d'une loupe –, un char d'assaut – un ensemble blindé sur quatre roues entraîné par la force humaine ou animale et comportant des canons et une tourelle d'observation –, une mitrailleuse, les ancêtres du parachute, de l'aéroplane, de l'hélicoptère… Avec quatre siècles d'avance, ce précurseur génial avait fait quelques-unes des découvertes qui allaient marquer le XXe s.
Léonard de Vinci n'était pas que cet ingénieur stupéfiant, il était aussi le peintre à qui nous devons entre autres la célèbre *Joconde*, sculpteur, musicien, poète, une force de la nature – il était capable de tordre un fer à cheval d'une seule main –, et l'ami du roi François Ier. Un spectacle vidéo retrace cette vie exceptionnelle.
Pour faire patienter les petits, il existe un parc de jeux de plein air.

Musée de la Poste..... Amboise E5

Hôtel de Joyeuse - 6, rue de Joyeuse
37400 - Amboise
Tél. : 02 47 57 00 11-Fax : 02 47 23 19 80
Ouv. tlj de 9 h 30 à 12 h et de 14 h à 18 h 30 d'avril à sept. ; de 10 h à 12 h et de 14 h à 17 h 30 de fév. à fin mars et d'oct. à déc.

pour tous

Aménagé dans une belle demeure du début du XVIe s., le musée fait revivre l'histoire de l'acheminement du courrier depuis la poste à cheval avec postillons et relais jusqu'à celle d'aujourd'hui.
Les bottes que portaient les postillons, véritables carapaces, impressionneront les jeunes visiteurs. Elles servaient avant tout à protéger les jambes des frottements des chaînes et des coups de timon. Elles étaient si lourdes – certaines pesaient plus de 3 kg – qu'une fois à terre le postillon devait les ôter immédiatement, car le moindre pas s'avérait impossible dans un tel carcan. Les 12-15 ans peuvent découvrir le musée guidés par les commentaires enregistrés sur baladeur.

Château royal........... Amboise E5

37400 - Amboise
Tél. : 02 47 57 00 98-Fax : 02 47 57 52 23
Ouv. tlj de l'année (château) ;
grands jeux Renaissance tlj en juill. et août

+8 ans

La visite d'un château, aussi prestigieux soit-il, est toujours un peu longue pour les jeunes, aussi préféreront-ils avoir l'occasion de s'initier aux jeux et divertissements des princes de la Renaissance.
Sous la conduite d'animateurs en costume d'époque, ils apprendront à jouer aux quilles, au billard, au mail, etc., participeront activement aux joutes équestres données dans le parc et aux farces mettant en scène les différents personnages qui ont fait l'histoire du château.

Parc des mini-châteaux................ Amboise E5

37400 - Amboise
Tél. : 02 47 23 44 44 (rép. voc. : 08 36 68 69 37)
Fax : 02 47 23 44 45
Ouv. tlj de 9 h à 19 h d'avril à fin sept. (22 h 30 en juill. et août) ; de 10 h à 17 h en fév., mars, oct. et nov.
Rocade d'Amboise, dir. Chenonceaux

+8 ans

Le tour des châteaux de la Loire à l'échelle des enfants. Plus de 40 maquettes de châteaux, des moulins à vent et à eau, des maisons de style Renaissance au 1/25e… dans un paysage planté de bonsaïs. Et en complément à cette promenade, un voyage fantastique dans un château médiéval grâce à un film en 3D.

Spectacle son et lumière................ Amboise E5

Château
37400 - Amboise
Rens. et réserv. tél. : 02 47 57 14 47
Fax : 02 47 57 70 38
Spect. merc. et sam. de fin juin à fin août à 22 h 30 (22 h en août)

pour tous

Le génial Léonard de Vinci aurait sûrement été enthousiasmé par ce festival de lumières, d'effets pyrotechniques et de jeux d'eau. Il y aurait retrouvé un peu de l'ambiance qui régnait à la cour du

roi François Ier : danses de la Renaissance, scènes villageoises, chevauchées s'enchaînent sur fond d'histoire.
Un spectacle conçu, réalisé et animé par les habitants de la région.

Parc du Fou de l'âne.. Amboise E5

37400 - Amboise
Tél. : 02 47 23 44 44
Rép. voc. : 08 36 68 69 37
Fax : 02 47 23 44 45
Ouv. tlj de 9 h à 20 h en juill. et août ; de 10 h à 19 h d'avril à juin et en sept. ; de 10 h à 17 h en oct. et jusqu'à mi-nov.
Rocade d'Amboise, dir. Chenonceaux

pour tous

Comme ils sont différents les uns des autres, ces petits ânes ! L'âne gris de Provence a une bonne tête de jouet en peluche ; l'âne pie d'Irlande est fier de ses belles taches blanches et rousses ; le baudet du Poitou a de bien grandes oreilles…
Quelle que soit leur couleur ou leur taille, ils ont tous des têtes bien sympathiques.
Dans la Maison enchantée de l'âne, les enfants découvrent cet équidé à travers l'histoire et les histoires : le secret du bonnet d'âne, la féerie de Peau d'Âne, la magie d'Ali Baba et la nativité entre l'âne et le bœuf…
Possibilité de faire le tour du parc en carriole.

Petit train touristique.................... Amboise E5

37400 - Amboise
Tél. : 02 47 57 09 28-Fax : 01 34 10 89 14
Circule tlj en juill. et août
Départ devant l'OT

pour tous

Le petit train emmène ses passagers dans une flânerie le long des rues pittoresques de la ville d'Amboise. Des arrêts sont prévus au Clos-Lucé et au musée de la Poste.

Réserve de Beaumarchais............... Autrèche E5

37110 - Château-Renault
Tél. : 02 47 56 22 30-Fax : 02 47 56 03 89
Ouv. tlj de 10 h à 12 h et de 14 h à 18 h
d'avril à fin sept.
Durée de la visite : 1 h 15
11 km S.-O. de Château-Renault par la RD 31

pour tous

Des sangliers, des cerfs et des biches, et depuis peu des autruches, des émeus et des nandous…
La visite se fait à bord d'un petit train qui permet d'observer de près les animaux en écoutant des récits et des anecdotes autour de ceux-ci, puis elle s'achève par un diaporama sur la vie et les habitudes des animaux que l'on vient de voir.

Centrale nucléaire de Chinon...................... Avoine C6

Centrale nucléaire
37420 - Avoine
Tél. : 02 47 98 77 77
Durée de la visite : 2 heures
Papiers d'identité exigés et insc. préalable nécessaire

+12 ans

L'ancienne centrale nucléaire de l'EDF a été aménagée en musée de l'Atome. Des spectacles audiovisuels, une visite commentée de la salle des machines, des informations sur écrans interactifs, des spectacles audiovisuels permettent de mieux connaître ce mode de production de l'énergie.

Musée de Cire...... Chenonceaux E5

Château
37150 - Chenonceaux
Tél. : 02 47 23 90 07-Fax : 02 47 23 80 88
Ouv. tlj de 9 h à 19 h de mars à sept. ;
de 9 h à 17 h le reste de l'année

+8 ans

Enjambant harmonieusement le Cher, le ravissant château de Chenonceaux a souvent été appelé le « château des femmes » : épouses légitimes, favorites, reines l'ont en effet habité pendant 400 ans. Elles sont toutes présentes au musée de Cire : Catherine de

Briçonnet qui fit construire le château (XVe s.), la belle Diane de Poitiers, la reine Catherine de Médicis, à qui l'on doit le parc et la galerie au-dessus du pont, Louise de Lorraine, qui y passa toute sa vie après l'assassinat de son époux Henri III, Mme Dupin, qui y reçut toutes les célébrités de l'époque et qui prit Jean-Jacques Rousseau comme précepteur pour son fils, enfin Mme Pelouze qui fit restaurer le château au XIXe s.
Leur souvenir est également évoqué le soir au cours d'un spectacle son et lumière.

Petit train touristique... Chinon C6

37500 - Chinon
Tél. 05 49 22 51 91-Fax : 05 49 22 55 38
Circule tlj en juill. et août ; w.-e. de mi-avril à fin juin et en sept.

pour tous

En partant du château, le petit train propose une promenade commentée dans le quartier médiéval de la vieille ville de Chinon.

Musée de Préhistoire.......... Le Grand-Pressigny E7

Château
37350 - Le Grand-Pressigny
Tél. : 02 47 31 43 27-Fax : 02 47 71 43 29
Ouv. tlj de 9 h 30 à 18 h 30 de juin à sept. ; de 9 h 30 à 12 h 30 et de 14 h à 17 h de fév. à mi-mars et en oct. et nov. (18 h en mars et avril)

+8 ans

La galerie Renaissance de ce château d'architecture moyenâgeuse abrite un musée de préhistoire avec une impressionnante collection d'outils et de fossiles.
Des ateliers de découverte de la préhistoire sont proposés aux 6-12 ans en juill. et août (rens. au 02 47 91 07 48). Ils y apprennent à faire du feu par friction de morceaux de bois, à tirer à l'arc ou au propulseur, à construire un mur en torchis et à peindre dessus avec les techniques utilisées dans les grottes.

Château .... Langeais D5

37130 - Langeais
Tél. : 02 47 96 72 60-Fax : 02 47 96 54 44
Ouv. du 15 juill. à fin août de 9 h à 21 h ; de 9 h à 18 h 30 d'avril à sept. ; de 9 h à 12 h 30 et de 14 h à 18 h 30 d'oct. à nov. ; de 9 h à 12 h et de 14 h à 17 h de nov. à mars

+8 ans

Un château fort avec pont-levis, douves, chemin de ronde, murailles épaisses, canons... et, à l'intérieur, une reconstitution du mariage de Charles VIII et Anne de Bretagne en 1491, grâce à des personnages de cire. Une visite attrayante pour les enfants.

Aquarium de Touraine .... Lussault-sur-Loire E5

37400 - Amboise
Tél. : 02 47 23 44 44 (rép. voc. : 08 36 68 15 02)
Fax : 02 47 23 44 45
Ouv. tlj de 9 h à 19 h d'avril à fin sept. (22 h 30 en juill. et août) ; de 10 h à 17 h en fév. et mars et en oct. et nov.

pour tous

Voici le plus grand aquarium d'eau douce d'Europe : des poissons familiers comme les brochets, les truites de rivière ou les saumons y voisinent avec des poissons rares comme la carpe chinoise, de plus de 50 kg, ou l'effrayant *Polyodon spatula.*

Depuis quelque temps, la mer est parvenue en Val de Loire et une dizaine de requins (requins nourrices, requins pointes blanches et pointes noires) patrouillent dans 300 000 litres d'eau que traverse un tunnel long de 16 m.

Et, faute de plonger pour de vrai dans les mers profondes, les visiteurs pourront partir côtoyer les barracudas et les poissons tropicaux grâce à des petits films en 3 D. Un spectacle de loutres est en projet. Les poissons ont leur repas servi à heure fixe (11 h, 16 h et 17 h), un rendez-vous à ne pas manquer.

Plan d'eau La Membrolle-sur-Choisille D5

37390 - La Membrolle-sur-Choisille
Rens. tél. : 02 47 41 21 28 (mairie)
6 km N. de Tours par la RN 138

pour tous

Une bonne occasion de se baigner et de profiter d'une plage surveillée ; les enfants naviguent sur des mini-bateaux électriques qu'ils pilotent eux-mêmes.

Labyrinthus....... Reignac-sur-Indre E6

« Le Café Brûlé »
37310 - Reignac-sur-Indre
Tél. : 02 47 94 10 85-Fax : 02 38 85 06 94
Ouv. tlj de 10 h 30 à 19 h 30 (24 h les soirs de pleine lune) de début juill. à mi-sept. et les vend. et w.-e. de sept.
RN 143 entre Tours et Loches

+8 ans

Un dédale de chemins mystérieux où des personnages étranges surprennent les promeneurs et les égarent au cœur d'un parcours plein d'émotions et de surprises : jardins magiques, forêt de tournesols géants, sculptures monumentales.
En essayant de trouver son chemin, chacun devient acteur d'une histoire fantastique.
Le livret donné à l'entrée révèle aux jeunes visiteurs quelques secrets du Labyrinthus.
Les soirs de pleine lune, le Labyrinthus reste ouvert pour un itinéraire insolite sous les étoiles.
Création éphémère, le Labyrinthus donne rendez-vous chaque année aux visiteurs avec un nouveau dessin, une nouvelle histoire et de nouveaux personnages. Le Labyrinthus a de nombreux projets et notamment l'ouverture d'un nouveau parc à Cravans, près de Royan en Charente-Maritime.

Château d'Ussé....... Rigny-Ussé D6

37420 - Avoine
Tél. : 02 47 95 54 05-Fax : 02 47 95 54 05
Ouv. tlj de 9 h à 18 h 30 de mi-juill. à fin août ; de 10 h à 12 h et de 14 h à 18 h de mars à mi-juill. et en sept. (18 h 45 de Pâques à mi-juill. et en sept. et 17 h 30 de mi-fév. à mi-mars et de fin sept. au 11 nov.)

pour tous

On appelle le château d'Ussé dominant de sa haute silhouette blanche la vallée de l'Indre le château de la Belle au bois dormant car il inspira Charles Perrault pour écrire son célèbre conte.
Dans une des tours du château, le conte est devenu réalité : une jolie princesse y dort en attendant son Prince Charmant, alors que non loin de là se cache la méchante fée marraine.
Chaque été, une exposition de costumes d'époque est merveilleusement présentée dans les salons du château.

Musée de la Cadillac............ Saint-Michel-sur-Loire D5

Château de Planchoury
37130 - Langeais
Tél. : 02 47 96 81 52-Fax : 02 47 96 51 98
Ouv. tlj de 10 h à 18 h d'avril à sept.
5 km S.-O. de Langeais le long de la Loire

+8 ans

La Cadillac est une voiture de légende dont l'image est associée aux stars du cinéma américain. Un industriel belge a réalisé son rêve d'enfant en faisant l'acquisition de 60 modèles de 1926 à nos jours ; ils sont aujourd'hui exposés dans ce château au bord de la Loire. On admire par exemple le beau Town Cabriolet V16 ayant appartenu à Marlene Dietrich ou une autre « belle américaine » ayant fait partie de l'écurie de Sacha Guitry.
On pourra également se prendre pour une star pendant une promenade de 15 minutes à bord d'une de ces belles Cadillac.

Château... Sainte-Maure-de-Touraine D6

37800 - Sainte-Maure-de-Touraine
Tél. : 02 47 65 66 20-Fax : 02 47 34 04 28
Ouv. tlj de 10 h à 11 h 15
et de 14 h 30 à 17 h du 1er avril au 15 oct.

+8 ans

La famille Rohan-Quéméné vécut dans ce château du XVe s. jusqu'à la Révolution. Le roi Louis XIV lui fit l'honneur de s'arrêter en revenant de son mariage avec Marie-Thérèse à Saint-Jean-de-Luz. Des personnages en costume redonnent vie à quelques pièces du château et animent un petit musée de la Chèvre et du Fromage.

La Petite France .... Savigné-sur-Lathan D5

37340 - Savigné-sur-Lathan
Tél. : 02 47 24 60 19-Fax : 02 47 24 97 77
Ouv. tlj sauf lundi de 14 h 30 à 18 h de mai à déc.
15 km N. de Langeais

pour tous

Une évocation à l'échelle du 1/87e de la France grâce à 300 m² de maquettes animées. Les trains circulent d'une gare à l'autre dans une campagne dominée par des montagnes aux sommets enneigés. À l'extérieur, un train de jardin reproduit celui qui passait à la gare voisine de La Fuye. Comme autrefois, une locomotive à vapeur tire ses wagons et serpente le long du lac de Rillé, traversant bois et bosquets (circule dim. et jrs fér. de 14 h 30 à 18 h 30 de mai à sept.).

Grottes pétrifiantes — Savonnières D5

37510 - Joué-les-Tours
Tél. : 02 47 50 00 09-Fax : 02 47 50 01 03
Ouv. tlj de 9 h à 18 h 30 du 1er avril au 30 sept. ; de 9 h à 12 h et de 14 h à 18 h en fév., mars et d'oct. à mi-nov.
Visite commentée de 1 heure

+8 ans

Un monde étrange composé d'étincelantes concrétions, stalactites, stalagmites, draperies, cascades, etc. L'eau en ruisselant a sculpté des objets qui recréent d'étonnants bas-reliefs.
À voir : l'originale reconstitution de la faune préhistorique.

Historial de la Touraine.. — Tours D5

Château royal - 25, av. André-Malraux
37000 - Tours
Tél. : 02 47 61 02 95-Fax : 02 47 66 94 04
Ouv. tlj de 9 h à 18 h 30 en juill. et en août ; de 9 h à 12 h et de 14 h à 18 h de mi-mars au 30 juin et en sept. et oct. ; l'a.-m. de nov. à mi-mars
Gratuit pour les – de 7 ans

+8 ans

C'est au château de Tours que Charles VII, le roi errant, trouva refuge avec son fils Louis XI. Cet édifice abrite aujourd'hui le musée Grévin de Touraine.
Des rois, des reines, Jeanne d'Arc, Léonard de Vinci, François Rabelais, Pierre de Ronsard, Richelieu, Honoré de Balzac, Gambetta, Anatole France…, en tout 165 personnages font revivre l'histoire de la Touraine de la période gallo-romaine au XXe siècle.
Une occasion exceptionnelle de faire la connaissance de toutes les célébrités qui passèrent par cette région.

Aquarium de Tours........ Tours D5

37000 - Tours
Tél. : 02 47 64 29 52
Ouv. tlj de 9 h 30 à 19 h en juill. et en août ;
de 9 h 30 à 12 h et de 14 h à 18 h d'avril à fin juin
et en sept. et oct. ; de 14 h à 18 h de nov. au 31 mars
Gratuit pour les – de 5 ans

pour tous

Installés dans le château de Tours, les bassins de cet aquarium sont de véritables tableaux vivants : ceux contenant la faune africaine et australienne sont dans un décor d'ambre et d'ébène ; les aquariums des espèces d'Asie et d'Amérique du Sud sont encadrés de cannage beige et noir ; ceux représentant les profondeurs des mers tropicales sont visibles à travers des hublots…
Plus de 1 200 poissons de 220 espèces différentes peuvent être observés : on sera particulièrement séduit par les poissons-clowns, les polites coralliens, les oursins diadèmes, les carpes miroirs ou encore les perches soleils…
L'aquarium de Tours est un des rares aquariums de France à proposer des visites guidées qui sont très intéressantes à suivre.

Visite de la ville........... Tours D5

Départ : OT, 78, rue Bernard-Palissy
37000 - Tours
Tél. : 02 47 70 37-34-Fax : 02 47 61 14 22

+8 ans

L'OT propose aux 6-12 ans des visites à thèmes de monuments pendant que les parents effectuent au calme la visite de leur choix.
Le tour de la ville peut se faire également à bord du petit train touristique (départ de l'hôtel de ville ; tél. : 02 47 70 37 37 ; circule de Pâques à fin sept.).

LOIR-ET-CHER

Maison de la Magie........ Blois F5

1, place du Château
41000 - Blois
Tél. : 02 54 55 26 26-Fax : 02 54 55 26 28
Ouv. tlj de 10 h à 18 h 30 du 1er juill. au 31 août ; de 10 h à 13 h et de 14 h à 18 h en juin et sept. ; merc., jeudi et w.-e. de 10 h à 12 h 30 et de 14 h à 17 h 30 en oct. et nov.

+8 ans

Le grand magicien Robert Houdin étant né à Blois, la ville se devait de l'honorer en ouvrant une maison consacrée à la magie.
Un dragon à six têtes d'où, à chaque heure, l'hydre mythique des légendes apparaît, accueille les participants à l'incroyable aventure. Après avoir traversé la salle des racines de la magie, dans laquelle les grandes illusions sont mises en scène et où des tableaux-automates relatent l'histoire de la magie, le chemin passe par un kaléidoscope géant. Là, le visiteur devient acteur et se perd dans un monde virtuel où la réalité n'est plus qu'une piètre illusion… Puis, avec un peu de chance, le grand physicien dans son laboratoire délivrera quelques-uns de ses secrets. Des magiciens de renom présentent ensuite quelques-unes de leurs plus célèbres illusions.
L'aventure se termine par la visite du cabinet fantastique de Robert Houdin et de l'espace du professeur Magicius, où sont réunis les souvenirs de 50 des plus grands magiciens de la seconde moitié du XIXe s.

Muséum d'Histoire naturelle........................... Blois F5

Les Jacobins - Rue Anne-de-Bretagne
41000 - Blois
Tél. : 02 54 74 13 89-Fax : 02 54 74 31 82
Ouv. tlj sauf lundi de 9 h à 12 h et de 14 h à 18 h de juin à fin août ; mardi, jeudi, vend. et dim. de 14 h à 18 h et merc. et sam. de 9 h à 12 h et de 14 h à 18 h le reste de l'année

+8 ans

Un musée bien présenté pour mettre en valeur la diversité biologique de la Loire, des étangs, des pelouses calcaires ou de la forêt. On observe la vie cachée sous l'écorce et le sol ou encore le monde microscopique d'une goutte d'eau. Des dioramas, des maquettes, des modules interactifs, des animations audiovisuelles rendent la visite aussi vivante qu'attrayante.

Astrespace.................... Blois F5

18, rue Dorgelès
41000 - Blois
Tél. : 02 54 42 19 54
Ouv. sam. de 15 h à 18 h (planétarium) tte l'année
Gratuit pour les – de 10 ans

+8 ans

Musée interactif des Sciences et de l'Astronomie, l'Astrespace a aussi un planétarium où des séances de découverte du ciel ont lieu le samedi à 17 h. Un club Astr'Ado (10-20 ans) se réunit les merc. a.-m et sam. soir.

Son et lumière.............. Blois F5

Château - 41000
Tél. : 02 54 78 72 76-Fax : 02 54 74 08 61
Ouv. tlj de 9 h à 20 h en juill. et août ; de 9 h à 18 h 30 de mars à juin et en sept. ; de 9 h à 12 h 30 et de 14 h à 17 h 30 d'oct. à mars (château)
Spect. à la tombée de la nuit de mai à mi-sept.
Gratuit pour les – de 6 ans

+8 ans

Le château de Blois s'enorgueillit d'avoir accueilli des hôtes prestigieux : Louis XII, Anne de Bretagne, François Ier, Catherine de Médicis, qui a laissé son inquiétante armoire à poisons, Henri III, Gaston d'Orléans… Un spectacle composé de tableaux projetés et de scènes vivantes nous conte l'histoire de leurs séjours d'après un texte d'Alain Decaux dit par Robert Hossein.

Haras national............... Blois F5

62, av. Maunoury
41000 - Blois
Tél. : 02 54 55 22 82-Fax : 02 54 56 08 59
Ouv. tlj sauf dim. à 14 h 30 du 15 mars au 11 nov. (visite animée et pédagogique de 1 h 30)

+8 ans

Au cours d'une visite guidée, les passionnés de cheval font la connaissance d'une cinquantaine d'étalons, pur-sang, poneys, chevaux de trait et ânes ; ils découvrent les nouvelles techniques de reproduction ; apprennent tout sur les métiers liés aux chevaux et les activités journalières du personnel ; enfin, ils admirent les brides, les harnais et les selles bien astiqués et une collection de voitures hippomobiles. La deuxième quinzaine de septembre, des soirées en plein air mettent en scène une centaine d'acteurs retraçant l'histoire du cheval dans la société et des haras nationaux depuis plus de trois siècles.

Promenade en attelage... Blois F5

41000 - Blois
Tél. : 02 54 90 41 41 (OT)-Fax : 02 54 90 41 49 (OT)
Circule tlj en juill. et août ;
les w.-e. et jrs fér. en mai, juin et sept.

pour tous

Au départ de la place du château, une promenade de 20 minutes en calèche attelée à deux percherons à travers les rues de la vieille ville.

Château.................. Chambord F5

41250 - Chambord
Tél. : 02 54 50 40 00 et 02 54 50 40 28
Fax : 02 54 20 34 69
Ouv. tlj de 9 h 30 à 17 h 15 de janv. à mars et d'oct. à déc. ; jusqu'à 18 h 15 d'avril à juin et en sept., 19 h 15 en juill. et août
Gratuit pour les – de 12 ans

+8 ans

Aussi spectaculaire que soit le château de Chambord, sa visite ennuiera les jeunes enfants aussi une garderie gratuite (à partir de 4 ans) est-elle à la disposition des parents ; quant aux plus grands (7-12 ans), ils pourront suivre une visite conçue à leur intention (w.-e. de printemps et juill. et août ; réserv. conseillée).
La nuit venue le château se métamorphose grâce à un jeu subtil d'éclairages dynamiques. Des promenades en barque sur le grand canal et dans les douves permettent de redécouvrir le château au fil de l'eau (du 15 mars à nov. ; rens. tél. : 02 54 56 00 43).

Spectacle équestre... Chambord F5

Écuries du maréchal de Saxe
41250 - Chambord
Tél. : 02 45 20 31 01
Fax : 02 54 20 38 52
Spect. tlj à 11 h 45 de mai à sept. ; 11 h 45 et 16 h les w.-e. de mai, juin et sept. ; 11 h 45 et 17 h en juill. et août

+8 ans

Chevaux et cavaliers en costume d'époque retracent l'histoire du château, de la Renaissance au comte de Chambord.

Parc forestier.......... Chambord F5

41250 - Chambord
Tél. : 02 54 50 40 28 et 02 54 50 40 00
Fax : 02 54 20 34 69
Ouv. tte l'année

pour tous

La grande réserve de chasse des rois de France est à la disposition des promeneurs. Des aires de vision permettent d'observer à loisir la libre évolution des cerfs, chevreuils, sangliers... Au départ des écuries du maréchal de Saxe, sous la conduite d'un cocher, des calèches attelées proposent 1 heure de promenade et de découverte du parc du château et de la réserve cynégétique (tél. : 02 54 20 31 01).

Maison du Braconnage Chaon G5

41600 - Lamotte-Beuvron
Tél. : 02 54 88 68 68 et 02 54 88 46 36 (mairie)
Fax : 02 54 88 14 44
Ouv. tlj sauf mardi de 14 h à 18 h en juill. et août et les merc., w.-e. et jrs fér. de 14 h à 18 h de sept. à mi-nov. et d'avril à fin juin
12 km E. de Lamotte-Beuvron par la RN 29

+8 ans

Le braconnage fait quelque peu fantasmer, et la littérature comme le cinéma lui ont fait une belle place ! Allons découvrir la face cachée de ce monde de la chasse qui ignore la loi. Les jeunes visiteurs s'amuseront à résoudre l'énigme à base d'empreintes d'animaux, regarderont avec intérêt les différents pièges et feront la connaissance de célèbres personnages de la littérature comme le héros de Maurice Genevoix, Raboliot.
Le but de ce musée n'est pas de faire l'apologie du braconnage mais de mieux faire connaître les lois de la chasse.

Les enfants seront surpris d'apprendre que les rois et les reines se déplaçaient avec leurs meubles : cela évitait les valises ! Mais quel encombrement, surtout lorsqu'on sait que Leurs Majestés se faisaient également accompagner d'une véritable ménagerie et d'oiseaux exotiques !

Center Parcs

Chaumont-sur-Tharonne G5

Domaine des hauts de Bruyères
41600 - Lamotte-Beuvron
Tél. : 01 42 18 12 12 (centrale de réservation et d'informations)
Fax : 01 42 18 12 01
10 km O. de Lamotte-Beuvron par la RD 35

pour tous

Center Parcs, c'est le bout du monde en Sologne. Dans ce paradis aquatique, on se baigne toute l'année dans une eau à 29 °C. Tout est prévu pour que les enfants s'en donnent à cœur joie dans le grand bassin recouvert d'une immense bulle : ils glisseront sur les toboggans aquatiques, sauteront dans les vagues, se laisseront entraîner dans les rapides et les tourbillons, etc.
Hors de la bulle, ils feront du tennis ou de la bicyclette.
On ne peut pas hélas passer qu'un seul après-midi à Center Parcs, il faut y rester au moins un week-end, mais personne ne s'en plaindra !
Logée dans un charmant cottage, toute la famille profite, pour une somme forfaitaire, de toutes les installations du parc, aussi bien sportives que ludiques, et de l'espace dans lequel boutiques et restaurants sont installés sous une immense voûte transparente recréant un paysage tropical.

Élevage de bisons

Chauvigny-du-Perche E4

La Sirotière
41270 - Droué
Tél. / Fax : 02 54 80 65 46
Ouv. tlj de 14 h à 19 h tte l'année
13 km N.-E. de Cloyes-sur-Loir par la RD 15

pour tous

S'il n'y avait pas eu de fermes comme celle-ci, le bison serait un animal en voie de disparition, car des troupeaux entiers de ces gros bovidés furent massacrés en Amérique au siècle dernier pour nourrir bâtisseurs de chemin de fer et colonisateurs et développer le commerce de la peau.
Visite du parc et rencontre avec les bébés bisons.

Château.................. Cheverny F5

41700 - Cheverny
Tél. : 02 54 79 96 29-Fax : 02 54 79 25 38
Ouv. tlj de 9 h 15 à 18 h 45 de juin à mi-sept. ; de 9 h 15 à 12 h et de 14 h 15 à 18 h 30 en mars, avril et fin sept. ; de 9 h 30 à 12 h et de 14 h 15 à 17 h en juill. et août

Les enfants curieux de visiter le château qui inspira Hergé pour dessiner celui du capitaine Haddock à Moulinsart disposeront d'un petit dépliant-jeux qui leur rendra la visite distrayante. Ils apprécieront particulièrement la visite du chenil et de la salle des Trophées et ne voudront pas rater l'heure de la soupe des chiens (tlj sauf w.-e. et jrs fér. à 17 h d'avril à sept. ; tlj sauf mardi, w.-e. et jrs fér. à 15 h d'oct. à mars).
Le magnifique parc qui entoure le château peut se parcourir en voiture électrique ou encore se traverser en barque (avril à nov.).

Monti'train............. Les Montils F5

41000 - Les Montils
Tél. : 02 54 44 05 07 (OT)
Circule tlj en juill. et août

Des trains en modèle réduit passent des tunnels, franchissent des ponts… et les bateaux naviguent sur un plan d'eau de 800 m².
Une aire de jeux est à la disposition des plus petits.

Musikenfête.... Montoire-sur-le-Loir E4

41800 - Montoire-sur-le-Loir
Tél : 02 54 72 60 91-Fax : 02 54 72 60 88
Ouv. tlj de 10 h à 12 h et de 14 h à 18 h de mars à sept. ; de 14 h à 18 h d'oct. à déc. ; fermé en janv. et fév.

Ce musée, qui se définit comme le musée-spectacle des musiques traditionnelles, met en scène des instruments utilisés par les différents peuples du monde. Certains sont spectaculaires, comme l'orchestre de bidons qui joue tout seul à l'aide d'un ingénieux mécanisme, les orgues et le balafon, sur lesquels on peut exercer ses talents, le gamelan de Malaisie ou le bol chantant du Tibet.
Des animations musicales thématiques (Maroc, Afrique noire, Tsiganes, Russie…) ont lieu le premier dimanche de chaque mois à 16 h.

Donjon des Aigles.. Montrichard E5

Château
41400 - Montrichard
Tél. : 02 47 23 44 44-Fax : 02 47 23 44 45
Spect. tlj à 15 h 30 et 17 h de fin mars à fin sept.

pour tous

Devant le donjon carré et le reste de remparts a lieu un spectacle de vol de rapaces. Aigles, faucons et vautours font de spectaculaires démonstrations de leurs talents.

Aliotis, l'aquarium de Sologne............... Villeherviers G5

Le Moulin des Tourneux
41300 - Villeherviers
Tél. : 02 54 95 26 26-Fax : 02 54 95 26 20
Ouv. de 10 h à 20 h en juill. et août, de 10 h à 19 h en avril, mai, juin et sept. et de 10 h à 17 h d'oct. à mars

pour tous

Le monde de nos rivières et de nos étangs réparti dans plus de 150 aquariums. Une promenade dans le monde infime et merveilleux de la vie dans l'eau, de celle cachée sous les rochers et les algues.
Un bassin de contact permet aux volontaires de caresser les poissons. Un nouveau pensionnaire vient d'arriver ; il mesure 2,5 m et chaque jour un enfant aura la chance de lui donner à manger. À chaque heure un repas : 14 h les castors, 15 h le nourrissage de la mangrove et des poissons archers, 16 h les piranhas, 17 h les requins, 17 h 30 les pieuvres.
À côté du restaurant, un mini-port donne l'occasion aux plus petits de s'amuser à naviguer comme pour de vrai.

À Blois, il faudra faire attention aux malices du loup. Le dernier avatar de l'animal mythique, tout de noisettes, d'amandes et d'écorces d'orange, se déguste sans compter.

Zooparc de Beauval........... Saint-Aignan-sur-Cher F6

41110 - Saint-Aignan-sur-Cher
Tél. : 02 54 75 05 00-Fax : 02 54 75 50 01
Ouv. tlj de 9 h à la tombée de la nuit
Spect. tlj de Pâques à oct.

pour tous

À Beauval, les animaux sont visiblement heureux et ravis de recevoir des visites. Dans de vastes enclos paysagers se sont installés les fauves (tigres blancs, panthères noires, lions et jaguars), sur des îles des singes vivent en liberté, dans des volières des centaines de perroquets, des aras, des cacatoès... racontent leurs histoires, dans une grande piscine intérieure habitent des lamantins, véritables géants aquatiques...
De nouveaux pensionnaires viennent d'arriver : ce sont des rhinocéros blanc, des animaux impressionnants qui pèsent plus de 2 tonnes à l'âge adulte.
Les otaries et les rapaces, eux, ont décidé d'en faire encore plus et se donnent en spectacle plusieurs fois par jour en été.

Centrale nucléaire de Saint-Laurent-des-Eaux .... Saint-Laurent-Nouan F4

41220 - Saint-Laurent-Nouan
Tél. : 02 54 44 84 08 et 02 54 44 84 09
Fax : 02 54 44 84 10
Ouv. sur rendez-vous
À partir de 10 ans

+12 ans

La visite de la centrale nucléaire EDF se compose d'une conférence, d'une présentation du site, d'un film et de la visite proprement dite, qui comprend notamment la salle des machines.
Une bonne occasion de mieux comprendre les techniques de production de l'électricité grâce au nucléaire.
Un centre d'information, pour le public, comprenant un espace où les jeunes pourront réaliser des expériences sur le thème de l'électricité, ouvrira bientôt ses portes.

Magie de l'abeille.... Villechauve E4

41310 - Saint-Amand-Longpré
Tél. : 02 54 80 33 39-Fax : 02 54 89 39 85
Ouv. les w.-e. et jrs fér. a.-m. de 15 h à 17 h
de Pâques à la Toussaint
RN 10 entre Vendôme et Château-Renault

pour tous

À l'intérieur d'une construction en forme de nid d'abeilles, l'occasion de découvrir le monde fascinant de celles-ci.
Guidés par un apiculteur, les gourmands curieux apprennent comment les abeilles fabriquent le miel, et font la connaissance de la reine et de ses gardes du corps, des ouvrières et des faux bourdons, qui ne piquent pas.

À Vendôme, on aura du mal à résister à l'envie de lécher la « sainte-larme ». Cette goutte de chocolat enchâssée dans une coque en sucre veut évoquer la relique qu'abritait l'abbaye de la Trinité au Moyen Âge.

LOIRET

Moulin de Pierre........ Artenay G3

45410 - Artenay
Tél. : 02 38 80 40 17
Ouv. le 3e dim. du mois de 14 h à 18 h d'avril à oct.

+8 ans

Un des derniers moulins à vent, construit en 1849, a été remis en état de marche ces dernières années.
Si le vent le permet, des démonstrations de mouture et de tamisage de la farine sont faites au cours des visites.

Musée du Théâtre forain................ Artenay G3

45410 - Artenay
Tél. : 02 38 80 09 73-Fax : 02 38 80 48 03
Ouv. tlj sauf mardi et jrs fér.
(horaires différents suivant les saisons)

pour tous

La vie fascinante des forains est racontée à l'aide de costumes, de décors, d'affiches, de marionnettes. Une promenade sur les chemins de l'enfance et du rêve.
Des spectacles de marionnettes, changeant chaque année, sont présentés de juin à sept.

Train touristique.......... Briare I5

45250 - Briare
Départ : pont-canal de Briare
Tél. : 02 38 37 12 75-Fax : 02 38 37 09 84
Circule tlj de début juill. à fin août et les dim. d'avril à juill. et de sept.
Durée : 45 minutes

pour tous

Le petit train emmène ses passagers faire une promenade le long des canaux et des bords de la Loire et approche le pont-canal de Briare, ce curieux ouvrage d'art qui enjambe la Loire pour assurer la jonction entre le canal latéral et le canal de Briare.

Musée de la Marine de Loire........... Châteauneuf-sur-Loire G4

Anciennes écuries du château
45110 - Châteauneuf-sur-Loire
Tél. : 02 38 58 41 18-Fax : 02 38 58 39 10
Horaires et prix non communiqués lors de la rédaction du guide

+12 ans

Il vient de se refaire une beauté, ce musée qui rassemble les différents types de bateaux utilisés sur la Loire, évoque les techniques de navigation, la vie des mariniers et le transport des hommes et des marchandises.

Château de Chamerolles...... Chilleurs-aux-Bois G3

45170 - Chilleurs-aux-Bois
Tél. : 02 38 36 84 66-Fax : 02 38 32 90 91
Ouv. tlj sauf mardi de 10 h à 18 h d'avril au 30 sept., et de 10 h à 12 h et de 14 h à 17 h en fév. et mars et d'oct. à fin déc.
Gratuit pour les – de 7 ans ; passeport pour Sully et Chamerolles

+8 ans

Le château de Chamerolles fut construit au XVIe siècle par Lancelot Ier Dulac, son premier propriétaire. Cette belle forteresse médiévale avait subi les dommages du temps. Après de longues années de restauration elle a rouvert ses portes, accueillant notamment un exceptionnel musée du Parfum.
On y propose des visites à thèmes et surtout des visites en costumes à l'intention des enfants. Vingt déguisements sont disponibles (un gentilhomme du XVIe, une galante du XVIIIe, un homme d'affaires du XXe...), qui permettent de partir pour un voyage dans le temps (quelques dates en fév., avril, oct. et nov. ; se rens. par tél.). En juillet et août, les enfants ont une énigme à résoudre au cours de la visite, et les dimanches de la mi-juillet à fin août a lieu un spectacle équestre d'une heure avec la participation des enfants en costumes (selon le nombre de costumes). « Lancelot Ier Dulac est défié ! Saura-t-il vaincre ? » En décembre, les journées sont rythmées par des animation diverses.
Un livret-jeux est distribué aux enfants pendant les vacances scolaires.

Les Nocturnes de Ferrières........ Ferrières-en-Gâtinais I3

45210 - Ferrières-en-Gâtinais
Rens. et réserv. à l'OT ; tél. : 02 38 96 58 86
Spect. les sam. d'août à 22 h

+8 ans

À la tombée de la nuit, les rues de la petite ville médiévale, revivent comme autrefois.
Au gré de la balade, on entre dans l'univers des sorcières, on traverse le campement des saltimbanques, on s'attarde un moment au théâtre vénitien, etc., et, on va danser au bal Renaissance.

Château de La Ferté........ La Ferté-Saint-Aubin G4

45240 - La Ferté-Saint-Aubin
Tél. : 02 38 76 52 72-Fax : 02 38 64 67 43
Ouv. tlj de 10 h à 18 h du 15 fév. au 11 nov.

Pour tous

Il s'en passe des choses dans ce château !
Les gourmands sont à la fête : une visite (25 minutes) des appartements de réception est proposée sur le thème de la gourmandise et de l'art de la table à travers l'histoire de l'édifice et une démonstration de cuisine à l'ancienne (15 minutes) est faite dans les cuisines avec dégustation de madeleines au miel (d'avril à sept. les merc. et dim. a.-m.).
Les cavaliers sont comblés en admirant les chevaux des écuries et la magnifique sellerie.
Les plus petits sont fiers comme Artaban en faisant le tour de la cour d'honneur sur le dos de mini-shetlands et sont contents d'approcher et de caresser les animaux traditionnels de la petite ferme.
Les enfants jouent sur l'Île enchantée, un monde merveilleux reconstitué à leur échelle sur 2 ha : la maison d'Alice sur pilotis, pour les petites filles qui veulent jouer à la dînette ; le château de Lancelot pour se croire un preux chevalier ; le village de Joli-Bois, où se trouve l'antre de la sorcière ; une maison enchantée avec des scènes de contes de fées à découvrir derrière les carreaux ; la cuisine de la mère Lustucru, le potager du père Chicon, l'école et le Grand Bazar ; une collection unique de poupées de porcelaine et une confiserie à l'ancienne.

Le Géodrome................ Gidy G3

45400 - Fleury-les-Aubrais
Tél. : 02 38 64 47 06-Fax : 02 38 65 99 58
Ouv. tlj sauf jeudi et vend. de 12 h à 19 h du 1er avril au 30 sept. ; de 12 h à 17 h les w.-e. d'oct. au 15 nov.
À 10 km aire d'Orléans-Saran (sens Paris-province) ou Orléans-Gidy (sens province-Paris)

+8 ans

Un voyage étonnant de 2 milliards d'années dans l'histoire géologique de la France. Un jardin de 1 ha reconstitue une carte de France des minéraux ; on reconnaît les roches volcaniques d'Auvergne, les grès des Vosges, les blocs de talc de l'Ariège, etc.
Une immense fresque polychrome de 70 m de long montre en coupe le sous-sol avec des couleurs différentes pour chaque coupe de roche.

Maison de Jeanne d'Arc.............. Orléans G4

3, place-Charles-de-Gaulle
45000 - Orléans
Tél. : 02 38 52 99 89-Fax : 02 38 79 20 30
Ouv. tlj sauf lundi de 10 h à 12 h et de 14 h à 18 h de mai à fin oct. ; de 14 h à 18 h le reste de l'année

+8 ans

Cette belle maison à colombages est la reconstitution de la maison où séjourna Jeanne d'Arc en 1429.
Chacun prendra plaisir à visiter ce remarquable petit musée constitué principalement de dioramas animés et sonorisés, dont notamment la scène où Jeanne victorieuse entre dans une ville en liesse.
Des costumes et des étendards de l'époque complètent la visite.

Musée des Sciences naturelles...................... Orléans G4

6, rue Marcel-Proust
45000 - Orléans
Tél. : 02 38 54 61 05-Fax : 02 38 53 19 67
Ouv. tlj sauf jrs fér. de 14 h à 18 h

+8 ans

De passionnantes collections sur les différentes espèces animales et végétales ainsi que sur les sciences de la terre et de la préhistoire, des aquariums, un terrarium, etc. Les dioramas, particulièrement attractifs, présentent dans leur décor les animaux naturalisés.

Base de loisirs........... Orléans G4

Île Charlemagne
45000 - Orléans
Tél. : 02 38 51 92 04
Ouv. tlj d'avril à nov. ;
baignade surveillée de 12 h à 20 h

Un plan d'eau aménagé avec une baignade surveillée, des planches à voile et des voiliers, une piste de VTT, un terrain de football et de volley et des jeux pour les enfants.

Parc floral de la Source.................. Orléans G4

45000 - Orléans
Tél. : 02 38 49 30 00-Fax : 02 38 49 30 19
Ouv. tlj de 9 h à 18 h d'avril au 11 nov. ;
de 14 h à 17 h du 12 nov. à fin mars
Gratuit pour les – de 6 ans

À pied, à bord du petit train ou sur des rosalies (voitures à pédales), on parcourt le parc où les parterres de fleurs varient selon les saisons ; les petits ont des jeux à leur disposition et des animaux à regarder, les plus grands font du mini-golf ; toute la famille admire les papillons exotiques de toutes les couleurs qui volettent dans la serre à papillons (ouv. d'avril à fin oct.) ou les oiseaux de la grande volière.

Chemin de fer touristique.................. Pithiviers H3

Rue Carnot
45300 - Pithiviers
Tél. : 02 38 30 10 72
Ouv. les vend. et sam. a.-m. de 14 h 30 à 17 h 30 en juill. et août et les dim. et jrs fér. de mai à oct. (musée) ; le train circule le sam. à 15 h et 16 h en juill. et août

Il circulait déjà en 1892, ce chemin de fer que l'on appelait alors tramway. Aujourd'hui, il emmène ses passagers faire un petit tour à 15 km/h. Un petit musée réunit quelques locomotives à vapeur.

Château...... Saint-Brisson-sur-Loire H5

45500 - Gien
Tél. : 02 38 36 71 29-Fax : 02 38 36 77 29
Ouv. tlj sauf merc. de 10 h à 18 h du 7 avril au 15 nov.

+8 ans

Des reconstitutions pour comprendre le fonctionnement des machines de guerre médiévales.
Des démonstrations de tir en costume d'époque sont faites les dimanches d'été à 15 h 30 et 16 h 30.

Château.............. Sully-sur-Loire H4

45600 - Sully-sur-Loire
Tél. : 02 38 36 36 86-Fax : 02 38 36 45 02
Ouv. tlj sauf mardi de 10 h à 18 h d'avril au 30 sept., et de 10 h à 12 h et de 14 h à 17 h en fév. et mars et d'oct. à fin déc.
Gratuit pour les – de 7 ans ; passeport pour Sully et Chamerolles

+8 ans

C'est en 1381 que les seigneurs de La Trémoille donnent à la forteresse l'aspect qu'elle conserve encore aujourd'hui, par la construction du donjon, imposante bâtisse flanquée de 4 grosses tours. Mais ce sera Sully, le ministre d'Henri IV, qui la rendra agréable à vivre et plus imposante encore.
Chaque annéee ce château est le théâtre d'événements et d'expositions à thèmes autour du Moyen Âge et du duc de Sully (se rens. par tél. sur les programmations).
Les enfants ont une visite en costumes conçue exprès pour eux (eux-mêmes déguisés dans la mesure des costumes disponibles). Ils participent à la vie quotidienne au Moyen Âge en devenant chevaliers, gentes dames ou encore servantes (durée 1 h 15 env. ; mardi, jeudi, w.-e. à 14 h et 15 h 30 ; 15 jours en fév. et pendant les vac. de Pâques).

Centre aquatique.. Sully-sur-Loire H4

Chemin de la Salle-Verte
45600 - Sully-sur-Loire
Tél. : 02 38 36 50 00
Ouv. tlj de 11 h à 20 h en juill. et août

pour tous

À ciel ouvert et dans un cadre verdoyant, une piscine à vagues avec un toboggan long de 42 m, un jacuzzi, des bancs à bulles et une pataugeoire pour les petits.

A
B
C
D
E
1
2
3
4
5
6
7
8
0
20
40 km
Sens
Joigny
Migennes
Dicy
Laduz
Auxerre
St-Fargeau
St-Sauveur-en-Puisaye
Boutissaint
Treigny
Arcy
Clamecy
Chamoux
Cosne-Cours-s.-L.
La Charité-s.-Loire
Varennes-Vauzelles
Fourchambault
Nevers
Gimouille
Magny-Cours
Diennes-Aubigny
Decize
89
58
Côte-d'or 21
Nièvre 58
Saône-et-Loire 71
Yonne 89

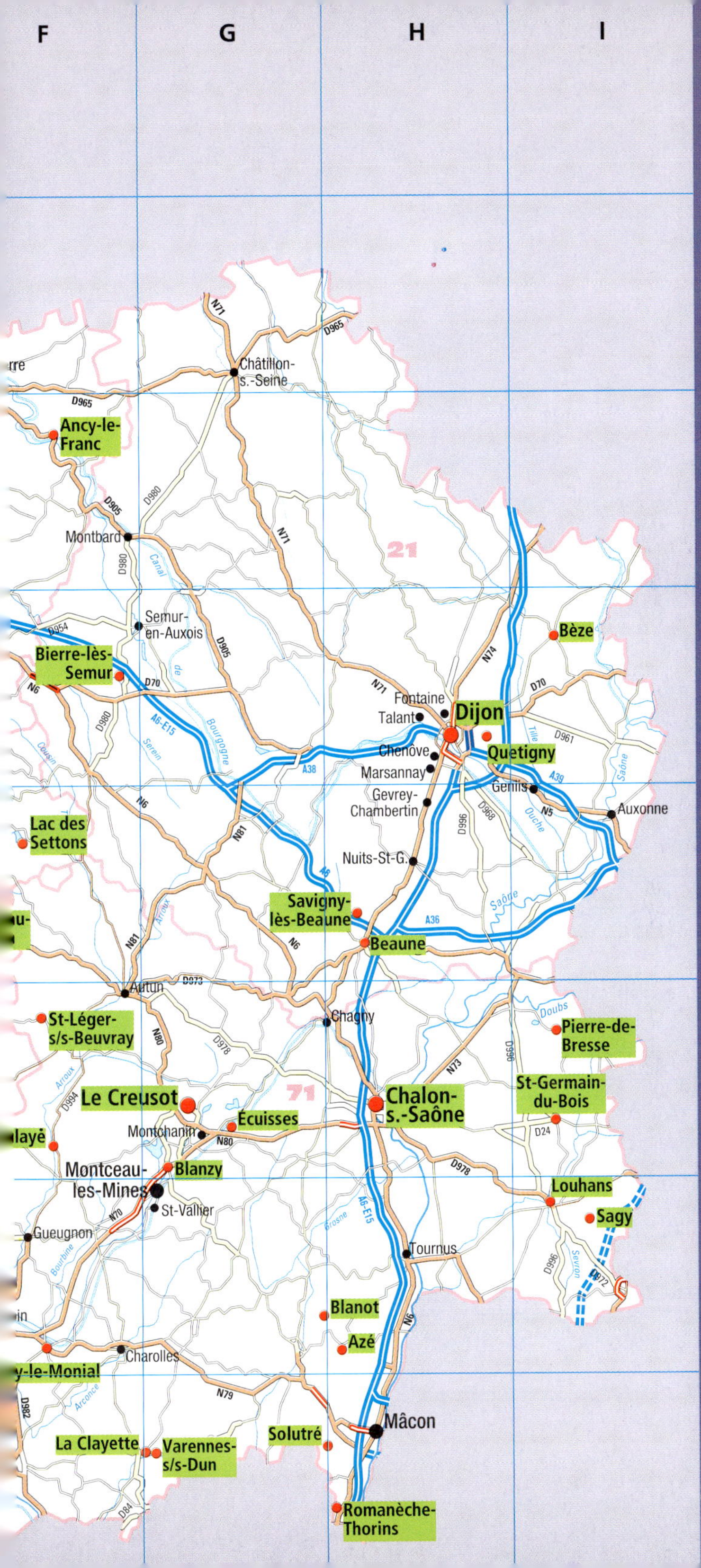
F
G
H
I
Châtillon-s.-Seine
Ancy-le-Franc
Montbard
Semur-en-Auxois
Bierre-lès-Semur
Lac des Settons
Fontaine
Talant
Dijon
Quetigny
Chenôve
Marsannay
Gevrey-Chambertin
Genlis
Auxonne
Bèze
Nuits-St-G.
Savigny-lès-Beaune
Beaune
Autun
St-Léger-s/s-Beuvray
Chagny
Pierre-de-Bresse
Le Creusot
Écuisses
Montchanin
Chalon-s.-Saône
St-Germain-du-Bois
Montceau-les-Mines
Blanzy
St-Vallier
Gueugnon
Louhans
Sagy
Tournus
Blanot
Azé
Charolles
Mâcon
Solutré
La Clayette
Varennes-s/s-Dun
Romanèche-Thorins
21
71
A6-E15
A38
A39
A36
A6
N71
N74
N6
N81
N80
N5
N73
N79
N70
D965
D905
D980
D954
D70
D961
D996
D968
D973
D978
D994
D24
D972
D84
Canal de Bourgogne
Saône
Doubs
Ouche
Tille
Serein
Cousin
Arroux
Bourbince
Grosne
Arconce
Seille

CÔTE-D'OR

Archéodrome de Bourgogne................ Beaune H5

21190 - Meursault
Tél. : 03 80 26 87 00
Fax : 03 80 21 40 95
Ouv. tlj de 9 h 30 à 19 h en juill. et août ; du lundi au jeudi de 9 h 30 à 18 h et du vend. au dim. de 9 h 30 à 19 h en avril, mai, juin et sept. ; du lundi au jeudi de 10 h à 17 h et de 10 h à 18 h du vend. au dim. en oct., fév. et mars
A 6 Aire de Beaune-Tailly, accès également possible par la RN 74

+8 ans

Voici l'occasion de faire un voyage dans le temps, de la préhistoire à l'an 1000. L'Archéodrome présente le Parc de reconstitutions, le Chronoscope, l'Espace muséographique et l'espace Bourgogne.
Le Parc de reconstitutions est un ensemble de constructions préhistoriques et historiques reconstituées à partir des plus récentes découvertes archéologiques. Les enfants pourront entrer dans une hutte du néolithique ou dans un fanum gallo-romain, approcher une réplique des fortifications élevées à Alésia par les Romains, voir des races animales disparues mais qui existaient au temps des Gaulois.
Dans un amphithéâtre multiécrans, le Chronoscope présente un festival d'images, de sons et d'effets spéciaux qui fait vivre bien assis la création de l'Univers et les premiers âges de l'humanité.
L'Espace muséographique entraîne sur les traces des premiers hommes et conduit jusqu'à l'an 1000 le long d'un parcours commenté jalonné de reconstitutions (sépulture antique, villa et atelier de potier gallo-romain, etc.).
L'espace Bourgogne est un écran géant sur lequel défilent des images de la Bourgogne d'hier et d'aujourd'hui.

Son et lumière.......... Beaune H5

Hôtel-Dieu
21200 - Beaune
Tél. : 03 80 24 45 00-Fax : 03 80 24 45 99
Les spectacles ont lieu d'avril à mi-nov., à 21 h en avril, sept. et oct., 22 h en mai et août et 22 h 30 en juin et juill.
Gratuit pour les – de 10 ans.

+8 ans

Chaque année à partir de Pâques, le ciel s'embrase au-dessus de la cour d'honneur des hospices de Beaune. Un somptueux spectacle de son et lumière conte la vie de Nicolas Rolin, le chancelier des ducs de Bourgogne qui, au XVe s., fit bâtir, pour les plus démunis, le splendide palais aux tuiles vernissées.

Grottes .... Bèze I4

21310 - Mirebeau-sur-Bèze
Tél : 03 80 75 31 33-Fax : 03 80 75 30 84
Ouv. tlj de 10 h à 19 h de mai à sept. ; tlj sauf lundi et mardi de 10 h à 19 h en avril et les w.-e. de sept.
34 km E. de Dijon par la RD 70 et la RD 959

pour tous

Les grottes étaient connues depuis toujours comme refuge des habitants de Bèze, mais la rivière, elle, a été découverte par hasard en 1950 par le club de spéléologie de Dijon. La visite se fait en partie en barque sur la rivière souterraine éclairée de façon spectaculaire, et en partie à pied. Les parois sont garnies de somptueuses stalactites et stalagmites.

Ferme du Hameau .... Bierre-lès-Semur F4

21390 - Précy-sous-Thil
Tél. : 03 80 64 46 68-Fax : 03 80 64 47 74
Ouv. tlj sauf lundi de 14 h à 18 h et les w.-e. de 10 h à 18 h de juill. à sept.
N. de Saulieu par la RD 980

pour tous

Les animaux de la ferme, les outils, les métiers de toujours et une promenade au rythme d'un cheval de trait.

Muséum d'Histoire naturelle .... Dijon H4

Av. Albert-Ier
21000 - Dijon
Tél. : 03 80 76 82 76-Fax : 03 80 76 82 77
Ouv. tlj sauf mardi, sam. et dim. a.-m. de 9 h à 12 h et de 14 h à 18 h

+8 ans

Dans ce musée d'histoire naturelle bien conçu et vivant, on ne s'ennuie pas un moment. Au rez-de-jardin, on rencontre de bien drôles de bêtes fossilisées : un *Cervus megaceros* ou cerf à très grandes cornes qui vécut il y a plus de 10 000 ans, un glyptodonte ou mammifère aux dents sculptées qui vécut en Uruguay pendant l'ère tertiaire, etc. Au premier étage, des dioramas sont consacrés à la faune régionale et d'autres à des animaux du monde : renard polaire, manchots, marsupiaux d'Australie, faune africaine, etc. Dans le jardin de l'Arquebuse, on trouve un vivarium, quelques volières, un bassin avec des cygnes et des canards, et des jeux pour les petits.

Parc aquatique du Cap-Vert.................. Quetigny H4

Rue du Cap-Vert
21800 - Quetigny
Tél. : 03 80 46 14 44-Fax : 03 80 46 66 12
Ouv. tlj de 10 h à 20 h de mi-juin à sept.
(mardi et sam. jusqu'à 21 h) ; lundi, mardi, jeudi, vend. de 16 h à 19 h et merc., w.-e., jrs fér. et vac. scol. de 10 h à 19 h le reste de l'année
Situé dans les faubourgs de Dijon

pour tous

Un parc aquatique avec deux bassins à vagues, une eau à 28 °C, des canons à eau, une rivière rapide, un jacuzzi géant, des toboggans et des jeux variés. Tout ce qu'il faut pour se croire en vacances sous les tropiques.

Musée de la Moto, de l'Aviation et de la Voiture de course.......... Savigny-lès-Beaune H5

21420 - Savigny-lès-Beaune
Tél. : 03 80 21 55 03-Fax : 03 80 21 54 84
Ouv. tlj de 9 h à 12 h et de 14 h à 18 h 30
6 km N. de Beaune

+8 ans

Dans ce joli château, les fous de vitesse seront comblés : ils verront plus de 150 motos datant de 1903 à 1960, 60 avions de chasse à réaction, des voitures de course et des maquettes d'avions.

NIÈVRE

Musée du Costume............. Château-Chinon F5

4, rue du Château
58120 - Château-Chinon
Tél. : 03 86 85 18 55
Ouv. tlj de 10 h à 13 h et de 14 h à 19 h en juill. et août ; de 10 h à 12 h et de 14 h à 18 h sauf mardi d'oct. à déc.
Gratuit pour les – de 6 ans

+8 ans

Sur une surface de 1 500 m², on découvre les diverses évolutions de la mode française entre la fin du XVIIIe s. et le milieu du XXe s.
Des expositions temporaires sont consacrées à la mode française et internationale, en alternance avec les collections permanentes.

« Saute-mouton » Diennes-Aubigny E6

58340 - Diennes-Aubigny
Tél. / Fax : 03 86 50 05 29
Ouv. a.-m. du merc. au dim. de Pâques à oct.
32 km de Nevers par la D 978, et 18 km de Decize par la D 205

pour tous

Une exposition animée autour du mouton et un circuit pédagogique pour découvrir les différentes races de moutons. Des guides bien motivés vous expliquent comment la toison de cet animal devient la laine dont on fait les pulls.
Un jeu autour du mouton est à la disposition des visiteurs, et une mini-basse-cour accueille les petits qui peuvent caresser les animaux.

Domaine de Fertôt.... Gimouille D6

58470 - Gimouille
Tél. : 03 86 21 01 48-Fax : 03 86 21 01 64
13 km de Nevers par la route de Bourges (parcours fléché)
Entrée gratuite, balades à cheval payantes

pour tous

Des sentiers de randonnée à parcourir à pied, en VTT ou à cheval traversent ce domaine peuplé d'animaux sauvages. Les plus jeunes vont caresser Lola, Rosa ou Coureuse, les pensionnaires de la chèvrerie.

Musée Ligier-F1.... Magny-Cours D6

Circuit de Nevers-Magny-Cours
58470 - Magny-Cours
Tél. : 03 86 21 82 01-Fax : 03 86 58 18 72
Ouv. tlj de 10 h à 18 h en juill. et août ; tlj sauf mardi de 10 h à 12 h et de 14 h à 18 h et dim. et jrs fér. de 14 h à 18 h le reste de l'année
12 km S. de Nevers par la RN 7

+8 ans

Toutes les Formule 1 de l'écurie de course. Les pilotes en herbe découvrent 16 des plus prestigieux modèles de l'écurie Ligier, qui marqua plus de 20 ans de compétition automobile de haut niveau.

Piscine à vagues......... Nevers D5

La Jonction
58000 - Nevers
Tél. : 03 86 37 55 95
Ouv. tlj de 10 h 30 à 20 h 30 de la mi-juin à la fin août (14 h à 19 h en juin)

pour tous

Une piscine découverte avec un bassin à vagues et deux spectaculaires toboggans, et deux autres bassins de natation et une pataugeoire pour les petits.

Plage et base nautique........ Settons (lac des) F5

58230 - Montsauche
Tél. : 03 86 84 51 98-Fax : 03 86 84 56 70
Ouv. tlj de 10 h à 20 h en juill. et août ; de 10 h à 12 h et de 14 h à 18 h de Pâques à fin juin et en sept. et de 14 h à 17 h pendant les vac. scol.

pour tous

Des sports nautiques variés pour ceux qui aiment l'eau ; des pistes de VTT, un mini-golf et un petit train pour ceux qui préfèrent avoir les pieds sur la terre ferme.
Des vedettes panoramiques proposent des promenades autour du lac (rens. tél. : 03 86 84 51 97 ou 03 86 84 51 99 en juill. et août).

SAÔNE-ET-LOIRE

Grottes...................... Azé H7

71260 - Lugny
Tél. : 03 85 33 32 23-Fax : 03 85 33 43 15
Ouv. tlj de 10 h à 12 h et de 14 h à 19 h d'avril à fin sept et les dim. d'oct.
12 km E. de Cluny par la RD 15

+8 ans

Deux grottes se visitent : l'une préhistorique, avec un gisement exceptionnel de squelettes d'ours et de félins ; l'autre active, traversée par une rivière souterraine.
À côté des grottes, un musée archéologique présente un éventail impressionnant de silex, d'ossements, d'armes, d'outils et de poteries.

Grottes...................... Blanot G7

71250 - Cluny
Tél. : 03 85 50 03 59-Fax : 03 85 50 00 37
Ouv. tlj de 9 h 30 à 12 h et de 13 h 30 à 19 h des Rameaux à fin sept. et de 14 h à 19 h le dim. en sept.
10 km N.-E. de Cluny par la RD 15

+8 ans

Vingt et une salles s'enfonçant à plus de 80 m de profondeur offrent de spectaculaires démonstrations du prodigieux travail de la nature durant des millénaires : stalactites, stalagmites, coulées de calcite…

Musée de la Mine et des Hommes............. Blanzy G6

34, rue du Bois-Clair
71450 - Blanzy
Tél. : 03 85 68 22 85-Fax : 03 85 68 16 65
Ouv. tlj de 14 h 30 à 17 h 30 de juill. à mi-sept. et les w.-e. et jrs fér. de mi-mars à mi-nov.
N. de Montceau-les-Mines

+8 ans

Guidés par un ancien mineur, les visiteurs parcourent les installations de la mine : ils traversent la salle des machines, avec notamment sa machine d'extraction du siècle dernier toujours en état de marche, puis descendent dans les galeries reconstituées telles qu'elles étaient lorsque la mine était active. Le récit de la vie des mineurs et la descente dans le puits impressionnent toujours les jeunes visiteurs.

Le Temple des Mille Bouddhas Kagyu Ling................. La Boulaye F6

Château de Plaige
71320 - Toulon-sur-Arroux
Tél. : 03 85 79 62 52-Fax : 03 85 79 62 56
32 km S. d'Autun par la RD 994

+8 ans

Un véritable temple bouddhiste apparaît soudain dans le paysage du Morvan. Les enfants ont ainsi l'occasion de visiter un sanctuaire bouddhiste exactement semblable à ceux que l'on voit dans les pays himalayens, avec des drapeaux à prières, de gigantesques statues et des peintures murales de couleurs vives.

Musée Nicéphore-Niepce... Chalon-sur-Saône H6

28, quai des Messageries
71100 - Chalon-sur-Saône
Tél. : 03 85 48 41 98-Fax : 03 85 48 63 20
Ouv. tlj sauf mardi de 10 h à 18 h en juill. et août
et de 9 h 30 à 11 h 30 et de 14 h 30 à 17 h 30 le reste de l'année

+12 ans

Lorsque Nicéphore Niepce réussit à capturer dans une chambre noire l'image formée par le soleil, il nomma sa découverte héliographie (1821). Né à Chalon-sur-Saône, ce pionnier de la photographie a donné son nom à ce musée où est rassemblée une collection exceptionnelle d'appareils photo de toutes les époques.
Le musée propose également une histoire de l'image qui aide à comprendre celle de la photographie.

Musée automobile « Le Château »........... La Clayette G8

71800 - La Clayette
Tél. : 03 85 28 22 07-Fax : 03 85 26 84 65
Ouv. tlj sauf mardi de 9 h à 12 h et de 14 h à 18 h
RD 985 19 km S. de Charolles

+8 ans

Voitures de sport et automobiles de prestige sont ici présentées en compagnie de mannequins vêtus de tenues correspondant à leur époque respective.
La collection de jouets et de voitures miniatures rendra jaloux plus d'un petit garçon.

Musée de l'Homme et de l'Industrie........... Le Creusot G6

71200 - Le Creusot
Tél. : 03 85 73 92 00-Fax : 03 85 73 92 09
Ouv. du lundi au vend. de 9 h à 12 h et de 14 h à 18 h et les w.-e. et jrs fér. de 14 h à 18 h

+8 ans

De la cristallerie de la reine Marie-Antoinette à la résidence de la famille Schneider, maître de forges, toute l'histoire industrielle de la région à travers des documents, des souvenirs, des maquettes, notamment celle de l'usine et celle, animée, des forges et ateliers du Creusot.

Chemin de fer touristique des Combes................ Le Creusot G6

Parc des Combes
71200 - Le Creusot
Tél. : 03 85 55 02 46 (OT) ou 03 85 55 26 23 (association)
Circule d'avril à oct.
Durée du trajet : 1 heure

pour tous

Le petit train touristique propose une balade au rythme des tortillards d'autrefois à travers un paysage de gorges et de failles digne des Alpes !
Si les enfants aiment toujours les promenades en train, ils seront encore plus contents d'avoir l'occasion de descendre en luge une piste longue de 435 m.

Bateau « Les Sept Écluses »....... Écuisses G6

71210 - Montchanin
Tél. : 03 85 78 92 22 (musée)
et 03 85 78 97 04 (bateau)
Ouv. (musée) du mardi au sam. de 15 h à 18 h et dim. et jrs fér. de 15 h à 19 h de juill. au 15 sept. ; dim. et jrs fér. de 15 h à 18 h de Pâques à fin juin et du 15 sept. à la Toussaint
Promenades dim. et jrs fér. de Pâques à la Toussaint
10 km S.-E. du Creusot par la RN 80

pour tous

Le canal du Centre relie la Loire à la Saône. Hier artère du fer, du charbon et de la céramique, c'est aujourd'hui une voie d'eau de plaisance. Au départ d'Écuisses (en face du musée du Canal), une promenade commentée de 1 h 30 à 2 heures avec plusieurs passages d'écluses conduit jusqu'au bief de partage des eaux.
Une maison éclusière du XVIIIe s. expose des documents et des souvenirs retraçant l'histoire technique et économique du canal.

Atelier d'un journal.... Louhans I7

Écomusée de la Bresse bourguignonne
29, rue des Dôdanes
71500 - Louhans
Tél. : 03 85 76 27 16 (écomusée Pierre-de-Bresse)
Ouv. tlj sauf mardi de 15 h à 19 h de mai à sept.

+12 ans

Toutes les machines d'un atelier du journal *L'Indépendant* : linotypes, presses, rotatives... sont réunies dans cette antenne de l'écomusée de la Bresse bourguignonne.
La visite est guidée avec des démonstrations de fabrication et d'impression d'un journal.

Diorama............ Paray-le-Monial F7

Basilique
71600 - Paray-le-Monial
Tél. : 03 85 81 62 22-Fax : 03 85 81 51 67
Ouv. tlj sauf mardi de 9 h 30 à 18 h de Pâques à la Toussaint

+8 ans

Dans le parc, derrière la basilique, vingt et un tableaux en relief racontent la vie de sainte Marguerite-Marie et l'histoire de Paray-le-Monial.

Écomusée de la Bresse bourguignonne....... Pierre-de-Bresse I6

Château de Pierre
71270 - Pierre-de-Bresse
Tél. : 03 85 76 27 16-Fax : 03 85 72 84 33
Ouv. tlj de 10 h à 12 h et de 13 h à 19 h de juin à sept. et de 14 h à 18 h le reste de l'année

+12 ans

Le château de Pierre-en-Bresse est le siège des écomusées de la Bresse bourguignonne. Des expositions permanentes y présentent les milieux naturels, l'archéologie, l'histoire de la région, ses métiers d'autrefois, sa vie économique et ses productions d'hier et d'aujourd'hui.
Chaque été, des expositions sur des sujets variés sont montées dans l'un des six autres écomusées de la région : la maison du Blé et du Pain à Verdun-sur-le-Doubs, la maison de la Forêt et du Bois à Saint-Martin-en-Bresse ; l'agriculture bressane à Saint-Germain-du-Bois ; les chaisiers et pailleuses à Rancy, le vigneron et la vigne à Cuiseaux ainsi que les moulins à Sagy, une tuilerie à Varennes-Saint-Sauveur et l'atelier d'un journal à Louhans.

Touro-Parc..... Romanèche-Thorins H8

Maison Blanche
71570 - Romanèche-Thorins
Tél. : 03 85 35 51 53-Fax : 03 85 35 52 34
Ouv. tlj de 9 h à 19 h de juin à sept., et de 9 h à 12 h et 13 h 30 à 17 h 30 le reste de l'année
A 6 sortie Mâcon Sud RN 6 entre Mâcon et Villefranche-sur-Saône

pour tous

Le Touro-Parc est à la fois un parc zoologique pour approcher les animaux du monde entier, un parc d'attractions pour s'amuser et une initiation aux métiers anciens et à leurs traditions.
Dans le parc zoologique, on rencontre tous les animaux de la brousse africaine, des félins rares comme les tigres blancs royaux, des lémuriens au regard étrange, des singes – des ouistitis aux grands chimpanzés –, de drôles d'animaux comme les tapirs, les pécaris ou les lièvres de Patagonie, des poids lourds comme les éléphants et les grands ours bruns, des oiseaux de toutes les couleurs et des otaries cabotines qui se donnent en spectacle. Dans le parc d'attractions, on trouve toutes sortes de jeux, des toboggans nautiques aux trains rapides en passant par les classiques attractions pour les petits.
Enfin, on peut aussi assister à un spectacle, la Symphonie des eaux, et à des projections de films animaliers.

Les animaux des petits bois.................. Sagy I7

71580 - Sagy
Tél. : 03 85 74 05 77
Ouv. tlj de 10 h à 18 h 30 d'avril à fin oct.
RD 21 10 km S.-E. de Louhans

50 espèces de volailles et gallinacés (perdrix, cailles, tourterelles, etc.) et aussi des lapins, des chèvres, des moutons, des chevaux, des poneys et des ânes...
Plus question après cette visite de croire encore qu'un poulet est un animal tout blanc emballé dans la Cellophane !

La Yerlande - L'Espace loisirs.............. Saint-Germain-du-Bois I6

71330 - Saint-Germain-du-Bois
Tél. : 03 85 72 04 81
Fax : 03 85 72 41 45
Ouv. tlj de 10 h à 21 h de juin à mi-sept. et de 10 h à 19 h 30 de mars à mai
RN 78 RD 24 N. de Louhans

Sur 24 ha, un parc où l'on peut se baigner et dévaler le toboggan aquatique, tourner sur le manège nautique, faire le tour en petit train, jouer sur un mini-golf de 18 trous ou sur un échiquier géant.

Musée de la Civilisation celtique......... Saint-Léger-sous-Beuvray F6

71990 - Saint-Léger-sous-Beuvray
Tél. : 03 85 86 52 39-Fax : 03 85 82 58 00
Ouv. tlj de 10 h à 20 h en juill. et août ; de 10 h à 12 h et de 14 h à 18 h de Pâques à fin juin et en sept. et de 14 h à 17 h pendant les vac. scol.
Visite guidée réservée aux jeunes de 14 h à 17 h le merc. en juill. et août

Vitrine de la recherche archéologique, ce musée propose une approche de la civilisation celtique et l'état des recherches en cours dans la région de Bibracte, capitale gauloise sur le mont Beuvray. Bornes interactives, documents audiovisuels, maquettes, reconstitutions d'habitats domestiques et d'ateliers artisanaux, dioramas et collections d'objets invitent les visiteurs à découvrir les Celtes en général et le puissant peuple éduen dont Bitracte-Mont-Beuvray était la capitale.

Musée de Préhistoire................ Solutré G8

71960 - Solutré
Tél. : 03 85 35 85 24-Fax : 03 85 35 86 83
Ouv. tlj de 10 h à 19 h de juin à sept. et tlj sauf mardi de 10 h à 12 h et de 14 h à 17 h de février à mai et en oct.-nov.

+8 ans

Installé au pied de la roche de Solutré, ce musée, de conception très contemporaine, évoque la vie des chasseurs du paléolithique supérieur (de 35 000 à 10 000 ans avant J.-C.) qui venaient là chasser, dépecer et boucaner des milliers de chevaux et de rennes. Les collections, issues des fouilles du site, sont remarquablement présentées.
Animations sonores et audiovisuelles.

Musée de la Filature et son élevage de moutons .... Varennes-sous-Dun G8

Moulin de Champerny
71800 - La Clayette
Tél. : 03 85 28 28 25-Fax : 03 85 28 28 29
Ouv. tlj de 9 h à 12 h et de 14 h à 18 h et dim. et jrs fér. de 15 h à 18 h d'avril à nov.
RD 987 2 km E. de La Clayette

pour tous

Il y a moutons et moutons ! Des petits, des gros, des blancs, des noirs, avec ou sans cornes… Certains viennent de l'île d'Ouessant, d'autres du Wurtemberg, d'autres encore du Charolais. Dans cet élevage on apprend à les reconnaître, et dans l'ancienne filature on découvre l'histoire d'un fil de laine.
Une aire de jeux est prévue pour les petits.

YONNE

Château.............. Ancy-le-Franc F3

89160 - Ancy-le-Franc
Tél. : 03 86 75 14 63-Fax : 03 86 75 10 30
Ouv. tlj de 11 h à 19 h de juin à sept. ; w.-e. et jrs fér. de 14 h à 19 h en avril et mai et en oct.-nov.
Les visites guidées partent aux heures
RD 915 S. de Tonnerre

+8 ans

À l'intérieur des communs de ce château Renaissance a été aménagé un musée de l'Automobile qui présente une soixantaine d'attelages et une vingtaine de voitures datant de 1878 à 1947.

Grottes........................ Arcy E3

89270 - Vermenton
Tél. : 03 86 81 90 63-Fax : 03 86 81 91 07
Ouv. tlj de 9 h 30 à 12 h 30 et de 14 h à 18 h de Pâques à mi-nov.
RN 6 entre Auxerre et Avallon

+8 ans

Une promenade souterraine dans un monde de stalagmites, de stalactites et de concrétions aux formes étranges.
Sur réservation, il est possible de voir les peintures préhistoriques découvertes récemment (durée de la visite : 1 h 30).

Parc naturel Saint-Hubert.............. Boutissaint D3

89520 - Treigny
Tél. : 03 86 74 07 08
Ouv. tlj du lever au coucher du soleil
RD 185 S. de St-Fargeau

+8 ans

Près de 400 animaux de nos forêts (cerfs, daims, biches, faons, sangliers, etc.) et quelques dizaines de bisons originaires des réserves de Pologne vivent en liberté dans le grand parc de la très belle propriété de Boutissaint. Les promeneurs attentifs et patients peuvent les croiser au détour d'un chemin. Chaque rencontre est une vraie joie et l'occasion de faire d'inoubliables photos.
En août a lieu la fête des grands animaux et de la nature.

Cardoland................ Chamoux E4

89660 - Châtel-Censoir
Tél. : 03 86 33 18 33
Fax : 03 86 33 29 28
Ouv. tlj sauf sam. matin de 10 h à 19 h en juin, juill. et août ; de 10 h à 18 h les dim. et jrs fér. et de 13 h 30 à 17 h 30 le sam. et pendant les vac. scol. en avril, mai, sept., oct. et nov.
RD 951 8 km O. de Vézelay

pour tous

Situé à 7 km de Vézelay, ce lieu étonnant aussi appelé parc préhistorique de Bourgogne est l'univers de Cardo et de sa famille. Cardo, un artiste doué d'une riche imagination, a utilisé ses talents pour sculpter tout un monde préhistorique que l'on découvre le long d'un parcours sonorisé de cris d'animaux… d'antan. Vingt-trois tableaux mettent en scène hommes des cavernes, mammouths, bisons et dinosaures. Une grotte, avec des stalagmites et des stalactites, ornée de gravures rupestres, a également été recréée et un petit musée de Paléontologie et de Préhistoire a été aménagé.
L'été, toute la famille de Cardo fait revivre la vie quotidienne au temps de la préhistoire. Le bel enthousiasme de cette famille est communicatif et chacun peut être assuré de passer un bon moment.

La Fabuloserie............. Dicy D2

89120 - Dicy
Tél. : 03 86 63 64 21
Ouv. tlj de 14 h à 18 h en juill. et août et les w.-e. et jrs fér. de Pâques à la Toussaint
RD 943 25 km O. de Joigny

+8 ans

La Fabuloserie est un labyrinthe fabuleux plein d'objets extravagants. Ce sont des œuvres que l'on ne voit généralement pas dans les musées ni dans les galeries d'art et dont les auteurs sont facteurs, marins, agriculteurs, maçons, garçons vachers… Ils travaillent avec des objets récupérés – boîtes de conserve, morceaux de bois, bouts de métal, vieux chiffons, etc. Leur imagination est leur seul guide. Un facteur, pêcheur de loups et de bars, passe ses loisirs à fabriquer des boîtes magiques à secrets et à trésors ; petit Pierre, un garçon vacher sourd et muet, a passé de longues années à construire un carrousel fabuleux transcendant la vie quotidienne de la ferme ; un agriculteur aveugle fabrique des jouets en bois qui s'animent en tournant une manivelle ; l'initiateur du lieu a, lui, inventé les « turbulents », des personnages géants et grotesques en bois et en papier dans lesquels on peut entrer et actionner d'innombrables manettes…

Art naïf, art brut, œuvres de fous ou de génies, tous ces objets sont fascinants à regarder ; certains font sourire, d'autres font un peu peur, tous intriguent. Les enfants tout particulièrement entrent aisément dans cet imaginaire débridé.

Musée rural des Arts populaires.......... Laduz D2

89110 - Aillant-sur-Tholon
Tél. : 03 86 73 70 08
Ouv. tlj de 11 h à 19 h de juin à sept. ; w.-e. de 14 h à 18 h de Pâques à fin mai et en sept. et nov.

+8 ans

Fruit d'années de passion et de recherches, ce musée contient un nombre impressionnant d'outils évoquant les métiers anciens : bourrelier, maréchal-ferrant, charron, tonnelier, sabotier, vannier, etc. ; il présente une collection de jouets anciens : nounours, animaux en peluche, soldats de plomb, jeux, chevaux à bascule, etc., et un vrai manège de chevaux de bois comme autrefois.
Pour les parents nostalgiques et les enfants curieux.
Un atelier de 3 heures autour de la création de jouets en bois est organisé pour les enfants (se renseigner sur les dates et les horaires.)

Château.............. Saint-Fargeau C3

89170 - Saint-Fargeau
Tél. : 03 86 74 05 67
Spect. vend. et sam. à 22 h de mi-juill. à fin août (réserv. tél. : 02 47 57 01 23)

+8 ans

Un spectacle splendide où durant 1 h 30, dix siècles de l'histoire de Saint-Fargeau sont mis en scène en 15 tableaux. 600 acteurs et 60 cavaliers participent à cette grande fresque historique.

Ferme................. Saint-Fargeau C3

89170 - Saint-Fargeau
Tél. : 03 86 74 03 76
Ouv. tlj de 10 h à 19 h d'avril à fin sept. et les w.-e. d'oct.

pour tous

À 700 m du château, la ferme a repris vie comme au début du siècle avec tous les animaux, le matériel agricole ancien et les vieux métiers

reconstitués. Animations à heures fixes les dim. et jrs fér. de juill. et août : le maréchal-ferrant (15 h), les bœufs attelés (16 h), les chevaux de trait (16 h 30) et la traite des vaches (17 h 15).
Et, pour se croire encore au temps des malles-poste, on peut embarquer dans une diligence de 25 places attelée à 2 ou 4 chevaux (tél. : 03 86 41 82 67).

Moulin Vanneau....... Saint-Sauveur-en-Puisaye D3

89520 - Saint-Sauveur-en-Puisaye
Tél. : 03 86 45 59 80-Fax : 03 86 45 61 66
Ouv. : tlj sauf mardi de 14 h à 19 h
du 1er avril au 30 sept. et les w.-e. et jrs fér.
de 14 h à 19 h du 1er oct. au 15 nov.
RD 85 17 km S.-E. de St-Fargeau

Près de 20 ha de prés, de bois et de marais pour redécouvrir la vie agricole au rythme des saisons. Visite d'une ferme en activité avec ses animaux et d'un moulin à eau.
Une aire de jeux est prévue pour les enfants.

Chantier médiéval de Guédelon.................. Treigny D4

89170 - Saint-Sauveur-en-Puisaye
Tél. : 03 86 74 19 45-Fax : 03 86 74 19 46
Ouv. tlj de 10 h à 19 h en juill. et août ; de 10 h à 18 h en mai et juin ; de 10 h à 17 h 30 de sept. à nov. (fermé le mardi)
12 km S. de St-Fargeau

Les compagnons bâtisseurs de Puisaye lancent, pour un quart de siècle, le fantastique chantier de construction d'un château fort avec les moyens techniques du XIIIe s.
Tailleurs, sculpteurs, maçons, charpentiers... vont travailler comme il y a sept siècles ; bœufs et chevaux vont tirer les chariots chargés de pierres qui seront soulevées grâce à des engins de levage médiévaux.
Une aventure exceptionnelle à suivre au fil des années.
Pour cause de croisade, le chantier est fermé en hiver !

A
B
C
D
E
1
2
3
4
5
6
7
8
La Roche-Morey
Champlitte
D67
D70
Gray
D474
Saône
Ognon
Besa
E60
N73
Osselle
Dole
N83
D405
Arc-et-Senans
N73
Loue
A39
D475
N5
N83
Poligny
Brenne
N5
39
Champ
Arlay
N83
Seille
Baume-les-Messieurs
N78
Lons-le-Saunier
Ménétrux-en-Joux
D52
Moirans-e
Montagne
St-Claude
D436
0
20
40 km

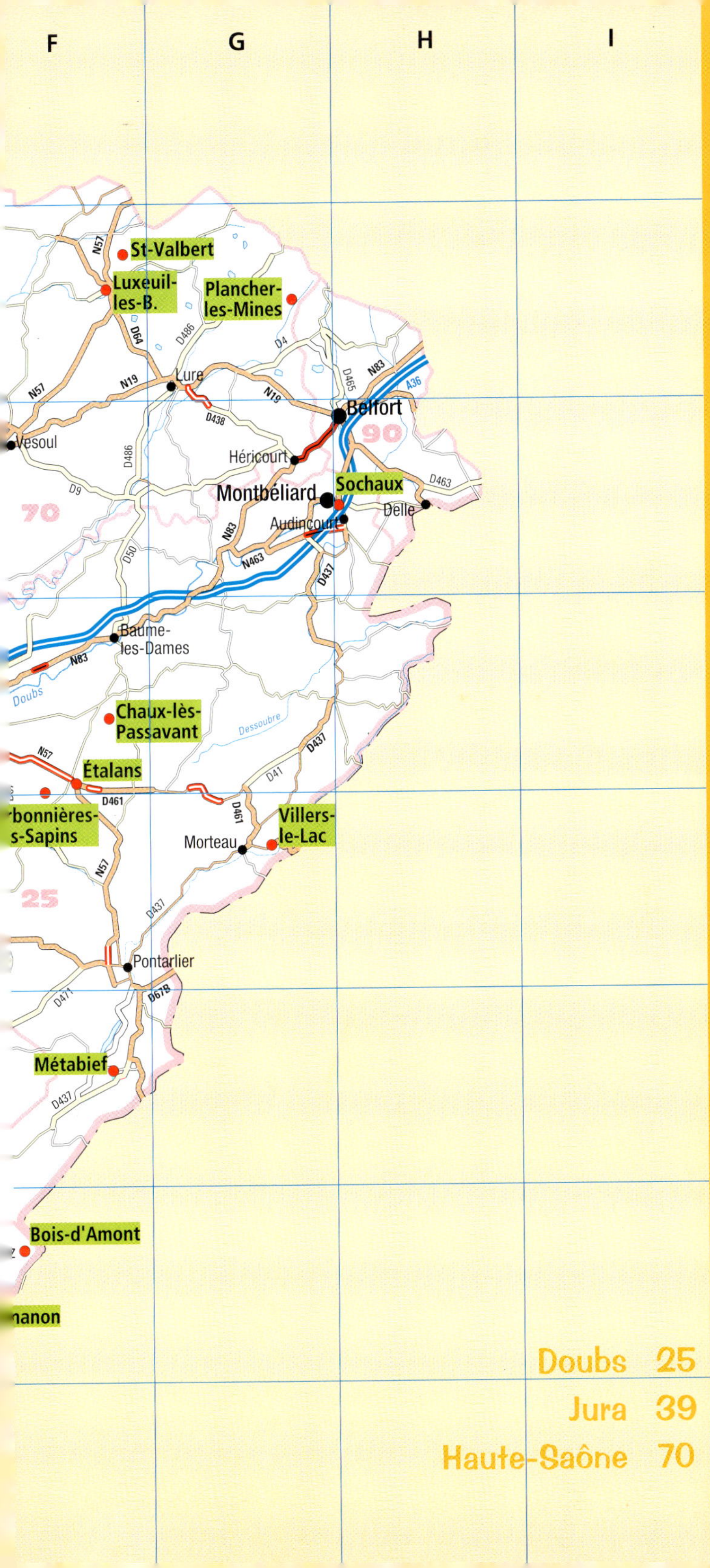
F
G
H
I
St-Valbert
Luxeuil-les-B.
Plancher-les-Mines
Lure
Belfort
90
Vesoul
Héricourt
Montbéliard
Sochaux
Delle
Audincourt
70
Baume-les-Dames
Doubs
Chaux-lès-Passavant
Dessoubre
Étalans
bonnières-s-Sapins
Villers-le-Lac
Morteau
25
Pontarlier
Métabief
Bois-d'Amont
nanon
N57
D64
D486
D4
N83
D465
A36
N19
D438
D463
D9
D50
N463
D437
D461
D41
D471
D678
Doubs 25
Jura 39
Haute-Saône 70

DOUBS

Saline royale........ Arc-et-Senans E5

25610 - Arc-et-Senans
Tél. : 03 81 54 45 45-Fax : 03 81 54 45 46
Ouv. tlj de 9 h à 19 h en juill. et août ; de 9 h à 12 h et de 14 h à 18 h en avril, mai, juin, sept. et oct. (17 h de nov. à mars)

+12 ans

Les onze bâtiments, construits en demi-cercle autour de la maison du directeur, abritaient les lieux de production et de vie des ouvriers du sel.
Soixante maquettes montrent les projets de l'architecte du lieu, Claude Nicolas Ledoux, et une exposition est consacrée à la fabrication du sel.

Horloge astronomique............... Besançon E4

2, rue Chapitre
25000 - Besançon
Tél. : 03 81 81 12 76
Ouv. tlj sauf mardi d'avril à sept. et tlj sauf mardi et merc. d'oct. à mars. ; fermé en janv.

+12 ans

Construite au siècle dernier, non seulement cette horloge donne l'heure mais elle indique le mois, le jour de la semaine, la saison, le signe astrologique, la longueur du jour et de la nuit, les phases de la lune, l'heure des marées dans huit ports différents, les éclipses du Soleil et de la Lune, et l'heure en 16 points du globe… En tout, 57 cadrans.
En outre, tous les quarts d'heure passent 21 automates, et toutes les heures, le Christ ressuscité se dresse dans son tombeau.

Musée d'Histoire naturelle........ Besançon E4

La Citadelle
25000 - Besançon
Tél. / Fax : 03 81 65 07 54
Ouv. tlj sauf mardi de 9 h à 19 h de mai à sept.
et de 10 h à 17 h le reste de l'année

Aménagé à côté de deux autres musées, d'un zoo, d'un aquarium, d'une salle d'astronomie, à l'intérieur de la citadelle édifiée par les Espagnols et achevée par Vauban, le musée d'Histoire naturelle possède des collections d'oiseaux et de mammifères naturalisés et un insectarium où vivent une trentaine d'espèces d'insectes (mygales, blattes, grillons, etc.).

Zoo et aquarium...... Besançon E4

La Citadelle
25000 - Besançon
Tél. / Fax : 03 81 65 07 54
Ouv. tlj sauf mardi de 9 h à 19 h de mai
à sept. et de 10 h à 17 h le reste de l'année

Les animaux du monde entier semblent s'être très bien habitués à vivre au sein de la citadelle ; ils ont bâti leur univers dans les fossés et dans les remparts. Pour les voir, on monte et on descend, admirant au passage la vue exceptionnelle sur le paysage alentour : les petites montagnes, la boucle du Doubs, la campagne et la ville.
L'aquarium n'est pas très grand mais remarquablement aménagé : les décors et la végétation aquatique rendent la vision des brèmes, carassins, ablettes, perches, poissons-chats, carpes et goujons particulièrement séduisante.

Petit train............... Besançon E4

25000 - Besançon
Tél. : 03 81 68 13 25-Fax : 03 81 68 09 85
Circule tlj de 11 h à 18 h de mai à sept.
Départ : Parking Rivotte, à la sortie de la ville

Un bon prétexte pour monter à la citadelle sans se fatiguer et l'occasion de parcourir les ruelles tortueuses du vieux Besançon.

Vedette bisontine..... Besançon E4

25000 - Besançon
Tél. : 03 81 68 13 25-Fax : 03 81 68 09 85
Circule tlj de mai à sept.
Durée : 1 h 15
Départ : pont de la République

Une vedette à toit de verre parcourt la boucle du Doubs qui enserre la ville ; au cours du trajet elle franchit une écluse et traverse l'impressionnant tunnel de 375 m creusé sous la montagne de la citadelle Vauban qui culmine à 118 m au-dessus de la rivière.
Les « Vedettes panoramiques » (tél. : 03 81 68 05 34) proposent la même promenade toute l'année.

Dino-Zoo... Charbonnières-les-Sapins F4

25620 - Mamirolle
Tél. : 03 81 59 27 05-Fax : 03 81 59 31 12
Ouv. tlj de 10 h à 19 h en juill. et août ;
de 10 h à 18 h en mai, juin, sept. ; de 14 h
à 18 h en mars et avril ; de 13 h 30 à 17 h 30 en oct. et nov.
À proximité du gouffre de Poudrey, 17 km S.-O. de Besançon

Dans un parc de 10 ha, hommes et animaux préhistoriques, reconstitués suivant les dernières données scientifiques, sont répartis tout au long d'un parcours retraçant la vie depuis ses premières formes jusqu'à 10 000 ans avant notre ère.
Les enfants aimeront particulièrement les brontosaures, les stégosaures et autres dinosaures grandeur nature.

Grotte de la Glacière..... Chaux-les-Passavant F4

25530 - Vercel-Villedieu-le-Camp
Tél. : 03 81 60 44 26-Fax : 03 81 60 43 44
Ouv. tlj de 9 h à 19 h en juill. et août ;
de 9 h à 12 h et de 14 h à 18 h de mars
à mai et en sept. ; tlj visites à 14 h,15 h et 16 h (et 9 h à 12 h dim.
et vac. scol.) en oct.
25 km E. de Besançon par la RD 464

Située au milieu de la forêt, éclairée par la lumière tamisée du jour, cette grotte tire son originalité de ses concrétions de glace que l'absence de courant d'air empêche de fondre quelle que soit la température extérieure.

Gouffre de Poudrey... Étalans F4

25580 - Étalans
Tél. : 03 81 59 22 57-Fax : 03 81 59 28 59
Ouv. tlj de 9 h 30 à 19 h en juill. et août ; de 9 h à 12 h et de 13 h 30 à 18 h en mai, juin et sept. ; visites à 11 h, 14 h, 15 h 30 et 17 h en mars et avril et 14 h, 15 h et 16 h en oct. et nov.
15 km S.-E. de Besançon par la RN 57

+8 ans

Descendu au fond du gouffre, on admire l'immense salle dont le volume est évalué à 2 millions de m^3 ; depuis le balcon d'observation, elle ne semble pourtant pas si grande, mais la chaise placée en contrebas, qui paraît de la taille d'une chaise de poupée, donne une idée des proportions ! La voûte du plafond est en revanche impressionnante au premier coup d'œil, mais on a du mal à admettre que cette voûte est en fait… parfaitement plate !
Un étonnant spectacle de musique et de lumières met en valeur les particularités de cette incroyable cavité.

Luges d'été............. Métabief F6

25370 - Les Hôpitaux-Neufs
Tél. : 03 81 49 20 00-Fax : 03 81 49 14 57
Ouv. tlj de juin à sept.
18 km S. de Pontarlier par la RN 57

+8 ans

Descendre en luge de longues pistes, véritables toboggans géants, est une distraction follement amusante. Sensations fortes assurées.
Les petits doivent être accompagnés par un adulte.

Grotte d'Osselle......... Osselle E4

25410 - Montferrand-le-Château
Tél. : 03 81 63 62 09-Fax : 03 81 63 88 52
Ouv. tlj de 9 h à 19 h en juin, juill. et août ; de 9 h à 12 h et de 14 h à 18 h de mars à mai et en sept. ; de 14 h 30 à 17 h en oct. (dim. de 9 h à 12 h et de 14 h à 17 h)
S.-O. de Besançon entre St-Vit et Quincey par la RD 13

+8 ans

Les 1 300 m de galeries ne paraîtront pas longs aux enfants, tant ils seront émerveillés par la beauté des couleurs des concrétions, des colonnes et des draperies, allant du bleu à l'orange translucide.
Des ours des cavernes de taille impressionnante ont été reconstitués tels qu'ils étaient il y a 30 000 ou 40 000 ans.

Musée Peugeot......... Sochaux H3

25600 - Sochaux
Tél. : 03 81 94 48 21-Fax : 03 81 94 26 44
Ouv. tlj de 10 h à 18 h

+8 ans

Installé à proximité des usines Peugeot, le musée regroupe véhicules, cycles et autres produits de la marque.
Les automobiles Peugeot de 1889 à nos jours sont présentées dans le décor correspondant à leur époque.

Vedette panoramique.............. Villers-le-Lac G5

Les bassins et le Saut du Doubs
25130 - Villers-le-Lac
Tél. : 03 81 68 05 34-Fax : 03 81 68 01 00
Ouv. tlj de Pâques à la Toussaint
Durée : 2 heures

pour tous

Une excursion sur le lac de Chaillexon, avec son impressionnant rocher d'Hercule, et dans les gorges profondes du Doubs. Une fois au saut du Doubs, on peut débarquer puis emprunter un sentier qui conduit aux deux belvédères qui dominent l'impressionnante chute de 27 m de haut.
« Saut du Doubs Bateaux-Mouches » (tél. : 03 81 68 13 25) est l'autre compagnie qui propose le même circuit.
Attention ! Les vedettes ne partent que s'il y a assez de monde.

À Besançon, ville fortifiée, les « boulets de la citadelle » (des noisettes grillées enrobées de chocolat) et les « galets du Doubs » (un caillou fondant au beurre et à la praline) se disposent en batterie dans les devantures des confiseries ; en hommage à l'industrie horlogère née dans la cité bisontine, les chocolats se mettent à l'heure des « montres à l'ancienne » (un cœur de nougatine nimbé de chocolat blanc) et, pour rappeler les bons fromages de Franche-Comté, ils s'enrobent de chocolat blanc et se rangent dans de vraies boîtes de Mont-d'Or.

JURA

Jurafaune.................... Arlay D6

Château
39140 - Bletterans
Tél. : 03 84 85 04 22-Fax : 03 84 48 81 96
Ouv. tlj de 14 h à 18 h 30 en juin, juill., août
et jusqu'à mi-sept. ; merc., w.-e. et jrs fér. de Pâques à mi-juin et
de mi-sept. à la Toussaint
11 km N. de Lons-le-Saunier par la RN 83

pour tous

Dans l'enceinte d'un parc romantique, au pied des ruines médiévales du château se sont installés des oiseaux. Plusieurs fois par jour, en été, ils font des démonstrations de leur dextérité en vol.

Grottes de Baume......... Baume-les-Messieurs E6

39210 - Baume-les-Messieurs
Tél. / Fax : 03 84 44 61 58
Ouv. tlj de 9 h à 18 h d'avril à fin sept.
Visite guidée de 40 minutes
10 km E. de Lons-le-Saunier par la RD 471

+8 ans

Accompagnée de concertos de Beethoven et de Vivaldi, une marche sous terre dans des galeries aménagées le long d'une rivière souterraine jusqu'au lac, magnifiquement mis en valeur par des jeux de lumière.

À Baume-les-Dames, les beignets soufflés font preuve de grande irrévérence envers les chanoinesses de l'abbaye en portant le nom de « pets-de-nonnes » ; célèbres dans la région, ils partagent cependant leur notoriété avec les délicieuses pâtes de coings et les craquelins (petits gâteaux voisins des bretzels alsaciens). À Lons-le-Saunier, les gourmands hésiteront entre les pâtes de fruits enrobées de chocolat que l'on appelle là-bas « châtaignes », et les « bûchettes », des chocolats truffés de noisettes et de petits morceaux de noix.

Musée de la Boissellerie.......... Bois-d'Amont F7

39220 - Les Rousses
Tél. : 03 84 60 90 54-Fax : 03 84 60 95 22
Ouv. tlj de 10 h à 12 h et de 14 h à 18 h de mi-juill. à mi-août ; tlj de 14 h à 18 h de mi-juin à début sept. ; merc. et w.-e. de 15 h à 18 h
Visite guidée : 1 heure
10 km N.-E. des Rousses par la RD 29

+8 ans

Une scierie en état de fonctionnement a été transformée en musée du Travail du bois. Un boisselier présente son métier et les outils qu'il utilise pour que les grands épicéas deviennent des boîtes à fromage ou des skis.

Musée d'Archéologie.......... Lons-le-Saunier D6

25, rue Richebourg
39000 - Lons-le-Saunier
Tél. : 03 84 47 12 13-Fax : 03 84 24 30 34
Ouv. du lundi au vend. de 10 h à 12 h et de 14 h à 18 h ; sam., dim. et jrs fér. de 14 h à 17 h
Gratuit merc.

+12 ans

Le relief du Jura porte l'empreinte d'une histoire géologique complexe : la mer primitive, les soulèvements alpins puis les glaciers ont modelé un paysage original. Les collections du musée sont le reflet de la diversité et de l'histoire de la région.

Ferme de l'Aurochs........ Ménétrux-en-Joux E7

Val Dessous
39130 - Clairvaux-les-Lacs
Tél. : 03 84 25 72 95-Fax : 03 84 25 77 14
Ouv. tlj de 9 h 30 à 19 h de juin à sept. ; dim. et jrs fér. de 14 h à 19 h de mai à oct.
Au pied de la cascade du Hérisson, 14 km E. de Clairvaux-les-Lacs

pour tous

Les aurochs sont des taureaux sauvages qui étaient très répandus en Europe centrale durant l'ère quaternaire. L'espèce a disparu voici plusieurs siècles, mais elle a été reconstituée scientifiquement grâce

à des croisements entre différents bovidés. Cette ferme se consacre à leur élevage et compte environ 70 têtes.
Une borne interactive permet de découvrir la vie de la ferme et de la vallée du Hérisson au fil des saisons et d'écouter l'histoire des espèces rares de la région.
Une mini-ferme met en contact les enfants avec les animaux domestiques.
Il ne faut pas rater le repas des animaux (tlj à 11 h et 18 h en juill. et août).

Musée du Jouet......... Moirans-en-Montagne E7

5, rue Murgin
39260 - Moirans-en-Montagne
Tél. : 03 84 42 38 64-Fax : 03 84 42 38 97
Ouv. tlj de 10 h 30 à 18 h 30 en juill. et août ;
tlj sauf mardi de 14 h à 18 h de fév. à juin et de sept. à janv.

pour tous

Des jouets en veux-tu en voilà !
Ils sont en bois ou en fer-blanc, certains ont été faits dans la région, d'autres viennent de loin. Les enfants sages peuvent jouer avec quelques-uns d'entre eux. Tant mieux, n'est-ce pas la vraie destination des jouets ?
Les bricoleurs assisteront aux démonstrations des techniques de fabrication des jouets.

Maison de la Faune « Les Jouvencelles »...... Prémanon F7

39220 - Prémanon
Tél. : 03 84 60 78 50
Ouv. tlj de 9 h à 12 h et de 13 h 30 à 19 h
10 km S.-O. des Rousses

+8 ans

Plus de 350 oiseaux et 60 mammifères du Jura sont réunis dans cette ferme. Certains sont replacés dans leur milieu naturel, comme l'écureuil qui se régale d'un cône d'épicéa, l'hermine qui trottine dans les brindilles ou le chevreuil qui surveille les premiers pas de ses faons…

HAUTE-SAÔNE

Musée départemental des Arts et Traditions populaires.. Champlitte D3

Château
70600 - Champlitte
Tél. : 03 84 67 82 00-Fax : 03 84 67 82 09
Ouv. tlj sauf mardi et dim. matin de 9 h à 12 h et de 14 h à 18 h d'avril à fin sept. (fermeture à 17 h d'oct. à mars)

+8 ans

Dans le cadre du château de Champlitte, intéressant mélange de styles Renaissance et XVIIIe, un musée des Traditions populaires a été aménagé par Alfred Demard. Sont évoqués tour à tour la vie paysanne du XIXe, puis la vie d'un bourg avec ses artisans (travaux du cuir, du chanvre, du fer, du potier et de la dentelle…), ses boutiques, son école, la fête foraine. Des salles plus surprenantes évoquent la médecine populaire et la magie, la présence des loups et le passage des colporteurs. Ce musée est sérieux mais bien conçu, et il intéressera les enfants que l'histoire passionne.

Parc animalier du Banney............. Luxeuil-les-Bains F2

Lieu dit « Le Banney »
70300 - Luxeuil-les-Bains
Tél. : 03 84 40 19 96-Fax : 03 84 40 34 08
Ouv. tte l'année

+8 ans

Un parc de vision de 2 ha avec sangliers et cervidés. Des sentiers en font le tour, qu'on parcourt à pied ou en VTT. Une aire de jeux est prévue pour les plus jeunes.

Musée de la fête foraine... Plancher-les-Mines G2

6, rue du Pont-du-Var
70290 - Plancher-les-Mines
Tél. : 03 84 23 66 87-Fax : 03 84 23 66 87
Ouv. de 14 h à 18 h les dim. et jrs fér. d'avril à nov.

Sur trois salles d'exposition, dioramas de découverte de la fête foraine, manèges et parcs d'attractions à travers des miniatures. Une belle collection de boîtes à musique qui jouent parfois leurs curieuses rengaines.

Parc de loisirs « Le Point de Vue »......... Morey E2

0120 - Combeaufontaine
Tél. : 03 84 91 02 14-Fax : 03 84 91 03 33
Ouv. tlj de 13 h 30 à 19 h en juin, juill. et août ;
de 13 h 30 à 17 h en avril, mai, sept. et oct.
(les activités sont payantes)
12 km E. de Combeaufontaine

Un petit parc familial de loisirs situé au pied de la montagne de la Roche. Les petits emprunteront le train-western ou feront du minikart pendant que les plus grands joueront au mini-golf.

Parc animalier...... Saint-Valbert F2

Lieu dit « L'Ermitage »
70300 - Saint-Valbert
Tél. : 03 84 49 54 97
Ouv. tlj de tte l'année (sauf de la mi-sept. à la mi-oct.) ;
visite guidée le dim. à 15 h et en juill. et août

Un chemin piétonnier d'environ 5 km contourne le parc de l'Ermitage-de-Saint-Valbert. Si l'on marche silencieusement, on aura la chance de voir des cerfs, des chevreuils ou des chamois qui vivent en liberté sur environ 60 ha.
À voir également, le diorama sur les animaux du parc.

A
B
C
D
E
1
2
3
4
5
6
7
8
Mauléon
Argent
D744
N149
D938T
Bressuire
Th
Parthenay
D949B
St-Maixe
l'Éc
D743
Coulon
Niort
Vouill
Les Portes-en-Ré
St-Clément-des-Baleines
Loix
Ars-en-Ré
Rivedoux-Plage
D735
D9
Esnandes
N137
Lagord
N11
La Rochelle
N248
N150
E60
79
Aytré
D939
D911
Surgères
E05
A10
Villiers-e
N137
Châtelaillon-Plage
Ile d'Aix
Ile d'Oléron
Dampierr
s.-Bouton
Yves (Marais)
St-Georges-d'Oléron
St-Pierre-d'Oléron
Rochefort
La Cotinière
Tonnay-Ch.
St-Jean-d'Angély
Le Château-d'Oléron
Dolus-d'Oléron
A837
N150
17
D939
Grd-Village-Plage
St-Trojan-les-Bains
St-Just-Luzac
E60
D728
D728
N137
Saintes
La Palmyre
D25
D14
Cognac
N141
Saujon
N150
Royan
Seudre
E05
N137
Seugne
D732
Bo
Ch
Cravans
D730
Pons
D700
D731
A10
N137
Barbezie
St-Hila
N10
D730
0
20
40 km

F
G
H
I
Loudun
N147
E05
N10
Châtellerault
Scorbé-Clairvaux
A10
Saint-Cyr
Jaunay-Clan
N149
Buxerolles
Vasles
Poitiers
86
Chauvigny
St-Benoît
N151
N10
La Trimouille
D741
Montmorillon
Benaize
D150
N10
Clouère
Vienne
N147
Gartempe
Clain
Romagne
N10
D948
D148
Charente
D948
D951
Ruffec
Confolens
N10
D951
Vienne
D948
Peyras
N141
N10
St-Yrieix-s.-C.
Ruelle-s.-T.
Tardoire
Angoulême
La Couronne
D674
D939
D674
St-Séverin
Charente 16
Charente-Maritime 17
Deux-Sèvres 79
Vienne 86

CHARENTE

Centre national de la bande dessinée... Angoulême F6

121, rue de Bordeaux
16000 - Angoulême
Tél. : 05 45 38 65 65
Ouv. du mardi au vend. de 10 h à 19 h (18 h en hiver)
et w.-e. de 14 h à 19 h (18 h en hiver)

+8 ans

Dans un fascinant bâtiment de pierre et de verre, une rétrospective de la BD de 1830 à nos jours. Le musée conserve plus de 4 000 planches originales exécutées par les plus grands auteurs franco-belges (Gotlib, Hergé, Rabier, Tardi, Uderzo, etc.) et par les principaux maîtres américains.
L'exposition permanente présente une sélection de 250 œuvres régulièrement renouvelée. La muséographie, bien conçue, est animée grâce à la présence de plusieurs personnages célèbres de BD en volumes.
Le musée dispose également d'une exceptionnelle bibliothèque où, dans une salle de 300 m^2, sont réunis plus de 10 000 albums et une sélection de revues. Une section est réservée aux enfants qui peuvent lire sur place les BD de leur choix. Des vidéos sur les grands auteurs et l'histoire de la BD peuvent aussi être visionnées.

Croisières sur la Charente.................. Angoulême F6

16000 - Angoulême
Tél. : 05 45 95 16 84 (OT)-Fax : 05 45 95 91 76
Circule en juill. et aout
Départ : port de l'Houmeau

pour tous

Plusieurs programmes de croisières permettent de découvrir le fleuve Charente : une « croisière papetière » (lundi et merc.) avec visite de la papeterie artisanale et du musée du Papier du moulin de Fleurac ; « Il était une fois un fleuve... » (vend.), une croisière commentée avec passage de quatre écluses ; des croisières « Déjeuner sur l'eau » ou « Goûter sur l'herbe » (merc. et dim.).

Musée de l'École publique........... Aubeterre-sur-Dronne F8

16390 - Saint-Séverin
Tél. : 05 45 98 64 58
Ouv. tlj de 10 h 30 à 12 h 30
et de 15 h à 18 h 30 en juill. et août

+8 ans

Dans un des plus beaux villages de France, la reconstitution d'une salle de classe telle qu'elle était dans une école de la IIIe République.

Musée du Papillon et des Arts africains........... Aubeterre-sur-Dronne F8

Place Trarieux
16390 - Saint-Séverin
Tél. : 05 45 98 64 58
Ouv. tlj de 9 h à 20 h
Visites guidées de 30 minutes en juill. et août.

pour tous

Lorsqu'un passionné de papillons tombe amoureux de l'Afrique, cela donne un lieu magique comme ce petit musée où les papillons volettent parmi des objets d'art africain.
On y apprend beaucoup de choses et on se régale les yeux.

Musée de la Pouponnière........... Bourg-Charente E6

16200 - Jarnac
Tél. : 05 45 81 20 46
Ouv. tlj de 14 h à 18 h du 15 juin au 15 sept.
6 km O. de Jarnac

pour tous

Comme elles sont jolies ces petites filles bien habillées et si sages ! Plus de 1 200 poupées de 1900 à aujourd'hui attendent la visite des fillettes et de leurs mamans.

Musée « Rêve auto-jeunesse »... Mosnac F6

16120 - Châteauneuf-sur-Charente
Tél. : 05 45 62 54 64
Ouv. tlj de 14 h à 18 h en juill. et août
3 km O. de Châteauneuf-sur-Charente

pour tous

Une collection de 200 autos pour enfants de 1900 à nos jours ; certaines sont à pédales, d'autres à moteur, les plus anciennes sont en bois.

Spectacle historique.... Peyras H5

Château de Peyras
16270 - Roumazières-Loubert
Tél. : 05 45 71 25 25 et 05 45 71 72 30 (OT)
Spect. de mi-juill. à fin juill. à 22 h 30
Entre Confolens et Chabanais, sur la D 59

+8 ans

Une centaine d'acteurs font revivre chaque été un épisode différent de l'histoire régionale au Moyen Âge.
Avant le spectacle, on peut participer à un repas médiéval servi sur des tranchoirs en guise d'assiettes. Les mets sont préparés par un chef digne des maîtres queux de l'époque...
Un spectacle vivant où les acteurs font participer les spectateurs.

Chocolaterie Letuffe.. Trois-Palis F6

En face de l'église
16730 - Fléac
Tél. : 05 45 91 05 21
Ouv. du lundi au vend. de 9 h à 17 h 30 de mi-juin à mi-sept. et les w.-e. et jrs fér. de 14 h à 18 h
3 km O. d'Angoulême

pour tous

Ceux qui aiment le chocolat... sont conviés à visiter une fabrique et à en goûter les spécialités.
De février à juin et de la mi-septembre à la fin octobre, parents et enfants peuvent venir apprendre à fabriquer des chocolats.
Non-gourmands s'abstenir !

CHARENTE-MARITIME

Labyrinthus............... Cravans D6

17260 - Gémozac
Tél. : 02 47 42 63 62
Fax : 02 47 42 65 64 (adm. et réserv.)
Ouv. tlj de 10 h 30 à 19 h 30 des premiers jours de juill. à début sept.
Durée de la visite du parc : 2 à 3 h
A 10 sortie n° 36 (Pons), puis RD 732 en dir. de Gémozac et RD 143

pour tous

Le Labyrinthus de Charente-Maritime, frère cadet de celui de Reignac dans l'Indre-et-Loire, s'étend sur 12 ha paysagers dont 2 de jardins. Il est composé de plusieurs labyrinthes tous aussi amusants les uns que les autres.
Le Labyrinthe géant en maïs, dans lequel les enfants vont jouer à se perdre, troublés et distraits par les arrivées soudaines de comédiens, jongleurs, magiciens, danseurs, acrobates, funambules… qui à tour de rôle multiplient tours et jeux. Le Labyrinthe des Portes, fait de hautes palissades de bois, dans lequel les détectives en herbe doivent découvrir les codes secrets des portes mystérieuses qui barrent l'accès des différents couloirs. Le Labyrinthe des Petits, où les bambins de 3 à 6 ans vont s'amuser sans risques. Le Labyrinthe de l'Eau, composé de colonnes d'eau – un lieu bien agréable en été !
Une tour panoramique permet de les admirer tous de haut, et une exposition présente les labyrinthes les plus célèbres du monde en miniature.

Asinerie nationale....... Dampierre-sur-Boutonne E5

17430 - Aulnay
Tél. : 05 46 32 35 93
Ouv. tlj de 10 h à 12 h et de 14 h à 19 h en juill. et août
S. de la forêt de Chizé

pour tous

Une asinerie où sont chouchoutés les rares baudets du Poitou, de sympathiques cadichons aux grandes oreilles.

Musée d'Arts et Traditions populaires................ Oléron (île d') B5

31, rue Pierre-Loti
17310 - Saint-Pierre-d'Oléron
Tél. : 05 46 47 39 88
Ouv. tlj sauf dim. et fêtes de 10 h à 12 h 30
et de 15 h à 18 h 30 de mi-juin à mi-sept.

+8 ans

Un petit musée consacré aux vieux métiers et à la vie locale.
Bien présenté, il fait revivre grâce à des mannequins en costume la vie quotidienne de l'île à la fin du siècle dernier.

Maison de la Marine à voile..................... Oléron (île d') B5

17310 - La Cotinière
Tél. : 05 46 47 38 15
Ouv. tlj. d'avril à fin sept. de 10 h à 19 h (23 h en juill. et août) ; w.-e. et vac. scol. le reste de l'année

+8 ans

Dans l'ancienne criée sur le port de La Cotinière, une collection de reproductions et de maquettes de bateaux retrace quatre siècles de l'histoire de la marine à voile jusqu'à l'arrivée de la vapeur.

Port des Salines... Oléron (île d') B5

17310 - Grand-Village-Plage
Ouv. tlj de 10 h à 12 h et de 15 h à 20 h
en juill. et août

+8 ans

Un petit port oléronais avec ses bateaux, ses cabanes ostréicoles et son marais salant en activité a été reconstitué à Grand-Village-Plage.

Parc Myocastors... Oléron (île d') B5

Pré de la Morinière
17550 - Dolus-d'Oléron
Tél. : 05 46 75 60 46-Fax : 05 46 84 45 31
Ouv. tlj de 10 h 30 à 19 h de fin juin à début sept.
et de 14 h 30 à 18 h pendant les vac. de Pâques

pour tous

Comme ils sont mignons ces petits rongeurs !
Ces adorables animaux séduisent toujours les jeunes visiteurs ; ici, ils

pourront caresser les bébés et donner des carottes aux plus grands qui, poliment, se dressant sur leurs pattes arrière, prendront délicatement des morceaux dans leurs petites mains.

Aquarium............. Oléron (île d') B5

17310 - La Cotinière
Tél. : 05 46 47 31 90
Ouv. de 10 h à 12 h 30 et de 14 h à 18 h
(23 h en juill. et août)

pour tous

Tous les poissons de la côte viennent se frotter le nez aux parois des aquariums. Ils changent en cours d'année en fonction des apports des pêcheurs de La Cotinière.
Ne pas rater le repas des raies et des chiens de mer.

Marais des Oiseaux................... Oléron (île d') B5

Les Grissotières
17550 - Dolus-d'Oléron
Tél. : 05 46 75 37 54
Ouv. tlj de 10 h à 20 h en juill. et août ; de 10 h à 13 h et de 14 h à 19 h en juin et sept. et d'oct. à mars, et les merc. et dim. vac. scol.

+8 ans

Ornithologues en herbe, à vos postes : voici une belle balade pour observer les oiseaux marins, les échassiers, les rapaces, les canards, etc. Le site est à la fois un parc de découverte et un centre de sauvetage de la faune sauvage.

Parc aux oiseaux et animalier............... Oléron (île d') B5

Maisonneuve, route de La Cotinière
17310 - Saint-Pierre-d'Oléron
Tél. : 05 46 47 10 32
Ouv. tlj de l'année de 9 h 30 à la tombée du jour

pour tous

Une agréable promenade dans un parc ombragé et fleuri où s'ébattent 240 variétés d'oiseaux d'Europe et de tous les continents.
Les plus petits regarderont un moment les oiseaux mais opteront vite pour la compagnie des petits ânes et des chèvres naines.

Petit train du Château-d'Oléron...... Oléron (île d') B5

17480 - Le Château-d'Oléron
Tél. : 05 46 47 66 07
Circule de Pâques à oct. Durée : 35 minutes
Départ : parking de la citadelle et OT

Tchou tchou ! En voiture pour la visite commentée de la citadelle et du port ostréicole.

Le p'tit train de Saint-Trojan.............. Oléron (île d') B5

17370 - Saint-Trojan
Tél. : 05 46 76 01 26
Circule de Pâques à la Toussaint. Durée du trajet : 1 h 15 AR

Un sympathique petit train traverse des pinèdes inaccessibles par la route. Une agréable promenade pour reposer les petites jambes et atteindre de jolies plages de sable.

Zoo de La Palmyre... La Palmyre C6

17570 - Les Mathes
Tél. : 05 46 22 46 06 et 08 36 68 18 48
(serv. voc.)-Fax : 05 46 23 62 97
Ouv. tlj de tte l'année de 9 h à 18 h d'avril à fin sept., et de 9 h à 12 h et 14 h à 18 h d'oct. à mars.
15 km E. de Royan par la D25

Le premier zoo de France ! On se promène dans une pinède vallonnée et, au fur et à mesure de sa marche, on passe à proximité des grands carnivores (lions, tigres, guépards, loups), des mammifères piscivores (ours, otaries, loutres), des ongulés (hippopotames, zèbres, rhinocéros, éléphants, girafes), des singes (des très rares ouistitis-lions aux gorilles), des oiseaux, des reptiles…
Pour se reposer de la marche, on ira s'asseoir sur les gradins entourant le bassin où se produisent les otaries, puis on ira un peu plus loin assister au show des perroquets savants de Pâques à la mi-oct.
Il faudra aussi aller jeter un coup d'œil derrière les vitres de la nursery.
Enfin, on ira se donner quelques frissons en pénétrant dans la grotte aux chauves-souris. Un zoo varié et animé que l'on quitte à regret.
À l'entrée est distribué aux enfants un questionnaire-jeux qui leur permet de mieux faire connaissance avec les animaux tout en s'amusant.

Phare des Baleines...................... Ré (île de) B4

Route des Baleines
17590 - Saint-Clément-des-Baleines
Ouv. tlj de 10 h à 12 h et de 14 h 30 à 17 h en été ;
de 11 h à 12 h et de 15 h à 17 h le reste de l'année

+8 ans

Un des plus hauts phares de France : 250 marches attendent les courageux qui grimperont au sommet afin d'admirer le panorama sur l'île et la mer.

Écomusée des Marais salants........................ Ré (île de) B4

Route de Loix
17590 - Loix
Tél. : 05 46 29 06 77
Ouv. de mi-fév. au 1er avril de 14 h 30 à 17 h 30,
du 1er avril à fin mai de 14 h à 18 h, de juin à fin sept. de 10 h 30 à 12 h 30 et de 14 h à 19 h, d'oct. à mi-nov. de 14 h à 17 h 30

+12 ans

La récolte du sel était autrefois une des richesses de l'île de Ré. Un écomusée explique autour d'une maquette l'histoire des marais salants et de la technique de production du sel.
Une visite sur le marais lui-même permet de découvrir la végétation bien spécifique et les oiseaux qui y évoluent.

L'Arche de Noé........ Ré (île de) B4

17590 - Saint-Clément-des-Baleines
Tél. : 05 46 29 23 23-Fax : 05 46 29 58 09
Ouv. tlj de 10 h 30 à 19 h de juin à sept. ; de 14 h à 18 h d'avril à fin mai et de sept. à la fin des vac. de Toussaint ; et les w.-e. de Pâques, des 1er et 8 mai, de 10 h 30 à 18 h
La caisse ferme 1 h 30 avant l'heure limite d'ouverture

pour tous

Il se passe beaucoup de choses à l'Arche de Noé ! Dans ce parc fleuri, chacun peut trouver une animation à son goût.
Ceux qui aiment les animaux iront rendre visite aux rongeurs (paca, porc-épic, mara, agouti...) et aux singes ; ils feront un tour du monde animal en regardant des dioramas sur les cinq continents (nouvelle présentation) et leurs habitants à poils et à plumes naturalisés ; ou encore ils admireront des papillons de toutes les couleurs

et échangeront quelques mots avec des perroquets, dans une jungle particulièrement fascinante, avec ses 400 oiseaux de tous les continents volant en totale liberté.
Le monde sous-marin est maintenant à la portée de tous et un musée des tortues marines présente des spécimens du monde entier.
Les amateurs d'Histoire apprendront celle de la navigation à travers les âges grâce à des saynètes présentées dans des vitrines, ou découvriront la grande aventure du bagne de l'île de Ré retracée à l'aide de personnages en cire.
Les musiciens écouteront un concert d'orgue et de synthétiseurs.
Nouveauté : un spectacle de vol libre de perroquets.

Réserve naturelle de Lilleau des Niges.................... Ré (île de) B4

17880 - Les Portes-en-Ré
Tél. : 05 46 29 50 74
Ouv. tlj de mi-juin à mi-sept. de 10 h à 12 h 30 et de 15 h à 19 h
Sorties d'observation les lundis et merc. a.-m. en juill. et août pour les 7-12 ans

+8 ans

Pendant les migrations et l'hivernage, des dizaines de milliers d'oiseaux fréquentent cette réserve : bernaches, tadornes de belon, huîtriers pies, chevaliers gambettes... Des promenades guidées donnent l'opportunité aux ornithologues en herbe de découvrir les oiseaux. Une paire de jumelles est prêtée à chaque participant.
Une piste cyclable permet de parcourir la réserve à vélo.

La visite de la maison du Fier, au Vieux-Port, dans laquelle sont montées des expositions sur la nature et les oiseaux, complétera l'initiation à l'ornithologie.
Ne pas rater, au mois d'août, la fête de l'Oiseau et des Enfants.

En Charente-Maritime, les boucs ne sont pas les animaux qu'on croit... : ce sont de grosses crevettes grises. Les minuscules bigorneaux que l'on ramasse sur les rivages de l'île d'Oléron ou de l'île de Ré sont parfois appelés des amuse-ballots !

Centre international de la mer.................... Rochefort C5

La Corderie royale
17300 - Rochefort
Tél. : 05 46 87 01 90
Ouv. tlj de 9 h à 19 h et 20 h en été

+8 ans

Au XVIIe s., le roi Louis XIV ordonna la création de l'arsenal de Rochefort afin de développer une marine puissante ; simultanément, on ouvrit la Corderie royale pour fabriquer les cordages des grands voiliers.
Une exposition permanente sur les cordes et cordages explique la production et l'usage des cordes des origines à nos jours. Parallèlement le « jardin des retours » célèbre l'histoire des grandes expéditions maritimes et botaniques, et « l'aire des gréements » évoque les vaisseaux du XVIIIe s.
On peut également visiter, à proximité, le chantier de reconstruction de *L'Hermione*, la frégate qui embarqua La Fayette vers l'Amérique.

Les Métiers de Mercure...................... Rochefort C5

12, rue Lesson
17300 - Rochefort
Tél. : 05 46 83 91 50
Ouv. tlj. de 10 h à 20 h en juill. et août ; hors saison tlj sauf mardi de 10 h à 12 h et de 14 h à 19 h ; fermé en janv.

+8 ans

Une évocation distrayante et émouvante de métiers, de commerces et d'ateliers du début du siècle : bar, pharmacie, chapellerie, épicerie, forge, teinturerie, salon de coiffure… Sympathique initiative due à un couple de passionnés.

Musée de la Marine.. Rochefort C5

Place de la Galissonnière
17300 - Rochefort
Tél. : 05 46 99 86 57
Ouv. tlj sauf mardi et jrs fér. de 10 h à 12 h et de 14 h à 18 h

+8 ans

L'histoire de la marine de guerre française du XVIIe s. au XXe s., avec un très bel ensemble de modèles réduits de navires, de figures de proue, d'instruments de navigation, de drapeaux, des souvenirs des marins rochefortais et du bagne qui sévissait à côté, des cartes, des documents et surtout le cabestan monumental de Duguay-Trouin.

Musée des Automates.................. La Rochelle C4

Rue de la Désirée Port des Minimes
17000 - La Rochelle
Tél. : 05 46 41 68 08
Ouv. tlj de 10 h à 18 h (19 h du 1er juin au 31 août) ;
fermé le matin de nov. à janv.
Le billet donne également accès au musée des Modèles réduits

pour tous

Trois cents personnages se mettent en mouvement dans un décor original : automates anciens et contemporains, vitrines animées, etc. Coup de cœur assuré pour le sympathique Pierrot prestidigitateur.

Musée Grévin......... La Rochelle C4

38, cours des Dames
17000 - La Rochelle
Tél. : 05 46 41 08 71
Ouv. tlj de 10 h à 19 h (23 h de juin à sept.)

+8 ans

Quinze scènes évoquent les grands moments de la vie de la cité du XIIIe s. à nos jours. On rencontre Aliénor d'Aquitaine, Richelieu, les célèbres filles de La Rochelle, et bien d'autres personnages de l'histoire locale.
Une excellente façon de parler d'histoire avec les enfants.

Ronde de nuit. Tous les jeudis de la mi-juillet à la fin août (sur réserv.), l'office de tourisme organise des visites nocturnes du port de La Rochelle sur les pas d'un veilleur de nuit, et tous les jours sauf le dimanche, des promenades en voiture à cheval pour faire le tour de la ville (rens. tél. : 05 46 41 14 68).

Muséum d'Histoire naturelle.................... La Rochelle C4

28, rue Albert-Ier
17000 - La Rochelle
Tél. : 05 46 41 18 25
Ouv. tlj sauf lundi et dim. matin de 10 h à 12 h
et de 14 h à 17 h (18 h du 15 mai au 15 sept.)

+12 ans

Deux musées se font face. Le muséum régional Fleuriau, qui présente la préhistoire, la zoologie et l'histoire naturelle régionales, concernera surtout les bons élèves, mais il ne faut pas manquer la salle consacrée à la préhistoire, avec le squelette d'un ours des cavernes.
Le muséum Lafaille, qui présente une collection de coquillages et les souvenirs des premières expéditions en terre Adélie et dans les îles du Pacifique, constitue une bonne visite pour les aventuriers.

Musée maritime « Neptunea ».............. La Rochelle C4

Place Bernard-Moitessier
17000 - La Rochelle
Tél. : 05 46 28 03 00-Fax : 05 46 41 07 87
Ouv. tlj de 10 h à 19 h 30 en juill. et août ; de 10 h à
18 h 30 d'avril à juin et en sept., et de 14 h à 18 h 30 d'oct. à mars
La caisse ferme 1 h 30 avant l'heure limite d'ouverture

pour tous

Aménagé dans l'ancien bassin des chalutiers et la grande halle à marée, ce musée expose des navires à flot. Non seulement on regarde les bateaux – un chalutier de pêche, le ketch de Bernard Moitessier, une vedette de sauvetage, etc. –, mais on a la possibilité de monter à bord du *France 1*, une frégate météo sur laquelle a été aménagé un musée de la météorologie.
Un « tunnel à vent » permet d'éprouver les différences forces du vent et des ordinateurs procurent l'occasion de s'initier à la voile ou de faire des compétitions.
Sur un bassin ventilé évoluent des modèles réduits. Enfin, pour les marins d'eau douce, le Cinévague propose des films pour naviguer bien à l'abri.
Un après-midi bien rempli en perspective.

Musée des Modèles réduits........................ La Rochelle C4

Rue de la Désirée
Port des Minimes
17000 - La Rochelle
Tél. : 05 46 41 68 08
Ouv. tlj de 10 h à 18 h (19 h du 1er juin au 31 août) ;
fermé le matin de nov. à janv.
Le billet donne également accès au musée des Automates

pour tous

Un petit musée exceptionnel.
Les maquettes des navires les plus célèbres de l'histoire sont mises en scène dans des tableaux paysagers joliment conçus.
Des bateaux mis en mouvement par ordinateur se déplacent et se croisent en musique sur un petit bassin intérieur.
Au premier étage, un réseau ferroviaire attend les passionnés de trains électriques. Wagons et locomotives vont et viennent, traversant des petits villages, disparaissant dans les tunnels, franchissant ponts et aqueducs ; dans une maison, un incendie se déclare, puis la nuit tombe et les lumières s'allument.

Aquarium................ La Rochelle C4

Port des Minimes
17000 - La Rochelle
Tél. : 05 46 34 00 00-Fax : 05 46 45 35 71
Ouv. tlj de 9 h à 23 h en juill. et août ;
de 9 h à 20 h d'avril à juin et en sept. ; et de 10 h à 20 h d'oct. à mars

pour tous

Pour fêter le nouveau millénaire, l'aquarium de La Rochelle a été entièrement refait.
Des milliers de poissons de toutes les mers du monde évoluent gracieusement dans des aquariums géants. Le chatoiement des couleurs, les formes extraordinaires ou monstrueuses des poissons papillons, anges, chats, pierres, scies, clowns… fascinent petits et grands.
Dans un grand bassin cohabitent des espèces rares de requins, des tortues de mer, des carangues et des mérous ; on s'y introduit grâce à un tunnel de verre et on frissonne en regardant passer au-dessus de sa tête un requin-léopard toutes dents découvertes.
Grâce à un autre tunnel, on se glisse parmi les méduses, fasciné par leur ballet fantasmagorique.
Au milieu des orchidées, des bananiers et des fougères de la petite serre tropicale, les piranhas et les tortues de Floride semblent vivre aussi bien que dans leur pays d'origine.

Aquariums à hauteur des yeux, petits tabourets pour grimper dessus, petit jeu-guide, ateliers et clubs du mercredi, tout ce qu'il faut pour que les enfants nagent dans le bonheur !

Bus de mer............ La Rochelle C4

17000 - La Rochelle
Tél. : 05 46 34 02 22
Circule tte l'année ; horaires en fonction de la saison
Durée du trajet : 20 minutes

pour tous

Une ligne régulière de bateau assure la liaison entre le Vieux-Port et les Minimes : voilà un moyen plaisant de relier les deux principaux centres d'intérêt de la ville.

Musée Atlantrain Saint-Just-Luzac C6

17320 - Saint-Just-Luzac
Tél. : 05 46 85 33 35
Ouv. tlj sauf lundi de mi-juin à mi-sept.
de 14 h 30 à 18 h
5 km S.-E. de Marennes par la RD 728

+8 ans

Des locomotives, des wagons, des tramways, des trains miniatures, des jouets anciens... Une collection de 5 000 jouets datant de 1875 à 1970 et provenant de 18 pays.
Pour les grands-parents nostalgiques et les enfants passionnés par les trains électriques.

Au large de Rochefort, sur l'île d'Aix, plane encore l'ombre de Napoléon. On y visite la maison où l'Empereur déchu passa sa dernière nuit avant d'embarquer pour son exil sur l'île de Sainte-Hélène.

Chemin de fer de la Seudre.................. Saujon C6

17600 - Saujon
Tél. : 05 46 36 64 59 (Saujon) et 05 46 36 08 85 (La Tremblade)
Circule de juill. à août les merc. et dim.
11 km N.-E. de Royan par la RN 150

pour tous

À bord du petit train qui relie Saujon à La Tremblade, une découverte de l'estuaire de la Seudre, des anciens marais salants et des parcs à huîtres.

Réserve.............. Yves (marais) C5

RN 137 - Aire de Marouillet
Tél. : 05 46 82 12 34 (Ligue française pour les oiseaux)
Ouv. tlj de fin juin à mi-sept. de 10 h à 12 h et de 15 h à 17 h
11 km S. de La Rochelle - 12 km N. de Rochefort

+8 ans

La réserve naturelle du marais Yves s'étend sur 194 ha de marais, de dunes et de lagunes où viennent se poser des dizaines d'espèces d'oiseaux.
Une bonne occasion de découvrir ceux de la région. Deux observatoires équipés d'optiques puissantes sont à la disposition des visiteurs, et des expositions et des projections permettent de se familiariser avec les canards, colverts, oies cendrées, bécasseaux, hérons... qui, selon la saison, fréquentent le plan d'eau.

Pôles nature. Il était une fois une loutre, un vison, une oie et un passereau... Les marais sont à la fois la résidence permanente de certains mammifères devenus rares, comme la loutre ou le vison d'Europe, et le site d'hivernage ou de nidification des milliers d'oiseaux migrateurs (oies, bernaches, canards, limicoles...).
Les « pôles nature » sont des sites protégés où les visiteurs sont sensibilisés à la découverte de la nature et des traditions de la Charente-Maritime. Les enfants sont particulièrement bien accueillis et apprennent à observer la nature et à reconnaître les oiseaux.
La réserve de Lilleau des Niges et l'écomusée des Marais salants de l'île de Ré, le marais des oiseaux et le port des Salines sur l'île d'Oléron, l'Asinerie nationale et la réserve du marais Yves font parti de ces pôles.

DEUX-SÈVRES

Musée des Tumulus.... Bougon F4

79800 - La Chapelle-Bougon
Tél. : 05 49 05 12 13-Fax : 05 49 05 14 05
Ouv. lundi et mardi de 10 h à 19 h, merc. de 14 h à 19 h, jeudi, vend., sam., dim. de 10 h à 20 h et tlj (sauf merc. de 14 h à 18 h) de 10 h à 18 h ; fermé en janv.
15 km S.-E. de St-Maixent-l'École par la RD 737 et la RD 5

+12 ans

Dans un parc de 15 ha, entre une des plus anciennes nécropoles du monde (4 500 ans av. J.-C.) et les vestiges d'un prieuré cistercien, le musée des Tumulus propose un passionnant voyage qui conduit de la création de l'Univers à la formation de la Terre, des débuts de la vie à l'apparition de l'Homme, des débuts des constructions mégalithiques à la nécropole de Bougon.
À l'extérieur, un parcours de découvertes passe par des ateliers (tissage, taille de silex, poterie, cuisine préhistorique).
Des ateliers archéologiques sont proposés à la journée : visite du musée et initiation à une technique de la préhistoire – poterie, taille du silex, tissage, métallurgie, géologie, parure, travail de l'os, allumage du feu, tir au propulseur (réserv. nécessaire).

Promenade en barque.. Coulon D4

79510 - Coulon
Tél. : 05 49 35 99 29 (SI)-Fax : 05 49 35 84 31
Départ également d'Arçais (tél. : 05 49 35 43 34)

pour tous

Des bateaux à fond plat circulent dans le Marais poitevin, où il n'y a ni route ni chemin depuis la nuit des temps… Le long des quais qui bordent la Sèvre Niortaise se succèdent les embarcadères où l'on peut louer des barques à l'heure ou à la journée : menées à la « pigouille » ou à la « pelle » plate en bois, elles glissent en écartant sur leur passage les lentilles d'eau qui tapissent les conches. Avec un peu de chance, on aura la surprise de croiser une vache se rendant en bateau d'un pré à l'autre.
Un petit train, le « Piladou » (tél. : 05 49 35 02 29, circule de Pâques à fin sept.), permet d'embarquer pour une promenade-découverte de la faune et la flore du marais.

Musée du Jouet........ Mauléon D1

6, rue du Château
79700 - Mauléon
Tél. : 05 49 81 64 12
Ouv. tlj de l'année de 14 h à 19 h et de 10 h à 13 h
et de 14 h à 19 h en juill. et août
22 km N.-O. de Bressuire par la RN 149

pour tous

Laquelle de ces 450 poupées est la plus jolie ? Comme ils sont drôles ces vieux jouets et ces soldats de plomb ! Un petit tour dans le monde magique de l'enfance… qui n'a pas d'âge.

Mine d'argent des rois francs................ Melle E4

79500 - Melle
Tél. : 05 49 29 19 54-Fax : 05 49 29 16 64
Ouv. tlj du 1er juin au 30 sept. de 10 h à 12 h et
de 14 h 30 à 19 h 30 ; du 1er oct. à mi-nov.
et du 1er mars à fin mai de 14 h 30 à 18 h 30
28 km S.-E. de Niort par la RD 948

+8 ans

Un gisement de plomb argentifère exploité du Ve au Xe s. par l'atelier qui frappait les monnaies royales.
Un jardin des plantes potagères, médicinales et tinctoriales utilisées de l'époque gauloise à la fin du Moyen Âge.

Mouton-Village........... Vasles F3

Maison du Mouton
79340 - Menigoute
Tél. : 05 49 69 12 12-Fax : 05 49 69 98 48
Ouv. tlj sauf lundi matin de 10 h à 19 h
du 1er juin à mi-sept. et de 10 h à 18 h les mardi, sam., dim., jrs fér.
et vac. scol. en avril et mai et du 15 sept. à fin nov.
25 km N.-E. de St-Maixent-l'École par la RD 938 et la RD 524

pour tous

Un voyage au pays où les moutons sont rois. On se promène muni d'écouteurs et on apprend le rôle des moutons dans l'histoire, la vie des éleveurs, les métiers et l'art de la laine… mais attention au loup qui rôde dans les parages ! Un spectacle d'automates sur l'histoire de l'homme et du mouton, des Égyptiens à nos jours, complète cette journée dans un village pas comme les autres.
Les plus petits auront grand plaisir à assister à la tétée des agneaux, à 17 h ou à 17 h 30 durant la période des naissances.

Zoorama de Chizé................. Villiers-en-Bois E4

79360 - Villiers-en-Bois
Tél. : 05 49 77 17 17-Fax : 05 49 77 17 18
Ouv. tlj du 1er avril à fin sept. de 9 h à 19 h ;
du 1er oct. au 31 mars de 10 h à 12 h et de 14 h
à la nuit en sem. et de 10 h à la nuit les dim. et fêtes
7 km E. de Beauvoir-sur-Niort par la D1

pour tous

600 espèces d'animaux européens vivent dans ce parc aménagé de 25 ha : loutres, ours, lynx, loups, aurochs, baudets du Poitou. La mini-ferme, les jeux, le toboggan des loups raviront les plus petits. Un petit livret donné à l'entrée permet de visiter le parc en s'amusant. La visite peut se faire à pied ou en calèche.

Musée des Ruralies..... Vouillé E4

79230 - Prahecq
Tél. : 05 49 75 68 27
Ouv. tlj de 10 h à 18 h (19 h en juill. et août)
Autoroute A10, aire de Vouillé, 6 km E. de Niort

+8 ans

150 ans d'histoire des techniques agricoles avec la reconstitution d'une laiterie et d'une distillerie, l'évocation de l'apiculture, l'atelier d'un charron, une mini-ferme et un jardin d'antan avec son potager de courges et de légumes oubliés.

La ville de Niort s'est fait une réputation avec une spécialité originale, l'herbe des anges ou « angélique ». Cette plante ombellifère était pieusement cultivée au XIVe s. dans les monastères d'Europe centrale, comme préventif contre la peste. Olivier de Serres, le célèbre agronome, parle d'elle comme d'un remède contre les morsures de serpent. Ce furent les religieuses de Niort qui eurent la bonne idée de confire l'angélique dans du sucre. Devenue ainsi une délicate friandise, elle fut au XVIIIe s. l'objet d'un commerce florissant. Avec l'angélique, on réalisait de grandes pièces montées très coûteuses. L'une d'elles, par exemple, représentant une aigle impériale, fut offerte à Louis Napoléon Bonaparte lors d'un voyage à Niort.

VIENNE

Musée Auto Moto Vélo......... Châtellerault G2

La Manu
86100 - Châtellerault
Tél. : 05 49 21 03 46-Fax 05 49 85 25 88
Ouv. tlj de 10 h à 19 h du 1er mai au 30 sept., et de 14 h à 18 h du 1er oct. au 30 avril
Gratuit pour les – de 11 ans

+12 ans

Vroum, vroum ! Ils en ont fait des tours de piste, ces bolides exposés à côté de prestigieuses Bugatti et autres voitures de grande marque dans l'ancienne manufacture d'armes de Châtellerault ! Plus modestes, mais non moins objets de collection, des dizaines et des dizaines de motos et de vieux vélos complètent l'exposition.
Un parcours chronologique retrace les grandes étapes de l'histoire et de l'évolution des véhicules. Et, dans un second hall d'exposition, des hublots permettent au public de regarder les techniciens restaurer des véhicules de collection dans l'atelier.
Des bornes interactives et des manipulations scientifiques sont prévues dans une nouvelle tranche d'aménagement.
Au-delà de cette exposition, ce site offre une agréable promenade le long du canal et à l'ombre des arbres centenaires du jardin du directeur, et permet de découvrir une vue panoramique de Châtellerault depuis les hauteurs des cheminées de la Manu.

Spectacle du château des Aigles.................. Chauvigny H3

86300 - Chauvigny
Tél. : 05 49 46 47 48-Fax : 05 49 44 10 45
Spect. les a.-m. de mars à nov. ; le matin et les a.-m. en juill., août et sept. Durée : 45 minutes
23 km E. de Poitiers par la RN 151

pour tous

Où mieux que dans les ruines d'un château médiéval pouvaient trouver refuges aigles, faucons et vautours ? Les pans de mur se souviennent encore du temps jadis où la fauconnerie était une des distractions préférées de leurs habitants.

Les oiseaux de proie planent, décrivent des arabesques et reviennent à grande vitesse se poser sur le bras du fauconnier au cours de spectaculaires démonstrations.

Vélo Rail.................. Chauvigny H3

Rue de la Folie
86300 - Chauvigny
Tél. : 05 49 63 18 19
Fax : 05 49 71 28 67
Ouv. tlj de 10 h à 21 h en juill. et août ; de 14 h à 19 h en mai, juin et sept. ; de 14 h à 18 h en mars, avril et oct. ; et de 13 h à 17 h en nov. ; fermé en déc., janv. et fév.

pour tous

Une balade entre amis et avec les enfants dans le pays chauvinois. Dix-sept kilomètres de rails permettent d'admirer tranquillement la nature. Des panneaux commentent le paysage. Le parcours est aménagé avec des aires de repos et de pique-nique.

Le Futuroscope...... Jaunay-Clan G2

86130 - Jaunay-Clan
Tél. : 05 49 49 30 80
Fax : 05 49 49 30 30
Ouv. tte l'année de 9 h à 18 h
6 km N. de Poitiers par la RN 10

+8 ans

Dans un décor résolument futuriste s'étend le paradis de l'image. Les passionnés de cinéma vont y découvrir les procédés les plus révolutionnaires et les fous d'aventures vont vivre des histoires extraordinaires. Ils passeront du Kinémax (un des plus grands écrans du monde, haut comme un immeuble de 7 étages) au cinéma dynamique de l'Omnimax ; ils voyageront dans la réalité virtuelle en trois dimensions grâce à un film réalisé en images de synthèse ; ils partiront dans l'espace avec *Mission sur Mir* ; ils découvriront les mystères les mieux cachés de la nature…
Entre deux séances de cinéma, ils iront mesurer leurs compétences à quelques-uns des quarante jeux vidéo qui s'alignent le long de la Cyber Avenue, une « rue » de 800 m^2 qui conduit au Cybermédia, un espace où sont en démonstration les nouvelles technologies du multimédia. Puis ils iront jouer au *Ciné-Jeu,* un procédé interactif qui permet de s'affronter en temps réel à des images projetées sur le plus grand écran vidéo du parc.

Les plus petits ne seront pas en reste, car le Monde des enfants a été créé pour eux : ils trouveront là, entre autres, des animations originales qui les fascineront. Grâce à Sympho, les apprentis musiciens pourront jouer leur propre partition ou devenir eux-mêmes un instrument de musique ; avec Mandala, les enfants verront leur propre image apparaître sur l'écran et chacun de leurs mouvements fidèlement reproduit dans une animation vidéo.
Comme le temps passe trop vite au Futuroscope, il faudra penser à réserver un moment pour assister à la féerie du *Lac aux images.*

Parc de loisirs......... Saint-Cyr G2

86130 - Jaunay-Clan
Tél. : 05 49 62 57 22
Fax : 05 49 52 28 58
Ouv. tte l'année
Baignade surveillée en juill. et août
6 km N. de Poitiers par la RN 10

+12 ans

Un plan d'eau de 85 ha sur lequel les sportifs peuvent pratiquer la plupart des activités nautiques, de la natation à la planche à voile en passant par le canoë-kayak. Les plus jeunes ont une plaine de jeux à leur disposition.

Musée du Jeu d'échecs............... Scorbé-Clairvaux G2

86140 - Lencloître
Tél. : 05 49 93 90 08 et 05 49 93 88 49
Ouv. de mi-juin au 15 sept. de 14 h à 19 h
10 km O. de Châtellerault par la RD 725

+12 ans

Parmi les chères têtes blondes, il y a toujours une grosse tête qui est passionnée par les échecs, alors cette exceptionnelle collection de jeux provenant de plusieurs pays du monde la comblera. Ceux qui ne connaissent rien à la technique du jeu admireront les pièces les plus spectaculaires et regarderont, émus, le jeu qui servit à Napoléon et à l'amiral Nelson.

La vallée des singes.. Romagne G4

86700 - Romagne
Tél. : 05 49 87 20 20-Fax : 05 49 87 63 38
Ouv. tlj de 10 h à 19 h en juill. et août,
de 10 h à 18 h de la mi-mars à la mi-nov.,
et de 10 h à 17 h en oct. et nov.
A 10, sortie n° 30 après Poitiers, puis fléchage

pour tous

Dans la vallée des Singes, pas de cages ni de barrières, mais des îles arborées et verdoyantes, agrémentées de cours d'eau et de cascades. En totale liberté, près de 25 espèces de primates, du plus grand au plus petit, soit plus de 250 animaux (macaques de Barbarie, lémuriens, gibbons, gorilles...), y vivent en toute tranquillité. On peut aussi y rencontrer des singes laineux, des tamarins lions, des ouistitis pinceaux, des capucins, etc., et tout récemment les très rares tamarins lions dorés y ont élu domicile.
À heures fixes, les enfants peuvent assister au repas des diverses espèces et notamment à celui des gorilles.

L'île aux Serpents... La Trimouille I3

Route de Montmorillon
86290 - La Trimouille
Tél. : 05 49 91 23 45-Fax : 05 49 91 34 56
Ouv. tlj de tte l'année à partir de 10 h de fév.
au 11 nov., et de 14 h du 12 nov. à fin janv.
14 km E. de Montmorillon par la RD 727

+8 ans

Découvrir les mœurs des couleuvres et des vipères, apprendre à les reconnaître, admirer les serpents bijoux, trembler derrière la vitre en regardant les boas et les pythons, voilà tout ce qui attend le visiteur dans cette « île » pas comme les autres.
L'opportunité d'entrer en toute sécurité dans le monde secret et étonnant des serpents.

A
B
C
D
E
1
2
3
4
5
6
7
8
Allier 03
Cantal 15
Corrèze 19
Haute-Loire 43
Puy-de-Dôme 63
Haute-Vienne 87
Domérat
La Souterraine
N145
D912
D940
N145
Guéret
N147
Bellac
D942
87
N147
23
D912
A20-E09
N141
Aubusson
N141
St-Junien
N141
Couzeix
Vienne
Limoges
St-Léonard-de-Noblat
Rochechouart
Aixe-s.-Vienne
Isle
D979
N21
Le Vigen
D979
D940
Nedde
D704
A20
E09
D36
Treignac
St-Yrieix-la-Perche
D940
19
N89
D922
Lanobre
D979
Egletons
Bort-les-Orgues
N120
D7
N89
Objat
Travassac
Tulle
N89
Dordogne
Mauriac
Brive-la-Gaillarde
Malemort-s.-C.
N120
Ally
Noailles
Argentat
Lissac-s.-Couze
D940
St-Geniez-ô-Merle
Bertrande
N120
Aurillac
D920
Junhac
0
20
40 km

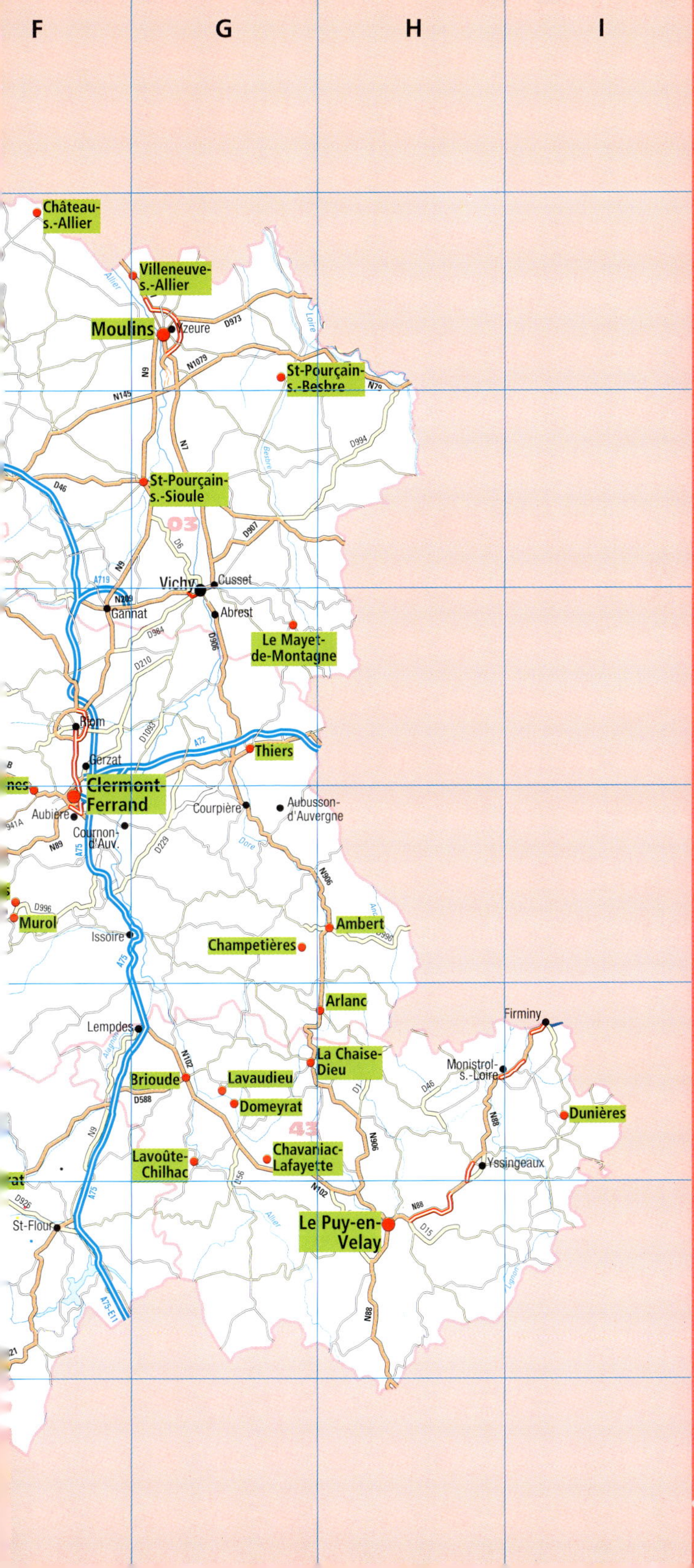

F
G
H
I
Château-s.-Allier
Villeneuve-s.-Allier
Allier
Moulins
Yzeure
D973
Loire
N9
N1079
St-Pourçain-s.-Besbre
N79
N145
N7
Besbre
D994
D46
St-Pourçain-s.-Sioule
03
D907
D6
N9
A719
Vichy
Cusset
N209
Gannat
Abrest
D984
D906
Le Mayet-de-Montagne
D210
Riom
D1093
A72
Thiers
Gerzat
Clermont-Ferrand
Aubière
Courpière
Aubusson-d'Auvergne
Cournon-d'Auv.
N89
A75
D229
Dore
N906
D996
Murol
Ambert
Issoire
Champetières
A75
Arlanc
Firminy
Lempdes
La Chaise-Dieu
Monistrol-s.-Loire
N102
Brioude
Lavaudieu
D588
D46
Domeyrat
N88
Dunières
43
N9
Lavoûte-Chilhac
Chavaniac-Lafayette
N906
Yssingeaux
D56
N102
A75
D926
St-Flour
Allier
Le Puy-en-Velay
N88
D15
A75-E11
N88

ALLIER

Parc de Saint-Augustin...... Château-sur-Allier F2

03320 - Lurcy-Lévis
Tél. : 04 70 66 43 42
Fax : 04 70 66 41 34
Ouv. tlj de 14 h à 19 h de juin à sept. ; merc., w.-e. et jrs fér. le reste de l'année
10 km S. de Sancoins par la RD 13

pour tous

Devant un château de pur style bourbonnais s'étend un vaste parc laissé en partie en friche et dans lequel on rencontre non seulement des animaux bien de chez nous, mais aussi des zèbres et des antilopes.
Un parc familial où l'on se sent presque chez soi.

Musée des Miniatures Le-Mayet-de-Montagne G4

Route de Laprugne
03250 - Le Mayet-de-Montagne
Tél. : 04 70 59 74 60
Ouv. tlj de 14 h à 19 h du 1er mai au 15 sept.
3 km du Mayet-de-Montagne en dir. de Laprugne

pour tous

Les plus célèbres cirques français et étrangers y sont représentés en carton. Des milliers d'heures de travail ont été nécessaires pour fignoler ces extraordinaires maquettes (11 cirques, 2 000 animaux, 70 voitures, plus de 1 000 figurines, etc.). Sur fond musical, personnages et animaux évoluent devant les yeux ébahis des enfants. Outre les cirques, on admire également une caserne de pompiers et ses véhicules, et on voit les sapeurs-pompiers utiliser échelles et lances pour venir à bout d'un incendie.

Musée du Bourbonnais............ Moulins G2

4, place de l'Ancien-Palais
03000 - Moulins
Tél. : 04 70 44 39 03
Ouv. tlj de 10 h à 12 h et de 15 h à 18 h 30
(14 h à 17 h 30 d'oct. à mars)

+8 ans

Installé dans deux maisons anciennes reliées par une galerie, le musée est divisé en trois parties distinctes : le musée du Folklore proprement dit, avec une collection de costumes et des reconstitutions d'ateliers de sabotier et de cordier ; une importante collection de poupées, de jouets d'enfant et de fers à repasser ; le musée des Moulins enfin.

Le Pal...... Saint-Pourçain-sur-Besbre G2

03290 - Dompierre-sur-Besbre
Tél. : 04 70 42 03 60
Fax : 04 70 42 01 52
Ouv. tlj de 10 h à 19 h en juill.
et août ; tlj sauf certains lundis de 10 h à 18 h d'avril à mai, juin
et les merc. et w.-e. de sept.
19 km S.-E. de Moulins par la N 7 et la RD 12 ;
suivre les panneaux de direction

pour tous

Le Pal est autant un parc de jeux qu'un parc zoologique. Il propose tant de distractions que la journée sera à peine assez longue pour profiter de tout.

Plus de 25 attractions (Rivière canadienne, Chenille fantastique, Forêt enchantée, grand huit, King Kong, Rafting dans les rapides, Bateau pirate, etc.) sont à la disposition des enfants

Près de 500 animaux des cinq continents vivent en semi-liberté dans un vaste espace naturel. Les éléphants venus d'Asie ont investi les ruines d'un vieux temple tout droit sorti de la jungle birmane ; les pumas évoluent dans l'atmosphère aride de l'Arizona et les panthères arriveraient presque à se croire dans les forêts humides du Sud-Est asiatique.

Pour achever cette belle journée en beauté, trois spectacles attendent toute la famille : celui des otaries savantes, celui des incroyables perroquets, et celui des rapaces en vol.

Nouveauté : le Ciné Dynamik – écran géant, son numérique Dolby stéréo, sièges dynamiques synchronisés et effets spéciaux... Attention, ça va bouger !

Palais de la Miniature....... Saint-Pourçain-sur-Sioule G3

Gare SNCF
03500 - Saint-Pourçain-sur-Sioule
Tél. : 04 70 45 99 01
Ouv. tlj de 10 h à 12 h et de 14 h à 19 h du 15 juin au 15 sept. ; de 15 h à 19 h d'avril à déc.

+8 ans

Dans l'ancienne gare, une reconstitution animée représente les scènes de la vie quotidienne d'un village bourbonnais en miniature. Les trains vont et viennent, le funiculaire grimpe, les fenêtres s'allument, la mariée sort de l'église. 30 minutes d'un spectacle son et lumière fascinant à regarder.

Maquettes animées.................. Vallon-en-Sully E2

03190 - Hérisson
Tél. : 04 70 06 51 00
Ouv. du merc. au dim. de 15 h à 19 h en juill. et août ; w.-e. et jrs fér. de 15 h à 18 h d'avril à mai, juin, et en sept.-oct.
Entre Pont-du-Cher et Pont-du-Canal

+8 ans

Douze maquettes très habilement réalisées évoquent de vieux métiers (l'imprimeur, les sabotiers, le maréchal-ferrant, les lavandières...) ou reproduisent des scènes de la vie quotidienne telles que le coin du feu ou le bistrot 1900.

Arboretum de Balaine......... Villeneuve-sur-Allier G2

03460 - Villeneuve-sur-Allier
Tél. : 04 70 43 30 07-Fax : 04 70 43 36 91
Ouv. de 9 h à 12 h et de 14 h à 19 h de mars à nov.
RN 7 entre Moulins et Nevers

+8 ans

Un beau jardin à l'anglaise et des plantes d'essence exotique.
Au printemps, lors de la floraison des rhododendrons et des azalées, le parc devient un véritable coin de paradis.
Pour se faciliter la visite, les enfants disposent d'un topo-guide détaillé des espèces avec des pages de jeux.

CANTAL

Château de la Vigne...... Ally D6

15700 - Pléaux
Tél. / Fax : 04 71 69 00 20
Ouv. tlj de 14 h à 19 h du 15 juin au 15 sept.
RD 681 entre Mauriac et Pléaux

+8 ans

Installée dans les anciens chemins de ronde d'un château typique de la haute Auvergne, l'exposition permanente de 2 000 voitures miniatures et de jouets anciens justifie pour les moins de 12 ans la visite de cette demeure familiale joliment meublée.

Musée de Cire........... Aurillac E7

Place Gerbert
15000 - Aurillac
Tél. : 04 71 48 64 38
Ouv. tlj (dim. et jrs fér. de 15 h à 19 h) de 10 h à 12 h et de 15 h à 19 h de juin à sept.

+8 ans

Seize scènes de la vie et de l'histoire d'Aurillac et de sa région. On retrouve Gerbert, le pape français de l'an 1000 que l'on disait habité par le Diable, saint Géraud, le fondateur de la ville, la famille de Noailles, La Fayette, le maréchal Ney, etc.
Une musique appropriée à chaque époque accompagne la visite.

Muséum des Volcans.. Aurillac E7

Château Saint-Étienne
15000 - Aurillac
Tél. : 04 71 48 07 00
Ouv. tlj sauf lundi de 10 h à 12 h et de 14 h à 18 h et le dim. de 14 h à 18 h en juill. et août ; du mardi au sam. de 10 h à 12 h et de 14 h à 18 h d'avril à nov. et vac. scol. sauf Noël

+8 ans

Dans le cadre du château Saint-Étienne, qui domine la ville de sa haute stature, le muséum des Volcans fait une large place au volcanisme, aux volcans d'Auvergne comme à ceux du monde entier. Et il va plus loin en faisant le point sur l'état des connaissances de la « machine Terre » par l'évocation de la géologie et de l'écologie de la région.

Un musée sérieux mais dont on ne peut que louer l'effort de mise en scène pour mettre le volcanisme à la portée des jeunes que les sciences intéressent.

La Vallée des Daims..... Junhac E8

Tél. : 04 71 49 28 52
Ouv. tlj de 10 h à 19 h (à pied) et de 14 h à 19 h (petit train) de juin à sept.

+8 ans

Dans un espace préservé de 30 ha vivent en totale liberté daims, cerfs et biches. On se promène à pied sans faire de bruit pour ne pas leur faire peur et bien les regarder, et si l'on est très fatigué ou un peu flemmard... on peut prendre un petit train qui fait le tour du parc.

Musée de la Radio et du Phonographe......... Lanobre E6

Route du Château-de-Val
15270 - Champs-sur-Tarentaine
Tél. : 04 71 40 32 89-Fax : 04 71 40 36 46
Ouv. tlj de 10 h à 12 h et de 14 h à 19 h en juill. et août ; de 14 h à 18 h d'avril à mi-oct. Visite guidée de 1 heure
7 km N. de Bort-les-Orgues par la RD 922

+8 ans

Comme ils sont amusants à regarder, les ancêtres des postes de radio et les premiers phonographes ! Quel drôle de son nasillard émettent ceux qui fonctionnent encore ! Lorsque la visite s'achève au son de la bourrée, les adultes sont ravis d'avoir évoqué tant de bons souvenirs et les jeunes ont passé eux aussi un bon moment.

Maison de la Faune...... Murat F7

Place de l'Hôtel-de-Ville
15300 - Murat
Tél. : 04 71 20 09 47
Ouv. tlj de 10 h à 12 h et de 15 h à 19 h en juill. et août (dim. de 16 h à 19 h) et pendant les vac. scol.

pour tous

Du minuscule moucheron au grand cerf majestueux, toute la faune de l'Auvergne mise en scène au rez-de-chaussée de l'ancien hôtel particulier de la famille Teilhard de Laterisse.

CORRÈZE

Centre aqua-récréatif............... Argentat D7

19400 - Argentat
Tél. : 05 55 28 16 05 ou 05 55 28 31 70 (OT)
Ouv. tlj de 10 h à 19 h en juill. et août
30 km de Tulle

pour tous

À proximité de la Dordogne, un centre aquatique équipé d'un bassin de natation de 25 m, d'une vaste pataugeoire ronde, de toboggans et d'une piscine à bulles, offre 350 m² de surface d'eau pour nager, patauger, plonger et glisser en toute sécurité. Il est entouré d'une vaste plage verte et d'une aire de pique-nique.

Aqua loisirs........ Bort-les-Orgues E6

Château de Val
19110 - Bort-les-Orgues
Tél. : 04 71 40 30 91
Ouv. tlj de mai à oct.

pour tous

Sur une retenue de la Dordogne a été aménagée une base de loisirs aquatiques : location de pédalos, de canoë-kayak et de bouées folles tractées par bateau, bateaux de promenade, initiation au ski nautique, etc.

Parc aquatique du Causse............. Lissac-sur-Couze C6

19600 - Lissac-sur-Couze
Tél. : 05 55 85 18 11
Ouv. tlj de 10 h à 19 h 30 en juill. et août
(nocturnes en été)
10 km de Brive-la-Gaillarde (carr. A 20 et RN 89)

pour tous

Le parc aquatique du Causse se situe dans un complexe touristique, en bordure d'un plan d'eau de 82 ha et à proximité d'une base nautique. Équipé d'un « kamikaze », d'une piscine balnéo et hydrojet, d'une pataugeoire pour les enfants et d'un mini-toboggan, il offre 360 m² de glisse pour le plaisir de l'eau.

Gouffre de la Fage..... Noailles C6

19600 - Noailles
Tél. : 05 55 85 80 35 et 05 55 85 81 14
Ouv. tlj de 9 h 30 à 19 h de mi-juin
à mi-sept. ; de 14 h à 18 h d'avril au 15 juin
et du 15 sept. à fin oct.
Durée de la visite : 40 minutes
9 km S. de Brive-la-Gaillarde

+8 ans

Du fond du gouffre partent deux galeries : la première, haute de plafond, est garnie de belles draperies aux couleurs variées ; la deuxième ouvre sur une vaste salle, impressionnante par la multitude des stalactites, colonnes formant autant de figures fantastiques.

Centre aqua-récréatif.... Objat C6

19130 - Objat
Tél. : 05 55 25 96 73 (OT) et 05 55 25 81 63 (mairie)
Ouv. tlj de 10 h à 19 h en juill. et août
18 km de Brive-la-Gaillarde et du carr. de l'A 20
et de la RN 89

pour tous

Un tout nouveau complexe touristique, à proximité d'un plan d'eau de 4 ha réservé aux bateaux sans moteur et aux pédalos. Ce centre offre 900 m² de plages minérales et 400 m² de bassins ludiques découverts, agrémentés de jeux d'eau et de toboggans.

Tours de Merle................ Saint-Geniez-ô-Merle D7

19220 - Saint-Privat
Tél. : 05 55 28 22 31
Spect. vend. et sam. de mi-juill. à fin août
25 km S.-E. d'Argentat

+8 ans

Un son et lumière précédé d'un spectacle équestre relate la vie des seigneurs des tours de Merle au Moyen Âge.
Pendant la saison estivale, une animation médiévale complète la visite : jonglerie, animaux dressés, joutes, combats à cheval, etc.

Les pans de Travassac.................... Travassac C6

19270 - Donzenac
Tél. : 05 55 85 66 33-Fax : 05 55 85 78 80
Ouv. tlj de 10 h à 13 h et de 14 h à 19 h en juill. et août ; dim. et jrs fér. de 14 h à 19 h de mai à oct. et les sam. et dim. en juin et sept.
10 km N. de Brive-la-Gaillarde

+12 ans

Une promenade inédite et magique au cœur des vestiges d'une des plus importantes ardoisières de France.
Du puits de la Girafe profond de 140 m, au cœur du filon des Quatre-Maîtres, les visiteurs se laissent prendre par le mystère noir et bleuté d'une nature façonnée par la main de l'homme pendant plus de trois siècles et impressionner par des à-pics de plus de 100 m de profondeur.
Un chantier du début du siècle a été reconstitué et les tailleurs d'ardoise font partager leur amour du métier aux curieux.

Comptoir du Chocolat.................. Treignac C5

3, av. Léon-Vacher
19260 - Treignac
Tél. : 05 55 98 02 46-Fax : 05 55 98 29 41
Ouv. du merc. au dim. de 10 h à 12 h et de 15 h à 18 h 30 ; fermé en oct.

+8 ans

Un musée autour du chocolat, de son histoire et de sa fabrication.
La visite débute par un arrêt obligé à la fontaine de chocolat tiède, se continue en longeant les sacs de fèves brutes et les moules du début du siècle représentant des animaux, passe devant l'atelier vitré derrière lequel travaillent des chocolatiers et se termine dans le salon de dégustation afin de goûter les différentes spécialités.

HAUTE-LOIRE

Maison du Saumon et de la Rivière.............. Brioude G6

Place de la Résistance
43100 - Brioude
Tél. : 04 71 74 91 43-Fax : 04 71 74 94 00
Ouv. tlj de 10 h à 12 h 30 et de 14 h à 19 h 30 en juill. et août (18 h 30 en mai, juin, sept.) ; tlj sauf lundi de 9 h à 12 h et de 13 h 30 à 18 h d'oct. à avril.

+8 ans

De grands aquariums reconstituent le milieu naturel où nagent 35 espèces de poissons de l'Allier et des lacs de la région (tacons, truites, carpes, ablettes, brochets, etc.). Et, surtout, une rivière a été recréée, dans laquelle on peut voir des saumons remonter le courant.

Historial-musée de Cire..................... La Chaise-Dieu G6

43160 - La Chaise-Dieu
Tél. : 04 71 00 01 88-Fax : 04 71 00 03 45
Ouv. tlj de 10 h à 12 h et de 14 h à 17 h de Pâques à fin sept. (19 h en juill. et août)

+8 ans

Onze scènes sonorisées et commentées avec des personnages grandeur nature retraçant le passé de La Chaise-Dieu, de la naissance de saint Robert, en l'an 1000, à la Révolution.

Château-musée La Fayette......... Chavaniac-Lafayette G6

43230 - Paulhaguet
Tél. : 04 71 77 50 32-Fax : 04 71 77 55 44
Ouv. tlj de 9 h à 18 h en juill. et août ; tlj sauf mardi de 9 h à 12 h et de 14 h à 18 h de mars à juin et de sept. à mi-nov.
27 km au S.-E. de Brioude par la RN 102 et la RD 513

+8 ans

Enfants comme adultes vont apprécier cette visite au cours de laquelle, guidés par des jeux de lumière, ils se laissent conter des épisodes de la vie du marquis de La Fayette et particulièrement son épopée en Amérique. Un magnifique parc entoure le château et procure l'occasion de faire une belle promenade.

Château de Domeyrat................ Domeyrat G6

43230 - Paulhaguet
Tél. : 04 73 88 67 11-Fax : 04 73 88 65 47
Ouv. tlj sauf sam. de 13 h 30 à 17 h 30 en juill. et août (départ des visites toutes les heures) ; sur réserv. du 1er avril à fin sept. (les individuels peuvent se joindre au groupe)
18 km S.-E. de Brioude par la RN 102 et la RD 206

pour tous

Dans les ruines d'un château fort, une visite animée avec des personnages en costume qui font revivre le château comme au Moyen Âge. Accueillis par le seigneur du lieu, entourés de la mesnie et sous la protection de ses soldats, les visiteurs vont partager aux côtés de preux chevaliers, de gentes dames et même de vilains... quelques instants de la vie quotidienne d'un autre temps. Hors les murs, les hommes d'armes esbaudissent les spectateurs par leur adresse et content leurs exploits sur les champs de bataille. On retrouve le savoir-faire des Compagnons de Gabriel, qui animent également le château de Murol.

Chemin de fer touristique Velay-Lignon.................. Dunières I6

43220 - Dunières
Tél. : 04 71 61 94 44 ou 04 71 59 81 99
Fax : 04 71 65 01 71
Circule de Pâques à la Toussaint
Durée du trajet : 1 h 15
8 km N.-E. de Montfaucon-en-Velay par la RD 61

pour tous

Dans un vieux petit train, une découverte des paysages boisés de la Haute-Loire, de Dunières à Tence, avec arrêts à Maufaucon et Rancoules.

Musée de l'Abeille et de l'Apiculteur......... Lavaudieu G6

43100 - Brioude
Tél. : 04 71 76 09 01-Fax : 04 71 50 05 44
Ouv. tlj de 10 h à 19 h de juin à sept. ;
tlj de 14 h 30 à 17 h d'oct. à mai
4 km S. de Brioude par la N 102

+8 ans

Devant une ruche vitrée, un apiculteur raconte le travail des abeilles. Une exposition prolonge l'exposé et, en sortant, chacun peut goûter aux produits de la ruche.

Maison des Oiseaux du haut Allier.......... Lavoûte-Chilhac G6

43380 - Lavoûte-Chilhac
Tél. : 04 71 77 43 52-Fax : 04 71 77 40 40
Ouv. tlj de 10 h à 12 h et de 14 h 30 à 18 h 30 en juill. et août ; du lundi au sam. de 14 h 30 à 18 h pendant les vac. de Pâques et les dim. de mai, juin et sept.
Au cœur des gorges de l'Allier, au sud de Brioude

pour tous

La Ligue pour la protection des oiseaux organisent des expositions sur les oiseaux de la région avec notamment une reproduction fidèle de quarante espèces prestigieuses replacées dans un grand décor représentant les gorges de l'Allier.

Fête Renaissance du roi de l'Oiseau... Le Puy-en-Velay H7

43000 - Le Puy-en-Velay
Tél. : 04 71 02 84 84
Fax : 04 71 02 18 95

pour tous

En septembre, une tradition dite du papegai, ou tir à l'oiseau, se perpétue au Puy-en-Velay depuis le XVIe s.
Pour quelques jours, toute la ville revit comme au temps de la Renaissance : spectateurs et acteurs se mêlent, chacun jouant un rôle... Les rumeurs circulent dans les ruelles... Une bataille se prépare aux portes de la ville... Chacun fait en sorte de s'imaginer pour de vrai dans une autre époque.

PUY-DE-DÔME

Musée historique du Papier....................... Ambert H5

Moulin Richard-de-Bas
63600 - Ambert
Tél. : 04 73 82 03 11 ou 04 73 82 53 60
Fax : 04 73 82 25 41
Ouv. tlj de 9 h à 19 h en juill. et août ; de 9 h à 11 h
et de 14 h à 17 h le reste de l'année

+12 ans

Depuis la pâte à papier obtenue à partir de vieux chiffons, on assiste à la fabrication d'une feuille de papier selon le procédé traditionnel utilisé au XIVe s.
Dans le parc a été reconstitué un atelier chinois de l'époque de Tsai-lun (an 105 de notre ère).

Parc aquatique.......... Ambert H5

63600 - Ambert
Tél. : 04 73 82 14 23
Ouv. tlj de 11 h à 19 h en juill. et août
(nocturnes lundi et vend. de 19 h à 22 h)

pour tous

Piscine couverte et parc aquatique extérieur comprenant une rivière à bouée, un bassin à remous, des jeux d'eau et une pataugeoire pour les petits.

Le Jardin pour la Terre.. Arlanc H6

Terre Neyre
63220 - Arlanc
Tél. : 04 73 95 00 71
Ouv. tlj de 12 h à 19 h en juill. et août ; w.-e.
et jrs fér. en juin, sept. et oct. ; dim. et jrs fér. en mai

+8 ans

Ce jardin extraordinaire a pris la forme d'un planisphère géant planté d'une végétation correspondant à chaque pays, à contempler du haut d'un belvédère. Derrière les grands découvreurs, guerriers, cartographes ou botanistes – Alexandre le Grand, Marco Polo, Christophe Colomb… –, vous partirez à la découverte des plantes du monde entier.

Laissez-vous guider par les histoires et les légendes que racontent les animateurs, et qui varient avec l'évolution du jardin au rythme des saisons.
Un carnet de voyage personnalisé est remis à chaque enfant au début de la visite.

Élevage .... Boissière F5

63710 - Saint-Nectaire
Tél. : 04 73 88 66 81
Ouv. tlj de mai à sept.
Sur la D 996 entre Murol et St-Nectaire

pour tous

Quelle différence y a-t-il entre un kangourou et un wallaby ? La réponse est à Boissière.
Mais, en attendant, sachez que tous deux appartiennent à la famille des marsupiaux et que le wallaby est plus petit que le kangourou. Les kangourous ne sont pas farouches et ils se laissent gentiment caresser par les enfants.
Et les myocastors, qui sont-ils ? Ce sont les cousins chiliens des castors d'Europe. Les enfants auront grande joie à les regarder attraper avec leurs petites mains les morceaux de pain, ou se débarbouiller énergiquement.

Parc zoologique du Bouy.................. Champetières G5

63600 - Ambert
Tél. : 04 73 82 13 29
Ouv. tlj de 10 h à la tombée de la nuit du 1er mai au 30 sept. ; sam., dim. et jrs fér. de 14 h à la nuit

pour tous

Au flanc des monts du Livradois, l'occasion d'une promenade à la rencontre des 500 animaux du parc (daims, chacals, lions, lycaons, tigres, sangliers, yacks, kangourous, etc.).

En **52 avant Jésus-Christ**, sur le plateau de Gergovie qui domine Clermont-Ferrand, un chef arverne nommé Vercingétorix mit en déroute les légions de César. Hélas, rien n'y fit, comme toute la Gaule, le pays arverne devint romain. On peut encore voir au sommet du puy de Dôme les vestiges d'un temple gallo-romain dédié au dieu Mercure.

Fontaine pétrifiante............. Clermont-Ferrand F5

Grottes du Pérou de Saint-Alyre
13, rue du Pérou
63000 - Clermont-Ferrand
Tél. : 04 73 37 15 58-Fax : 04 73 30 80 62
Ouv. tlj de 9 h à 19 h 30 en juill. et août ; tlj de 9 h à 12 h et de 14 h à 18 h d'avril à sept. ; fermé le lundi d'oct. à fin mars

+8 ans

Il faut le voir pour le croire : les sources qui jaillissent ici ont l'incroyable propriété de transformer en pierre tout ce qu'elles arrosent. Il suffit de quelques mois pour qu'une couche brillante de carbonate de chaux recouvre n'importe quel objet placé sous l'eau de la fontaine. Dans le parc, mannequins, animaux, etc., sont recouverts pour l'éternité d'une gangue de pierre.

Muséum d'Histoire naturelle.............. Clermont-Ferrand F5

63000 - Clermont-Ferrand
Tél. : 04 73 91 93 78-Fax : 04 73 90 51 84
Ouv. tlj sauf dim. matin, lundi et jrs fér. de 10 h à 12 h et de 14 h à 18 h de mai à sept. (17 h d'oct. à avril)

+8 ans

Les collections d'Henri Lecoq, un pharmacien professeur de sciences naturelles à Clermont-Ferrand, ont été bien mises en valeur dans ce musée consacré au volcanisme, à la paléontologie, à la zoologie, à la minéralogie, au monde marin…(maquette animée et dioramas).
Des animations pour les 7-12 ans sont organisés sur des thèmes divers de sciences naturelles, avec observation des collections et sorties sur le terrain (merc. de 14 h à 16 h et vac. scol.).

Château de Murol....... Murol F5

63790 - Murol
Tél. : 04 73 88 67 11-Fax : 04 73 88 65 47
Ouv. les w.-e. et jrs fér. de toute l'année et tlj de juin à sept. pour le château ; animations tlj sauf merc. et sam. en juill. et août

pour tous

Vous voici brusquement transporté en l'an de grâce 1217, dans la demeure de Raoul Chamba, seigneur de Murol. Gentes dames, chevaliers, hommes d'armes et paysans vous invitent à partager quelques instants de leur vie quotidienne. Entouré de sa mesnie, le seigneur vous accueille en sa demeure et vous guide pour un voyage dans le temps. Les hommes d'armes nous émerveillent par leur adresse et décrivent leurs exploits guerriers. Gentes dames et servantes du château évoquent l'art de la table, et les troubadours font quelques numéros en l'honneur des visiteurs. Une visite animée au cours de laquelle visiteurs et acteurs se mêlent avec enthousiasme.

Parc des Dômes......... Orcines F5

63870 - Orcines
Tél. : 04 73 62 12 19
Ouv. tlj de 9 h à la nuit
8 km O. de Clermont-Ferrand par la RD 941

pour tous

Les animaux du parc des Dômes (fauves, loups, ours, singes...) sont entretenus avec amour, dorlotés et protégés, si bien qu'ils sont de très bonne humeur pour recevoir les visiteurs. Comme ils ne sont pas égoïstes, ils comprennent très bien que les enfants puissent aussi avoir envie d'aller s'amuser dans le parc de jeux prévu à leur intention (montagne molle, trampolines, manège nautique, araignée à grimper, balançoires, mini-plane et gyrofolies...).

Musée de la Coutellerie Thiers G4

58, rue de la Coutellerie
63300 - Thiers
Tél . : 04 73 80 58 86-Fax : 04 73 80 29 39
Ouv. tlj de 10 h à 18 h 30 en juill. et août ;
de 10 h à 12 h et de 14 h à 18 h 30 en juin et sept.
(jusqu'à 18 h et fermé le lundi d'oct. à mai)

+8 ans

C'est avec la famille des Toucouteaux, petits personnages héros du livret-jeu distribué à l'entrée aux 8-11 ans, que les enfants découvrent la manière dont on fabrique les couteaux (ateliers de fabrication tlj sauf dim.) et visitent l'incroyable collection allant de l'eustache du berger au surin du mauvais garçon en passant par les poignards de vénerie et les couteaux incrustés de nacre et ciselés d'or.
Le musée propose également des visites à thèmes, des visites-parcours de découverte de la cité coutelière, des visites-ateliers (fabrication artisanale du couteau, fabrication de petits objets à l'aide d'un simple couteau...).

HAUTE-VIENNE

Parc de Bellevue........ Limoges B4

Bellegarde
87000 - Limoges
Tél. : 05 55 48 03 62
Ouv. tlj de 10 h à 19 h d'avril à fin sept.
Près de l'aéroport

pour tous

Si les attractions traditionnelles telles que train miniature, voitures électriques, filet à grimper, manèges… intéressent avant tout les petits, le bassin avec toboggan géant attirera les plus grands.
La journée se poursuit avec une promenade à dos de poney et un tour dans la mini-ferme, et se termine en admirant des animaux savants.

Cité des Insectes........ Nedde D5

87120 - Nedde
Tél. : 05 55 69 95 22-Fax : 05 55 69 99 02
Ouv. tlj de 10 h à 13 h et de 14 h 30 à 18 h 30 de fin juin à début sept.

pour tous

Près du lac de Vassivière, vous allez avoir l'occasion de faire une balade à travers les milieux naturels de la région à la rencontre de ses habitants les plus discrets, ces petites bêtes qui nous « embêtent », les insectes.
Vous allez découvrir leurs petits secrets et leurs drôles d'habitudes.
Dans le noctarium, vous ferez la connaissance des habitants de la nuit, puis vous irez admirer les papillons et mieux comprendre l'incroyable travail des abeilles.

Parc du Reynou........ Le Vigen B5

87110 - Le Vigen
Tél. : 05 55 00 40 00-Fax : 05 55 00 41 11
Tél. pour les jours et horaires d'ouv.
A 20 sortie 37, puis dir. Le Vigen

pour tous

Dans un joli parc de 30 ha aux arbres centenaires et aux nombreux points d'eau gambadent et s'ébattent en semi-liberté plus de 70 espèces d'animaux. La promenade est magnifique. Les petites jambes, elles, pourront se contenter de trottiner dans la mini-ferme.

A
B
C
D
E
1
2
3
4
5
6
7
8
Pont-de-Vaux
Bourg-en-Bresse
Cormoranche-s.-Saône
Péronnas
Ambierle
Briennon
Mably
Cours-la-Ville
Belleville
St-Paul-de-Varax
Riorges
Roanne
Le Coteau
Villefranche-s.-Saône
Villars-les-Dombes
Villerest
Commelle-Vernay
Anse
Trévoux
Ambérieu-en-Bugey
Tarare
Neuville-s.-S.
Rochetaillée-s.-Saône
La Balme-les-Grottes
Poleymieux-au-Mt-d'Or
Miribel
Marcy-l'Etoile
Villeurbanne
Vaulx-en-Velin
Hières-sur-Amby
42
69
Feurs
Courzieu
Craponne
Lyon
Jeansagnière
Chazelles-s.-Lyon
Ste-Foy-l'A.
St-Genis-L.
St-Priest
Marcilly-le-Châtel
Feyzin
La Verpillière
Montbrison
Savigneux
St-Galmier
Givors
Bonnefamille
Bourgoin-Jallieu
St-Martin-la-Plaine
Andrézieux-Bouthéon
La Grand-Croix
Rive-de-Gier
Vienne
St-Étienne
St-Chamond
St-Victor-s.-Loire
Pélussin
Le Chambon-Feugerolles
Le Péage-de-Roussillon
La Versanne
Hauterives
Peaugres
Port-Revel
Annonay
St-Antoine-l'Abbaye
St-Vallier
Chatte
Tain-l'Hermitage
St-Nazaire-en-Royans
Tournon-s.-R.
Romans
Hostun
Bourg-de-Péage
St-Péray
Guilherand
Valence
Le Cheylard
Soyons
Portes-lès-V.
Upie
St-Pierreville
La Voulte-s.-Rhône
26
07
Livron
Allex
Privas
Crest
Aubenas
Montélimar
Le Teil
Largentière
Lanas
Gras
Grignan
St-Alban-Auriolles
St-Remèze
Bourg-St-Andéol
Vallon-Pont-d'Arc
Pierrelatte
Bidon
St-Paul-Trois-Ch.
Nyons
St-Marcel-d'Ardèche
Orgnac-l'Aven
0
20
40 km

Ain	01
Ardèche	07
Drôme	26
Isère	38
Loire	42
Rhône	69
Savoie	73
Haute-Savoie	74

AIN

Musée de Brou.. Bourg-en-Bresse E2

Monastère de Brou
01000 - Bourg-en-Bresse
Tél. : 04 74 22 83 83
Ouv. tlj de 9 h à 18 h 30 du 15 juin au 15 sept. ;
de 9 h à 12 h et de 14 h à 18 h du 16 sept. au 14 juin
Gratuit pour les – de 12 ans

+8 ans

Installé dans les bâtiments du monastère, autour de trois cloîtres, le musée de Brou, qui contient de riches collections d'art du XVIe au XXe s., ne captiverait pas particulièrement les jeunes visiteurs si ses animateurs n'avaient conçu, avec l'aide des enfants des écoles, un petit guide distrayant pour les aider à s'intéresser à sa visite. Il faut par exemple, en regardant les tableaux, retrouver des détails, les noter, les compter, les comparer ou les dessiner. Ainsi, par l'intermédiaire du jeu, les enfants prennent plaisir à découvrir ce musée.
Un jeu intitulé « Brou, histoire des pierres du monastère » est remis à l'entrée et permet de découvrir le lieu en répondant à des questions instructives et amusantes.

Les grottes............... Cerdon F2

01450 - Labalme/Cerdon
Tél. : 04 74 37 36 79
et les dim. et jrs fér. jusqu'au 11 nov.
Visite guidée de 1 heure
6 km au-dessus du village
15 km E. de Pont-d'Ain par la RN 84

+8 ans

Un petit train conduit du parc d'accueil à l'entrée de la grotte. À pied on suit le lit de l'ancienne rivière souterraine, parcourant des galeries aux concrétions de formes insolites telle l'étonnante statue cambodgienne, jusqu'à l'immense salle que les fromagers utilisaient pour le mûrissage de leurs produits.
On peut également en redescendant voir une spectaculaire forge toujours en marche dans une cuivrerie (tél.: 04 74 39 96 44, ouv. tlj de 9 h à 18 h).

Spectacle historique... Corcelles F3

Lieu dit « Le Mollard » - Châtillon-la-Palud
01320 - Chalamont
Tél. : 04 74 30 32 57
Représentations de la mi-juill. au 1er août à 22 h

+8 ans

Au cœur des Dombes, sur les rives de l'étang de Corcelles, est montée en été une extraordinaire fresque historique : « Vouivre, la fille aux mille étangs ».
La voix d'André Dussolier raconte l'histoire des Dombes du Ve au XXe siècle pendant que se déroule devant nos yeux un spectacle de danses, cavalcades et tournois avec effets pyrotechniques, lasers, murs d'eau sur l'étang, etc.

Base de loisirs....... Cormoranche-sur-Saône D2

01290 - Pont-de-Veyle
Tél. : 04 85 31 70 23
Ouv. tlj d'avril à octobre
8 km S. de Mâcon par la RD 51

pour tous

Une plage, des jeux dans l'eau, des planches à voile, des barques... toutes les distractions souhaitées pour passer une belle journée.

Bateau-croisière... Pont-de-Vaux D1

01190 - Pont-de-Vaux
Tél. : 03 85 30 30 02-Fax : 03 85 30 68 69
Circule de Pâques à la Toussaint

pour tous

Une balade de 2 heures sur le canal, de Pont-de-Vaux à la Saône, à bord d'une barge avec un pont aménagé pour les bains de soleil des mamans.

Base de plein air et de loisirs....... Saint-Paul-de-Varax E2

Étang du Moulin
01240 - Saint-Paul-de-Varax
Tél. : 04 74 42 53 30
Ouv. tlj d'avril à octobre

L'étang du Moulin a été aménagé en base de loisirs équipée d'une plage avec baignade surveillée, d'un toboggan aquatique géant, d'un mini-golf et d'une aire de jeux pour les enfants.

Le parc des Oiseaux........ Villars-les-Dombes E3

01330 - Villars-les-Dombes
Tél. : 04 74 98 05 54-Fax : 04 74 98 27 74
Ouv. tlj de 10 h à la tombée de la nuit (21 h 30 en été)

En plein cœur de la Dombe aux mille étangs, il existe un paradis pour les oiseaux.
Dans un vaste parc ombragé et fleuri entourant un grand étang, des milliers d'oiseaux venus du monde entier s'ébattent, virevoltent, pataugent et barbotent. Les promeneurs ont la chance de pouvoir venir les voir et les écouter.
Au bord de l'eau, les flamants roses sur une patte pêchent tranquillement, les colverts cancanent entre eux, les oiseaux migrateurs se posent quelque temps avant de reprendre leur route ; dans une grande volière, les cigognes craquettent ; sur la banquise, les manchots s'activent de leur démarche pataude ; sur les pelouses, les paons font la roue et les autruches se pavanent ; dans des volières les mainates se racontent des histoires et les hiboux ensommeillés clignent des yeux ; dans la maison des oisillons, les bébés s'ébrouent et s'entraînent à voler…
À la nuit tombante, des centaines d'oiseaux du parc et des alentours viennent se poser sur l'étang et se racontent bruyamment leur journée.
Ce parc paradisiaque se parcourt à pied (2 heures env.) ou à bord d'un petit train (visite commentée d'avril à oct.).
Le parc a été récemment totalement réaménagé, avec notamment l'ouverture d'une nouvelle volière abritant les plus beaux oiseaux d'Amérique du Sud (volière de Pantanal) et une traversée de l'étang au ras de l'eau.

ARDÈCHE

Musée des Papeteries Canson et Montgolfier.... Annonay D5

07100 - Annonay
Tél. : 04 75 69 88 00-Fax : 04 75 69 89 99
Ouv. tlj de 14 h 15 à 18 h de juill. à sept. ;
merc. et dim. de 14 h 30 à 18 h le reste de l'année

+8 ans

Installé dans la maison natale de Joseph et Étienne Montgolfier, ce musée présente une machine à papier animée grandeur nature. Dix salles font revivre la papeterie, son histoire, ses techniques, la vie sociale... Des ateliers pédagogiques de fabrication de papier à la main sont proposés aux adultes et aux enfants adroits de leurs mains.

Musée de la Vie........... Bidon D8

07700 - Bourg-Saint-Andéol
Tél. : 04 75 04 08 79-Fax : 04 75 04 39 46
Ouv. tlj sauf de 10 h à 19 h en juill. et août ; de 10 h à 12 h et de 14 h à 18 h de Pâques à fin juin et en sept., et les w.-e. et jrs fér. de 14 h à 17 h pendant les vac. scol.
15 km N.-O. de Bourg-Saint-Andéol par la RD 4

+8 ans

Tout commence par le big bang (en spectacle vidéo)... L'énergie devient matière, les étoiles se forment, les planètes, la Terre, l'eau... Dioramas, maquettes, reconstitutions, fossiles, hommes préhistoriques... nous entraînent dans la passionnante histoire de la vie.

Fauniscope.................. Gras D7

07700 - Bourg-Saint-Andéol
Tél. : 04 75 04 22 64 et 04 75 04 22 71
Ouv. tlj de 10 h à 19 h en juill. et août ; de 13 h à 18 h en avril, mai, juin (10 h à 18 h w.-e. de juin) et sept., et 13 h à 18 h dim. d'oct.
RD 4 et RD 362 N.-O. de Bourg-Saint-Andéol

+8 ans

16 000 insectes dans des boîtes, ce n'est pas très gai ! Mais les dioramas et les aquariums sont plus dynamiques et spectaculaires. Et puis, à l'extérieur, les chèvres, lapins nains, faisans, paons, lamas... de la mini-ferme sont, eux, bien vivants.

Aéro-City.................... Lanas C7

07200 - Aubenas
Tél. : 04 75 35 00 00-Fax : 04 75 93 11 79
Ouv. tlj sauf de 10 h à 19 h en juill. et août ; de 10 h à 18 h en juin, de 10 h 30 à 18 h les w.-e. et jrs fér. d'avril, mai et sept.

Quel enfant n'aura pas envie d'aller s'amuser dans ce parc comprenant des attractions, un centre aquatique et un mini-parc animalier ? Le nombre des attractions augmente chaque année : les dernières-nées sont un grand huit familial, le « Big Apple », un « gorille » de 8 m de haut avec toboggans et balançoires, un circuit de 350 m dans des nacelles, un train familial sur rail, des bateaux tamponneurs… et bientôt deux nouvelles attractions viendront s'ajouter : un « roller-coaster » et une rivière enchantée.
Le centre aquatique est équipé d'un grand toboggan et d'un pentagliss.

Aven d'Orgnac.... Orgnac-l'Aven C8

07150 - Orgnac-l'Aven
Tél. : 04 75 38 62 51-Fax : 04 75 38 66 40
Ouv. tlj de 9 h 30 à 18 h en juill. et août ; de 9 h 30 h à 12 h et de 14 h à 18 h de Pâques à fin juin et en sept. ; de 9 h 30 à 12 h et de 14 h à 17 h en mars, oct., nov. et vac. scol.
Durée de la visite : 1 heure

+8 ans

Cette grotte géante donne l'occasion aux visiteurs de se promener dans une forêt de concrétions aux formes et aux couleurs féeriques. Les passionnés de spéléologie, ou simplement d'aventure, pourront poursuivre la visite dans une partie de la cavité non aménagée. Coiffés d'un casque et d'une lampe électrique frontale, chaussés de bottes ou de baskets, ils progresseront à l'intérieur de salles immenses à 130 m sous terre (durée 2 h, sur rendez-vous, à partir de 7 ans).
Ils pourront aussi faire leur baptême du vide et revivre les sensations du premier explorateur, Robert de Joly, en descendant comme lui à la verticale du puits d'entrée sous les conseils d'un moniteur spéléo (de 14 h à 18 h en juill. et août, à partir de 7 ans).

Musée régional de la Préhistoire...... Orgnac-l'Aven C8

07150 - Orgnac-l'Aven
Tél. : 04 75 38 65 10-Fax : 04 75 38 66 40
Ouv. tlj de 10 h à 19 h en juill. et août ; de 10 h à 12 h 30 et de 14 h à 18 h 30 de Pâques à fin juin et en sept. ; de 10 h à 12 h 30 et de 14 h à 17 h 30 en mars, oct., nov. et pendant les vac. scol.

+8 ans

Un musée pour comprendre l'habitat, la taille du silex, l'outillage et l'environnement de l'homme préhistorique. Des expositions thématiques, des films et des reconstitutions évoquent la préhistoire en Ardèche.

Safari parc.............. Peaugres D5

07340 - Peaugres
Tél. : 04 75 33 00 32
Fax : 04 75 67 78 75
Ouv. tlj de 9 h 30 à 18 h d'avril à sept. ; de 10 h à 17 h 30 de fév. à avril et de sept. à nov.

pour tous

Le parc borde la route nationale d'Annonay à Peaugres : d'un côté s'étend le territoire où les animaux vivent en totale liberté (parcours en voiture, toutes vitres fermées) et de l'autre se trouve le parc animalier à découvrir à pied.

Au cours du safari, les automobilistes passent tout d'abord le long du parc des éléphants, dans la plaine africaine où se trouvent les zèbres, les gnous, les antilopes, les dromadaires... puis ils entrent dans la réserve des lions suivie de celle des ours ; en sortant, ils longent la mare des hippopotames et traversent le parc des yacks, des daims et des singes.

Dans le parc, les piétons rendent visite aux girafes, aux singes et parmi eux aux adorables kinkajous, franchissent une passerelle au-dessus du territoire des loups d'un côté et des tigres de l'autre.

L'heure des repas est un moment à ne pas rater (14 h 30 pour les ours et les bisons, 15 h pour les loutres, 16 h pour les loups et les tigres), mais il ne faut pas oublier pour autant d'assister au spectacle des rapaces et des cigognes.

Nouveauté : un tunnel de verre permet de marcher dans le parc des guépards et des tigres et de nouveaux pensionnaires ont fait leur arrivée, des ours polaires, des otaries et des manchots. Une grande chasse à l'œuf est organisée à Pâques, et à Noël le parc se décore pour accueillir le Père Noël.

Le Mas de la Vignasse... Saint-Alban-Auriolles C7

07120 - Saint-Alban-Auriolles
Tél . : 04 75 39 65 07-Fax : 04 75 39 77 41
Ouv. tlj d'avril à la Toussaint (horaires sur rép.)

+8 ans

Trois musées intéressants ont été réunis sous un même toit : un musée des Arts et Traditions populaires de l'Ardèche méridionale, avec un logis paysan reconstitué ; une magnanerie, véritable musée de la Soie ; et le musée Alphonse-Daudet.
Quel enfant n'a pas lu *Les Lettres de mon moulin* ! Les grands-parents de l'écrivain vivaient dans ce mas, et c'est là qu'il venait leur rendre visite. Une belle collection de souvenirs et d'écrits y a été réunie.

Grottes..... Saint-Marcel-d'Ardèche D8

07700 - Bourg-Saint-Andéol
Tél. : 04 75 04 38 07 10-Fax : 04 75 98 67 12
Ouv. tlj de 10 h à 17 h de mi-mars à mi-nov.
(19 h en juill. et août)
Durée de la visite : 1 h 30

+8 ans

Une animation son et lumière met en valeur les salles immenses, les nombreux gours (bassins) et les concrétions magnifiques de ces grottes ouvertes depuis peu à la visite.

Musée vivant de la Laine et du Mouton........ Saint-Pierreville D6

Les Bergerades
07190 - Saint-Sauveur-de-Montagut
Tél. : 05 75 66 66 11-Fax : 04 75 66 61 27
Visites guidées tlj à 10 h 30, 14 h, 15 h, 16 h et 17 h
pendant les mois d'été ; tlj à 15 h vac. scol. ; merc., dim. et jrs fér.
à 15 h le reste de l'année, sauf janv. et fév.
35 km N. de Privas

+8 ans

Le travail de la laine est une tradition millénaire présente dans la plupart des civilisations. Au cours d'une visite guidée, on découvre comment la toison du mouton devient vêtements ou tapis, on apprend l'histoire de ce ruminant et l'évolution du travail de la laine. La visite se déroule dans des lieux différents où l'on assiste tantôt à un spectacle, tantôt à des démonstrations de filage, de cardage, etc., et où l'on fait connaissance avec les animaux.

Grotte de la Madeleine............. Saint-Remèze D7

07700 - Bourg-Saint-Andéol
Tél. : 04 75 04 22 20-Fax : 04 75 04 35 06
Ouv. tlj de 10 h à 18 h d'avril à nov.
Durée de la visite : 1 heure

+8 ans

Un vaste réseau souterrain composé d'une succession de galeries, riches de stalactites aux couleurs étonnantes mises en valeur par un son et lumière. Tout à côté, la maison de la Réserve se veut un centre d'initiation et d'information sur la géologie, la préhistoire, la faune, la flore, la pollution, la protection de la nature... Des expositions, des maquettes et des jeux aident à la compréhension.

Aven-grotte de Marzal Saint-Remèze D7

07700 - Bourg-Saint-Andéol
Tél. : 04 75 04 12 45-Fax : 04 75 55 28 20
Ouv. tlj de 10 h à 18 h d'avril à oct. ; dim. de 10 h à 12 h et de 14 h 30 à 18 h d'oct. à avril

pour tous

Grâce à un escalier facile, le visiteur descend dans les profondeurs de la grotte, où une animation audiovisuelle permet d'admirer les étonnantes formations.
À proximité de l'entrée, un musée présente le monde souterrain : matériel de spéléologie, paléontologie et préhistoire.
Un zoo préhistorique a été aménagé dans un parc à côté de la grotte ; on y rencontre des animaux grandeur nature : mammouth, tyrannosaure, stégosaure... On croise aussi de lointains ancêtres ayant vécu il y a 180 millions d'années ! Chaque scène est sonorisée.

Ardèche miniatures.... Soyons D6

07130 - Soyons
Tél. : 04 75 60 96 58-Fax : 04 75 60 89 08
Ouv. tlj de 10 h à 19 h en juin, juill., août et sept. ; de 10 h à 12 h et de 14 h à 18 h les dim. et fêtes et de 14 h à 18 de Pâques à fin mai et en oct. et nov.
7 km S. de Valence par la RN 86

+8 ans

Deux mille huit cents mètres carrés de maquettes animées et sonorisées dans un décor naturel reconstitué recréent les paysages du mont Gerbier-de-Joncs, de Pont-d'Arc, des berges du Rhône, etc.
Des petits trains vont et viennent dans cette Ardèche miniature.

Chemin de fer du Vivarais.......... Tournon-sur-Rhône D5

07300 - Tournon-sur-Rhône
Tél. : 04 78 28 83 34-Fax : 04 72 00 97 67
Ouv. d'avril à oct.

pour tous

Dans un authentique train du début du siècle sur une voie étroite (1 m), un trajet parcourt 33 km en 2 heures dans le paysage de la vallée du Doux inaccessible par la route.

Aven-grotte de la Forestière......... Vallon-Pont-d'Arc C7

07150 - Vallon-Pont-d'Arc
Tél. / Fax : 04 75 38 63 08
Ouv. tlj de 10 h à 19 h en juill. et août ; de 10 h à 18 h d'avril à fin sept. et les w.-e. d'oct.

+8 ans

Un parcours horizontal de 500 m parmi des concrétions toujours en formation au rythme très lent de quelques millimètres par siècle, colorées en rouge par l'oxyde de fer.
Dans des aquariums vivent de curieux animaux dits cavernicoles.

C'est au-dessus d'Annonay que les deux fils d'un papetier, Étienne et Joseph Montgolfier, firent voler le premier ballon à air chaud. La montgolfière était née. Chaque année la ville organise une grande fête pour honorer les célèbres enfants du village.
C'est en Ardèche aussi qu'Olivier de Serres vit le jour. Humaniste, écrivain, visionnaire, il fut un grand précurseur de l'agriculture. En introduisant l'élevage du ver à soie dans cette région il fut également le père de la sériciculture. C'est ainsi que la ville de Lyon devint la capitale de la soie.

DRÔME

Aquarium tropical du val de Drôme.............. Allex E6

26400 - Crest
Tél. / Fax : 04 75 62 62 11
Ouv. tlj de 10 h à 12 h et de 14 h à 19 h de mai à sept. et de 14 h à 18 h 30 d'oct. à avril
10 km N.-O. de Crest par la RD 93

pour tous

Vingt-quatre aquariums d'eau douce pour accueillir des poissons tropicaux aux couleurs chatoyantes provenant principalement de Madagascar, des lacs Tanganyika, Malawi, Victoria, d'Amazonie et d'Asie.

Grotte de la Draye-Blanche.. La Chapelle-en-Vercors F6

26420 - La Chapelle-en-Vercors
Tél. : 04 75 48 24 96
Fax : 04 75 48 12 68
Ouv. tlj de 9 h 30 à 18 h d'avril à oct.

+8 ans

Un jour de 1918, Fabien Rey dit « Marseillaise » découvrit accidentellement cette grotte, et fut si émerveillé qu'il en fit son paradis personnel jusqu'en 1970, où elle fut ouverte au public. Aujourd'hui, nous pouvons à notre tour nous enthousiasmer devant la féerie du monde minéral.
À l'extérieur, un sentier écologique a été aménagé pour permettre d'observer 30 espèces d'arbres et d'arbustes que l'on retrouve illustrées dans un manuel remis à l'accueil.
Un sentier géologique met en valeur les roches et les pierres de la région.

Village provençal miniature...................... Grignan D7

La Petite Tuilière
26230 - Grignan
Tél. : 04 75 46 91 68-Fax : 04 75 46 59 98
Ouv. tlj de 10 h à 19 h en juill. et août et tlj sauf mardi de 10 h à 12 h et de 14 h à 18 h le reste de l'année

pour tous

Plus de 1 000 santons de 30 cm, pour la plupart vêtus de costumes provençaux, animent un village avec ses maisons, ses boutiques, ses places avec ses arbres... Une farandole provençale passe, les hommes jouent à la pétanque ou à la belote, les gitans ne sont pas loin... toute la Provence à l'échelle de 1/6.

« Palais idéal » du facteur Cheval........... Hauterives E5

26390 - Hauterives
Tél. : 04 75 68 81 19-Fax : 04 75 68 88 15
Ouv. tlj de 9 h à 19 h d'avril à sept. ; de 9 h 30 à 17 h 30 en fév., mars, oct. et nov., et de 10 h à 17 h 30 en déc. et janv.

+8 ans

Un palais extraordinaire, extravagant, unique, défiant l'imagination, construit par un petit homme maigre et infatigable, facteur de son métier. Pendant 20 ans, sans la moindre notion d'architecture et de maçonnerie, il bâtit la façade de ce fabuleux monument, mélange de temple hindou et de château médiéval. À l'entrée, oies, flamants et autruches de pierre montent la garde au côté des statues de Jules César et d'Archimède.
Du 15 juin au 15 août de 21 h à 23 h, un son et lumière permet de faire une découverte encore plus féerique du palais.

Dans la Drôme, les amandiers apportés de Grèce au XVIIe s. se sont propagés grâce à Olivier de Serres. L'abondance des fruits donna vite l'idée aux pâtissiers de Montélimar de mélanger les amandes avec du bon miel de Provence. Le résultat donna, selon la recette d'origine, cette « affriolante pâte durcie affectant l'aspect de la plus réjouissante des mosaïques où, sur un fond crémeux de doux miel, apparaissent et se marient en s'harmonisant les petits carrés d'amandes ivoirines, les rutilantes pralines et les vertes pistaches », que l'on appelle nougat.

Le Monde merveilleux des Lutins.................... Hostun E6

« Les Guerbys »
26730 - Hostun
Tél. : 04 75 48 89 79
Ouv. tlj de 10 h à 18 h 30 en juin, juill. et août ; de 14 h à 18 h en avril et mai et pendant les vac. scol. ; w.-e. de mars et sept.
Entre Romans-sur-Isère et St-Nazaire-en-Royans

pour tous

Au milieu d'une forêt enchantée vivent dans une vieille ferme farfadets, elfes, gnomes, trolls, gremlins et lutins. Ils viennent d'ici et d'ailleurs et se sont réunis là pour raconter leur histoire et révéler les secrets des contes de fées, ceux du Père Noël et de saint Nicolas.

Musée de la Miniature................ Montélimar D7

19, rue Pierre-Julien
26200 - Montélimar
Tél. : 04 75 53 79 24-Fax : 04 75 00 01 55
Ouv. tlj de 10 h à 18 h de juin à mi-sept. ;
tlj sauf lundi et mardi de 14 h à 18 h de sept. à mai

+8 ans

Un musée qui devrait tenir dans une coquille de noix, car tout ce qui y est exposé est infiniment petit ! Certaines pièces sont si petites qu'il faut une loupe pour les voir, il y a même une microminiature russe qui est invisible à l'œil nu... Trois étages d'œuvres uniques fascinantes à découvrir.

Ferme aux Crocodiles........... Pierrelatte D7

Les Blachettes
26700 - Pierrelatte
Tél. : 04 75 04 33 73-Fax : 04 75 96 39 07
Ouv. tlj de 9 h 30 à 19 h de juin à sept. ;
de 9 h 30 à 17 h d'oct. à mai

pour tous

Une serre tropicale avec des plantes et un espace de 2 500 m^2 pour plus de 300 crocodiles que l'on observe à partir de passerelles.
Une exposition évoque l'histoire des crocodiles proches parents des dinosaures et fait le portrait de ces terribles prédateurs, qui sont par ailleurs des animaux fascinants.

Musée international de la Chaussure............ Romans E6

2, rue Sainte-Marie
26100 - Romans
Tél. : 04 75 05 81 30-Fax : 04 75 02 97 26
Ouv. du lundi au sam. de 10 h à 18 h 30 en juill.
et août ; de 9 h à 11 h 45 et de 14 h à 17 h 45 de janv. à juin et d'oct. à déc. (le dim. de 14 h 30 à 18 h toute l'année)

+8 ans

Il était une fois la chaussure…
Les chaussures ont aussi leur histoire et le musée nous la raconte de l'Antiquité à nos jours. Les formes varièrent au cours des siècles, c'étaient les sandales pharaoniques, les poulaines démesurées du Moyen Âge, des souliers élargis dits pattes d'ours du temps de Louis XII, les chopines vénitiennes du XVIe s. appelées aussi pieds de vache à cause de leur ressemblance avec les sabots de l'animal, les bottes des mousquetaires, les chaussures des faiseurs de pluie portées par les sorciers d'Australie…
Une collection très amusante à regarder.

Bateau-mouche « Le Romanais »............ Romans E6

26100 - Romans
Tél. : 04 75 60 69 22
Circule de mai à oct., les horaires varient selon les jours, il est préférable de téléphoner

pour tous

Un circuit de 1 h 30 sur l'Isère permet d'admirer les berges de Romans et de Bourg-de-Péage et d'observer tout à loisir la faune aquatique.

Magnanerie............... Saillans E6

26340 - Saillans
Tél. : 04 75 21 56 60-Fax : 04 75 21 54 11
Ouv. tlj de 10 h à 19 h de mai à sept.
Durée de la visite : 45 minutes
15 km E. de Crest par la RD 93

+8 ans

La légende raconte qu'en 2640 avant J.-C. l'impératrice chinoise Si-ling Shi prenait son thé à l'ombre d'un mûrier lorsqu'un cocon tomba dans sa tasse ; en voulant le retirer, son ongle s'accrocha et le cocon se dévida. Elle venait de découvrir la soie. Cette légende et toute l'histoire de la soie sont racontées dans cet élevage, où l'on assiste également au cycle complet du développement des vers à soie, de l'éclosion des œufs jusqu'à la montée en cocons.

Grotte de Thaïs........ Saint-Nazaire-en-Royans E5

26190 - Saint-Jean-en-Royans
Tél. : 04 75 48 45 76
Ouv. tlj de 10 h à 12 h et de 14 h à 17 h de mai à fin sept. et les dim. et jrs fér. en avril, mai et oct.
20 km E. de Romans-sur-Isère par la RN 532

+8 ans

Une grotte labyrinthe dans laquelle on découvre le travail phénoménal de l'eau : la roche est déchiquetée et les coulées stalagmitiques sont d'un rouge sang étonnant.

Jardin aux Oiseaux....... Upie E6

26120 - Chabeuil
Tél. : 04 75 84 45 90-Fax : 04 75 84 39 26
Ouv. tlj de 10 h à 19 h en été (jusqu'à la tombée de la nuit le reste de l'année)
N. de Crest par la RD 538

pour tous

Un millier d'oiseaux dans des volières et en liberté, à chacun son préféré : des perroquets aux plumes de belles couleurs, des calaos au bec courbé, des paons blancs, des perruches criardes, des loriquets multicolores, des oiseaux-mouches tout petits, des vautours himalayens…
Les plus jeunes enfants jetteront probablement leur dévolu sur les animaux de la mini-ferme, et notamment sur les poneys, toujours disposés à leur faire faire un petit tour.
En été, deux spectacles ont lieu l'après-midi, l'un avec pour acteurs des rapaces, des ibis, des cigognes et des pigeons, et l'autre avec des perroquets.

ISÈRE

Hydrélec.................. Allemond G5

38114 - Allemond
Tél. : 04 76 80 78 00-Fax : 04 76 79 80 41
Ouv. tlj de 14 h à 18 h du 15 juin au 15 sept.
et pendant vac. scol. et w.-e. le reste de l'année
N. de Bourg-d'Oisans par la RN 91 et la RD 526

+12 ans

À proximité de la centrale hydroélectrique de Grand maison, un itinéraire muséographique retrace la longue histoire de l'usage de l'eau comme source d'énergie. Des explications claires présentent l'équipement hydroélectrique le plus puissant de France.
Comme on se sent intelligent d'être capable de presque tout comprendre !

Parc d'attractions Walibi..................... Les Avenières F4

38630 - Les Avenières
Tél. : 04 74 33 71 80
Fax : 04 74 33 72 09
Ouv. tlj de 10 h à 18 h en juin, juill.
et août (horaires prolongés en juill. et août) et w.-e. et jrs fér. en mai
et de sept. à mi-oct.
Gratuit pour les enfants mesurant moins de 1 m

pour tous

Les amateurs de sensations fortes sont comblés avec le grand huit, le Turbo Lift, le Boomerang et la dernière attraction en date, le Totem infernal, une tour de 55 m de haut qui vous propulse en l'air à plus de 200 km/h. Un peu moins effrayante mais tout aussi amusante la Radja River entraîne ses passagers dans les embruns de la rivière, et le Tam-tam tour les conduit plus paisiblement dans la jungle mystérieuse.
Les plus petits ne sont pas oubliés, car les attendent le traditionnel petit train, la paisible promenade sur le bateau *Mississippi*, la conduite des vieux tacots ou encore la mini-ferme.
Petits et grands participeront à la recherche du trésor du pharaon.
Et, s'il fait beau, tous joueront à se croire à la mer en nageant dans les vagues de la piscine, puis ils se laisseront entraîner dans la folle glissade du Rapido.

Grottes de la Balme.......... La Balme-les-Grottes E3

38390 - Montalieu-Vercieu
Tél. : 04 74 90 63 76-Fax : 04 74 90 67 03
Ouv. tlj de 10 h à 12 h et de 14 h à 18 h d'avril à sept. ; de 14 h à 17 h w.-e. et jrs fér. d'oct. et mars ; dim. et jrs fér. de nov. et fév. Visite guidée de 1 h 15. Attention : hors saison, les visites n'ont lieu que s'il y a assez de visiteurs
17 km N. de Crémieu par la RD 65

+8 ans

Un fois franchie l'entrée des grottes, comparable à la nef d'une cathédrale, on ne peut qu'admirer le gigantisme de la grande coupole, puis, parvenu dans la galerie du lac, on reste bouche bée devant la cascade pétrifiée. Chacun s'amusera à retrouver la silhouette du moine ou le saule pleureur parmi les concrétions aux formes évocatrices.
Une animation sur la faune des grottes et un son et lumière complètent la visite.

Parc animalier et château de la Moidière.......... Bonnefamille E4

38090 - Villefontaine
Tél. : 04 74 96 44 63
Ouv. tlj sauf mardi de 14 h 30 à 18 h de début avril à début sept. et les dim. et jrs fér. de mi-sept. à mi-avril
30 km S.-E. de Lyon par RD 518 et RD 36

pour tous

Le très beau parc du château de la Moidière est peuplé de daims, de cerfs, de renards, de blaireaux, de mouflons, de fouines… et même de lynx et de loups. Et trois des sept étangs accueillent une intéressante faune aquatique. La promenade est jolie et agréable et séduira toute la famille.

Élevage de Myocastors..... Le Bourg-d'Oisans G5

Le Plan
38520 - Le Bourg d'Oisans
Tél. : 04 76 80 26 73
Ouv. tlj de 9 h à 12 h et de 14 h à 18 h

pour tous

Les myocastors viennent du Chili et se différencient des autres castors par leur queue, fine comme celle de nos rats et non pas plate et touffue. Ces castors-là sont noirs et ont vingt dents, dont quatre incisives orange longues de 5 à 6 cm, et leurs dents ont une force considérable. Un couple de wallabies s'est adjoint à la bande des rongeurs et une mini-ferme avec ânes, chèvres et cochons est en projet.

Musée des Minéraux et de la Faune des Alpes.... Le Bourg-d'Oisans G5

38520 - Le Bourg-d'Oisans
Tél. : 04 76 80 27 54
Ouv. tlj de 11 h à 19 h en juill. et août ; tlj sauf mardi de 14 h à 18 h le reste de l'année, sauf du 15 nov. au 15 déc.

+8 ans

Les animaux de la région naturalisés semblent reprendre vie dans les tableaux-paysages superbes dans lesquels ils ont été placés : le loup et le chat sauvage se promènent dans la neige ; à l'automne, la laie surveille ses petits marcassins, l'aigle plane sur les cimes des montagnes où vivent isards, chamois et marmottes ; le hibou et la chouette, gardiens de la nuit, surveillent tranquillement la forêt... Et, pour rendre la promenade encore plus réelle, des chants d'oiseaux accompagnent la visite. Une collection de minéraux témoigne des roches et de la vie minérale dans les Alpes.

Musée du lac Paladru.................. Charavines F4

38850 - Charavines
Tél. : 04 76 55 77 47-Fax : 04 76 55 63 13
Ouv. tlj de 10 h à 12 h et de 14 h à 18 h de juin à sept. (19 h en juill. et août) et les w.-e. de 14 h à 18 h en mai, oct. et nov.

+8 ans

Un petit musée bien fait où l'on apprend beaucoup de choses sur les villages découverts au fond du lac Paladru. C'est grâce à la dendrochronologie, science qui permet de déterminer l'âge du bois, que l'on a découvert de quelle époque dataient les habitats retrouvés : les uns avaient fait partie d'un site néolithique (2 700 ans avant J.-C.) et les autres d'un site du Moyen Âge.
On y a également trouvé des armes, des bijoux, des vases, des restes de vannerie... qui sont esthétiquement présentés dans le musée.
Une vidéo très bien faite montre comment se déroulent des fouilles dans un lac.
Des expositions complémentaires sont organisées chaque année.

Le Jardin ferroviaire..... Chatte E5

38160 - Saint-Marcellin
Tél. : 04 76 38 54 55-Fax : 04 76 64 02 09
Ouv. tlj de 9 h à 18 h 30 de fév. à nov.
23 km N.-E. de Romans par la RN 92

pour tous

La plus petite région de France ! Une ville, des villages, un lac et des montagnes, les sites célèbres de l'Isère parcourus par des trains, des tramways, des voitures et même un téléphérique. Une promenade pas trop fatigante dans ce charmant paysage de campagne.

Domaine des Fauves... Fitilieu F4

38490 - Les Abrets
Tél. : 04 76 32 14 71-Fax : 04 76 31 03 38
Ouv. tlj de 10 h à 19 h de mars à fin oct. ;
de 13 h 30 à 17 h de nov. à fév.
La buvette n'est ouverte qu'en saison
Le long de la RN 75

pour tous

Les fauves d'Afrique et leurs amis venus des cinq continents se sont bien habitués au climat de l'Isère et coulent des jours heureux dans ce parc ombragé. Des perroquets et des oiseaux divers leur tiennent compagnie de leurs chants.

Musée dauphinois..... Grenoble F5

Sainte-Marie-d'en-Haut
30, rue Maurice-Gignoux
38000 - Grenoble
Tél. : 04 76 85 19 01-Fax : 04 76 87 60 22
Ouv. tlj sauf mardi de 10 h à 19 h de mai à oct. ;
de 10 h à 18 h de nov. à fin avril

+8 ans

Ce musée installé dans un ancien couvent du XVIIe s., avec son cloître et sa chapelle baroques, est un lieu exceptionnel. Il veut être le témoin de l'ancienne province du Dauphiné et le reflet de l'actuelle région de l'Isère.
Des expositions très bien présentées et régulièrement renouvelées proposent tour à tour des rencontres avec des tailleurs de silex du néolithique, des paysans de l'an 1000, des colporteurs, des pionniers de la houille blanche, les maîtres de l'acier, etc.
Même les enfants prennent un vrai plaisir à se promener dans ce musée sans cesse changeant.

Muséum d'Histoire naturelle........ Grenoble F5

1, rue Dolomieu
38000 - Grenoble
Tél. : 04 76 44 05 35-Fax : 04 76 44 65 99
Ouv. tlj sauf mardi de 9 h 30 à 12 h et de 13 h à 17 h 30
Gratuit pour les – de 10 ans

+8 ans

Un musée bien conçu dans lequel on apprend tout sur la géologie des Alpes et sur la « Montagne vivante » et sa faune.
Chacune des salles est consacrée à différents thèmes : la « cristal symphonie » où sont présentés de superbes minéraux, les « merveilleux insectes », la préhistoire alpine ou encore les « eaux vives », où l'on voit les poissons des rivières alpines et des rivages méditerranéens.

Téléphérique de Grenoble-Bastille.......... Grenoble F5

Quai Stéphane-Jay
38000 - Grenoble
Tél. : 04 76 44 33 65-Fax : 04 76 51 61 49
Circule tlj de 9 h à 24 h de mi-mars à nov.
et de 10 h 30 à 18 h 30 le reste de l'année sauf en janv.

pour tous

Des œufs vous transportent en quelques minutes du cœur du vieux Grenoble, au fort de la Bastille, d'où le panorama sur la ville et les montagnes est impressionnant. La nuit venue, on peut faire une spectaculaire promenade en suivant le parcours éclairé qui a été aménagé dans les fortifications du fort.

Maison du Patrimoine de l'île Crémieu...... Hières-sur-Amby E3

38118 - Hières-sur-Amby
Tél. : 04 74 95 13 90-Fax : 04 74 95 15 96
Ouv. tlj de 10 h à 12 h et de 14 h à 19 h
(18 h en semaine)
10 km N. de Crémieu par la RD 65

+8 ans

Au pied du site archéologique de Larina (les vestiges d'un vaste domaine rural aristocratique de la fin de l'Antiquité romaine), le musée du Patrimoine abrite une exposition permanente très bien présentée sur le peuplement et l'archéologie de l'île Crémieu.

Les enfants trouvent un grand intérêt à découvrir, grâce à des maquettes, des documents audiovisuels interactifs et des jeux, la vie quotidienne des peuplades qui vécurent dans la région.

La Magie des Automates....... Lans-en-Vercors F5

Le Hameau du Père Noël
38250 - Lans-en-Vercors
Tél. : 04 76 95 40 14-Fax : 04 76 95 48 50
Ouv. tlj de 10 h à 18 h

pour tous

Le monde féerique des automates est ouvert aux enfants petits et grands et à tous ceux qui ont gardé une âme d'enfant. 300 automates se mettent en mouvement dans des décors animés de sons et de lumières. Le Père Noël (ou plutôt les Pères Noël, car 1 500 figurines le représentent) habite là avec ses amis les lutins et les gnomes ; les ours en peluche ont investi le jardin.
À l'extérieur, de petits chalets abritent des saynètes illustrant les métiers régionaux.

Vallée bleue............ Montalieu E3

38390 Montalieu
Tél. : 04 74 88 49 23, 04 74 36 70 04 et 04 74 88 54 81
Ouv. tlj d'avril à oct.
Accès par Montalieu ou Serrières - 01450 ou Porcieu-Amblagnieu - 38390

pour tous

À cheval sur le département de l'Isère et celui de l'Ain, des plages, une piscine chauffée, un toboggan, une pataugeoire, un port de plaisance, des jeux, un mini-golf, etc., et un petit train pour se déplacer d'une plage à l'autre.

Grottes de Choranche........ Pont-en-Royans E6

38680 - Pont-en-Royans
Tél. : 04 76 09 88-Fax : 04 76 36 11 91
Ouv. tlj de 9 h 30 à 18 h 30 en juill. et août ; de 9 h 30 à 12 h et de 13 h 30 à 18 h d'avril à juin, en sept. et oct. ; et plusieurs visites par jour à heures fixes de nov. à mars
Visites guidées de 1 heure

Situées dans le parc naturel du Vercors, ces grottes sont l'occasion d'un voyage féerique au cœur de la Terre : lac souterrain, gigantesques salles, stalactites filiformes transparentes comme du verre et magnifiquement éclairées... Une exposition permanente permet d'observer les protées, les plus grands animaux cavernicoles vivants au monde.

Parc naturel de Chambaran............ Port-Revel E5

38940 - Roybon
Tél. : 04 74 20 14 93
Ouv. tlj de 10 h à 19 h en juin, juill. et août et pendant les vac. scol. ; les merc., w.-e. et jrs fér. du matin à la tombée de la nuit le reste de l'année
17 km N. St-Marcellin par la RD 518

Des chemins balisés pour parcourir un parc où l'on rencontre par hasard cerfs, daims, chevreuils, mouflons, sangliers et de nombreux oiseaux. Apprentis photographes, à vos appareils !

Forêt aux champignons et insectes géants Saint-Antoine-l'Abbaye E5

Lac de Frizon
38160 - Saint-Marcellin
Tél. : 04 76 36 44 77 et 04 76 38 54 55
Fax : 04 76 64 02 09
Ouv. tlj de 10 h à 18 h en mai, juin, juill., août et sept. ; de 13 h 30 à 17 h 30 en mars, avril, oct. et nov. et les w.-e. et jrs fér. de 10 h à 18 h de début mars à fin nov.
12 km O. de St-Marcellin par la RD 27

Une promenade à la découverte du bizarre et de l'étonnant.
Parmi les arbres et les fleurs, on a la surprise de découvrir des insectes plus grands que nous et des champignons géants.

Certains de ces insectes ne sont pas ordinaires ! On apprend par exemple que l'un d'eux est capable de traverser une vitre en plein vol ou qu'un autre, s'il était de notre taille, pourrait sauter au-dessus de l'Arc de Triomphe.
Un musée rappelle l'incidence des insectes dans la vie quotidienne et une mini-ferme accueille de tout petits pensionnaires.

Chemin de fer de La Mure... Saint-Georges-de-Commiers F5

38450 - Saint-Georges-de-Commiers
Tél. : 04 76 73 57 35-Fax : 04 76 73 57 36
Circule d'avril à oct.
20 km S. de Grenoble par la RN 85 et la RD 529

pour tous

Hier chemin de fer minier, aujourd'hui ligne touristique, ce train offre 30 km de circuit dans un paysage exceptionnel de gorges, de lacs et de sommets ; les enfants peuvent s'amuser à compter les 133 courbes, les 18 tunnels et les 12 viaducs et ponts. Entre-temps, ils admireront le paysage grandiose.
Nouveauté : un tunnel mystérieux !

Funiculaire.. Saint-Hilaire-du-Touvet G4

38660 - Saint-Hilaire-du-Touvet
Tél. : 04 76 08 00 02-Fax : 04 76 97 20 56 (OT)
Ouv. tlj en juin, juill. et août et les w.-e. d'avril, mai, sept., oct., nov. et déc.

pour tous

Vieux de plus de 70 ans, le funiculaire grimpe encore gaillardement ses 800 m sur une pente raide qui atteint jusqu'à 83 %. En haut, le panorama sur le Vercors, la chaîne de Belledonne et même sur le mont Blanc est superbe. On peut se promener ou regarder les delta-planes et les parapentes s'élancer.
Une aire de loisirs permet aux enfants de s'amuser, et un poney-club procure la possibilité de paisibles promenades.

Base de loisirs de Bois-Français............ Saint-Ismier G5

38330 - Saint-Ismier
Tél. : 04 76 59 59 59-Fax : 04 76 36 11 91
Ouv. tlj de fin mai à sept.

pour tous

Une plage aménagée avec baignade surveillée et la possibilité de faire du canotage et du ski nautique.

Cuves.................. Sassenage F5

38360 - Sassenage
Tél. : 04 76 27 55 37
Ouv. tlj sauf lundi de 10 h à 12 h et de 14 h à 18 h du 1er avril au 31 oct. et tlj de 9 h à 18 h en juill. et août.

+8 ans

Résurgences du gouffre Berger, ces deux grottes superposées sont reliées entre elles par un souterrain où grondent des cascades. Les érosions sont spectaculaires et leur beauté est mise en valeur par un son et lumière évoquant l'histoire de la fée Mélusine.

Jardins des fontaines pétrifiantes..... La Sône E5

38840 - Saint-Marcellin
Tél. : 04 76 64 43 42-Fax : 04 76 36 11 91
Ouv. tlj de 9 h 30 à 18 h 30 en juin, juill. et août ; tlj sauf lundi de 9 h 30 à 17 h 30 en mai et de sept. à la mi-oct.
5 km S.-O. de St-Marcellin par la RN 92

+8 ans

Un magnifique jardin a été créé autour des sources pétrifiantes de La Sône. Dans une grotte, sous une cascade, on découvre le surprenant pouvoir de la source pétrifiante : l'eau en dévalant recouvre de calcite objets et tableaux, métamorphosant ceux-ci en de véritables joyaux. En complément de la visite, on ira regarder les poissons des rivières allant et venant dans des aquariums.

Bateau à roue Royans-Vercors............ La Sône E5

38840 - Saint-Marcellin
Tél. : 04 76 64 43 42-Fax : 04 76 64 43 83
Circule tlj de 10 h 30 à 14 h et de 15 h 30 à 17 h en juill. et août ; dim. et jrs fér. en avril, mai, juin, sept. et oct.
5 km S.-O. de St-Marcellin par la RN 92

pour tous

Une croisière sur l'Isère à bord d'un bateau à roue comme en Louisiane entre les villages de La Sône et de Saint-Nazaire-en-Royans. La belle nature des montagnes du Vercors, des douces collines du pays antonin, et les sites typiques comme la réserve ornithologique de la Roselière du Creux, les cascades pétrifiantes ou la grotte préhistorique de Thaïs, etc., sont commentés durant 1 h 30 de promenade. Un dépliant est remis aux enfants afin de les aider à reconnaître les oiseaux.

Centre nautique...... La Terrasse G4

38660 - Le Touvet
Tél. : 04 76 08 21 53
Fax : 04 76 36 11 91
Ouv. tlj en juin, juill. et août.

pour tous

Au bord d'un beau lac, une plage aménagée avec baignade surveillée. Possibilité de faire de la voile et du canotage. Des bateaux électriques permettent de faire des promenades sur le lac.

Base de loisirs........... Treffort F6

38650 - Monestier-de-Clermont
Tél. : 04 76 30 63 43
Fax : 04 76 30 71 88
Ouv. tlj du 15 juin au 15 sept.

pour tous

Le lac de Monteynard offre des plages aménagées avec des jeux nautiques et la possibilité de s'initier à la voile et à la planche à voile.

Dans les Alpes grenobloises, les pentes des montagnes sont ombragées par des noyers séculaires. Descendues en ville, les noix s'enrobent de sucre et de pâte d'amandes et deviennent, ainsi déguisées, les friandises chéries des Grenoblois.

Bateau « La Mira »...... Treffort F6

38650 - Monestier-de-Clermont
Tél. : 04 76 34 14 56-Fax : 04 76 34 02 24
Circule de la mi-mai à la mi-oct.
40 km S. de Grenoble par la RN 75 et la RD 110

pour tous

Sur le lac de Monteynard, une promenade spectaculaire dans un paysage de grottes, de canyons et de criques. Croisière commentée de 1 h 30.

Base de loisirs des Trois-Lacs......................... Trept E4

38460 - Crémieu
Tél. : 04 74 92 92 06
Ouv. tlj de 10 h à 19 h
en juill. et août ; de 10 h à 12 h
et de 14 h à 18 h de Pâques à fin juin et en sept. et les w.-e. et jrs fér.
10 km S.-E. de Crémieu par la RD 517

pour tous

Située dans un cadre verdoyant, une base de loisirs bien aménagée avec baignade surveillée, toboggans aquatiques et activités multiples.

Le monde enchanté des Santons........... Villard-de-Lans F5

38250 - Villard-de-Lans
Tél. : 04 76 94 90 94-Fax : 04 76 95 48 50
Ouv. tlj de 10 h à 18 h

pour tous

1 500 santons provenant de vingt pays différents sont mis en scène dans des décors évoquant leurs contrées d'origine.
Toute la famille des santons de Provence et des personnages célèbres « santonnifiés » qui se sont joints à eux.

LOIRE

Musée Alice-Taverne... Ambierle B2

42820 - Ambierle
Tél. : 04 77 65 60 99
Ouv. tlj de 10 h à 12 h et de 14 h à 18 h de fév. à nov.

+8 ans

Un musée sur la vie paysanne et l'artisanat dans le Forez. Dans un bâtiment du XVIIIe s. ont été reconstitués des intérieurs du monde rural traditionnel (1840-1940) avec le souci du détail et de la note pittoresque. On trouve la salle d'auberge, la chambre d'un maître chirurgien, l'atelier de couture, la salle de classe de l'école et les jouets des enfants.

Parc des Canaux....... Briennon C2

Le port
42720 - Briennon
Tél. : 04 77 69 92 92-Fax : 04 77 69 96 85
Ouv. prévue pour l'été 2001 ; se rens. sur les horaires

+8 ans

Un musée animé : d'une part, pour les grands, la visite d'une véritable péniche (logement du marinier, timonerie, salle des machines), et, pour les plus jeunes, l'occasion exceptionnelle de piloter sa propre péniche. Sur deux réseaux de canaux, on dirige des modèles réduits de péniches, on apprend à faire fonctionner une écluse, à emprunter l'ascenseur à bateaux ou à franchir un pont-canal.

Musée du Chapeau .... Chazelles-sur-Lyon C4

16, route de Saint-Galmier
42140 - Chazelles-sur-Lyon
Tél. : 04 77 94 23 29-Fax : 04 77 54 27 75
Ouv. tlj sauf mardi de 14 h à 18 h, et de 14 h 30 à 18 h 30 dim. et jrs fér.

+8 ans

Bibis, capelines, canotiers, gibus... plus de 300 couvre-chefs sont exposés dans un atelier reconstitué. Des vidéos expliquent la technologie unique de fabrication du chapeau de feutre à partir des poils de lapin. De grandes malles remplies de chapeaux permettent aux enfants d'essayer toutes sortes de galurins. Tous les jours en semaine et trois dimanches par mois des chapeliers font des démonstrations.

Parc de la Drosera — Jeansagnière B4

42920 - Chalmazel
Tél. : 04 77 24 81 44-Fax : 04 77 24 83 80
Ouv. tlj de 10 h à 18 h d'avril à fin sept. et de 10 h à 17 h le dim., jrs fér. et vac. scol. d'oct. à mars
5 km N. de Chalmazel par la RD 101

Au cœur d'une forêt de genévriers face au massif de Pierre-Haute, ce parc de la Drosera propose de découvrir les reproductions au 1/20 des plus exceptionnels monuments de la région du Forez.

Volerie du Forez — Marcilly-le-Châtel C4

Château Sainte-Anne
42130 - Boën
Tél. : 04 77 97 59 14-Fax : 04 77 97 41 27
Démonstrations tlj à 15 h et 16 h 30 en juill. et août, le merc. à 15 h et les w.-e. et jrs fér. à 15 h et 16 h 30 de Pâques à début nov.
RD 8 entre Boën et Montbrison

Dans un château féodal situé au pied des monts du Forez, d'où s'étend une vue exceptionnelle sur les monts du Lyonnais et du Pilat, se sont installés des oiseaux de proie.
Un spectacle permet d'admirer la dextérité des vautours, aigles et faucons. Avant ou après, on pourra faire une agréable promenade sur un sentier ornithologique planté de panneaux informatifs sur les oiseaux.

Musée de la Poupée — Montbrison C4

13, bd de la Préfecture
42600 - Montbrison
Tél. : 04 77 96 39 15-Fax : 04 77 58 00 16
Ouv. tlj sauf mardi de 14 h 30 à 18 h

Au premier étage du musée d'Allard – un ancien cabinet d'histoire naturelle où se trouve une volière de près de 300 oiseaux naturalisés – est présentée une collection de poupées.

Poupées de cire ou poupées de porcelaine, poupées folkloriques du monde entier et mystérieuses figurines en mie de pain de l'Équateur sont réunies afin de se faire admirer par les petites filles.
Même les poupées ont leur histoire, une vidéo nous la raconte.

Maison du parc régional du Pilat........................ Pélussin D4

42410 - Pélussin
Tél. : 04 74 87 52 00-Fax : 04 74 87 52 02
Ouv. de 8 h 30 à 12 h 30 et de 14 h à 18 h en semaine et de 9 h à 12 h 30 et de 14 h à 18 h 30 les w.-e. et jrs fér. de début avril à mi-nov.
38 km S.-E. de St-Chamond par l'A 47 et la RD 62

+8 ans

Installée dans un moulin qui autrefois filait la soie, la maison du Parc propose des expositions à l'intention des enfants, des diaporamas et un jardin de découverte.
On peut également y acquérir le petit *Guide du moutard*, dans lequel les enfants trouveront une foule d'idées pour visiter en s'amusant le parc régional du Pilat, et un guide des circuits VTT spécialement conçus pour les enfants.

Musée de la Mine du puits Couriot....... Saint-Étienne C4

3, bd Franchet-d'Esperey
42000 - Saint-Étienne
Tél. : 04 77 43 83 23
Ouv. en semaine sauf lundi matin de 10 h à 12 h 45 et de 14 h à 17 h 45, et les w.-e. et jrs fér. de 10 h à 12 h 45 et de 14 h à 19 h 45

+8 ans

Installé dans l'ancien site du puits Couriot, le musée de la Mine a conservé l'ensemble des installations existantes jusqu'en 1973, date de l'arrêt de son exploitation. Comme les mineurs autrefois, les visiteurs accèdent à la galerie souterraine, fidèlement reconstituée, par le puits d'extraction. Ils découvrent, dans un environnement sonore et visuel, l'univers particulier de la mine à différentes périodes et les étapes successives du travail au fond.

Planétarium......... Saint-Étienne C4

Espace Fauriel - 42100 - Saint-Étienne
Tél. : 04 77 25 54 92 Fax : 04 77 33 35 70
(Programmes et horaires au 04 77 33 43 01)
Ouv. le merc. et les w.-e.

+8 ans

Le planétarium met le ciel en mouvement. Un simulateur astronomique projette sur un écran hémisphérique l'image du ciel : 3 000 étoiles, le Soleil, la Lune et les planètes.
Dans le hall, une exposition permanente traite du Soleil, des planètes, des constellations, de la Voie lactée.

Atelier du souffleur de verre.................. Saint-Galmier C4

Manoir Philip
42330 - Saint-Galmier
Tél. : 04 77 52 50 36
Ouv. le premier et le dernier w.-e. du mois d'avril à oct. ; et tlj de 15 h à 18 h en juill et août

pour tous

Les souffleurs soufflent le verre à chaud, le modèlent, lui donnent des formes d'animaux ou en font de petits objets.
Un spectacle à chaque fois fascinant !

Espace zoologique....... Saint-Martin-la-Plaine D4

42800 - Rive-de-Gier
Tél. : 04 77 75 18 68
Fax : 04 77 83 60 99
Ouv. tlj de 9 h à 18 h en été et jusqu'à la tombée de la nuit en hiver
5 km O. de Rive-de-Gier par la RD 37

pour tous

Voici un zoo dynamique où il se passe toujours quelque chose. Des espaces par continent ont été créés : une zone africaine, royaume des mouflons à manchettes et des autruches ; une zone australienne, où se retrouvent comme chez eux des émeus et des wallabies ; une zone sud-américaine, où se sont installés des lamas et des nandous.
L'Espace zoologique est un bon endroit pour observer les animaux de près et pour mieux les connaître – les panneaux apportent de précieuses informations.

Le parc est célèbre pour sa protection des espèces animales menacées dans la nature. Il s'est particulièrement spécialisé dans la reproduction des primates, félins et perroquets… et les naissances y sont nombreuses, dont celle de gorillons, de chimpanzés, de panthères des neiges, de lynx, de loups et de très rares binturongs.
Chaque jour vers 14 h, les gorilles déjeunent, un spectacle à ne pas rater.

Base nautique........... Saint-Victor-sur-Loire C4

Barrage de Grangent
42230 - Roche-la-Molière
Tél. : 04 77 90 34 92
Fax : 04 77 90 41 99
14 km O. de St-Étienne par la RD 8 et la RD 34
Prix selon les activités

pour tous

À quelques kilomètres de Saint-Étienne, le lac formé par le barrage hydroélectrique est devenu un magnifique plan d'eau où l'on peut pratiquer de nombreuses activités : baignade surveillée en été, plage aménagée, voile et planche à voile…

Port-miniature......... Savigneux-Montbrison C4

Chemin de la Bruyère
Étang de Savigneux
42600 - Savigneux- Montbrison
Tél. : 06 20 53 93 67
Ouv. tlj de 14 h à 18 h 30 en juill. et août, et w.-e. et jrs fér. en mai, juin et sept.

pour tous

Embarquez et pilotez vous-même des bateaux électriques : choisissez de monter à bord d'un chalutier, d'une péniche, d'un bateau-pompe, d'un canot de sauvetage…

Parc Robinson....... La Versanne D5

42220 - Bourg-Argental
Tél. / Fax : 04 77 34 12 33 et 06 62 46 12 33
Ouv. tlj de 10 h à 19 h du 15 juin au 15 sept. et pendant les vac. scol. ; fermé en cas de mauvais temps
Ouverture prévue pour l'été 2001
À 300 m de la RN 82, entre Saint-Étienne (18 km) et Bourg-Argental (10 km)

+8 ans

Un parcours-aventure dans les arbres. De branche en branche, d'arbre en arbre, de liane en liane, pendu à un filin, sur une poutre à 20 m du sol..., vivez une expérience sportive hors du commun. Les jeunes de moins de 14 ans doivent être accompagnés d'un adulte. L'encadrement par un professionnel est possible pour un minimum de 5 personnes et un maximum de 8. Les petits ne sont pas oubliés pour autant : pendant que papa, maman et grand frère grimpent, ils jouent sur une aire de jeux conçue à leur intention.

Musée de l'Heure et du Feu.................... Villerest C3

Place Baudinat
42300 - Roanne
Tél. : 04 77 69 66 66
Ouv. tlj sauf lundi de 15 h à 19 h en juill. et août et le w.-e. de 15 h à 19 h de Pâques à la Toussaint
6 km S. de Roanne par la RD 56

+12 ans

Voici un musée inattendu ! Il est consacré à l'heure et au feu, histoire de remettre ses pendules à l'heure et de jouer avec le feu.
Des montres, il y en a de toutes sortes, des briquets en veux-tu en voilà et d'autres objets, les plus divers, racontent l'histoire du feu, du choc du silex à l'étincelle de quartz.

Barrage................... Villerest C3

42300 - Roanne
Tél. : 04 77 69 66 66
6 km S. de Roanne par la RD 56

pour tous

Le barrage de Villerest, au sud de Roanne, a transformé la Loire en un lac tranquille qui permet la pratique de nombreuses activités nautiques : baignade surveillée, plage aménagée, voile et planche à voile, pédalo... Un petit train (tél. : 04 77 68 58 12) propose une promenade commentée de 1 h 15 sur la rive droite du lac.

RHÔNE

Chemin de fer touristique.. Anse D3

69480 - Anse
Tél. : 04 74 60 26 01-Fax : 04 74 09 91 71
Circule les sam., dim. et fêtes de 14 h 30 à 18 h 30
de juin à fin sept.
6 km S. de Villefranche-sur-Saône par la RN 6

pour tous

Un drôle de petit train, copie conforme des grands. Il nous emmène faire une promenade aussi amusante que pittoresque.

Parc de Courzieu...... Courzieu D3

69690 - Bessenay
Tél. : 04 74 70 96 10-Fax : 04 74 70 89 63
Ouv. tlj de 10 h à 19 h de mars à fin oct.
Spect. à 14 h 30 et 16 h 30 en juill. et août
15 km S.-O. de l'Arbresle par la RN 89 et la RD 50

pour tous

Les loups et les rapaces ont élu domicile dans ce parc animalier boisé : une vallée aux loups et un spectacle de rapaces en vol, et puis des jeux pour se détendre.
Le parcours-jeu sur la connaissance du loup (tête de loup géante, passe-loup, maison des pièges) plaira particulièrement aux enfants. Les volontaires pourront avoir un contact direct avec la meute.

La maison des Canuts... Lyon D3

10-12, rue d'Ivry
69004 - Lyon
Tél. : 04 78 28 62 04-Fax : 04 78 28 16 93
Ouv. tlj sauf dim. et jrs fér. de 9 h à 12 h
et de 14 h à 18 h

+8 ans

« Bistanclaque-pan, bistanclaque-pan », ainsi résonne la chanson du métier à tisser des canuts (tisserands) lyonnais dans ce conservatoire du travail de la soie dont Lyon fut longtemps la capitale.
Du coton au velours de Gênes ou au damas, on découvre l'histoire et les techniques du tissage de cette fibre délicate, découverte il y a 4 500 ans par une princesse chinoise. Démonstrations sur différents métiers.

Musée Gadagne........... Lyon D3

Hôtel Gadagne, place du Petit-Collège
69005 - Lyon
Tél. : 04 78 42 03 61-Fax : 04 78 38 25 95
Ouv. tlj sauf mardi et jrs fér. de 10 h 45 à 18 h
Le musée est en cours de restauration

pour tous

Dans le vieux Lyon, ce bel hôtel Renaissance abrite le musée international de la Marionnette. Ils sont tous là, les premiers personnages sculptés par Laurent Mourguet, le père de Guignol : Guignol, l'ouvrier vif et spirituel, Gnafron, le savetier grand amateur de beaujolais, Madelon, sa femme pas toujours de bonne humeur, Toinon, la servante, et le père Canezou, le propriétaire. Des marionnettes du monde entier tiennent compagnie à la joyeuse bande des Lyonnais. Deux ateliers sont proposés aux enfants : l'un, réservé aux 5-9 ans, propose, après une courte visite, la fabrication d'une marionnette que les marionnettistes en herbe feront jouer dans un petit théâtre ; l'autre est destiné aux 9-13 ans, qui eux aussi après la visite du musée réaliseront une silhouette en carton qu'ils devront faire jouer dans un court spectacle (tlj sauf mardi de 14 h à 16 h, réserv. nécessaire).

Musée des Automates... Lyon D3

100, rue Saint-Georges
69005 - Lyon
Tél. : 04 72 77 75 28-Fax : 04 72 77 75 21
Ouv. tlj ; visites guidées de 14 h 30 à 18 h

pour tous

Installé dans le vieux Lyon, le musée comprend 7 salles, 20 scènes et 250 automates. Un grand nombre de ces personnages, rendant hommage à des célébrités (écrivains, peintres, musiciens…), sont mis en mouvement et prennent ainsi vie devant nos yeux ébahis. Nous sommes tous irrésistiblement emportés par la magie et la poésie du lieu.

Musée de l'Imprimerie... Lyon D3

13, rue de la Poulaillerie
69002 - Lyon
Tél. : 04 78 37 65 98-Fax : 04 78 38 25 95
Ouv. de 9 h 30 à 12 h et de 14 h à 18 h du merc. au dim. et de 9 h 30 à 18 h le vend.

+8 ans

Installé dans l'ancien hôtel de la Couronne, construit au XVe s., le musée de l'Imprimerie, qui est aussi celui de la Banque, présente des

livres, des documents anciens, du matériel technique et des machines appartenant à l'histoire de l'imprimerie.
Le musée propose un stage pour les 8-15 ans pendant les vacances scolaires sur le thème « Fabrique ton livre ». L'initiation comprend la composition d'un texte à l'aide des caractères de plomb, la mise en page et le tirage (le stage se déroule sur 5 demi-journées).

Musée d'histoire naturelle........................ Lyon D3

28, bd des Belges
69006 - Lyon
Tél. : 04 72 69 05 00-Fax : 04 78 94 62 25
Ouv. du merc. au dim. de 13 h à 18 h ; tlj vac. scol. de 10 h 30 à 18 h

+8 ans

Situé en bordure du parc de la Tête-d'Or, le muséum de Lyon est le deuxième de France. Les sciences de l'homme, de la vie et de la Terre peuvent y être abordées à travers 8 sections d'exposition permanente : les grands mammifères, la parade animale, le monde des insectes, la galerie régionale, l'univers minéral, les momies d'Égypte, les peuples du monde, le passé de l'homme.
Des ateliers sont organisés pour les enfants (et même les adultes) ; certains sont permanents et d'autres sont aménagés en liaison avec les expositions temporaires.

Petit musée fantastique de Guignol...................... Lyon D3

6, rue Saint-Jean
69005 - Lyon
Tél. / Fax : 04 78 37 01 67
Ouv. tlj sauf lundi matin de 10 h 30 à 12 h 30 et de 14 h à 19 h ; dim. de 11 h à 13 h et de 15 h à 18 h

pour tous

L'histoire commentée et animée de Guignol à écouter et à regarder. Tous les enfants seront contents, même les plus petits.

Parc de la Tête-d'Or...... Lyon D3

69006 - Lyon
Tél. : 04 78 89 53 52
Ouv. tte l'année

pour tous

Un grand parc de promenade au cœur de Lyon.
Des animaux, des oiseaux, des poissons, des reptiles... et aussi un mini-golf, des voitures électriques, des manèges, un théâtre de Guignol... et un petit train pour en faire le tour.

Maison de la Poupée............... Marcy-l'Étoile D3

Domaine de Lacroix-Laval
69260 - Charbonnières-les-Bains
Tél. : 04 78 87 87 00
Ouv. tlj sauf lundi de 10 h à 17 h, fermé le mardi de nov. à fév.
14 km O. de Lyon par la RN 7 et la RD 7

pour tous

Dans le parc de Lacroix-Laval, ouvert. tlj de 6 h à 22 h, et de 7 h à 20 h en hiver, que l'on peut parcourir à pied ou en petit train (tél. : 04 78 42 88 70), on découvre un château habité par plus de 1 000 poupées. Elles sont bien installées dans des décors recréant la boutique de la modiste, les bancs de l'école, la chambre de bébé...

Musée Ampère et de l'Électricité... Poleymieux-au-Mont-d'Or D3

69250 - Neuville-sur-Saône
Tél. : 04 78 91 90 77
Ouv. tlj sauf mardi de 9 h à 12 h et de 14 h à 18 h
12 km S.-O. de Neuville-sur-Saône

+12 ans

Dans la maison natale d'Ampère, le célèbre physicien, sont présentés les appareils ayant servi à la découverte des lois de l'électrodynamique. Les scientifiques trouvent expliquées les plus célèbres expériences et le grand public apprend l'histoire de l'électricité.

Musée Henri-Malartre.. Rochetaillée-sur-Saône D3

Château de Rochetaillée
69270 - Rochetaillée-sur-Saône
Tél. : 04 78 22 18 80-Fax : 04 78 22 69 60
Ouv. tlj sauf lundi de 9 h à 18 h
Gratuit pour les – de 18 ans
Faubourg N. de Lyon

+8 ans

Des collections de voitures anciennes, belles et rares ; certaines ont appartenu à des gens célèbres : une Ford à Laurel et Hardy, une Hispano-Suiza au général de Gaulle, une Mercedes à Hitler, une Packard à Édith Piaf, une Renault Espace dans laquelle est monté Jean-Paul II, etc.
On rêve devant les bolides de course, on sourit devant les ancêtres des autobus et les tout premiers vélos.

Le parc à vapeur Sainte-Foy-l'Argentière C4

La Gare
69610 - Sainte-Foy-l'Argentière
Tél. : 04 78 62 21 73
Ouv. dim. de 10 h à 19 h de juin à sept.

pour tous

Imaginez un train à vapeur miniature capable de transporter toute la famille ! Eh bien, c'est ce qu'ont réalisé des passionnés des chemins de fer en créant un parc ferroviaire miniature. À califourchon sur les wagons, on embarque pour une promenade autour du parc.

La Planète tonique.................. Vaulx-en-Velin D3

Parc de Miribel-Jonage - Chemin de la Bletta
69120 - Vaulx-en-Velin
Tél. : 04 78 80 56 20-Fax : 04 78 80 23 62
Ouv. tlj de 9 h à la nuit. Prix selon les activités
Faubourg N.-E. de Lyon

pour tous

Sur le plan d'eau et tout autour, dans un parc de 800 ha, plus de 20 activités sont proposées aux jeunes sportifs : canoë, catamaran, planche à voile, tir à l'arc, escalade, VTT, rollers...
Le club Big-Bang (structures gonflables) accueille les plus petits.
Un dépliant-jeu est remis aux enfants à l'entrée de ce musée particulièrement intéressant.

SAVOIE

Aquarium............ Aix-les-Bains G3

Petit-Port
73100 - Aix-les-Bains
Tél. : 04 79 61 08 22-Fax : 04 79 61 32 12
Ouv. tlj de 10 h à 11 h et de 14 h à 18 h en juill. et août ; tlj de 14 h à 18 h en mai, juin et début sept. ; w.-e. et jrs fér. de 14 h à 17 h et merc. de 14 h à 16 h en fév., mars, avril, oct. et nov.

pour tous

50 espèces de poissons d'eau douce nagent dans des aquariums, et des oiseaux d'eau naturalisés sont exposés dans les vitrines. L'espace « plancton », où l'on observe la vie microscopique dans les eaux du lac, est particulièrement instructif.

Maison des Jeux olympiques......... Albertville H4

73200 - Albertville
Tél. : 04 79 37 75 71-Fax : 04 79 32 38 75
Ouv. du lundi au sam. de 9 h à 19 h et dim. et jrs fér. de 14 h à 19 h en juill. et août ; tlj sauf dim. et jrs fér. de 9 h à 12 h et de 14 h à 18h

+8 ans

Espace d'exposition et d'information pour revivre l'ambiance des jeux Olympiques de 1992, en découvrant les costumes des cérémonies d'ouverture et de clôture, en rêvant devant les photos ou les films des épreuves sportives. Des expositions temporaires sur les thèmes de l'olympisme, du sport et des sites de montagne viennent régulièrement renouveler les présentations.

Galerie Eurêka........ Chambéry G4

Place François-Mitterrand
73000 - Chambéry
Tél. : 04 79 60 04 25-Fax : 04 79 60 04 26
Ouv. tlj sauf dim. et lundi, de 17 h à 19 h les mardi, jeudi, vend., et de 14 h à 18 h les merc. et sam. ; du mardi au sam., de 14 h à 18 h, vac. scol. (académie de Grenoble) ; le 3e dim. du mois d'oct. à mars

+12 ans

Eurêka est un lieu accessible à tous pour découvrir, expérimenter et comprendre les sciences et les techniques.

Il est composé de plusieurs espaces : l'espace Science-Actualités, un kiosque d'information sur toutes les découvertes scientifiques effectuées dans la région et dans le monde ; l'espace Montagne, un plateau permanent d'initiation aux sciences et aux techniques à travers le thème de la montagne : « Quand se forment les montagnes », « L'hydroélectricité », « La neige », « Les prévisions météo », etc. ; une salle d'exposition temporaire et un atelier pédagogique pour groupes scolaires.
Des expériences interactives, des maquettes, des jeux, des films contribuent à une nouvelle approche du cadre montagnard.

Muséum d'Histoire naturelle....... Chambéry G4

73000 - Chambéry
Tél. : 04 79 62 18 68
Ouv. tlj de 14 h à 18 h
Gratuit le 1er dim. du mois

+8 ans

Des coquillages, des échantillons de minéraux et des fossiles qui montrent l'évolution des êtres vivants sur la Terre au cours des ères précédant la nôtre, et aussi des oiseaux naturalisés, des papillons et même un loup-cervier.

Musée de la Faune et de la Nature................. Seez H4

Rue Célestin-Freppaz
73700 - Bourg-Saint-Maurice
Tél. : 04 79 41 05 14
Ouv. du lundi au sam. de 10 h à 12 h et de 14 h à 19 h et le dim. de 15 h à 19 h en août
Sur RN 90, 3 km E. de Bourg-St-Maurice

pour tous

De la souris au cerf, du troglodyte à l'aigle royal, toute la faune de Savoie naturalisée est mise en situation dans des décors évoquant son milieu naturel.
Des planches pédagogiques permettent d'apprendre à reconnaître les empreintes d'animaux et d'identifier les arbres.

HAUTE-SAVOIE

Croisière à bord de l'« Arc-en-Ciel »............ Annecy G3

74000 - Annecy
Tél. : 04 50 52 42 99-Fax : 04 50 51 52 15
Circule d'avril au 15 nov.

pour tous

Le capitaine se fait un plaisir d'accueillir ses passagers pour une croisière commentée de 1 heure sur le lac d'Annecy.

Les glaciers du massif du Mont-Blanc............ Argentière I2

74400 - Chamonix-Mont-Blanc
Rens. et réserv. tél. : 04 50 54 10 21
Ouv. en juill. et août
Départ gare du téléphérique des Grands-Montets, à Argentière
L'entrée comprend l'aller-retour Argentière/les Grands-Montets
Gratuit pour les – de 16 ans accompagnés de 2 adultes

+8 ans

Une journée à la découverte des glaciers du mont Blanc (glacier d'Argentière et mer de Glace) avec le glaciologue Luc Moreau : la journée commence par une projection commentée et une montée à l'aiguille des Grands-Montets (3 300 m) pour une lecture du paysage, suivie d'une randonnée facile sur le sentier en direction d'Argentière.

Dans les confiseries de Savoie, on trouve des boîtes de chocolats pralinés qui portent le nom de « Petits Ramoneurs » et sur le couvercle desquelles on peut lire :

« Que ces quelques chocolats
Et notre petit ramoneur
vous apportent le bonheur. »

Réserve des Aiguilles-Rouges.......... Argentière 12

74400 - Argentière
Tél. : 04 50 53 00 24 et 04 50 54 02 22 (été)
Fax : 04 50 54 08 06
Ouv. tlj de 9 h 30 à 12 h 30 et de 13 h 30 à 19 h du 1er juin au 15 sept.

pour tous

Ce massif cristallin de haute montagne situé en face du mont Blanc comprend forêts, alpages, falaises… La flore et la faune sont typiquement de montagne.
Dans le chalet d'accueil situé au col des Montets, des expositions, des diaporamas, un laboratoire interactif et de la documentation sont à la disposition des visiteurs.
Un sentier de découverte de la flore de montage procure l'occasion d'une plaisante promenade.

Musée alpin.. Chamonix-Mont-Blanc 13

74400 - Chamonix-Mont-Blanc
Tél. : 04 50 53 25 93
Ouv. tlj de 14 h à 19 h de juin au 15 oct. et de 15 h à 19 h du 20 déc. début mai

+12 ans

Un musée de souvenirs du vieux Chamonix, qui sensibilisera plus les adultes, mais qui intéressera les plus jeunes fascinés par l'aventure alpine et l'histoire de la Compagnie des guides.

Observatoire du mont Blanc...... Chamonix-Mont-Blanc 13

67, lacets du Belvédère
74400 - Chamonix-Mont-Blanc
Tél. : 04 50 53 45 16
Durée de la séance : 1 h 30

+8 ans

À l'observatoire du Mont-Blanc, les enfants apprennent à observer le ciel, découvrent le système solaire, écoutent les réponses à toutes les questions qu'ils peuvent se poser sur la Lune, les étoiles ou les planètes.

Glacier des Bossons........ Chamonix-Mont-Blanc 13

74400 - Chamonix-Mont-Blanc
Tél. : 04 50 54 17 05
Ouv. tlj de déc. à fin sept. : de 8 h 30 à 19 h en juill. et août ; de 8 h 30 à 18 h 30 en sept. ; les horaires d'hiver dépendent du mois, se renseigner par tél.

+8 ans

Découverte du glacier des Bossons, le plus important dénivelé d'Europe, le front de glace le plus bas des Alpes. À partir du chalet, accessible à pied (30 minutes) ou en télésiège, de nombreux points de vue permettent d'admirer le glacier, ses moraines et ses séracs. Onze panneaux explicatifs jalonnent un sentier forestier et permettent de comprendre la vie du glacier, ses avancées et ses retraits.

Mer de Glace... Chamonix-Mont-Blanc 13

74400 - Chamonix-Mont-Blanc
Tél. : 04 50 53 12 54- Fax : 04 50 55 80 94
Ouv. du 20 déc. au 15 nov.
Tarif réduit pour les – de 12 ans

+8 ans

Un petit train à crémaillère grimpe jusqu'au Montenvers. De l'esplanade, on admire la mer de Glace hérissée des vagues figées qui lui ont valu son nom. Ce glacier de 7 km, d'une largueur moyenne de 1 200 m, progresse d'environ 70 à 90 cm par an !
Une télécabine permet d'accéder à la grotte de la mer de Glace qui, chaque année, est retaillée dans le glacier. Le décor tout en glace et l'étonnante lumière bleue créent une atmosphère fantasmagorique. Sur le site se trouvent également un musée de la Faune alpine et une galerie des Cristaux.

Téléphérique de l'aiguille du Midi........... Chamonix-Mont-Blanc 13

74400 - Chamonix-Mont-Blanc
Tél. : 04 50 53 30 80-Fax : 04 50 55 99 76
Ouv. tlj de 6 h à 17 h en juill. et août ; de 8 h à 15 h 45 les autres mois et de 7 h à 15 h 45 les w.-e. de mars et avril

+8 ans

Un des plus hauts téléphériques du monde pour découvrir au sommet de l'aiguille du Midi l'univers fantastique de la haute montagne.

Le panorama est unique sur le Mont-Blanc, le massif des Aiguilles-Rouges, les Alpes suisses et italiennes. D'avril à sept., il est possible de rejoindre l'Italie par télécabine en passant au-dessus de glaciers prestigieux.

Téléphérique du Brévent....... Chamonix-Mont-Blanc I3

74400 - Chamonix-Mont-Blanc
Tél. : 04 50 53 13 18
Fax : 04 50 53 02 52
Ouv. tlj de 8 h à 18 h de mi-juill. à fin avril ; de 9 h à 17 h de juin à mi-juill. ; de 9 h à 17 h du 1er sept. au 15 sept. ; de 9 h 30 à 16 h 30 de mi-déc. à mi-avril
Tarif réduit pour les – de 15 ans

+8 ans

Du sommet du Brévent, le panorama est exceptionnels : il offre une vision circulaire sur le Mont-Blanc, les aiguilles de Chamonix, les Aiguilles-Rouges, la chaîne du Mont-Blanc et le massif des Aravis. De la station intermédiaire de Planpraz partent de spectaculaires promenades sur des sentiers.

Sentier du Châtellan.... Châtel H2

Départ en face du chalet « Le Rocher savoyard »
74390 - Châtel
Tél. : 04 50 73 22 44 (OT)-Fax : 04 50 73 22 87 (OT)
Route de Villapeyron

+8 ans

Spécialement aménagé pour les promeneurs de tous âges, ce sentier offre une découverte de la forêt grâce à une série de questions-réponses que l'on découvre au cours d'une agréable promenade d'environ 1 heure.

Promenades en traîneau................. Combloux H3

74290 - Combloux
Réserv. tél. : 04 50 58 60 49 (OT)-Fax : 04 50 93 33 55
Ouv. du lundi au vend. de 15 h 30 à 17 h 30 en juin, juill. août et sept.

pour tous

Une promenade de 45 minutes dans un traîneau (à roues) avec un arrêt-goûter dans une ferme.

Train touristique « Rive Bleue Express »...... Évian H1

74500 - Évian-les-Bains
Tél. : 04 50 75 04 26 (OT)-Fax : 04 50 75 61 08
Circule mardi et sam. (train Diesel), dim. (train vapeur) de fin mai à fin sept.

pour tous

Un train à vapeur du XIXe s.circule le dimanche sur la voie du Tonkin, au bord du lac entre Évian et la Suisse.
Il est possible d'organiser une excursion moitié en train, moitié en bateau.

Musée de la Musique mécanique.... Les Gets H2

74260 - Les Gets
Tél. : 04 50 79 85 75-Fax : 04 50 79 85 67
Ouv. tlj de 14 h 30 à 19 h 30

+8 ans

Installé dans l'ancienne maison des sœurs, un bâtiment du XVIe s., le musée présente, dans des décors différents (le salon de musique, la fête foraine, le bistrot 1900), tous les appareils susceptibles de faire de la musique, des boîtes à musique aux orgues de Barbarie, en passant par les pianos automatiques.
Toutes les visites sont animées avec des instruments qui fonctionnent, et certains même, comme le banjo automatique, qui fonctionnent tout seuls.

Le petit train d'animation touristique... Les Gets H2

74260 - Les Gets
Tél. : 04 50 79 79 79-Fax : 04 50 79 70 99
Circule tlj de 9 h 30 à 14 h 30 en juill. et août ; de 9 h à 16 h 30 de déc. à avril (17 h 30 à partir de fév.)

pour tous

Un petit train traverse les hameaux des Gets et conduit à une bergerie où l'on découvre la vie de la ferme et la fabrication du fromage. Une chasse au trésor est organisée pour les enfants.

Sites naturels aménagés........... Le Grand-Bornand H3

74450 - Le Grand-Bornand
Tél. : 04 50 02 78 00 (maison de la Montagne)
Fax : 04 50 02 79 01
Ouv. dès la fonte des neiges et ferm. dès les premières chutes de neige

+8 ans

Une marche de 2 heures environ, comportant 11 bornes qui permettent de découvrir la nature et l'environnement du Grand-Bornand (faune, flore, géologie...).
Un fascicule se rapportant à cette promenade est en vente à l'OT.

Parc animalier de Merlet.................. Les Houches H3

74310 - Les Houches
Tél. : 04 50 53 47 89
Ouv. du 1er mai à fin sept.

+8 ans

À 1 500 m d'altitude, un parc où la faune de montagne vit en semi-liberté.
En faisant le moins de bruit possible, on approche chamois, bouquetins, mouflons, et même des lamas venus des Andes. On aura moins d'espoir de voir des marmottes, qui très farouches se cachent, mais avec un peu de chance on entendra l'une d'entre elles prévenir sa famille de notre présence inopportune en émettant un sifflement strident.

Boréal traîneau..... Les Houches H3

Ferme des Fontaines
74310 - Les Houches
Tél. : 04 50 47 25 29
Ouv. tlj

pour tous

La visite d'un élevage de chiens de traîneau et une randonnée dans les alpages en compagnie de Justine, la mule.

Gorges du Fier.......... Lovagny G3

74330 - La Balme-de-Sillingy
Tél. : 04 50 46 23 07-Fax : 04 50 09 85 37
Ouv. tlj de 9 h à 19 h du 15 juin au 15 sept. ;
de 9 h à 12 h et de 14 h à 18 h du 15 mars au 15 oct.

+8 ans

Une passerelle suspendue à 27 m au-dessus du torrent longe les gorges du Fier et conduit à un belvédère d'où l'on surplombe la mer des Rochers, un labyrinthe de blocs fissurés. On découvre également la roche aux Fées qui, selon la légende, fut posée là par quelques fées compatissantes pour marquer la tombe d'un jeune page sacrifié par un chevalier.

Musée de l'Art de l'enfance........ Marcellaz-Albanais G3

74150 - Rumilly
Tél. : 04 50 69 73 74
Ouv. lundi, merc., jeudi et dim. de 14 h à 20 h
du 1er avril au 31 oct.

+8 ans

Les Rifaux fabriquaient des jouets de père en fils ; un jour, l'un des fils décida de faire un musée consacré à l'environnement de l'enfance : jeux, jouets, poupées, soldats de plomb, albums…
Le rêve pour les plus jeunes, la nostalgie pour les aînés.

Luges d'été............... Megève H3

Au départ de la télécabine du Jaillet
74120 - Megève
Tél. : 04 50 21 01 50
Ouv. tlj de 10 h à 12 h 30 et de 14 h à 18 h 30 de
fin juin à début sept. (nocturne mardi et vend. de 20 h 30 à 22 h 30
de mi-juill. à fin août)

+8 ans

Plus vite, plus vite ! Les enfants (et même les adultes) se laissent entraîner en poussant des cris de joies sur les 500 m de pistes de luge.

Train « Mont-Blanc Express »................. Saint-Gervais H3

Gare SNCF
74170 - Saint-Gervais
Tél. : 04 50 93 62 90
Circule toute l'année

pour tous

Le train panoramique vous emmène à la découverte du pays du mont Blanc et de la vallée de Trient, en Suisse.
Il existe un forfait englobant le trajet et la visite de la mer de Glace, du barrage d'Emosson et du zoo alpin des Marécottes.

Tramway du mont Blanc.......... Saint-Gervais H3

74170 - Saint-Gervais
Tél. : 04 50 47 51 83 (Le Fayet)
et 04 50 78 22 02 (Saint-Gervais)
Circule tlj de mi-juin à fin sept. et pendant les vac. de Toussaint, de mi-déc. à mi-avril

pour tous

Le train le plus haut de France vous emmène au pied du mont Blanc. En été, il monte jusqu'au Nid d'Aigle, au pied du glacier de Bionnassay, et en hiver jusqu'au plateau de Bellevue et au domaine skiable du Prarion.

Château des Rubins.. Sallanches H3

74700 - Sallanches
Tél. : 04 50 58 32 13-Fax : 04 50 93 70 63
Ouv. tlj sauf dim. matin de 9 h 30 à 18 h 30 en juill. et août ; de 9 h à 12 h et de 14 h à 18 h le reste de l'année

+8 ans

Voici un musée à ne pas rater si le temps est maussade : la montagne y est présentée de manière attractive.
Conçue comme une promenade, la visite suit un parcours traversant les divers milieux naturels : l'alpage en hiver, l'alpage en été, les torrents, les lacs, la géologie, la faune et la flore.

Les Aigles du Léman..... Sciez G2

Domaine de Guidou
74140 - Douvaine
Tél. : 04 50 72 72 26
Fax : 04 50 72 36 15
Ouv. tlj de 10 h à 18 h de fin mars au 30 oct., spect. plusieurs fois par jour selon le mois
RN 5 entre Douvaine et Thonon-les-Bains

pour tous

Un parcours pédagogique en pleine nature permet de faire connaissance avec les seigneurs du ciel.
Deux ou trois fois par jour, on regarde évoluer, en complète liberté et dans les règles ancestrales de la fauconnerie, aigles, vautours, faucons, chouettes et hiboux. Au centre du show basé sur les traditions intervient l'*Eagle Airstar*, un ballon haut de 8 m gonflé à l'hélium et capable de monter huit oiseaux à plus de 150 m de hauteur.
Baptême de poneys dans le parc le dimanche.

Musée de la Cloche.... Sévrier G3

Fonderie des Cloches Paccard
74320 - Sévrier
Tél. : 04 50 52 47 11
Fax : 04 50 52 66 11
Ouv. tlj sauf lundi hors saison de 10 h à 12 h et de 14 h 30 à 17 h 30 (18 h en juin, juill. et août)
L'entrée comprend la visite du musée et de la fonderie
Sur la RN 508

+8 ans

La fonderie des Cloches Paccard est connue dans le monde entier, c'est là que furent fondues la « Savoyarde », le bourdon de 20 tonnes du Sacré-Cœur de Paris, les *Liberty Bells* de Philadelphie, aux USA, les carillons de l'université de Berkeley…
Dans le musée, on peut voir un film vidéo montrant la coulée de la plus grosse cloche au monde et des documents sur l'histoire de la cloche.
La fonderie peut également se visiter sur rendez-vous.

Jardin des Cinq Sens... Yvoire G1

Rue du Lac
74140 - Yvoire
Tél. : 04 50 72 88 80-Fax : 04 50 72 90 80
Ouv. tlj de 10 h à 19 h de mi-mai à mi-sept. ;
de 11 h à 18 h de mi-avril à mai et de 13 h à 17 h de mi-sept. à oct.

+8 ans

Ancien potager du château restauré selon l'art des jardins clos du Moyen Âge : le labyrinthe végétal sur le thème des cinq sens plaira aux jeunes poètes et le questionnaire-découverte destiné aux enfants contribuera à leur faire passer un bon moment.

Vivarium.................... Yvoire G1

74140 - Yvoire
Tél. : 04 50 72 82 28-Fax : 04 50 72 92 93
Ouv. tlj sauf lundi de 10 h à 12 h 30 et de 14 h à 20 h de Pâques à fin sept. et de 14 h à 17 h d'oct. à Pâques

+8 ans

Dans une ancienne demeure du vieux bourg, 70 espèces de reptiles rampent en toute tranquillité. Il faut saisir cette occasion de faire mieux connaissance avec ces animaux méconnus et mal aimés.

Quelques conseils pour tous ceux qui emprunteront les téléphériques de haute altitude :
- il est déconseillé d'emmener des enfants de moins de 2 ans ;
- prendre des vêtements chauds, hiver comme été ;
- ne pas oublier d'emporter des lunettes de soleil ;
- se renseigner sur les conditions météorologiques au sommet ;
- prévoir de faire les excursions plutôt le matin, les queues l'après-midi étant souvent décourageantes ;
- penser à prendre sa carte d'identité si l'on souhaite passer la frontière italienne en haut du téléphérique de l'aiguille du Midi.

A
B
C
D
E
1
2
3
4
5
6
7
8
Le Verdon-s.-Mer
N215
Pauillac
D206
Blaye
N137
Maubuisson
D6
Salaunes
D1
Blanquefort
St-Médard-en-J.
A630
33
Bordeaux
Pessac
Lège-Cap-Ferret
D106
N250
Andernos-les-Bains
A63
Léognan
D211
Arcachon
Pyla-s.-Mer
Le Teich
A66
La Teste
Gujan-Mestras
N10
Leyre
D3
Sanguinet
Biscarrosse
Grande Leyre
N134
Mimizan
Marquèze
40
Morcenx
Pouyd
Mont-de-Marsan
N124
D947
D924
Adour
Soustons
St-Sever
N124
St-Paul-lès-Dax
Seignosse
Dax
Capbreton
Josse
Labenne
D33
Tarnos
N117
Anglet
Boucau
Biarritz
Bayonne
A64
Orthez
Bidart
Salies-de-Béarn
Biron-en-Béarn
St-Jean-de-Luz
Hendaye
Ciboure
D918
D932
Hasparren
D10
Cambo-les-B.
Sare
St-Martin-d'Arberoue
D933
D936
Mourenx
D2
Charre
St-Faust
D918
D933
64
Goes
Oloron-Ste-M.
D919
0
20
40 km
Aste-Béon
Laruns
N134
Artouste

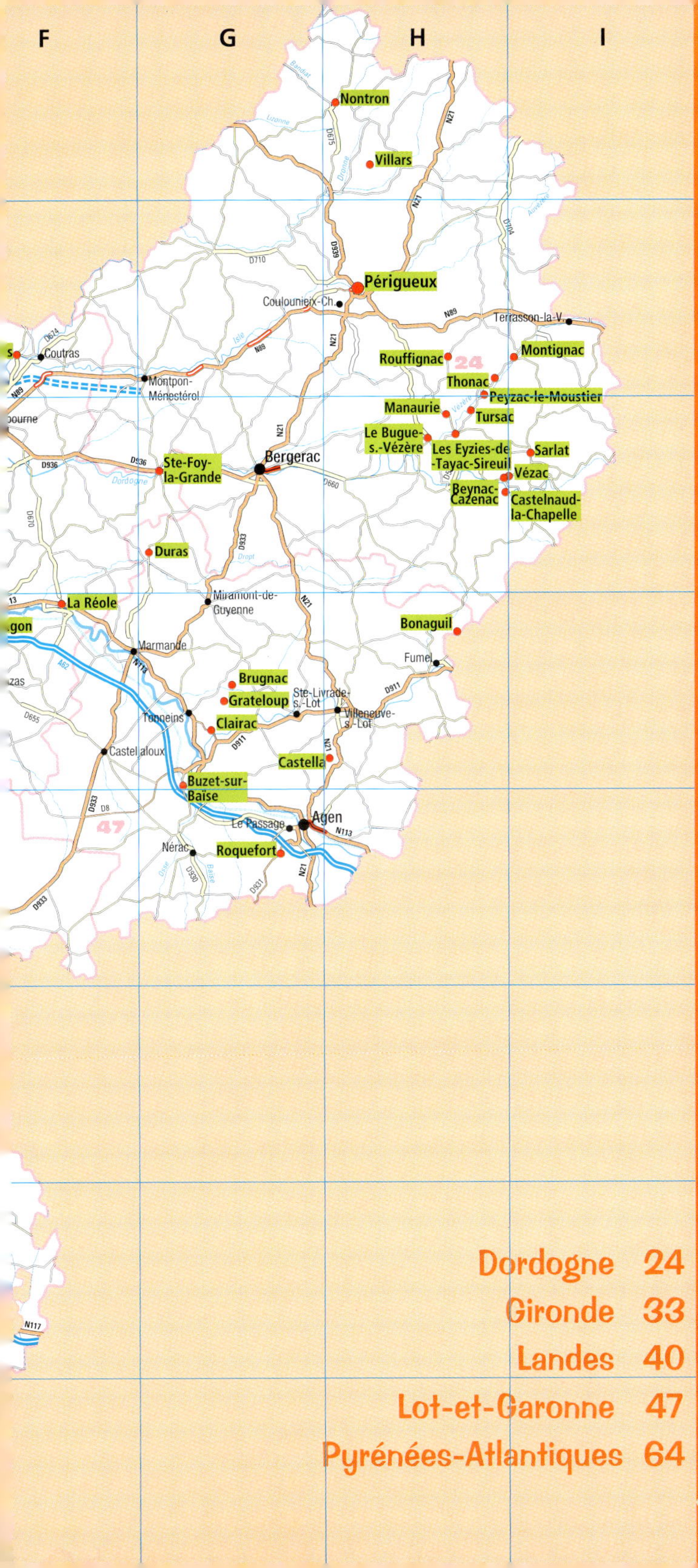
F
G
H
I
Nontron
Villars
Périgueux
Coulounieix-Ch.
Terrasson-la-V.
Coutras
Montpon-Ménestérol
Rouffignac
24
Montignac
Thonac
Peyzac-le-Moustier
Manaurie
Tursac
Le Bugue-s.-Vézère
Les Eyzies-de-Tayac-Sireuil
Sarlat
Vézac
Beynac-Cazenac
Castelnaud-la-Chapelle
Ste-Foy-la-Grande
Bergerac
Duras
Miramont-de-Guyenne
La Réole
Bonaguil
Fumel
Marmande
Brugnac
Grateloup
Ste-Livrade-s.-Lot
Villeneuve-s.-Lot
Tonneins
Clairac
Casteljaloux
Castella
Buzet-sur-Baïse
47
Le Passage
Agen
Nérac
Roquefort
N21
N89
D939
D933
D936
D911
N113
A62
N117
Dordogne 24
Gironde 33
Landes 40
Lot-et-Garonne 47
Pyrénées-Atlantiques 64

AQUITAINE

DORDOGNE

Parc archéologique...... Beynac-et-Cazenac H3

Chemin du Château
24220 - Saint-Cyprien
Tél. : 05 53 29 51 28-Fax : 05 53 28 46 92
Ouv. tlj de 10 h à 19 h du 1er juill. au 15 sept.
Visites guidées avec démonstrations de juill. à sept.

+8 ans

La vie des premières communautés paysannes, du néolithique à la période gauloise (6000 à 52 avant J.-C.), est recréée grâce à des reconstitutions grandeur nature d'habitats (maisons de l'âge du bronze, de l'âge du fer, ferme gauloise avec ses animaux, etc.) et des démonstrations de certaines de leurs techniques ou de leurs modes d'expression artistique (taille du silex, allumage du feu, tissage, travail du bois, gravure sur pierre, musique primitive, tir à l'arc, etc.).

Gabares de Beynac.......... Beynac-et-Cazenac H3

24220 - Saint-Cyprien
Tél. : 05 53 28 51 15-Fax : 05 53 29 39 76
Circule tlj d'avril à oct. (plusieurs départs par jour)
Départ du parking de Beynac - Durée : 50 minutes

+8 ans

Une promenade commentée au fil de la Dordogne. De chaque côté de la rivière, le site est grandiose : on aperçoit en haut de la falaise le château de Beynac, au pied s'étend le village, on longe ensuite les châteaux de Castelnaud, de Fayrac, de Marqueyssac et de Lacoste.

Dans la ville de Sarlat, on remarquera de nombreuses représentations de salamandre. Comme l'animal qui, d'après la légende, est pratiquement invincible et ne craint pas les flammes, la ville a traversé les siècles sans souffrir des brûlures du temps.

Gouffre de Proumeyssac..... Le Bugue-sur-Vézère H3

24260 - Le Bugue-sur-Vézère
Tél. : 05 53 07 27 47-Fax : 05 53 54 75 03
Ouv. tlj de 9 h à 19 h en juill. et août ; de 10 h à 11 h 30 et de 14 h à 17 h en mars, avril, mai, juin, sept., oct. et nov.
Durée : 45 minutes

Le gouffre, accessible par un tunnel percé dans la roche, est une immense voûte souterraine souvent appelée cathédrale de cristal à cause de ses parois ornées d'une multitude de cristallisations.
Les jeux de lumière qui font étinceler les paillettes de calcite, l'accompagnement musical et le ruissellement continu des quatre fontaines pétrifiantes contribuent à donner au lieu une atmosphère magique.
Les jeunes visiteurs apprécieront particulièrement l'expérience amusante de la descente en nacelle comme au début du siècle (facultative). Puis, dans l'espace géologique, ils auront l'occasion de mieux comprendre les quatre grandes ères géologiques et la formation des cavernes grâce à des panneaux illustrés, une maquette en coupe et un ruisseau artificiel.
Pendant que les grands s'instruisent, les petits ont la possibilité de jouer sur l'aire de jeux.

Grotte de Bara-Bahau........ Le Bugue-sur-Vézère H3

24260 - Le Bugue-sur-Vézère
Tél. : 05 53 07 44 58-Fax : 05 53 54 75 03
Ouv. tlj de 9 h à 19 h en juill. et août ; de 10 h à 11 h 30 et de 14 h à 17 h en mars, avril, mai, juin, sept., oct., nov.
Durée de la visite : 35 minutes

Les premiers habitants de cette grotte ont été les ours qui y ont laissé de nombreuses traces, puis, il y a plus de 17 000 ans, les hommes s'y sont installés. Ils ont gravé sur les parois des représentations de chevaux, de bisons, d'aurochs, de cerfs, d'ours..., tracé des signes énigmatiques et laissé en divers endroits des marques de leurs mains.

Le village du Bournat........ Le Bugue-sur-Vézère H3

24260 - Le Bugue-sur-Vézère
Tél. : 05 53 08 41 99-Fax : 05 53 08 42 01
Ouv. tlj de 10 h à 19 h en mai, juin, juill., août et sept. ; de 10 h à 17 h le reste de l'année sauf janv.
Les animations sont gratuites

pour tous

Sur 3 ha dans la vallée de la Vézère a été reconstituée la vie rurale de la fin du siècle dernier. Tous les bâtiments, maisons du village, église, école, moulin à huile…, ont été reconstruits selon des techniques de l'époque. Des échoppes accueillent des artisans (le maréchal-ferrant, le boulanger, le vannier, le tourneur, le feuillardier, le rémouleur, le sabotier, la fileuse, la dentellière, la lithographe, un tourneur sur pierre et un sur bois, la potière), qui tous exercent leur métier en utilisant les techniques d'autrefois. Le café du village a dressé ses tables sous la tonnelle et sert repas et boissons aux clients de passage.
Dans l'étable, les vaches ruminent, dans la basse-cour, les poules caquettent et dans la ruche les abeilles sont au travail.
Après s'être sagement promenés dans ce village du temps jadis, les enfants auront la permission d'aller jouer aux brise-carreaux, renvoie-nougat, chamboule-tout… de la fête foraine. Ils pourront aussi faire de la balançoire volante ou des tours d'auto à pédales et rire en se regardant dans des miroirs déformants.
Dernières nouveautés : une galerie de jouets précieux, dans laquelle quatre générations voyagent dans le temps, et une scie forestière mue par une locomotive à vapeur…

Château des Milandes.... Castelnaud-la-Chapelle H3

24250 - Domme
Tél. : 05 53 59 31 21-Fax : 05 53 29 17 33
Ouv. tlj de 9 h à 19 h en juin, juill. et août ; de 10 h à 18 h en avril, mai et sept. ; de 10 h à 12 h et de 14 h à 17 h de mi-fév. à fin mars
Spect. de mars à nov. plusieurs fois par jour selon la saison

+8 ans

Construit au XVe s., ce château fut habité par la danseuse Joséphine Baker. Elle y fonda un « village du monde » où elle vécut avec son mari Jo Bouillon et ses nombreux enfants adoptés. Une exposition met en scène la star.

La plus haute tour du château a été aménagée en musée de la Fauconnerie et des spectacles de vols de rapaces sont montés sur l'esplanade de la propriété.

Musée de la Guerre au Moyen Âge..

Castelnaud-la-Chapelle H3

Château
24250 - Domme
Tél. : 05 53 31 30 00-Fax : 05 53 28 94 94
Ouv. tlj de 9 h à 20 h en juill. et août ; de 10 h à 19 h en mai, juin, sept. et de 10 h à 18 h en mars, avril, oct. et mi-nov. ; tlj sauf sam. de 14 h à 17 h de mi-nov. à fév.

+8 ans

Visiter le château de Castelnaud, ou plutôt le château neuf Castelnaud, est l'occasion de découvrir comment était agencé un château au Moyen Âge et avec quelles techniques il se défendait contre les agressions. Les machines de guerre utilisées alors sont toutes en état de fonctionnement : bombarde, trébuchet, pierrier, bricole, arbalète à tour... Une maquette animée fait revivre le siège de 1442.
Après avoir admiré l'incroyable collection d'armes et d'armures, les enfants auront la chance de pouvoir être initiés au maniement des armes (juill. et août). Un questionnaire-jeu leur sera remis pour les aider à mieux comprendre l'architecture militaire.
Des ateliers complètent la visite du château. D'une durée de 3 h, ils exploitent un thème précis du monde médiéval, par exemple : une étude des armoiries, un jeu de piste sur le dispositif de défense, la calligraphie, l'équipement du chevalier... (réserv. nécessaire).

Abri de Laugerie-Basse

Les Eyzies-de-Tayac-Sireuil H3

24620 - Les Eyzies-de-Tayac-Sireuil
Tél. : 05 53 06 92 70-Fax : 05 53 35 17 55
Ouv. tlj de 9 h 30 à 19 h en juill. et août ;
tlj sauf janv. de 9 h 30 à 18 h le reste de l'année
Durée de la visite : 45 minutes

+8 ans

Un voyage dans le temps à la rencontre des hommes de Cro-Magnon. Depuis la fin du magdalénien, les hommes se sont succédé dans les abris au pied des falaises de Laugerie-Basse. La visite des gisements est complétée par une salle d'exposition et un document audiovisuel.

Abri Pataud

Les Eyzies-de-Tayac-Sireuil H3

24620 - Les Eyzies-de-Tayac-Sireuil
Tél. : 05 53 06 92 46 ou 05 53 35 50 40
Fax : 05 53 06 30 94
Ouv. tlj de 10 h à 19 h en juill. et août ; de 10 h à 12 h 30 et de 13 h 30 à 19 h d'avril à juin et de sept. à nov. ; de 10 h à 12 h 30 et de 13 h 30 à 17 h 30 de nov. à fin mars
Durée de la visite : 1 heure

+8 ans

Cet abri a servi d'habitat à plusieurs reprises au début du paléolithique supérieur.
Les objets découverts au cours des fouilles sont exposés dans des vitrines et des panneaux expliquent comment devait se dérouler la vie dans un tel abri.

Grotte de Bernifal

Les Eyzies-de-Tayac-Sireuil H3

24620 - Les Eyzies-de-Tayac-Sireuil
Tél. : 05 53 29 66 39
Ouv. tlj de 9 h 30 à 18 h 30 en juill. et août ; de 9 h à 12 h et de 14 h à 18 h en juin et sept.
Durée de la visite : 1 heure

+8 ans

Des dessins de bisons, de mammouths, d'ours, d'ânes… couvrent les parois depuis le sol jusqu'à la voûte. On remarque également des mains gravées et peintes et divers signes intrigants.

Grotte des Combarelles

Les Eyzies-de-Tayac-Sireuil H3

24620 - Les Eyzies-de-Tayac-Sireuil
Tél. : 05 53 06 90 80-Fax : 05 53 35 26 18
Ouv. tlj sauf mardi et jrs fér. de 9 h à 12 h et de 14 h à 18 h d'avril à sept. (de 9 h 30 à 12 h et de 14 h à 17 h 30 en oct. et mars) ; tlj sauf mardi et merc. et jrs fér. de 10 h à 12 h et de 14 h à 17 h de nov. à fév.
Réserv. oblig.

+8 ans

Des dessins noirs et des gravures associant chevaux, bisons, aurochs, lions, rhinocéros ornent la galerie de la grotte. Les œuvres étant malheureusement souvent superposées, elles ne sont pas toujours faciles à discerner. Pour maintenir la bonne conservation, l'accès de la grotte est limité à des groupes ne dépassant pas 6 personnes.

Grotte de Font-de-Gaume

Les Eyzies-de-Tayac-Sireuil H3

24620 - Les Eyzies-de-Tayac-Sireuil
Tél. : 05 53 06 90 80-Fax : 05 53 35 26 18
Ouv. tlj sauf mardi et jrs fér. de 9 h à 12 h et de 14 h à 18 h d'avril à sept. ; (de 9 h 30 à 12 h et de 14 h à 17 h 30 en oct. et mars) ; tlj sauf mardi, merc. et jrs fér. de 10 h à 12 h et de 14 h à 17 h de nov. à fév.
Réserv. oblig.
Durée : 45 minutes

+8 ans

Située à 1 km du centre des Eyzies, cette grotte possède des frises préhistoriques peintes et gravées (bisons, chevaux, rennes…) particulièrement bien conservées et faciles à discerner.
Les impératifs de conservation de ces dessins originaux imposent une limitation du nombre des visiteurs, aussi en juill. et août les tickets ne sont-ils délivrés que jusqu'à 10 h.

Grotte du Grand-Roc…

Les Eyzies-de-Tayac-Sireuil H3

24620 - Les Eyzies-de-Tayac-Sireuil
Tél. : 05 53 06 92 70-Fax : 05 53 35 17 55
Ouv. tlj de 9 h 30 à 19 h en juill. et août ; tlj de 9 h 30 à 18 h d'avril à juin et en sept.-oct. ; de 10 h à 17 h en février, mars, nov et déc.
Durée de la visite : 30 minutes

+8 ans

Enchâssée dans une falaise surplombant la Vézère, la grotte du Grand-Roc offre des cristallisations particulièrement spectaculaires : abondance de cristaux, de concrétions avec des formations ressemblant à des coraux et défiant les lois de la pesanteur.
Les lumières très subtiles mettent merveilleusement en valeur la beauté et la fragilité du lieu.

Musée national de la Préhistoire... Les Eyzies-de-Tayac-Sireuil H3

24620 - Les Eyzies-de-Tayac-Sireuil
Tél. : 05 53 06 45 45-Fax : 05 53 06 94 56
Ouv. tlj sauf mardi de 9 h 30 à 18 h en juill. et août ; de 9 h 30 à 12 h et de 14 h à 18 h de mars à juin et de sept. à mi-nov. (17 h de mi-nov. à mars)

+8 ans

La très riche collection d'objets préhistoriques et d'outils donne une excellente idée de l'évolution de l'homme, de Neandertal à Cro-Magnon.
Des tableaux synoptiques montrent la chronologie des différentes époques et permettent une bonne introduction à la visite des grottes.

Petit train touristique « Le Cromignon » .... Les Eyzies-de-Tayac-Sireuil H3

24620 - Les Eyzies-de-Tayac-Sireuil
Tél. : 05 53 06 97-09 Fax : 05 53 06 93 11
Circule de Pâques à la Toussaint

pour tous

Un petit train très mignon parcourt la ville et permet de se rendre, sans trop fatiguer les petites jambes, dans les centres d'intérêt touristique.

Grottes de Carpe Diem.................. Manaurie H3

24620 - Les Eyzies-de-Tayac-Sireuil
Tél. : 05 53 06 91 07
Ouv. tlj de 9 h 30 à 19 h en juill. et août ;
de 10 h à 18 h en avril, mai, juin, sept. oct. ;
de 10 h à 17 h le w.-e. de nov. à mars et les vac. scol.
9 km N. des Eyzies

+8 ans

De récents aménagements donnent accès à un couloir de 200 m dont les plafonds sont garnis d'une profusion de fines stalactites. On admire également d'étranges stalagmites évoquant un aigle, une statue de la Vierge, une tulipe…

Lascaux II.............. Montignac I2

24290 - Montignac
Tél. : 05 53 51 95 23-Fax : 05 53 06 30 94
Ouv. tlj de 9 h à 19 h d'avril à nov. ; tlj sauf lundi de 10 h à 12 h 30 et de 13 h 30 à 17 h 30 de nov. à début janv. et de fin janv. à fin mars
Billetterie située près l'office du Tourisme
Durée de la visite : 45 minutes

+8 ans

Lascaux II est un fac-similé de la vraie grotte de Lascaux, devenue trop vulnérable. À l'intérieur d'une coque en ferrociment restituant les reliefs, les peintures polychromes ont été dessinées avec des colorants naturels comme il y a 17 000 ans. On admire, entre autres peintures, les célèbres fresques des taureaux.
Pendant la période estivale, la vente des billets s'effectue à Montignac, au syndicat d'initiative, à partir de 9 h le matin ; chaque billet comporte l'horaire impératif de la visite.

Le Régourdon......... Montignac I2

24290 - Montignac
Tél. : 05 53 51 81 23
Ouv. tlj de 9 h à 18 h en juin, juill. et août ; de 9 h à 12 h et de 14 h à 18 h le reste de l'année

pour tous

Le squelette d'un homme ayant vécu il y a 70 000 ans et des ossements d'animaux, dont ceux d'un ours brun, ont été découverts dans cette grotte par le propriétaire du lieu. Il a ouvert un petit musée pour exposer ses découvertes, et des ours bruns, bien vivants, se promènent dans un enclos voisin.

Musée des Poupées et du Jouet d'antan........... Nontron H1

Château
24300 - Nontron
Tél. : 05 53 56 20 80-Fax : 05 53 73 20 72
Ouv. tlj de 10 h à 19 h en juill. et août ; tlj sauf mardi de 10 h à 12 h et de 14 h à 18 h en juin et sept. ; tlj sauf mardi de 14 h 30 à 18 h de mars à mai, oct. et vac. scol.

pour tous

La belle demeure du XVIIIe de Nontron abrite la collection particulière de poupées et de jouets de Marie-Camille de Monneron.
Les fillettes admireront la maison de poupée entièrement meublée

et un grand nombre de poupées du XVIIIe s. à nos jours. Les garçons passeront plus de temps devant les vitrines, où les voitures de pompiers côtoient avions, soldats et planeurs…
Les célèbres marionnettes du « Bébête Show » disposent maintenant d'un espace aménagé en café du Commerce : on y retrouve les célèbres caricatures de Chirac, Mitterrand, Pasqua, Giscard, etc.

Musée du Périgord.. Périgueux H2

Cours Tourny
24000 - Périgueux
Tél. : 05 53 06 40 70-Fax : 05 53 06 40 71
Ouv. tlj sauf mardi de 10 h à 12 h et de 14 h à 18 h d'avril à sept. (17 h le reste de l'année)
Gratuit pour les – de 10 ans

+8 ans

Un musée intéressant, bien qu'un peu sévère, contenant des collections préhistoriques, des masques, des armes et des objets provenant d'Océanie, des vestiges gallo-romains…
L'intérêt principal de la section Préhistoire est de posséder les crânes de l'homme de Neandertal du Régourdon (70 000 ans avant J.-C.) et de l'homme du magdalénien de Chancelade (15 000 ans avant J.-C.).

La Roque-Saint-Christophe.. Peyzac-le-Moustier H2

24620 - Les Eyzies-de-Tayac-Sireuil
Tél. : 05 53 50 70 45-Fax : 05 53 51 03 21
Ouv. tlj de 10 h 30 à 18 h 30 en juin, juill., août et sept. ; de 11 h à 17 h le reste de l'année
Durée de la visite : 45 minutes
10 km N.-E. des Eyzies

+8 ans

Des hommes vivaient ici au paléolithique moyen, il y a 90 000 à 50 000 ans : des ossements et des vestiges de leur vie quotidienne y ont été retrouvés. Une reconstitution met en scène un homme du moustérien, sa compagne et leur enfant avec un ours des cavernes de 2,40 m de haut.

Grotte préhistorique — Rouffignac H2

24620 - Les Eyzies-de-Tayac-Sireuil
Tél. : 05 53 05 41 71-Fax : 05 53 35 44 71
Ouv. tlj de 9 h à 11 h 30 et de 14 h à 18 h en juill. et août ; de 10 h à 11 h 30 et de 14 h à 17 h des Rameaux à juin et en sept. et oct.
Réserv. indispensable - Durée de la visite : 1 heure
20 km N. des Eyzies

+8 ans

Une immense caverne à découvrir sans se fatiguer grâce à un train électrique.
Les chasseurs préhistoriques y avaient établi leur quartier il y a 130 siècles, et avaient orné les murs de dessins des animaux qu'ils rencontraient : bisons, chevaux, rhinocéros… Des ours y avaient également trouvé refuge, comme en témoignent les traces de griffes et les restes de « nids ».

Musée automobile........ Sarlat I3

17, av. Thiers
24200 - Sarlat
Tél. / Fax : 05 53 31 62 81
Ouv. tlj de 10 h 30 à 19 h en juill. et août ; tlj sauf lundi de 14 h 30 à 18 h 30 en mai, juin, sept. ; tlj sauf lundi et mardi de 14 h à 18 h 30 en avril

+8 ans

Un grand hall contenant une collection impressionnante de voitures du début du siècle avec, entre autres, la Lorraine Dietrich gagnante des Vingt-quatre heures du Mans de 1926, des voitures de prestige, un superbe coupé Cadillac de 1929…

Centre d'art préhistorique « Le Thot »..................... Thonac H2

24290 - Montignac
Tél. : 05 53 50 70 44-Fax : 05 53 06 30 64
Ouv. tlj de 10 h à 19 h de mai à août ; tlj sauf lundi de 10 h à 19 h en avril et de sept. à nov. ; tlj sauf lundi de 10 h à 12 h 30 et de 13 h 30 à 17 h 30 de fin janv. à avril et de nov. à début janv.
Durée de la visite : 1 heure
5 km S. de Montignac

pour tous

Le Thot comprend un musée et un parc : le musée présente un panorama de l'art de la préhistoire à l'aide de fac-similés, de diapositives géantes et de montages audiovisuels ; le parc donne un aperçu de la faune que les hommes de Cro-Magnon côtoyaient avec la présence d'animaux vivants comme des aurochs, des chevaux tarpans, des bisons…, et des reproductions, grandeur nature, d'animaux disparus.

Village troglodytique de La Madeleine.............. Tursac H3

Le Petit Marzac
24620 - Les Eyzies-de-Tayac-Sireuil
Tél. : 05 53 06 92 49-Fax : 05 53 46 36 88
Ouv. tlj de 9 h 30 à 19 h en juill. et août ;
de 10 h à 18 h de fév. à juin et de sept. à mi-nov.
Durée de la visite : 45 minutes
6 km N. des Eyzies

+8 ans

Le nom de la culture magdalénienne provient de ce village troglodytique où les hommes dits magdaléniens ont habité voici 15 000 ans. Par la suite, les civilisations se sont succédé sur le site jusqu'au début du XXe s.

Préhisto Parc............. Tursac H3

24620 - Les Eyzies-de-Tayac-Sireuil
Tél. : 05 53 50 73 19-Fax : 05 53 51 32 13
Ouv. tlj de 9 h 30 à 19 h en juill. et août ; de 10 h à 18 h de mars à juin et de sept. à mi-nov.
6 km N. des Eyzies

pour tous

Voici un parc qui donne une réalité à ces hommes dont on dit aux enfants qu'ils sont leurs lointains ancêtres.
Grâce à des reconstitutions très réalistes de scènes de la vie quotidienne (la chasse, la cueillette, la cuisine, les rites funéraires, etc.), jeunes et moins jeunes rencontrent cette famille d'un autre âge.

Parc de Marqueyssac... Vézac I3

24220 - Saint-Cyprien
Tél. : 05 53 31 36 36-Fax : 05 53 31 36 30
Ouv. de 9 h à 20 h en juill. et août ; de 10 h à 19 h en mai, juin et sept. ; de 10 h à 18 h de mi-fév. à avril, en oct. et jusqu'à mi-nov. ; 14 h à 17 h de mi-nov. à mi-fév.
1 km S. de Beynac

+8 ans

Marqueyssac est un vaste parc dominant la Dordogne. Ce site est équipé d'une signalisation pédagogique très complète qui permet de découvrir une végétation et une faune adaptées à des conditions de vie très particulières. On observe par exemple de mars à fin mai la nichée d'une famille de faucons pèlerins.
Un questionnaire-jeu accompagne un parcours-découverte destiné aux 8-12 ans ; il permet d'attirer l'attention des jeunes sur l'essentiel des observations à effectuer afin de mieux appréhender la nature.
Les falaises dominant la Dordogne ont été spécialement aménagées pour l'initiation à l'escalade.

Grotte de Villars.......... Villars H1

24530 - Campagnac-de-Belair
Tél. : 05 53 54 82 36-Fax : 05 53 54 21 73
Ouv. tlj de 10 h à 18 h 30 en juill. et août ; de 10 h à 12 h et de 14 h à 18 h 30 du 15 juin au 1er juill. et du 1er au 15 sept. de 14 h à 18 h 30 des Rameaux au 15 juin et du 19 sept. à fin oct.
Durée de la visite : 45 minutes
15 km N.-E. de Brantôme

+8 ans

Cet important réseau souterrain comprend des salles où les concrétions sont exceptionnelles : fines stalactites, draperies translucides... On y admire également d'impressionnantes coulées de calcite, des gours et des parois ornées de peintures datées du magdalénien ancien, notamment une fresque de chevaux et la rencontre d'un sorcier et d'un bison.
L'éclairage progressif et la sonorisation contribuent à créer une ambiance envoûtante.
Les petits ont une aire de jeux qui leur est réservée.
Un espace muséographique animé présentant de façon ludique et pédagogique la géologie, la préhistoire et la climatologie est en cours de réalisation.

GIRONDE

Aquarium................ Arcachon D3

8, allée José-Maria-de-Heredia
33120 - Arcachon
Tél. : 05 56 83 33 32-Fax : 05 56 83 51 04
Ouv. tlj de fin mars à fin oct.

Pour tous

Si les enfants ont eu la chance de visiter quelques-uns des grands aquariums récemment construits, celui d'Arcachon les décevra quelque peu. Il est constitué de petits aquariums alignés dans lesquels on peut voir des spécimens de la faune marine régionale de l'océan et du bassin d'Arcachon (tortues, poulpes, torpilles électriques, hippocampes, congres, étoiles de mer, anémones, oursins…).

Croiseur « Colbert ».. Bordeaux E3

Quai des Chartrons
33000 - Bordeaux
Tél. : 05 56 44 96 11-Fax : 05 56 44 74 85
Ouv. tlj de 10 h à 18 h en juill. et août ; tlj (les w.-e. et jrs fér. de 10 h à 19 h) de 10 h à 18 h d'avril à sept. ; tlj sauf lundi et vend. de 10 h à 18 h d'oct. à mars ; fermé du 1er au 12 déc. et du 5 au 10 janv.

+8 ans

Monter à bord du dernier des grands croiseurs, celui sur lequel le général de Gaulle se rendit au Canada, est une aventure en soi. Descendre dans la salle des machines, s'installer sur la passerelle, prendre la place du pacha, visiter le carré des officiers… est une expérience inoubliable pour les jeunes garçons. Cependant, aussi intéressante que soit la visite, on monte et on descend beaucoup et les petites jambes se lassent.

Conservatoire national de la Plaisance............. Bordeaux E3

Bd Alfred-Daney
33000 - Bordeaux
Tél. : 05 56 11 11 50-Fax : 05 56 39 94 45
Ouv. de 13 h à 19 h merc. et w.-e.
Gratuit pour les – de 18 ans

+8 ans

La visite commence par l'évocation des aventures stupéfiantes de ces hommes qui ont osé défier l'Atlantique ; elle se poursuit par l'his-

toire des hors-bord et des multicoques, puis par l'exposition de bateaux comme celui de Marc Pajot pour l'America's Cup 1992, le *Cesa,* champion du monde offshore 1989, le célèbre *Hérétique* d'Alain Bombard...
La photo panoramique de 200 m^2 qui sert de toile de fond au décor vaut à elle seule la visite. Dans un espace d'animation, les passionnés de navigation pourront s'initier à l'art des nœuds et se familiariser avec l'accastillage utilisé sur le pont d'un bateau.

Musée d'Aquitaine.... Bordeaux E3

20, cours Pasteur
33000 - Bordeaux
Tél. : 05 56 01 51 00 et 05 56 01 51 04
Fax : 05 56 44 24 36
Ouv. tlj sauf lundi et jrs fér. de 10 h à 18 h
Gratuit le merc.

+8 ans

Le musée, récemment rénové, est consacré à l'histoire de Bordeaux et de sa région.
Des livrets (cahier d'exploration, questionnaire sur les bateaux, jeux de piste) sont distribués aux jeunes visiteurs afin de les aider à mieux tirer parti de leur visite. Des ateliers autour de la représentation du corps humain dans la sculpture et la peinture leur sont proposés le mercredi.
Des animations-contes ont lieu le samedi à 14 h.
Enfin, des coloriages et des maquettes à réaliser sont à leur disposition à la bibliothèque des enfants.

CAPC-Musée d'Art contemporain............... Bordeaux E3

Entrepôt Lainé - 7, rue Ferrère
33000 - Bordeaux
Tél. : 05 56 00 81 50-Fax : 05 56 44 12 07
Ouv. tlj sauf lundi et jrs fér. de 11 h à 19 h

+8 ans

L'entrepôt des denrées coloniales a été transformé selon des plans très originaux en centre d'art contemporain.
Les enfants y sont bien accueillis et des visites d'initiation à l'art leur sont régulièrement proposées.

Musée des Arts décoratifs.................... Bordeaux E3

39, rue Bouffard
33000 - Bordeaux
Tél. : 05 56 00 72 50 et 05 56 00 72 51
Fax : 05 56 81 69 67
Ouv. du lundi au vend. sauf mardi et jrs fér. de 11 h à 18 h
et le w.-e. de 14 h à 18 h
Gratuit pour les enfants et les étudiants

+8 ans

Le musée contient des meubles, des céramiques, de l'orfèvrerie, de la verrerie, etc., rien en soi qui passionne vraiment les enfants, mais les visites et les ateliers qui leur sont proposés les feront s'intéresser aux collections présentées. Au cours des ateliers du mercredi (14 h 30), ils tentent de recréer ce qu'ils ont vu pendant leur visite, laissant libre cours à leur imagination (inscription nécessaire).
Des jeux créés pour les enfants sont également disponibles à la billetterie et des animations particulières sont organisées pour fêter intelligemment une journée d'anniversaire.

Musée d'Histoire naturelle........ Bordeaux E3

5, place Bardineau
33000 - Bordeaux
Tél. : 05 56 48 26 37-Fax : 05 56 01 28 59
Ouv. tlj sauf mardi de 14 h à 18 h de mi-juin
à mi-sept. (17 h 30 le reste de l'année)

+8 ans

Que d'os, que d'os sont exposés dans ce musée ! On y voit aussi bien le squelette gigantesque de la baleine bleue que celui, minuscule, d'une grenouille. À découvrir également : une importante variété d'animaux naturalisés provenant des cinq continents, des minéraux et des fossiles témoins de l'évolution de notre planète Terre depuis ses origines.

Bateau « Ville de Bordeaux ».... Bordeaux E3

Quai Louis-XVIII
33000 - Bordeaux
Tél. / Fax : 05 56 52 88 88 et 05 56 52 30 44
Se rens. sur les horaires
Départ de l'embarcadère des Quinconces

pour tous

On embarque soit pour une visite (1 h 30) commentée du port de Bordeaux à bord d'un bateau rappelant ceux du Mississippi, soit pour une croisière de 4 heures jusqu'au bec d'Ambès, au confluent de la Garonne et de la Dordogne.

L'omnibus de la Belle Époque............ Bordeaux E3

33000 - Bordeaux
Tél. : 05 56 00 66 00 (OT)-Fax : 05 56 00 66 01
Circule tlj sauf dim.
Départ de l'OT 12, cours du XXX Juillet

pour tous

Une promenade dans Bordeaux à bord d'un authentique véhicule de transport en commun des années 30.

Promenade en gabare..................... Bordeaux E3

33000 - Bordeaux
Tél. : 05 56 00 66 00 (OT)-Fax : 05 56 00 66 01
Circule tlj du 15 juin au 15 juill.
Départ ttes les heures du quai des Chartrons
Durée : 1 heure

pour tous

Du pont de pierre au cours du Médoc, une découverte du port de la Lune à bord des bateaux traditionnels de la Dordogne. Le port tient son nom de sa courbe qui évoque un croissant de lune.

Zoo.................. Bordeaux Pessac E3

3, chemin du Transvaal
33600 - Pessac
Tél. : 05 56 36 46 28-Fax : 05 56 36 68 76
Ouv. tlj de 8 h à la nuit
Gratuit pour la seule visite du parc
Rocade sortie n° 12

Des animaux du monde entier sont bien installés dans un joli parc comportant un petit étang.
On admire particulièrement le magnifique tigre de Sibérie, les grands éléphants d'Afrique, la panthère noire, les élégantes grues couronnées, les drôles de nilgauts, le bon regard des ours de l'Himalaya, les petits koudous...
Pour compléter la visite, les petits peuvent faire un tour à poney pendant que les plus grands glisseront sur le toboggan aquatique.

Ferme exotique........ Cadaujac E3

Domaine de la Roussie
33140 - Pont-de-la-Maye
Tél. : 05 56 30 94 80-Fax : 05 56 30 99 28
Ouv. tlj de 10 h à 20 h
Le prix varie selon les distractions choisies
4 km S. de Bordeaux par la RN 113

En bordure de la Garonne, une ferme accueille aussi bien les animaux domestiques que les animaux exotiques, et réserve une grande place à de pacifiques dinosaures !
Les petits se prendront pour des cavaliers en faisant une promenade à dos de poney, les plus grands imagineront partir pour une véritable méharée en faisant leur baptême de dromadaire.
Pendant ce temps-là, les moins aventuriers feront une balade en chariot ou en petit train.

Les vignobles du Bordelais sont les plus célèbres du monde : il est donc normal de trouver chez les confiseurs des bouchons (fines cigarettes fourrées à la pâte d'amandes et aux raisins macérés dans la fine), des grappes d'or, des ceps de vigne et des sarments en chocolat. Histoire de changer un peu, on se régalera également de niniches (des caramels mous au chocolat), de fanchonnettes (des bonbons acidulés) et de galiens (des nougatines pralinées).

Chemin de fer de la vallée de l'Isle............ Guîtres F2

33230 - Coutras
Circule dim. et jrs fér. à 15 h 30 de mai à fin oct. ; mardi, jeudi, sam. à 15 h 30 de mi-juill. à mi-août pour les trains Diesel
16 km N. de Libourne par la RD 910

pour tous

Deux locomotives à vapeur et une diesel tractent des wagons de bois du début du siècle ; elles emmènent leurs passagers faire une excursion de 3 heures dans la vallée de l'Isle.

Village médiéval d'artisans d'art de La Hume............ Gujan-Mestras D3

Parc de la Hume
33470 - Gujan-Mestras
Tél. : 05 56 66 16 76-Fax : 05 56 66 91 05
Ouv. tlj de 10 h 30 à 19 h en juin, juill. et août

+8 ans

Dans le cadre reconstitué d'un village landais médiéval, des artisans en costume d'époque (le vannier, le sculpteur, le ferronnier, le potier, le tourneur sur bois) refont les gestes d'antan.
Des bateleurs venus tout droit du Moyen Âge créent une animation de rues.
Nouveauté : un mini-golf de 18 trous à thèmes basés sur l'époque médiévale, l'évocation de la Gironde et ses traditions (ouv. de 14 h à 19 h de fin juin à sept.).

Parc de la Coccinelle........... Gujan-Mestras D3

Parc de La Hume - route des Lacs
33470 - Gujan-Mestras
Tél. : 05 56 66 30 41-Fax : 05 56 66 79 46
Ouv. tlj de 10 h à 19 h 30 en juill. et août ; de 14 h à 18 h 30 en mai et juin

pour tous

Un parc consacré aux animaux domestiques. 800 animaux que l'on peut regarder, approcher, caresser, câliner… Certains d'entre eux, comme le bouc à quatre cornes, le frisé milanais ou encore le cou-

reur indien, ont vraiment une drôle de binette. Les enfants peuvent donner le biberon aux agneaux, aux porcelets, aux chevreaux et aux petits veaux (horaires dépendant de la saison et des naissances).
De nombreux jeux (toboggan géant, structures gonflables, manège, piste de tricycle, mini-golf…) sont aussi à la disposition de tous.

Kid Parc............ Gujan-Mestras D3

Parc de la Hume - route des Lacs
33470 - Gujan-Mestras
Tél. : 05 56 66 06 90-Fax : 05 56 66 85 90

-8 ans

Situé au cœur d'une forêt de pins, ce petit parc a été réalisé à l'intention des jeunes enfants. Toutes les attractions y sont à leur échelle et ont été conçues avec l'idée d'associer pédagogie et divertissement : rivières des canoës, vaisseau fantôme, piscine à balles, chaises volantes, arbre de Robinson, safari mini-Land-Rover, etc.

Aqualand........... Gujan-Mestras D3

Parc de la Hume - route des Lacs
33470 - Gujan-Mestras
Tél. : 05 56 66 39 39-Fax : 05 56 66 42 84
Ouv. tlj de 9 h 30 à 20 h 30 en juill. et août ;
de 10 h à 18 h en juin et en sept.

pour tous

Un grand parc aquatique où l'eau est toujours chaude.
Après avoir descendu les toboggans et la rivière rapide, on s'élance dans le tunnel de l'Indiana Falls, un parcours mouvementé entre bosses et cascades.
Les petits ont un bassin à leur taille pour patauger tranquillement et des toboggans pas beaucoup plus haut qu'eux.

Port miniature....... Maubuisson D2

33121 - Carcans-Maubuisson
Tél. : 05 56 02 68 23 et 06 07 77 47 81
Fax : 05 57 22 31 44
Ouv. tlj de 11 h à 20 h de mi-juin à mi-sept. ; merc., w.-e. de 14 h à 19 h en mai, juin, sept.

+8 ans

Sur le lac d'Hourtin-Carcans, six petits navires, fidèles reproductions de véritables remorqueurs, ferries ou bateaux à roue, évoluent sur une étendue de 5 000 m² et se pilotent comme de vrais bateaux.

Zooland Park.... La Teste-de-Buch D3

33115 - Pyla-sur-Mer
Tél. : 05 56 54 71 44-Fax : 05 56 54 14 02
Ouv. tlj de 10 h à 19 h d'avril à sept., et les merc., w.-e. et jrs fér. d'oct. à mars et vac. scol.
Dir. lac de Cazaux

Dans la forêt des Landes, tout près d'Arcachon, on rêve d'Afrique face aux fauves, aux zèbres, aux singes et aux chimpanzés. On se croirait un instant dans les montagnes du Canada en regardant les ours bruns, puis on revient dans nos contrées en caressant les paisibles biquettes. À côté du zoo a été aménagé un petit parc d'attractions avec manèges, toboggans, balançoires, pont de singe, etc., et une ferme d'animaux domestiques où les enfants peuvent caresser la plupart des animaux.

Parc ornithologique.... Le Teich D3

Maison de la Nature
33470 - Le Teich
Tél. : 05 56 22 80 93-Fax : 05 56 22 69 43
Ouv. tlj de 10 h à 18 h 30 (22 h en juill. et août)

Situé sur l'une des plus importantes voies migratoires d'Europe, le parc est une étape très fréquentée par les oiseaux du voyage.
En hiver, les canards, les foulques, les hérons, les cormorans… y font une courte halte ; en été, les petits échassiers s'y reposent quelque temps ; au printemps, les cigognes, les oies, les cygnes, de nombreux passereaux aquatiques… nichent sur place. Des sentiers pédestres et des cabanes d'observation permettent d'approcher et d'épier les oiseaux sans les déranger.

Jardin des Papillons... Le Teich D3

Parc de loisirs - rue du Port
33470 - Le Teich
Tél. : 05 57 52 33 53-Fax : 05 57 52 33 56
Ouv. tlj de 10 h à 19 h de début juill. à sept., de 11 h à 18 h d'avril à juill. , de 14 h à 17 h en sept.
Parc de jeux gratuit

Dans une végétation tropicale évoluent des papillons de toutes les tailles et de toutes les couleurs. Ils s'arrêtent un instant sur une fleur ou sur une main tendue et repartent se poser un peu plus loin. Cet incessant ballet fascine grands et petits.

Labiland.................... Le Teich D3

Parc de loisirs- rue du Port
33470 - Le Teich
Tél. : 05 57 52 33 53-Fax : 05 57 52 33 56
Ouv. tlj de 10 h 30 à 19 h en juill. et août
Parc de jeux gratuit

pour tous

Un labyrinthe géant de maïs de 5 ha, où l'on se perd, on se cache, on s'amuse avec des comédiens qui viennent y proposer des spectacles interactifs et humoristiques pour adultes et enfants.
Cinq nocturnes en été, et une promenade sous la lune avec animations spéciales dans le labyrinthe de maïs pour la nuit d'Halloween.

Musées.................... La Réole F4

33190 - La Réole
Tél. : 05 56 61 29 25-Fax : 05 56 61 22 77
Ouv. tlj de 10 h à 18 h en juill. et août ;
merc., w.-e. et jrs fér. de 10 h à 18 h
le reste de l'année

+8 ans

Quatre petits musées ont été aménagés dans l'ancienne manufacture de tabacs.
Les deux premiers retiendront quelque temps l'attention des enfants : le Musée automobile, qui abrite 100 véhicules, des premières voitures à celles d'aujourd'hui, et le Musée ferroviaire, où sont exposés plus de 2 000 petits trains.
Les deux autres, le Musée militaire et le Musée agricole, intéresseront plus particulièrement les parents.
La visite des musées s'achève par un goûter dans un authentique wagon de l'*Orient-Express*.

Gabare sur la Dordogne...... Sainte-Foy-la-Grande G3

33220 - Sainte-Foy-la-Grande
Tél. : 05 57 46 03 00 (OT)-Fax : 05 57 46 53 77
Circule de 10 h à 17 h en saison
Durée : 45 minutes

pour tous

Une promenade commentée en gabare. Bonne occasion pour entendre parler de la batellerie en Dordogne et écouter le récit des grands faits historiques qui ont eu lieu dans la région.

Promenade en bateau.. Langon F4

33210 - Langon
Tél. : 05 56 63 06 45 et 05 56 63 06 30
Se rens. sur les horaires de départ

pour tous

À bord de l'*Escapade*, une navigation d'une demi-journée pour découvrir les charmes du canal des Deux-Mers.

Petit train touristique........... Le Verdon-sur-Mer D1

33123 - Le Verdon-sur-Mer
Tél. : 05 56 09 61 78-Fax : 05 56 09 61 32
Circule tlj en juill. et août ; dim. en mai, juin et sept.
Durée : 1 heure AR

pour tous

Une promenade en petit train dans la forêt qui longe l'océan entre la pointe de Grave et Soulac.

Le cannelé est la plus célèbre spécialité sucrée girondine : croquant à l'extérieur et moelleux à l'intérieur, le cannelé bordelais est composé d'une pâte à crêpes parfumée à la fleur d'oranger et à la vanille. À Saint-Émilion, outre le célèbre vin qui n'intéressera guère les enfants, on trouve de délicieux macarons qui fondent dans la bouche. On les doit aux religieuses qui en inventèrent la recette en 1620.

LANDES

Aventure Park........ Biscarrosse D4

4400, route de Bordeaux
40600 - Biscarrosse
Tél. : 05 58 82 53 40-Fax : 05 58 82 66 62
Horaires d'ouv. non communiqués

+8 ans

Plus de 70 jeux pour vivre l'aventure au cœur de la forêt des Landes : on grimpe, on saute, on passe des ponts de singe, on se faufile, on se jette dans le vide…, le tout sans risques puisque l'on est toujours relié à un câble par un filin. Il existe 4 parcours correspondant au niveau sportif de chacun.

Dédale Park................ Josse D6

40230 - Saint-Vincent-de-Tyrosse
Tél. : 05 58 77 76 28
Ouv. tlj de 10 h à 19 h
de fin juin à mi-sept.

pour tous

Dans un champ de maïs, les enfants se laissent entraîner dans des parties de cache-cache avec de fausses issues, participent à des jeux de piste troublés par les tournesols taquins, rencontrent des personnages mystérieux qui les aident à mieux se perdre… mais qui leur livrent aussi, au travers de jeux et d'épreuves, une partie du secret… Une aire de jeux est prévue pour les petits.

La Pinède des Singes Labenne C6

RN 10, route du lac d'Yrieux
40530 - Labenne
Tél. : 05 59 45 43 66
Ouv. tlj de 10 h à 19 h de mai à sept.

pour tous

Une promenade dans la forêt landaise pour faire connaissance avec les macaques de Java… Les singes sont en liberté et viennent au-devant des visiteurs. Gourmands, ils se régalent du pop-corn que leur donnent les enfants.

Parc animalier.......... Labenne C6

Avenue de l'Océan
40530 - Labenne
Tél. : 05 59 45 43 93
Ouv. tlj de 10 h à 19 h d'avril à fin août ; de 14 h à 18 h en sept. et oct. ; a.-m. des merc., w.-e. et vac. scol. le reste de l'année, sauf du 15 nov. au 31 janv.

pour tous

Des animaux du monde entier (zèbres, kangourous, lamas, mouflons, lémuriens, autruches, etc.), des oiseaux et les animaux de la ferme... Une joyeuse bande au rendez-vous des enfants.

Écomusée de la Grande Lande........... Marquèze E5

40630 - Sabres
Tél. : 05 58 08 31 31-Fax : 05 58 07 56 85
Ouv. tlj d'avril à nov. ; tlj de 10 h 30 à 19 h en juill. et août ; de 10 h 30 à 18 h en juin ; de 14 h à 17 h en sem. (10 h 30 à 18 h dim. et jrs fér.) en avril, mai, oct. et nov.

pour tous

Au XIXe s. trente à quarante personnes vivaient à Marquèze de la culture du seigle et du millet, de l'élevage de volailles et de cochons et de l'apiculture. L'écomusée a recréé à l'identique le village tel qu'il était, avec ses maisons et leurs dépendances, ses métairies, sa bergerie, son moulin... Au rythme des saisons et de la journée, on rencontre en se promenant le meunier qui moud son grain, le résinier qui gemme les pins, le boulanger qui pétrit et cuit son pain, les bœufs tirant la charrue... Et parfois au détour d'un chemin on croise un joueur de fifre ou de cornemuse. Un train à vapeur conduit de Sabres à l'Écomusée (ttes les heures env.)

Parc de Nahuques Mont-de-Marsan E5

Av. Villeneuve-de-Marsan
40000 - Mont-de-Marsan
Tél. : 05 58 75 94 38
Ouv. tlj (sauf w.-e. de 15 h à 20 h) ; de 9 h à 12 h et de 14 h à 20 h en juill. et août ; de 9 h à 12 h et de 14 h à 18 h le reste de l'année

pour tous

Des oiseaux surprenants comme l'émeu, qui ne vole pas mais court très vite, des animaux sympathiques comme les mamans wallabies, qui cachent leurs petits dans leur poche, ou grincheux comme le lama, qui crache aux visages qui ne lui reviennent pas, des lapins coquins, qui creusent leur terrier partout dans le parc, tels sont quelques-uns des pensionnaires de ce petit parc animalier.

Centre Jean-Rostand........... Pouydesseaux E5

40120 - Roquefort
Tél. : 05 58 93 92 43
Ouv. tlj sauf sam. de 9 h à 12 h et de 14 h à 18 h de Pâques à fin oct. (ouv. le sam en juill. et août)
8 km S. de Roquefort par la RN 934

+12 ans

Ce centre fut créé par le grand biologiste Jean Rostand pour mener à bien ses recherches en biologie en milieu naturel et son étude sur les batraciens. Ouvert aux visiteurs, il propose une promenade le long de sept étangs à la découverte de la flore du milieu humide particulièrement riche, et surtout afin d'observer la colonie de grenouilles.
Des expositions et des documents audiovisuels complètent cette initiation à la nature.

Parcours d'aventure Seignosse C6

Avenue des Lacs
40510 - Seignosse-le-Penon
Tél. / Fax : 05 58 43 17 32

+8 ans

L'occasion de découvrir la forêt des Landes d'une manière originale : en évoluant d'arbre en arbre à l'aide de tyroliennes, ponts, passerelles, échelles, poutres… et en toute sécurité. 7 parcours selon l'âge et les aptitudes sportives.
Cette nouvelle conception de parc sportif remporte un vif succès tout à fait justifié.

Féerie des automates.. Soustons C6

Place des Arènes
40140 - Soustons
Tél. : 05 58 41 31 22
Ouv. tlj de 10 h à 20 h en juill. et août ; de 10 h à 12 h et de 14 h à 19 h en juin et de sept. à mi-nov. ; et de 14 h à 19 h de la mi-mars à fin mai.

pour tous

Une pantomime mécanique où se côtoient des personnages provenant de contes et de mythes, du carnaval vénitien ou de diverses fantasmagories.

LOT-ET-GARONNE

Château.................... Bonaguil H4

47500 - Fumel
Tél. : 05 53 49 59 79
et 05 53 71 13 70 (OT)
Ouv. tlj de 10 h à 17 h 45 en juill. et août ;
de 10 h 30 à 12 h et de 14 h 30 à 16 h 30
de fév. à mai (17 h 45 en juin) et en sept. et oct. ;
de 14 h 30 à 16 h 30 en nov. et vac. de Noël
N.-E. de Fumel, à la limite du Lot

+8 ans

Un château fort comme on en rencontre dans les livres de contes.
Adultes et enfants seront impressionnés par les 13 tours, les murailles de 4 à 5 m d'épaisseur, le donjon haut de 35 m de ce géant de pierre, parfait exemple de l'architecture militaire et dernier témoignage des fortifications médiévales.

Le Chaudron magique.. Brugnac G4

47260 - Castelmoron-sur-Lot
Tél. : 05 53 88 80 77
Fax : 05 53 88 91 63
Ouv. tlj de 10 h à 18 h en juill. et août, et
à 15 h le reste de l'année (sauf vac. de Noël)
La buvette n'est ouverte que l'été
15 km N.-E. de Tonneins par la RD 120

pour tous

Une ferme de découverte où sont élevés différentes races de chèvres laitières, un troupeau de chèvres angoras, des lapins, des ânes, des cochons laineux, des vaches écossaises et des poules. L'abondante toison des chèvres donne la laine de mohair dont on fait des couvertures, des pulls, des écharpes, des chaussettes, des gants, des tapis...

Lac de Damazan.. Buzet-sur-Baïse G4

47160 - Damazan
Tél. : 05 53 79 42 98
Ouv. tlj les mois d'été
Prix selon les activités choisies
S. de Damazan, le long de l'A 62

pour tous

Un lac aménagé avec baignade surveillée, des jeux pour les petits, des pédalos et un mini-golf pour les plus grands.

Grottes de Fontirou.................. Castella H4

47340 - Laroque-Timbaut
Tél. : 05 53 40 15 29
Fax : 05 53 41 73 97
Ouv. tlj de 10 h à 12 h 30 et de 14 h à 18 h en juin, juill. et août ; de 14 h à 17 h 30 en avril, mai et jusqu'à mi-sept.
Visite guidée des grottes : 40 minutes
28 km N. d'Agen par la RN 21

pour tous

Grâce à la découverte fortuite de ces grottes par un cultivateur, on peut aujourd'hui admirer les merveilles naturelles (stalactites, stalagmites, colonnes et cristallisations…) d'un monde souterrain.
Avant de partir, on peut faire en famille une partie de mini-golf.

Musée du Train........... Clairac G4

47320 - Clairac
Tél. : 05 53 88 04 30-Fax : 05 53 84 07 66
Ouv. tlj de 10 h à 18 h d'avril à fin oct. et merc., w.-e., jrs fér. et vac. scol. le reste de l'année
L'entrée comprend la visite de l'abbaye, le musée du Train et de la Forêt magique

pour tous

Au bruit des machines à vapeur, une illustration vivante de 100 ans d'histoire du rail et la réaliste reconstitution des paysages de la région avec les principaux monuments en miniature.
Une microcaméra placée à l'intérieur de la locomotive permet de se croire à la place du conducteur.

Abbaye des Automates.. Clairac G4

47320 - Clairac
Tél. : 05 53 79 34 81-Fax : 05 53 84 07 66
Ouv. tlj de 10 h à 18 h d'avril à fin oct. et merc., w.-e., jrs fér. et vac. scol. le reste de l'année
L'entrée comprend la visite de l'abbaye, le musée du Train et de la Forêt magique

pour tous

Cette abbaye bénédictine, construite en bordure du Lot au XIe s., est animée par plus de 250 automates qui retracent la vie des moines au Moyen Âge et racontent les principaux événements qui y ont eu lieu, comme la visite de Charlemagne ou celle de Montesquieu.
Un étage est réservé aux enfants, qui y redécouvrent avec joie leurs contes préférés.
Il ne faudra pas manquer non plus l'exceptionnelle collection de maquettes de bateaux, ni de se régaler des bons pruneaux que l'on trouve dans la boutique de souvenirs.

La Forêt magique........ Clairac G4

47320 - Clairac
Tél. : 05 53 84 27 54-Fax : 05 53 84 07 66
Ouv. tlj de 10 h à 18 h d'avril à fin oct. et merc., w.-e., jrs fér. et vac. scol. le reste de l'année
L'entrée comprend la visite de l'abbaye, le musée du Train et de la Forêt magique

pour tous

Quel enfant n'a pas rêvé de savoir comment vivent les gnomes et les génies des bois ? Dans la Forêt magique, de charmants petits automates, qui ressemblent comme deux gouttes d'eau aux mystérieux lutins, se livrent à leurs activités quotidiennes.

Château de Duras........ Duras G3

47129 - Duras
Tél. : 05 53 83 77 32-Fax : 05 53 83 65 20
Ouv. tlj de 10 h à 19 h de juin à sept. ; de 10 h à 12 h et de 14 h à 19 h en mars, avril, mai, et vac. d'hiver ; de 14 h à 18 h de nov. à fév.

+8 ans

À l'intérieur du château-forteresse des ducs de Duras, quatre petits musées ethnologiques ont été aménagés : le premier est consacré à la paléontologie et à l'archéologie (résultats des fouilles de la région), le deuxième traite de l'histoire de la culture de la vigne, le troisième se consacre au grain, et le quatrième traite de la vie rurale aux siècles passés. Des évocations historiques sont montées sur le parvis du château en juillet. En été, une visite du village de Duras est proposée aux enfants avec chasse au trésor et pause chocolat.

Musée vivant du Parchemin et de l'Enluminure............ Duras G3

47129 - Duras
Tél. : 05 53 20 75 55
Ouv. tlj de 15 h 30 à 18 h d'avril à sept.
Durée de la visite guidée : 1 h 30

+12 ans

Une très intéressante visite autour de la fabrication du livre au Moyen Âge. On découvre les techniques et les matériaux qu'ont utilisés pendant 1 000 ans les artisans du livre en parchemin. On assiste à la fabrication du parchemin à partir des peaux de mouton ou de chèvre, à celle de l'encre et à celle des couleurs. On admire une démonstration d'écriture gothique à la plume d'oie. On regarde un film montrant la pose de la feuille d'or sur les pages manuscrites.
À l'issue de la visite, chacun pourra essayer d'écrire quelques mots avec une plume d'oie taillée. Des stages de calligraphie et d'enluminure sont proposés le premier samedi de chaque mois.

Écomusée de l'Abeille Grateloup G4

47400 - Tonneins
Tél. / Fax : 05 53 88 80 23
Ouv. tlj de 15 h à 19 h en juill. et août ; les dim. et jrs fér. de 15 h à 19 h en avril, mai, juin, sept. et vac. de Pâques
Durée de la visite : 1 h 30
15 km N.-E. de Tonneins par la RD 120 et la RD 101

+8 ans

Pénétrer dans le mystère de la vie des ruches en observant le travail des abeilles derrière une large baie vitrée, observer les essaims naturels qui se développent dans des cellules de verre, découvrir la fabrication du miel, voilà ce que propose l'écomusée de l'Abeille.

Parc d'attractions Walibi........................ Roquefort G5

Château de Caudoin
47310 - Laplume
Tél. : 05 53 96 58 32
Fax : 05 53 96 58 47
Ouv. tlj de 10 h à 19 h en juill. et août ; de 10 h à 18 h en juin et les merc., vend., sam. et dim. de mai et sept.
La visite est gratuite si la journée est trop pluvieuse
Gratuit pour les enfants mesurant moins de 1 m
5 km S. d'Agen par la RD 656

pour tous

Bonheur garanti pour les enfants !
Des attractions pour s'amuser toute la journée : descente folle de la Radja River, voyage entre ciel et terre sur le grand huit, tours et retours de tasses à café géantes, course folle à bord de la Coccinelle, parcours dans le Labyrinthe aquatique, promenade en vieux tacot, périple panoramique en train…
Et, pour varier les plaisirs, un spectacle d'otaries savantes et des fontaines musicales.

À Saint-Aubin (pas très loin de Villeneuve-sur-Lot), les pruneaux, dont il semble que la culture date des croisades, sont prétexte à faire la foire le deuxième dimanche de septembre. L'origine de cette foire remonte à la fin du XIXᵉ s., où tous les mardis d'août à octobre avait lieu un marché aux prunes. Le clou des réjouissances est sans conteste le concours du craché de noyau en hauteur. Pour battre le record, il faut s'entraîner à dépasser les 5 m. Bonne chance ! (Rens. et insc. : SI de St-Aubin, tél. : 05 53 41 66 08.)

PYRÉNÉES-ATLANTIQUES

Petit train d'Artouste.. Artouste E8

Maison de Fabrèges
64440 - Artouste-Fabrèges
Tél. : 05 59 05 34 00-Fax : 05 59 05 37 55
Circule tlj de juin à fin sept. (horaires selon le mois)
Gratuit pour les enfants mesurant moins de 1 m

pour tous

Un petit train panoramique qui grimpe sur la montagne des Pyrénées. Pour l'attraper, il faut d'abord emprunter la télécabine de la Sagette qui part de Fabrèges-Village et monte en 12 minutes jusqu'à la gare d'Artouste, située à 2 000 m.
Le petit train traverse dans un premier temps le domaine skiable, puis, parvenu au col de l'Ours, il se hisse jusqu'au sommet d'Ormielas, où il s'arrête pour laisser ses passagers aller à pied jusqu'au lac d'Artouste (15 à 20 minutes).

Parc aux Kangourous... Asson E7

Zoo d'Asson
64800 - Nay-Bourdettes
Tél. : 05 59 71 03 34
Ouv. tlj de 8 h à la tombée de la nuit
25 km S. de Pau par la RD 938

pour tous

Les kangourous sont de petits animaux bien sympathiques : ils sautillent tranquillement parmi les promeneurs, se laissent approcher par les enfants et même caresser.
Des oiseaux et quelques autres animaux exotiques rares sont venus leur tenir compagnie.

Falaise aux Vautours................ Aste-Béon E8

64260 - Arudy
Tél. : 05 59 82 65 49-Fax : 05 59 82 65 65
Ouv. tlj de 10 h à 13 h et de 14 h à 19 h
d'avril à sept. de 15 h à 18 h pendant les vac.
de fév. et de Toussaint
36 km de Pau par la RD 934

+8 ans

Au pied d'une des falaises de nidification a été aménagé un espace d'observation et d'étude des vautours tout à fait exceptionnel. Vous allez avoir l'occasion unique d'observer, sans les déranger, les vautours fauves. Plusieurs caméras installées sur la falaise à proximité des nids retransmettent en direct sur un grand écran des images de ces grands rapaces et de leurs petits. De plus, des images enregistrées retracent toute la vie des poussins sur la falaise et d'autres présentent la vie quotidienne d'un couple de percnoptères d'Égypte. Les guides ornithologues, qui commandent les caméras, commentent les images de ces instants de vie impossibles à observer à l'œil nu. 12 espaces abordent des aspects différents des vautours et de la région. La salle des Rapaces présente sur huit écrans différents rapaces, charognards et surtout vautours des Pyrénées. Dans la salle du Pastoralisme, tous se laissent enchanter par les récits et légendes de trois générations de bergers. La salle du Globe évoque les vautours du monde entier. Il faut y ajouter une salle Contes de la vallée d'Ossau et de l'Amérique du Sud, et des bornes vidéo où deux gentils vautours, Gaspard et Georges, présentent leur environnement quotidien et posent des questions humoristiques sur leur vie dans la falaise.

Et beaucoup d'animations et de jeux tout au long du parcours.

D'avril à septembre, des guides de montagne proposent des balades et des randonnées à la rencontre des rapaces pyrénéens et de la faune du parc national des Pyrénées.

À **Bayonne**, pendant 5 jours et 5 nuits début août, se déroulent les fêtes traditionnelles de « la remise des clefs ». Cavalcade des géants accompagnant le roi Léon, parade des enfants, corso lumineux de chars, vachettes en liberté... animent tour à tour les rues de la ville. À Saint-Jean-de-Luz, se sera le « taureau de fuego » qui, pétaradant de toute part, causera joies et frayeurs aux enfants les mardis de juillet et août.

Bateau-mouche sur l'Adour.................... Bayonne C6

64100 - Bayonne
Tél. : 05 59 46 16 80 ou 06 80 74 21 51
Fax : 05 59 54 73 03
Circule tlj de tte l'année sauf de mi-déc. à fin déc.

Des croisières de quelques heures sont organisées sur l'Adour, de Bayonne jusqu'à la mer.

Phare de Biarritz........ Biarritz C6

Av. de l'Impératrice
64200 - Biarritz
Tél. : 05 59 24 01 29-Fax : 05 59 24 14 19
Ouv. tlj sauf lundi de 10 h à 12 h 30
et de 15 h à 19 h de mi-juill. à fin août

Si on a le courage de grimper les 248 marches qui montent en haut du phare, on admirera le magnifique panorama sur la mer et la côte et on verra comment fonctionne la grande lampe qui balise la mer.

Musée du Chocolat..... Biarritz C6

14, avenue Beau-Rivage
64200 - Biarritz
Tél. : 05 59 41 54 64-Fax : 05 59 41 54 65
Ouv. tlj de 10 h à 12 h et de 14 h 30 à 19 h en juill.
et août, et du mardi au sam. le reste de l'année (fermeture à 18 h)
Durée de la visite : 1 heure

Le rendez-vous des gourmands !
Un petit musée pour tout savoir sur l'histoire et la fabrication du chocolat. Si le cacao a été introduit en Espagne par les conquistadores en 1585, il est probable que la technique de fabrication du chocolat s'est développée dans la région avec l'arrivée des artisans chocolatiers juifs chassés d'Espagne. Il fallut attendre le mariage de Louis XIV et de Marie-Thérèse d'Autriche à Saint-Jean-de-Luz pour que la mode du chocolat se répande. La visite s'achève par une dégustation de chocolats.

Musée de la Mer........ Biarritz C6

64200 - Biarritz
Tél. : 05 59 22 75 40-Fax : 05 59 22 75 30
Ouv. tlj de 9 h 30 à 12 h 30 et de 14 h à 18 h ; nocturnes jusqu'à minuit du 14 juill. au 31 août ; fermé la 1re sem. de janv.
Repas des phoques : 10 h 30 et 17 h

pour tous

Le musée a été entièrement rénové de manière originale et dynamique. Vingt-quatre aquariums contenant des poissons et invertébrés du golfe de Gascogne sont installés dans le sous-sol.
Dans les salles des deux premiers étages sont présentés des squelettes gigantesques de cétacés, des moulages de gros mammifères échoués sur les côtes, des oiseaux naturalisés dont on entend les chants tout au long de la visite, la pêche en Atlantique et l'histoire des bains de mer à Biarritz. Deux grands bassins dont l'un est le domaine des phoques et l'autre celui des requins ont été construits sur la terrasse. Des goûters d'anniversaire sont organisés sur celle-ci, avec les phoques pour aider à souffler les bougies.

Petit train.................. Biarritz C6

64200 - Biarritz
Tél. : 05 59 24 48 43-Fax : 05 59 22 19 96
Circule tlj d'avril à oct.

pour tous

Cahin-caha, le petit train chemine sur la corniche et va de la Grande Plage à la côte des Basques en passant par le port des Pêcheurs, le rocher de la Vierge et le centre-ville.

Eldora-Parc................ Bidart C7

Chemin Errepira Ko Bibéa
64210 - Bidart
Tél. / Fax : 05 59 47 71 72
Ouv. tlj de 10 h à 23 h en juill. et août ; de 10 h à 12 h et de 14 h à 19 h en avril, mai, juin, sept. et oct.
Entre Biarritz et St-Jean-de-Luz sur la RN 10

pour tous

L'Amérique du Sud au Pays basque ! Une hacienda et ses jardins, une arène et sa plaza ont été reconstitués comme là-bas. Dans la ferme et dans les prés, les animaux des Andes (lamas, alpagas...) se laissent approcher et caresser. Une aire de jeux est aménagée pour les petits.

La Saligue aux oiseaux............ Biron-en-Béarn E7

64300 - Orthez
Tél. : 05 59 67 14 22-Fax : 05 59 69 19 62
Ouv. tlj de 10 h à 19 h en juin, juill., août et sept. ; du merc. au sam. de 10 h à 19 h d'oct. à mai
4 km S.-E. d'Orthez

Les ornithologues en herbe vont trouver là leur bonheur, ils pourront observer les oiseaux soit à l'aide de jumelles depuis un mirador, soit à partir de postes d'observation installés à proximité des plans d'eau, soit grâce à une caméra placée sur le marais et dont les images sont retransmises en direct sur un grand écran. En hiver, ils découvrent les oiseaux migrateurs, à l'automne des bécassines, aigrettes, souchets, etc. En été, l'écran géant relaie la nature.

Château de Montgaston Charre D7

64190 - Navarrenx
Tél. : 05 59 38 65 92-Fax : 05 59 38 64 56
Ouv. tlj sauf mardi de 14 h 30 à 18 h de juill. à sept.
Gratuit pour les – de 10 ans
16 km S. de Sauveterre-de-Béarn par la RD 23

Le château, place forte médiévale construite par Gaston VII de Moncade au XIIe siècle et restaurée au XVIe, se visite, mais c'est surtout la collection de figurines qui retiendra l'attention de la jeune classe. Les poupées sont confectionnées et habillées à la main et chaque année une présentation différente fait revivre les époques marquantes de la région.

Haras national............. Gelos E7

Av. du Général-Leclerc
64110 - Jurançon
Tél. : 05 59 06 60 57-Fax : 05 59 06 03 97
Ouv. tlj de 10 h à 12 h et de 14 h à 17 h de juill. à sept.
Gratuit pour les – de 7 ans
Faubourg de Pau

Une visite commentée du haras créé par Napoléon Ier et installé dans une ancienne résidence d'été (XVIIIe s.) du président du parlement de Navarre. Rencontre avec les étalons (pur-sang, arabes, anglo-arabes, poneys landais, pottocks, bretons, et comtois) et visite de l'exposition de voitures hippomobiles anciennes, de la forge et de la sellerie…

AquaBéarn.................. Goes E7

64400 - Oloron-Sainte-Marie
Tél. / Fax : 05 59 39 20 75
Ouv. tlj de 10 h 30 à 21 h de juin à sept.
L'entrée comprend la baignade et les jeux
N.-E. d'Oloron-Ste-Marie

pour tous

À 7 km d'Oloron, le lac du Faget offre une belle journée de loisirs au bord de l'eau.
Piscine à vagues et piscine à courants, plage de sable, toboggans aquatiques, descente infernale en bouées, pentgliss... pour les plus grands. Pataugeoire et mini-toboggan pour les petits.

La vallée aux Cinq Sens................ Laruns E8

Maison de la Vallée-d'Ossau
64440 - Laruns
Tél. : 05 59 05 31 41-Fax : 05 59 05 35 49
Ouv. de juin à fin sept. et pendant les vac. scol.
(se rens. sur les horaires des visites)

+8 ans

Dans une mise en scène ludique, la maison de la Vallée-d'Ossau invite à découvrir ses richesses à travers la vue, l'ouïe, l'odorat, le toucher, le goût.

Base de loisirs............ Orthez D7

64300 - Orthez
Tél. : 05 59 67 08 31-Fax : 05 59 67 16 46
Les activités sont en supplément de l'entrée

pour tous

Autour d'un lac de 40 ha, une plage de sable fin, un toboggan aquatique, des pédalos et des planches à voile, du ski nautique... et pour les plus petits, une mini-piscine et une aire de jeux.

Cité des Abeilles..... Saint-Faust E7

64110 - Saint-Faust
Tél. : 05 59 83 10 31-Fax : 05 59 83 03 80
Ouv. tlj de 14 h à 19 h en juill. et août ;
tlj sauf lundi de 14 h à 18 h d'avril à juill. et en sept.-oct.
10 km S.-O. de Pau

C'est à la fois un musée vivant consacré à l'abeille et à son environnement écologique et un parc de promenade.
De grandes vitrines permettent d'observer le travail des abeilles dans la ruche et une exposition évoque les rapports de l'homme et des abeilles. À l'extérieur, un parcours offre une promenade parmi les plantes préférées de celles-ci.

Musée Grévin... Saint-Jean-de-Luz C7

Pavillon de l'Infante - 7, rue Mazarin
64500 - Saint-Jean-de-Luz
Tél. : 05 59 51 24 88-Fax : 05 59 26 74 15
Ouv. tlj de 10 h à 12 h 30 et de 14 h à 20 h en juill. et août ; de 10 h à 12 h et de 14 h à 18 h 30 en avril, mai, juin, sept. et oct.
Durée de la visite : 30 minutes

50 personnages grandeur nature retracent les faits historiques ayant marqué Saint-Jean-de-Luz (le mariage de Louis XIV, la signature du traité des Pyrénées...) et évoquent la vie locale du port au XVIIe siècle (la pêche à la baleine, les corsaires, les marchands de sardines...).

Grottes d'Oxozelaia et Izturitze..... Saint-Martin-d'Arberoue D7

64640 - Iholdy
Tél. : 05 59 29 64 72-Fax : 05 59 47 30 17
Ouv. tlj de 10 h à 18 h en juill. et août ;
de 10 h à 12 h et de 14 h à 18 h du 15 mars au 15 nov. et tlj sauf lundi et mardi matin le reste de l'année
Durée de la visite : 45 minutes
11 km E. d'Hasparren par la RD 14

Les grottes furent habitées de 80 000 à 15 000 ans avant J.-C. ; aujourd'hui, on y admire un monde souterrain orné de colonnes de calcite et d'une splendide cascade pétrifiée.

Chemin de fer de la Rhune...................... Sare C7

Col de Saint-Ignace
64310 - Sare
Tél. : 05 59 54 20 26-Fax : 05 59 47 50 76
Circule tlj à partir de 9 h de mi-mars au 11 nov.
Trains ttes les 35 minutes

pour tous

Dernier sommet des Pyrénées, la Rhune domine de ses 900 m la côte basque. Un petit train à crémaillère, construit au début du siècle, grimpe tout droit le flanc de la montagne. De là-haut, la vue panoramique sur la région est spectaculaire. Un sentier permet de redescendre à pied et d'avoir ainsi la chance de croiser des pottocks, ces petits chevaux sauvages particuliers au Pays basque.

Féerie gourmande....... Uzos E7

64110 - Uzos
Tél. / Fax : 05 59 35 05 56
Ouv. tlj de 10 h à 12 h et de 14 h à 18 h en juill. et août, du lundi au vend. le reste de l'année, et de 14 h à 18 h w.-e. et jrs fér.

+8 ans

À 3 minutes de Pau, Francis Miot, champion du monde des maîtres confituriers, ouvre les portes de son espace artisanal et propose aux gourmands un voyage au cœur des douceurs : ils écouteront Nostradamus, patron des confituriers, dévoiler les secrets et l'alchimie du sucre, des fruits, du miel…, puis ils partiront sur la route des épices et de la canne à sucre avant de vivre la grande aventure du sucre et d'écouter la sorcière raconter le secret des confitures…
Une école du goût propose des jeux-tests d'initiation aux cinq sens et aux cinq saveurs, avec en prime une dégustation permanente.
À l'entrée, un formulaire « Questions pour un gourmand » est remis aux visiteurs pour leur permettre de jouer et de tester leurs connaissances au cours du voyage.

Au Pays basque, on se régale de tourons, une adaptation des *turrones* espagnols. Cette sorte de nougat très tendre peut être agrémentée de fruits confits, de pâte d'amandes, de chocolat..., et on goûtera au gâteau basque, fourré à la crème pâtissière et parfois garni de cerises noires.

A
B
C
D
E
0
20
40 km
1
2
3
4
5
6
7
8
Souillac
Marte
Payrac
Rocama
Payrignac
Gourdon
Duravel
Cabre
Cahors
Montcuq
Belvèze
Castelnau-
Montratier
82
Moissac
Castelsarrasin
Montauban
Aveyron
Garonne
Condom
Larresingle
Lectoure
Gers
Arrats
Fleurance
Riscle
32
Auch
Mérenvielle
Blagnac
L'Union
Colomiers
Toulous
Plaisance-
du-Touch
Cugnaux
Muret
Marciac
Auriébat
Mirande
Vic-en-
Bigorre
Adour
Tarbes
Aureilhan
31
Auterive
Bax
Saint-Pé
Lourdes
Gave de Pau
Lannemezan
St-Laurent-
de-Neste
St-Gaudens
Pamiers
Le Mas-
d'Azil
Bagnères-
de-Bigorre
Baronnies
Beaucens
Pierrefitte-
Nestalas
Pic du Midi
Arreau
St-Girons
Vernajoul
09
Aste
65
St-Lary-
Soulan
Génos
Loudenvielle
Saurat
Tarascon-s.-Ariège
Alliat
Niaux
N20
A20
N124
N21
D931
D935
D928
D929
N113
A62
D632
D17
A64
E80
D938
D920
N117
D33
D125
N125
D117
D618
D953
D927
D115
D630
D2

F
G
H
I
Bétaille
St-Céré
Figeac
Capdenac-Gare
Decazeville
Aubin
Foissac
Cajarc
Espalion
Mondalazac
Gages
Rodez
Villefranche-de-Rouergue
Pradinas
Séverac-le-Château
St-Léons
Montpellier-le-Vieux
Millau
Viala-du-Tarn
Carmaux
Cordes-s.-Ciel
Coupiac
St-Affrique
Sauclières
Cornus
Albi
St-Juery
Gaillac
Montredon-Labessonnié
Lavaur
Castres
Labruguière
Mazamet
Aussillon
Revel
Lavelanet
N140
N122
D653
D911
D926
D994
N88
D45
D28
D958
D115
D600
D992
N9
A75
A68
D631
N112
N126
D621
D622
D118
D119
D625
N20
12
81
Ariège 09
Aveyron 12
Haute-Garonne 31
Gers 32
Lot 46
Hautes-Pyrénées 65
Tarn 81
Tarn-et-Garonne 82

ARIÈGE

Grotte de la Vache........ Alliat E8

09400 - Niaux
Tél. : 05 61 05 95 06-Fax : 05 61 05 13 15
Ouv. tlj de 10 h à 17 h 30 en juill. et août et tlj sauf mardi de 14 h 30 à 16 h en avril, mai, juin et sept. et vac. scol. de Pâques et de la Toussaint
5 km S. de Tarascon-sur-Ariège

+8 ans

Si les chasseurs du magdalénien revenaient, ils trouveraient les structures de leur campement préservées depuis 13 000 ans : les pierres délimitant le foyer, les outils en silex, les ossements de gibier sont encore là tels que les hommes les y ont laissés. Émouvant !

Mas-d'Azil................. Le Mas-d'Azil E7

09290 - Le Mas-d'Azil
Tél. : 05 61 69 97 71
Ouv. tlj de 10 h à 12 h et de 14 h à 18 h de juill. à début oct. ; w.-e. et jrs fér. d'avril à fin juin de 14 h à 18 h
O. de Saint-Girons par la RD117 et la RD 119

+8 ans

Traversée par la rivière de l'Arize, la grotte est célèbre pour ses cavités et ses galeries occupées par l'homme de 100 000 à 80 000 ans avant notre ère. Des sculptures et des dessins témoignent de son passage.

Grotte de Niaux........... Niaux E8

09400 - Niaux
Tél. : 05 61 05 88 37 (réserv.) et 05 61 05 10 10
Fax : 05 61 05 19 19
Ouv. tlj de 8 h 30 à 11 h 30 et de 13 h 30 à 17 h 15 en juill. et août ; de 10 h à 11 h 30 et de 13 h 30 à 17 h 15 en sept. ; visites à 11 h, 14 h 30 et 16 h en janv., fév., mars, avril, mai, juin, oct., nov. et déc.
Gratuit pour les – de 6 ans. Réservation obligatoire
5 km S. de Tarascon-sur-Ariège

+8 ans

À la fin de la dernière glaciation (paléolithique supérieur) l'*homo sapiens* est présent dans les Pyrénées et pratique la chasse. Sur les

parois d'une rotonde naturelle, il dessine des bisons, des chevaux, des bouquetins et des cerfs… Aujourd'hui, on admire encore ces dessins réalisés avec des oxydes naturels environ 11 000 ans avant J.-C.
La grotte est ouverte à la visite dans le cadre de règles précises : un maximum de 11 visites par jour, 20 personnes par visite, et 45 minutes entre chaque groupe. Les peintures préhistoriques apparaissent après un parcours à pied de près de 1 km sous la conduite d'un guide et à la lueur de lampes électriques. C'est une longue marche, certes, mais elle donne l'impression de faire partie des découvreurs de la grotte.
À l'entrée de celle-ci, une structure fonctionnelle métallique très originale sert à la fois de porte, de belvédère sur la vallée et de parcours initiatique.

Grotte de Bédeilhac..... Saurat E7

09400 - Saurat
Tél. : 05 61 05 95 06-Fax : 05 61 05 13 15
Ouv. tlj de 10 h à 17 h 30 en juill. et août
et tlj de 14 h 30 à 17 h en mai et juin
5 km O. de Tarascon-sur-Ariège

+8 ans

Bisons, chevaux, cerfs et bouquetins accompagnés de signes symboliques sont gravés sur les parois de la grotte.
Le porche d'accès à celle-ci est si vaste (35 m de large et 20 m de haut) que, pour les besoins d'un film, un avion a pu y atterrir et en décoller.

Parc de l'Art préhistorique...... Tarascon-sur-Ariège E7

Route de Banat
09400 - Tarascon-sur-Ariège
Tél. : 05 61 05 10 10
Fax : 05 61 05 19 19
Ouv. tlj de 10 h à 20 h en juill. et août ;
de 10 h à 18 h en avril, mai, juin, sept. et oct. ; fermé le lundi
Tarif réduit pour les jeunes

+8 ans

Une journée pour découvrir et apprendre la préhistoire mais aussi pour s'amuser.
Dans un espace moderne, les visiteurs, coiffés d'un casque infrarouge, partent pour une promenade dans l'art de la préhistoire. Les

commentaires ont été conçus pour instruire les enfants tout en les distrayant.
Dans le parc, la balade se poursuit au milieu d'extraordinaires bisons de pierre, en passant par le torrent des traces, le panorama de la chasse, le labyrinthe des sons et des cascades, et enfin le pré des Pyrénées, dans lequel est évoquée la flore magdalénienne. Ateliers, animations : allumage de feu, taille de silex, peinture sur parois, tir avec propulseur, fouille archéologique… complètent cette dynamique et passionnante visite.

Grotte de Lombrives............... Ussat-les-Bains E8

09400 - Tarascon-sur-Ariège
Tél. : 05 61 05 98 40
Ouv. tlj de 10 h 30 à 19 h en juill. et août et les w.-e. et jrs fér. de Pâques à la Toussaint
5 km S.-E. de Tarascon-sur-Ariège par la RN 20

+8 ans

Une des plus vastes grottes d'Europe, avec des salles grandioses ornées de concrétions aux aspects si réalistes qu'elles ont pris des noms imagés tels que la Sorcière, le Mammouth, le Tombeau de Pyrène, les Mille Colonnes, et des galeries de marbre de couleur.

Rivière souterraine... Vernajoul E7

09000 - Foix
Tél. : 05 61 55 04 11-Fax : 05 61 02 90 77
Ouv. tlj de 9 h 30 à 18 h en juill. et août ;
tlj de 14 h à 18 h en avril et mai (de 10 h à 12 h et de 14 h à 18 h le w.-e.) ; de 10 h à 12 h et de 14 h à 18 h en juin et sept. et dim. de nov.
6 km N. de Foix

+8 ans

Une promenade touristique en barque à 60 m sous terre sur la plus longue rivière souterraine d'Europe ouverte au public. Stalagmites et stalactites prennent des formes bizarres qui contribuent à rendre le lieu mystérieux.

AVEYRON

Mini-port............ Capdenac-Gare F2

12700 - Capdenac-Gare
Tél. : 05 65 63 83 45
Ouv. de mai à sept.

pour tous

Au départ du mini-port de Capdenac sur les berges du Lot, une croisière de 1 heure sur des bateaux miniatures électriques (ferry, chalutier, remorqueur) que les enfants pilotent eux-mêmes.

Base de loisirs du Val de Sorgues........... Cornus I4

12540 - Cornus
Tél. : 05 65 99 31 30
Ouv. tlj en juill. et août

pour tous

Dans un cadre naturel non loin des causses du Larzac, une grande piscine en plein air avec un toboggan 4 pistes, un mini-golf et des balades à poney.

Château.................... Coupiac G4

12550 - Coupiac
Tél. / Fax : 05 65 99 79 45
Ouv. tlj de 10 h à 12 h 30 et de 14 h à 18 h 30 en juill. et août ; tlj sauf vend. et sam. de 14 h à 17 h 30 (19 h 30 en juin et sept.) et tlj sauf vend. et sam. de 14 h à 16 h en avril
9 km N. de St-Sernin-sur-Rance

+8 ans

Un château fort du XVe siècle avec ses trois tours.
Les enfants suivent Dracounet le fantôme qui leur fait visiter les lieux. Cette visite animée fait partie du grand jeu-découverte organisé dans cinq châteaux de l'Aveyron : Brousse-le-Château (tél. : 05 65 99 45 40), Montaigut (où l'on se déguise en chevalier ou en princesse ; tél. : 05 65 99 81 50), Saint-Izaire (tél. : 05 65 99 42 27), et Latour-sur-Sorgues (tél. : 05 65 99 33 78). Une récompense attend les gagnants aux repas ou aux goûters des animaux.

Base de loisirs de Masnaut.................... Coupiac G4

12550 - Coupiac
Tél. : 05 65 99 72 26
Ouv. tlj de mi-juin. à sept.
9 km N. de St-Sernin-sur-Rance

pour tous

Un plan d'eau aménagé offre une baignade surveillée agrémentée de toboggans et la possibilité de faire des promenades en pédalo.

Château de Calmont d'Olt................ Espalion H2

12500 - Espalion
Tél. : 05 65 44 15 89 ou 05 65 44 10 63
Ouv. tlj de 9 h à 19 h en juill. et août. ; tlj sauf jeudi et vend. de 10 h à 12 h et de 14 h à 18 h de mai à sept.

+8 ans

Des chevaliers en cotte de mailles accueillent les visiteurs sur un site où a été reconstitué le siège du château fort de Calmont.
Des machines de guerre du Moyen Âge ont été reconstruites, de preux chevaliers expliquent leur fonctionnement et initient les volontaires au tir à la catapulte ou encore leur apprennent à manier arcs et arbalètes. Un circuit-jeu est proposé aux enfants avec remise de diplômes.

Grotte et parc préhistoriques................ Foissac F2

12260 - Foissac
Tél. : 05 65 64 77 04-Fax : 05 65 80 87 28
Ouv. tlj de 10 h à 18 h en juill. et août ;
tlj de 10 h à 11 h 30 et de 14 h à 18 h en juin et sept.
et les a.-m. sauf sam. en avril, mai et oct.

+8 ans

Cette grotte a un triple intérêt : d'une part nos lointains ancêtres y ont vécu il y a 4 000 ans – des squelettes enterrés, des empreintes et objets témoignent de leur passage –, d'autre part l'eau a ciselé pendant des millénaires d'impressionnantes sculptures.
Enfin un parc à thèmes fait revivre la vie quotidienne à l'âge du cuivre (habitations reconstituées, artisanat) et présente dans un espace boisé des animaux vivant comme ceux des temps préhistoriques (cerfs, aurochs, chèvres, moutons, porcs).

Parc animalier Saint-Hubert.................... Gages H3

12630 - Gages
Tél. : 05 65 42 67 73
Ouv. tlj de 10 h à 18 h en juill. et août

pour tous

Un parc de vision où l'on rencontre des animaux sauvages en semi-liberté : cerfs et biches, sangliers, mouflons..., et qu'on peut parcourir en roulotte.

Château et parc médiéval du Colombier............. Mondalazac G3

12330 - Mondalazac
Tél. : 05 65 74 99 79-Fax : 05 65 74 99 78
Ouv. de 10 h à 18 h à 19 h (selon les jrs) de la mi-mai à la Toussaint

pour tous

Le château du Colombier invite à un voyage dans l'art de vivre du Moyen Âge. On visite le castel, on se promène dans le Jardin d'Éden aux 1 000 fleurs, on s'initie aux jeux de stratégie et d'adresse en compagnie de damoiselles et de damoiseaux costumés, on va découvrir le Bestiaire vivant du Moyen Âge (lions, loups, ours, daims, oiseaux, singes magots et rapaces, et mini-ferme – les déjeuners ou goûters des animaux ont lieu à heure fixe et sont toujours amusants à regarder). Tous les jours la cour du château résonne des sonorités médiévales (l'angélus, le départ du troubadour, le départ aux croisades, le retour de la chasse...).

Petit train...... Montpellier-le-Vieux I4

Le Maubert
12160 - Montpellier-le-Vieux
Tél. : 05 65 60 66 30
Circule tlj de 10 h 30 à 19 h 30 de mi-juill. à sept. et les vend. et w.-e. de sept.

pour tous

Une promenade dans cette cité du Diable où les rochers ont des formes extraordinaires. Celui qui monte la garde à l'entrée à l'air d'un grand sphinx, un autre plus loin évoque un lapin, un autre encore un navire, un quatrième fait penser à une tête de chien.
À chacun de trouver les ressemblances.

Parc animalier.......... Pradinas G3

12240 - Rieupeyroux
Tél. : 05 65 69 96 41
Ouv. tlj de 10 h à 20 h en juill. et août ;
de 14 h à 19 h en avril, mai, juin, sept. et oct. ;
les merc. et dim de nov. à avril
15 km S. de Rieupeyroux par la RD 911 et la RD 85

pour tous

Une balade dans un cadre vallonné qui permet de rencontrer des animaux tels que cerfs, chevreuils, daims, mouflons, bisons, antilopes, lynx… évoluant en semi-liberté dans un cadre naturel.
Un document audiovisuel présente les animaux du parc, expliquant les particularités de chacune des espèces.
La promenade peut se faire en petit train.

Micropolis, cité des insectes... Saint-Léons-en-Lévezou H3

12780 - Saint-Léons-en-Lévezou
Tél. : 05 65 58 50 50-Fax : 05 65 58 50 58
Ouv. tlj de 10 à 19 h en juill. et août, et de 10 h à 18 h en juin et sept. ; fermé le lundi hors vac. scol.

+8 ans

Dans le prolongement de l'œuvre de Jean Henri Fabre, le célèbre entomologiste aveyronnais, la cité des insectes se veut une suite à la belle histoire du film *Microcosmos*, tourné dans l'Aveyron.
Vous allez vivre deux heures trente de sensations fortes au milieu d'une forêt d'herbes géantes de plus de 6 m de haut. De vivariums en reconstitutions spectaculaires, vous allez cheminer dans un véritable centre de découverte des insectes.
L'utilisation des technologies les plus sophistiquées permet aux visiteurs d'observer à son gré le comportement des insectes dans leur milieu naturel et de participer à ces étonnantes expériences mettant en présence l'homme, l'insecte et la plante.
Le parcours se déroule sur 11 salles qui traitent chacune d'un thème entomologique précis.

Musée des Automates.................... Sauclières I4

12230 - La Cavalerie
Tél. : 05 65 62 11 81
Ouv. du lundi au vend. de 9 h 30 à 12 h
et de 14 h à 19 h (10 h les w.-e.)
7 km S. de St-Jean-du-Bruel

pour tous

Une reconstitution animée de la vie d'un village d'autrefois avec son église, son école, sa gare, son train à vapeur et ses vieux métiers. Tout un monde miniature qui fascinera petits et grands.

Promenade en bateau................. Viala-du-Tarn H4

Mas de la Nauc
12490 - Saint-Rome-de-Cernon
Tél. : 05 65 62 59 12 ou 05 65 62 52 49
Ouv. tlj en juill. et août et les w.-e. d'avril à nov.
Gratuit pour les – de 6 ans
8 km O. de St-Rome-de-Tarn

pour tous

Promenade de 1 h 30 au fil des eaux vertes du Tarn à bord du *Héron des Raspes.*
Le bateau glisse au cœur des méandres du détroit des Raspes jusqu'au barrage et revient par la base nautique de Saint-Rome-de-Tarn.

Les châteaux de la vallée du Tarn n'ont pas oublié les jeunes visiteurs : ils proposent des visites adaptées aux enfants le long de la « route des Seigneurs du Rouergue ». Outre le jeu de piste organisé au château de Coupiac et les machines de guerre de Calmont d'Olt, les enfants devront retrouver un objet insolite caché dans chaque exposition montée au château de Saint-Izaire (tél. : 05 65 99 42 27), reconstruire le château de Brousse en assemblant des morceaux de photos (tél. : 05 65 99 45 40), se déguiser en chevalier ou en princesse avant de répondre à des questions rigolotes au château de Montaigut (tél. : 05 65 99 81 50). Enfin, à Séverac-le-Château (tél. : 05 65 47 67 31), toute la famille goûtera à la cuisine du Moyen Âge.

HAUTE-GARONNE

Cetonia........................ Bax E6

31310 - Bax
Tél. : 05 61 90 11 00
Ouv. tlj de 11 h à 18 h 30 du 1er mai au 30 sept., et w.-e., jrs fér. et vac. scol. le reste de l'année

+8 ans

Papillons géants, mygales, plantes carnivores et lianes luxuriantes. L'insectarium, installé dans une grotte reconstituée, abrite dans ses terrariums 50 espèces tropicales géantes. La serre tropicale est le royaume des papillons. À l'extérieur, un sentier de découverte parcourt une vaste prairie et permet d'observer les insectes de notre région.

Bisonnerie de Borde-Basse.......... Mérenvielle D5

31530 - Levignac
Tél. : 05 61 06 54 47-Fax : 05 61 06 54 49
Ouv. tlj de 14 h à 18 h ; fermé en déc. et janv.
N.-E. de L'Isle-Jourdain par la RD 9

pour tous

La visite d'une ferme du XIXe siècle, avec tout son matériel, conduit sur les traces des bisons du début de la préhistoire à nos jours.
Dans des enclos, bisons, cerfs, yacks et aurochs sont en semi-liberté.

Parc zoologique.......... Plaisance-du-Touch E5

41, rue des Landes
31830 - Plaisance-du-Touch
Tél. : 05 61 86 45 03-Fax : 05 61 06 70 18
Ouv. tlj de 9 h 30 à 20 h d'avril à fin sept. et de 10 h à 18 h d'oct. au 31 mars

pour tous

Une réserve africaine à parcourir d'abord en voiture parmi des lions, des élans du Cap, des rhinocéros, des zèbres, des gnous, des watusis, des dromadaires, etc., puis à pied dans un agréable cadre de verdure parmi 350 animaux. Les petits apprécieront la ferme aux animaux miniaturisés et tous applaudiront le spectacle que donnent les otaries.

Ti'Parc.................... Revel F6

Lac de Saint-Ferréol
31250 - Revel
Tél. : 05 61 86 08 05
Ouv. tlj en juill. et août, et w.-e., jrs fér. du printemps et de l'automne

pour tous

Sur le lac de Saint-Ferréol – bassin d'alimentation du canal du Midi – et sur ses rives, le Ti'Parc propose des attractions pour tous les âges : mini-kart où les enfants pourront foncer sans danger au volant de bolides électriques, port miniature d'où l'on embarque sur des bateaux électriques à piloter tout seul, barques, mini-golf…

Cité de l'Espace........ Toulouse E5

Av. Jean-Gounod
31000 - Toulouse
Tél. : 05 62 71 48 71-Fax : 05 61 80 74 70
Ouv. tlj sauf lundi de 9 h 30 à 19 h en juill. et août, w.-e., jrs fér. et vac. scol. ; de 9 h 30 à 18 h de sept. à juin
Visite libre ou guidée de 2 heures à la journée

+8 ans

Préparer un lancement à Kourou, piloter une navette spatiale, observer la Terre depuis une capsule spatiale… Toutes ces expériences extraordinaires sont ici possibles pour qui veut entrer dans le monde des étoiles. Un espace interactif dans lequel le visiteur devient le propre acteur de ses découvertes. Il découvre l'espace grâce à des manipulations et des expériences en simulant des situations telles que tir de fusée, saut sur la Lune, observation des constellations, prévisions météo, visite d'une station orbitale et découverte de la vie des spationautes.
Un planétarium propose des spectacles autour du ciel animés par des spécialistes.
Un jardin astronomique conduit jusqu'à la fusée Ariane 5 grandeur nature (55 m de haut).
Nouveauté : le Terr@dome, une immense sphère de 25 m de diamètre, qui permet de découvrir la Terre comme on ne l'a jamais vue ; 4,5 milliards d'années se déroulent sous nos yeux.

GERS

La Halte du pèlerin.... Larresingle C4

32100 - Larresingle
Tél. : 05 62 28 08 08 ou 05 62 28 11 58
Ouv. tlj de 15 h à 18 h 30 pendant les vac. scol. et de 10 h 30 à 12 h et 14 h 30 à 18 h 30 du 15 juin au 15 sept.

+8 ans

Larresingle est le plus petit village fortifié de France. Encerclé de maisons, le château qui se dresse en son centre permettait autrefois de surveiller la venue des envahisseurs. Quelques-unes de ces maisons sont habitées comme au Moyen Âge. Cinquante personnages disséminés dans le village racontent aux visiteurs la vie quotidienne au temps de la guerre de Cent Ans.

Cité des machines.... Larresingle C4

32100 - Larresingle
Tél. / Fax : 05 62 68 33 88
Ouv. tlj à 11 h 30, 15 h, 16 h, 17 h, 18 h en juill. et août, et les dim. de juin à sept.

+8 ans

Aux abords du village fortifié a été reconstitué un camp de siège du XIIIe s. avec les engins d'attaque et de défense que l'on utilisait alors. Les enfants ont la possibilité de faire eux-mêmes fonctionner l'un de ceux-ci, construit à la taille d'un tiers de l'original pour être plus facilement manipulé.
Des ateliers en rapport avec le Moyen Âge sont prévus (tresseur de cordes, tourneur sur bois, etc.), ainsi qu'un espace Jeux médiévaux, toujours à l'intention des enfants.

Auch, la capitale de la Gascogne, est particulièrement fière d'un de ses fils, Charles de Batz, plus connu sous le nom de d'Artagnan. Le célèbre mousquetaire, immortalisé par Alexandre Dumas, est né au château de Castelmore en 1611. Il servit dans le régiment de la garde où il se fit remarquer par Mazarin. Puis, ayant gagné la confiance du roi Louis XIV, il se vit confier des missions difficiles qu'il mena à bien et qui lui valurent d'être nommé capitaine de la 1re compagnie des mousquetaires du roi.

Base de loisirs du lac des Trois-Vallées........... Lectoure C4

32700 - Lectoure
Ouv. tlj de mi-juin à mi-sept.
Prix selon les activités

pour tous

Une base de loisirs et un plan d'eau de 5 ha situés dans un vallon plaisant. La baignade est aménagée et surveillée, et les enfants s'en donnent à cœur joie sur les toboggans aquatiques, s'initient à la planche à voile et pagaient à bord des canoës et des kayaks.
Un mini-golf et des pistes de bicross et de skateboard diversifient les occupations de la journée.

Les Territoires du Jazz... Marciac B5

Place du Chevalier-d'Antras
32230 - Marciac
Tél. : 05 62 09 30 18-Fax : 05 62 09 31 88
Ouv. tlj de 9 h 30 à 12 h 30 et 14 h 30 à 18 h 30 d'avril à sept., et du dim. au vend. d'oct. à mars
Durée de la visite : 1 h 30

+8 ans

Un voyage au cœur de l'histoire du jazz. Douze décors sonorisés entraînent les visiteurs, casques sur les oreilles, dans un parcours magique depuis l'Afrique jusqu'à la vieille Europe, en passant par La Nouvelle-Orléans et New York.

Musée du Panache gascon.......................... Riscle B5

32400 - Riscle
Tél. / Fax : 05 62 69 25 12
Ouv. tlj de 10 h 30 à 12 h et de 15 h à 20 h de juin à mi-sept. ; de 10 h à 12 h et de 14 h à 19 h le reste de l'année
17 km S.-E. d'Aire-sur-Adour par la RD 935

+8 ans

Dans le château de Thibault d'Armagnac, compagnon de Jeanne d'Arc, des reconstitutions historiques différentes chaque année.
Fête médiévale le troisième dimanche de juillet.

LOT

Parc de loisirs de La Saule.................. Bétaille F1

46110 - Vayrac
Tél. : 05 65 32 55 75-Fax : 05 65 32 59 07
Ouv. tlj de juin à début sept.
3 km S.-E. de Vayrac

pour tous

2 500 m² de baignade surveillée avec deux toboggans aquatiques pour bien s'amuser, un bassin pour les plus petits et de nombreux jeux.

Grottes de Pech-Merle.................. Cabrerets E2

46330 - Cabrerets
Tél. : 05 65 31 27 05 ou 05 65 31 23 33
Fax : 05 65 31 20 47
Ouv. tlj de 9 h 30 à 12 h et de 13 h 30 à 17 h des Rameaux à la Toussaint
Durée de la visite : 1 heure

+8 ans

Qualifiée de chapelle Sixtine des Causses, la grotte de peintures rupestres est en effet très spectaculaire. On y voit très nettement les mammouths, bisons, chevaux, silhouettes humaines, traces de mains et de pas. Un musée et un film passionnant traitent de la préhistoire dans le Quercy. Attention ! la visite de la grotte étant limitée pour des raisons de conservation, il est obligatoire de réserver au moins 24 heures à l'avance en été.

L'Archipel.................. Cahors E3

46000 - Cahors
Tél. : 05 65 35 31 38
Ouv. tlj de 11 h à 20 h de mi-juin à mi-sept.

pour tous

Piscine et toboggans aquatiques, pentagliss, canon à eau et pataugeoire... tout l'équipement qu'il faut pour passer un bon après-midi dans l'eau.

Quercyrail.................. Cahors E3

46000 - Cahors
Tél. / Fax : 05 65 23 94 72
Circule de mai à oct. (se rens. sur les horaires)
Réserv. préférable

pour tous

L'autorail emprunte l'ancienne voie ferrée Cahors-Capdenac, qui longe le Lot jusqu'aux sites de Bouziès et Saint-Cirq-Lapopie. On découvre le chemin de halage taillé dans le roc, une écluse avec sa maison de garde, un moulin bâti sur une résurgence.
Le train s'arrête à Cajarc, où l'on peut aller faire une promenade en gabare.

La Récréation Castelnau-Montratier E3

46170 - Castelnau-Montratier
Tél. / Fax : 05 65 21 90 88
Ouv. tlj de 10 h à 20 h d'avril à mi-sept. :
merc., w.-e., jrs fér. et vac. scol.
de sept. à fin oct.
25 km S. de Cahors par la RN 20 et la RD 19

-8 ans

Dans une forêt de chênes, une mini-ferme, une aire de voltige, des jeux et la possibilité de faire une balade en charrette ou à dos d'âne.

Quercy-Autruches...... Duravel D2

46700 - Puy-l'Évêque
Tél. : 05 65 24 63 82-Fax : 05 65 30 89 79
Ouv. tlj de 11 h à 18 h de juin à sept., visite à 11 h, 15 h 30 et 17 h ; dim. et jrs fér. à 16 h
Réserv. nécessaire pour le restaurant
6 km de Puy-l'Évêque

pour tous

La visite d'un élevage d'autruches permet de faire mieux connaissance avec les ratites, d'entendre les rugissements des mâles et de s'attendrir devant les autruchons.

Musée Champollion...... Figeac F2

46100 - Figeac
Tél. : 05 65 50 31 08-Fax : 05 65 50 16 79
Ouv. tlj sauf lundi de 10 h à 12 h
et de 14 h 30 à 18 h 30 (ouv. le lundi en juill. et août) ; de 14 h à 18 h de nov. à fév.

+8 ans

La maison natale restaurée en musée de Jean-François Champollion, le célèbre déchiffreur des hiéroglyphes. Des documents et des souvenirs retracent sa vie et son œuvre. Stèles et papyrus illustrent les écritures de l'Égypte ancienne. Croyances et rites funéraires sont évoqués par l'exposition d'une momie, de sarcophages et d'objets divers.
Il existe des visites guidées à l'intention des enfants et des ateliers dans lesquels jeux et travail de réflexion sont intimement mêlés. Les enfants peuvent choisir entre deux thèmes : Champollion et les hiéroglyphes (ils apprennent à écrire leur nom), et l'Égypte ancienne, sur l'aventure d'une momie et la décoration d'un sarcophage (le jeudi de 10 h à 12 h en juill. et août ; insc. sur place ou par tél.).
À quelques pas du musée, une reproduction de la pierre de Rosette occupe le sol de la place des Écritures et la traduction du célèbre texte gravé sur la pierre, à l'origine de la découverte du déchiffrement des hiéroglyphes, est finement inscrite sur la porte d'une cave voûtée.

Domaine de loisirs du Surgié...................... Figeac F2

46100 - Figeac
Tél. : 05 65 34 59 00-Fax : 05 65 34 83 83
Ouv. tlj de 11 h à 22 h en juill. et août ; les merc., w.-e. et jrs fér. de 14 h à 19 h en avril, mai, juin et sept.

pour tous

Un plan d'eau avec location de pédalos, d'aquacycles, de canoës, de kayaks ; un parc de loisirs avec trampolines, parcours d'aventures, piscine à balles, jeux gonflables ; un centre nautique avec piscine à vagues, toboggan, pataugeoire ; un mini-golf et des jeux pour les enfants : tout ce qu'il faut pour bien s'amuser.

Centre de formation des maîtres-chien de la gendarmerie

Gramat F2

46500 - Gramat
Tél. : 05 65 38 71 59-Fax : 05 65 33 18 55
Ouv. le jeudi de 15 h 30 à 17 h 30 de juin à sept.

+8 ans

Une visite des chenils d'un centre de formation des chiens de la gendarmerie et des démonstrations de dressage édifiantes.
On y apprend mille choses étonnantes et notamment que, grâce à ces remarquables bergers allemands, plus de 300 personnes perdues ou recherchées sont retrouvées chaque année, dont une quinzaine enfouies sous des avalanches.

Parc animalier

Gramat F2

46500 - Gramat
Tél. : 05 65 38 81 22-Fax : 05 65 33 43 96
Ouv. tlj de 9 h à 19 h de Pâques à sept.
et de 14 h à 18 h d'oct. à Pâques

pour tous

Un grand parc animalier, encore un peu sauvage, avec des animaux d'Europe, domestiques pour certains et très rares pour d'autres. On passe successivement devant l'enclos des bisons, des chèvres, des daims, des moutons, des aurochs, des loups... et avec un peu de chance on verra, dressé fièrement sur son rocher, un bouquetin des Alpes, puis on reconnaîtra le petit cheval trapu que nos ancêtres dessinaient sur les murs des grottes (le cheval de Prjevalski).

Grotte de Lacave

Lacave E2

46200 - Lacave
Tél. : 05 65 37 87 03-Fax : 05 65 33 16 78
Ouv. tlj de 9 h à 18 h 30 de la mi-juill. à fin août ;
de 9 h à 12 h et de 14 h à 18 h d'avril à juin
(17 h en mars, sept. oct., jusqu'au 11 nov.)
9 km S.-E. de Souillac

+8 ans

La visite commence à bord d'un petit train et se poursuit à pied. Au cours de la marche on admire des stalactites de toutes les teintes et les concrétions devenues phosphorescentes à cause de la lumière noire de la grande salle.
L'impression de voyager dans un autre monde.

Préhistologia............ Lacave E2

46200 - Lacave
Tél. : 05 65 32 28 28
Ouv. tlj de 10 h à 18 h 30 en juill. et août, de 10 h à 12 h et 14 h à 17 h 30 de fin août à fin sept. et en avril, mai, juin, 17 h en oct.

+8 ans

En parcourant le sentier qui serpente dans un joli bois, on parcourt le temps… et l'on se retrouve il y a 15 milliards d'année avec le big bang. Bientôt la vie est apparue dans les océans, et sur la terre ferme les dinosaures, qui disparurent pour laisser place aux grands mammifères préhistoriques et aux hommes. Plus de 150 sujets grandeur nature racontent l'histoire de la Terre et des hommes. La visite est sonorisée avec des bruitages et des cris d'animaux.

Grotte de Bellevue.............. Marcilhac-sur-Célé F2

46160 - Marcilhac-sur-Célé
Tél. : 05 65 40 63 92
Ouv. tlj de 10 h à 19 h en juin, juill. et août (se rens. pour les autres mois)
Entre Figeac et Cahors, le long du Célé

+8 ans

La grotte fut découverte grâce au pendule et à la voyance d'un radiesthésiste. Elle n'est pas très grande et se visite en 30 minutes mais elle possède une belle décoration stalagmitique et des draperies, gours, coulées de calcite, colonnes d'Hercule, etc.

Labyrinthus................. Martel E1

Gruges
46600 - Martel
Tél. : 05 65 32 20 30-Fax : 05 65 37 42 93
Ouv. : tlj de 10 h 30 à 19 h 30 de mi-juill. à début sept. et les vend. et w.-e. de sept.

+8 ans

Aux portes de la cité médiévale de Martel, parmi des noyers centenaires, un château fort végétal où « le maïs remplace la pierre et le visiteur l'assaillant ». Le dessin suit le plan d'une forteresse avec ses tours, son chemin de ronde, ses couloirs labyrinthiques, ses chambres secrètes et ses oubliettes devenues de charmants jardins fleuris de tournesols, de cosmos et de capucines.
L'aire de jeux ravira les petits en attendant qu'ils retrouvent les plus grands.

Reptiland.................... Martel E1

46600 - Martel
Tél. : 05 65 37 41 00-Fax : 05 65 37 43 93
Ouv. tlj de 10 h à 18 h en juill. et août ; de 10 h à 12 h et de 14 h à 18 h le reste de l'année
Fermé le lundi de sept. à juin et tout le mois de janv.

« Une autre vision des reptiles », telle est la devise de ce vaste vivarium. Ils sont tous là, les lézards des déserts et ceux des forêts, les serpents constricteurs et ceux des tropiques… les crocodiles, les iguanes, les tortues et même les araignées venues leur tenir compagnie.
Découvrir l'intimité des serpents et des lézards, c'est, paraît-il, commencer à les aimer.

Grotte de Roland...... Montcuq D3

46800 - Montcuq
Tél. : 05 65 22 99 90
Ouv. tlj de 10 h à 12 h et de 14 h à 19 h du 15 juin à sept. (17 h des Rameaux à mi-juin et d'oct. à la Toussaint)
3 km N. de Montcuq

Des concrétions originales, des traces et des ossements d'animaux préhistoriques (ours, rennes, lions des cavernes), un petit lac et des gours font l'intérêt principal de cette grotte.
Un petit musée préhistorique complète la visite.

Gouffre de Padirac...... Padirac F2

46500 - Padirac
Tél. : 05 65 33 64 56
Fax : 05 65 33 71 86
Ouv. tlj de 8 h 30 à 19 h en juill. et août ; de 9 h à 12 h et de 14 h à 18 h en avril, mai, juin, sept.

Par des ascenseurs ou des escaliers, on descend à 110 m sous terre ; du port souterrain, on embarque sur des bateaux pour une promenade sur la rivière jusqu'au lac de la Pluie (où il pleut vraiment !). La visite se poursuit à pied, tout au long de vastes galeries tapissées de concrétions spectaculaires, jusqu'au lac Supérieur et à la célèbre salle du Grand-Dôme, dont la voûte s'élève à 94 m au-dessus du lit de la rivière. Aussi célèbre que soit le gouffre de Padirac, il enchante et séduit à chaque fois petits et grands.

Historial du gouffre..... Padirac F2

Padirac
Tél. : 05 65 33 75 75-Fax : 05 65 33 76 76
Ouv. tlj de 8 h à 19 h en juill. et août, de 9 h à 19 h en mai et juin et en sept.

+8 ans

Toute l'histoire du gouffre est racontée, depuis la période préhistorique du cambrien jusqu'au début du XXe s, en une heure de visite, avec des reconstitutions grandeur nature du site, des personnages en cire et des effets de lumière. Collections d'objets fossiles et de minéraux.

Padirac loisirs............ Padirac F2

46500 - Padirac
Tél. : 05 65 33 45 15-Fax : 05 65 33 71 55
Ouv. tlj de 11 h à 20 h de juin à sept.

pour tous

Mille mètres carrés de piscine avec des toboggans aquatiques permettent de s'en donner à cœur joie par un chaud après-midi d'été. Une aire de jeux a été prévue pour les enfants.

Aqua folies............... Payrac E2

46350 - Payrac
Tél. : 05 65 37 90 10
Ouv. tlj de 11 h à 20 h de mai à sept. ;
de 11 h à 24 h pour le mini-golf
16 km S. de Souillac par la RN 20

pour tous

De grands bassins pour se baigner, des toboggans aquatiques pour vivre des sensations fortes, un mini-golf pour disputer des parties en famille et des jeux pour les petits.

Grottes de Cougnac.. Payrignac E2

46300 - Gourdon
Tél. : 05 65 41 47 54 ou 05 65 41 22 25
Fax : 05 65 41 47 54
Ouv. tlj de 9 h 30 à 18 h en juill. et août ;
de 9 h 30 à 11 h et de 14 h à 17 h des Rameaux à la Toussaint

+8 ans

Des grottes où l'on admire à la fois les spectaculaires concrétions et de remarquables peintures préhistoriques.

La Féerie du Rail.... Rocamadour E2

L'Hospitalet
46500 - Rocamadour
Tél. : 05 65 33 71 06-Fax : 05 65 33 71 37
Ouv. tlj d'avril au 11 nov. (horaires en fonction du mois)

pour tous

Le paysage miniature qui s'étend devant les spectateurs s'anime et s'éclaire sous les yeux éblouis des plus jeunes : la fête foraine bat son plein, les montgolfières s'envolent, un incendie se déclare, les monuments s'illuminent, les trains vont et viennent... 45 minutes pendant lesquelles on n'a pas le temps de s'ennuyer.

Rocher des Aigles.. Rocamadour E2

46500 - Rocamadour
Tél. : 05 65 33 65 45-Fax : 05 65 33 69 06
Ouv. tlj de 10 h à 12 h et de 14 h à 18 h des Rameaux à la Toussaint ; plusieurs démonstrations en vol par jour

pour tous

Un des premiers spectacles montés avec des aigles et des vautours, il est resté un modèle du genre. On est à chaque fois fasciné par l'élégance du vol des grands aigles et l'habileté des vautours, qui repèrent leur dresseur du haut du ciel et piquent vers lui sur un simple geste. Les faucons, plus familiers, marchent nonchalamment sur les jambes étendues des enfants. Un vautour se pose sur la tête d'un jeune volontaire.

La Forêt des Singes Rocamadour E2

L'Hospitalet
46500 - Rocamadour
Tél. : 05 65 33 62 72-Fax : 05 65 38 86 82
Ouv. tlj de 10 h à 19 h en juill. et août ;
de 10 h à 12 h et de 13 h à 18 h en avril, mai, juin et sept. ; w.-e., jrs fér. et vac. scol. de 10 h à 12 h et de 13 h à 17 h en oct. et nov.

pour tous

Plus de 100 singes, macaques de Barbarie ou magots, en totale liberté. Familiers, ils tournent autour des visiteurs, quémandant quelques grains de pop-corn, puis, satisfaits, ils repartent se régaler un peu plus loin de leur friandise et reviennent mendier auprès d'autres promeneurs. Les mamans singes avec leur petit sur le dos sont particulièrement touchantes, mais attention, elles sont très jalouses de leur progéniture et peuvent être méchantes : mieux vaut ne pas trop les approcher.

Aquarium.............. Rocamadour E2

L'Hospitalet
46500 - Rocamadour
Tél. : 05 65 33 73 61-Fax : 05 65 33 17 10
Ouv. tlj de 10 h à 19 h en juill. et août ;
de 10 h à 12 h et de 14 h à 18 h de mars à juin et en sept.
et les w.-e. de 14 h à 18 h le reste de l'année

pour tous

La faune des eaux froides continentales présentée dans des aquariums agréablement disposés.
Des centaines de poissons et de crustacés et la découverte de la vie secrète des rivières. Une bonne distraction pour un jour de pluie.

Grottes de Presque.. Saint-Céré F1

46400 - Saint-Céré
Tél. : 05 65 38 07 44 ou 05 65 38 31 04
Ouv. tlj de 9 h à 19 h en juill. et août ; de 9 h à 12 h
et de 14 h à 18 h de mars à nov. (17 h en nov.)

+8 ans

Pour l'écrivain Pierre Benoit, les grottes de Presque étaient le palais d'Antinéa ; il est vrai que les nombreux piliers stalagmitiques – certains ayant la finesse d'un cierge – et les cascades figées créent une atmosphère aussi mystérieuse qu'envoûtante.

Musée de plein air du Quercy-Cuzals........ Sauliac-sur-Célé F2

46330 - Cabrerets
Tél. : 05 65 22 58 63-Fax : 05 65 30 14 93
Ouv. tlj de 10 h à 19 h en juin, juill. et août
et tlj sauf sam. de 14 h à 18 h en avril, mai,
sept. et oct.
Gratuit pour les – de 10 ans
Entre Figeac et Cahors, 6 km N. de Sauliac-sur-Célé

+8 ans

Au Cuzals, nous sommes loin d'être dans un musée traditionnel : il s'agit plutôt d'un voyage dans le temps, d'un retour dans le monde rural du début du siècle.
La ferme est telle qu'on imagine qu'elle devait être : si ses habitants sont probablement partis aux champs, les bêtes sont bien là, la vache mâchonne son foin dans l'étable, les poules caquettent dans la cour, l'âne fait tourner la roue du puits. Dans le village, le garagiste répare un vieux tacot, le sabotier creuse des sabots, le linotypiste imprime la

Gazette du Cuzals, le dentiste est prêt à soigner les dents avec sa vieille roulette, le boulanger vient d'apporter de belles miches de pain toutes chaudes…
Des animations sont proposées en rapport avec le mois : en juin on fauche, en juillet on moissonne, en août on bat, en septembre on cueille la vigne…
Une promenade animée qui séduira les parents comme les enfants.

Musée de l'Automate.. Souillac E1

Place de l'Abbaye
46200 - Souillac
Tél. : 05 65 37 07 07
Fax : 05 65 32 72 31
Ouv. tlj de 10 h à 19 h en juill. et août ; tlj sauf lundi de 9 h à 12 h et de 14 h à 18 h en avril, mai et oct. ; tlj sauf lundi et mardi de 14 h à 17 h en nov., déc., janv., fév. et mars

Des automates remarquables et des scènes animées bien présentées. On regarde avec fascination tout ce petit monde se mettre en mouvement.
L'été, des ateliers variant chaque année sont proposés aux 5-12 ans.

Quercyland « Les Ondines »............. Souillac E1

46200 - Souillac
Tél. / Fax : 05 65 37 33 51
Ouv. tlj de 10 h à 22 h de mai à mi-sept.

Une piscine et des toboggans aquatiques, une aire de jeux nautiques, des moto-cross pour les enfants, un mini-golf, un trampoline et un circuit de karting.

Qu'est-ce qui a trois yeux, qui aime les oranges et les bananes et dont les ancêtres étaient déjà sur terre il y a 180 millions d'années ?
Il s'agit de l'iguane, un gros lézard à l'aspect préhistorique dont on peut voir quelques spécimens au Reptiland de Martel.

HAUTES-PYRÉNÉES

Volerie des Pyrénées... Arreau B7

65240 - Arreau
Tél. : 05 62 40 10 35-Fax : 05 62 40 10 35
Ouv. tlj de 14 h 30 à 18 h 30 d'avril à oct., spect. commentés à 15 h 30 et 17 h

pour tous

Un parc ornithologique spécialisé dans les oiseaux de proie. On y rencontre 25 espèces de rapaces diurnes et nocturnes et on assiste à de spectaculaires démonstrations de leurs talents en vol libre.

Grottes de Médous....... Aste A7

65200 - Aste
Tél. : 05 62 91 78 46-Fax : 05 62 95 02 03
Ouv. tlj de 9 h à 12 h et de 14 h à 18 h en juill. et août ; de 8 h 30 à 11 h 30 et de 14 h à 17 h 30 d'avril à juin et de sept. à oct.
Durée de la visite : 45 minutes
Route des Cols par la RD 935, entre Bagnères-de-Bigorre et Ste-Marie-de-Campan

+8 ans

La visite se fait à pied et en bateau sur l'Adour souterraine. On admire les draperies, les grandes orgues, les concrétions de couleurs différentes...

Muséum d'Histoire naturelle........... Bagnères-de-Bigorre B7

Musée Saliès
65200 - Bagnères-de-Bigorre
Tél. : 05 62 95 39 25
Ouv. tlj du 1er mai au 31 oct. de 10 h à 12 h 30 et de 14 h à 17 h 30

+8 ans

Dans ce musée traitant de l'histoire naturelle de la région, on découvre une exposition sur les plantes médicinales, l'herbier du célèbre botaniste Louis Ramond de Carbonnières (1755-1827) et la reconstitution de son bureau. Les jeunes visiteurs seront avant tout attirés par la maquette géante (12 m^2 au 1/10000) de la haute Bigorre et son animation audiovisuelle faisant intervenir des technologies de pointe.

Gouffre d'Esparros.... Baronnies B7

65250 - La Barthe-de-Neste
Tél. : 05 62 39 11 80
ou 05 62 98 87 02 (OT Neste Baronnies)
Ouv. w.-e. et vac. scol. de 10 h à 12 h et de 13 h à 18 h
Visite du site sur réserv. - Durée de la visite : 50 minutes
10 km S.-O. de La Barthe-de-Neste par la RD 929 et la RD 26

+8 ans

Un véritable joyau souterrain découvert par Norbert Casteret. À plus de 110 m de profondeur, c'est une profusion de concrétions d'aragonite, de draperies, de colonnades.
Un son et lumière met le gouffre remarquablement en valeur.

Donjon des Aigles..... Beaucens B7

Château
65400 - Argelès-Gazost
Tél. : 05 62 97 19 59
Ouv. tlj de 10 h à 12 h et de 14 h 30 à 18 h 30
de Pâques à fin sept. ; démonstration en vol à 15 h 30 et 17 h et à 15 h, 16 h 30 et 18 h en août
7,5 km S.-E. d'Argelès-Gazost par la RD 100

pour tous

Dans le cadre du château féodal, une présentation de rapaces et des démonstrations de vols en liberté. Les grands oiseaux planent au-dessus des spectateurs, un aigle chasseur de serpents capture sa proie sans s'arrêter, le faucon se cabre en plein ciel après un piqué formidable pour saisir un leurre au vol.

Parc de loisirs « La Demi-Lune »....... Lannemezan C7

65300 - Lannemezan
Tél. : 05 62 98 07 07
Ouv. tlj de 8 h à 20 h en juill. et août
et les w.-e. et jrs fér. le reste de l'année
Entrée gratuite et activités payantes

pour tous

Le parc offre une variété de distractions à l'intention de ses jeunes visiteurs : une promenade en petit train dans l'univers des contes de Perrault reconstitué grandeur nature, une rencontre avec des daims et des lamas, la possibilité de faire une partie de mini-golf ou de monter à poney et des aires de jeux pour les plus petits.

Plan d'eau............ Loudenvielle C8

65510 - Loudenvielle
Tél. : 05 62 99 68 71 et 05 62 99 92 00
Ouv. tlj sauf mardi de 10 h à 12 h
et de 14 h à 18 h (sauf en nov.)
15 km S. d'Arreau par la RD 618

Un lac aménagé avec une piscine ludique, des pédalos, la possibilité de canoter et de faire de la planche à voile, des promenades balisées et des aires de jeux pour les enfants.

Musée Grévin............ Lourdes B7

87, rue de la Grotte
65100 - Lourdes
Tél. : 05 62 94 33 74 et 05 62 42 03 84
Ouv. tlj de 9 h à 11 h 30 et de 13 h 30 à 18 h 30
d'avril à fin oct. et de 20 h 30 à 22 h en juill. et août

Plus de cent personnages en cire grandeur nature font revivre en 18 scènes l'histoire du Christ et la vie de Bernadette Soubirous.

Musée du Petit-Lourdes................. Lourdes B7

68, av. Peyramale
65100 - Lourdes
Tél. : 05 62 94 24 36-Fax : 05 62 42 02 80
Ouv. tlj de 9 h à 12 h et de 14 h à 18 h 30

Une reconstitution en miniature de Lourdes au temps de Bernadette Soubirous : maisons, monuments, cours d'eau, arbres et fleurs… le tout haut comme trois pouces !

Dans les Pyrénées, on trouve des rochers et des bûchettes en chocolat et, à Lourdes, des cailloux en sucre à l'effigie de la Sainte Vierge.

Aquarium des Pyrénées.............. Lourdes B7

65100 - Lourdes
Tél. : 05 62 42 01 00-Fax : 05 62 42 64 84
Ouv. tlj de tte l'année ; de 10 h à 20 h les mois d'été (tél. pour les autres horaires)

pour tous

À l'entrée de Lourdes, au bout d'une promenade boisée vient de s'ouvrir un aquarium géant où des bacs très joliment paysagers et de très grande taille permettent de se familiariser avec les mystères extraordinaires des rivières et des lacs. Un voyage de découverte à la fois spectaculaire et didactique : des torrents de montagne aux estuaires des fleuves en passant par les marécages et les gouffres. Au cours de la visite, vous traverserez un tunnel entièrement transparent au milieu d'un bassin de 600 000 litres. Vous pourrez voir également des bassins tactiles, un aquaterrarium, et enfin assister à une spectaculaire projection dans un cinéma en 3 D.

Musée des Étoiles... Pic du Midi B7

Rens. : Haute-Pyrénées Tourisme Environnement
6, rue Eugène-Ténot
65000 - Tarbes
Tél. : 05 62 56 70 65-Fax : 05 62 56 70 66
Ouv. tte l'année
Accès par téléphérique depuis La Mongie ou par navette depuis Barèges

+8 ans

Au pic du Midi, célèbre site de renommée mondiale, à 2 877 m d'altitude, 4 000 m² d'exposition vous accueillent pour découvrir le ciel, le Soleil, les étoiles et une vue imprenable sur les Pyrénées.
Dès le départ dans le téléphérique, vous entendez l'histoire de l'observatoire et des difficultés de sa construction au XIXe siècle. L'exposition débute dès le trajet en ascenseur, voyage en son et lumière avec images du système solaire et de l'Univers. Parvenu au niveau 6, « Le système solaire », vous découvrez la maquette du site et observez ensuite le Soleil sous la coupole du Cœlostat, un instrument qui permet de projeter son image pour observer les taches solaires. Vous allez ensuite vers la coupole Baillaud et la maquette grandeur réelle du coronographe (qui permet d'observer la couronne solaire en dehors des éclipses naturelles). Puis vous admirez une cartographie de la Lune, réalisée en partie du pic, dans le cadre de la préparation des missions Apollo.

Le niveau 5 est consacré à « La Terre et les grands moments du site » : observation de la Terre grâce à des images de sondes spatiales. Vous découvrez les recherches et travaux effectués à partir du pic. La visite se termine autour d'une grande maquette animée du télescope de 2 m « Bernard Lyot » et de 4 téléviseurs diffusant des images lumineuses de l'Univers.
Une visite aussi passionnante que remarquable.

Aquarium tropical du haut Lavedan....... Pierrefitte-Nestalas B7

65260 - Pierrefitte-Nestalas
Tél. : 05 62 92 79 56
Ouv. tlj sauf dim. matin et lundi matin
de 9 h 30 à 12 h et de 14 h à 18 h 30

pour tous

Insolite au milieu des montagnes pyrénéennes, une féerie multicolore de coraux et de poissons des mers tropicales. Minuscules demoiselles, dangereux barracudas, requins, piranhas... toute cette faune spectaculaire semble comme chez elle dans les Pyrénées.

Maison de l'Ours Saint-Lary-Soulan B7

65170 - Saint-Lary-Soulan
Tél. : 05 62 39 50 83-Fax : 05 62 39 58 90
Ouv. tlj sauf mardi de 10 h à 12 h et de 14 h à 18 h
(sauf en nov.)

pour tous

Trois ours bruns bien vivants : Charlotte, Apollon et Bingo, et une exposition rappellent que les ours étaient autrefois nombreux dans les Pyrénées.

Pentascope Saint-Laurent-de-Neste C7

65150 - Saint-Laurent-de-Neste
Tél. : 05 62 40 27 46 et 05 62 40 21 59
Ouv. tlj de 10 h 30 à 19 h en saison
(19 h le reste de l'année)
A 64 - Aire du pic du Midi entre Lannemezan et Montréjeau

+8 ans

Un film de 18 minutes intitulé *Le Pic du Midi... guetteur d'étoiles* fait revivre sur un écran à 180° l'épopée scientifique et humaine commencée il y a plus d'un siècle avec Nansouty et Vaussenat.

Un planétarium (encore en projet lors de la rédaction du présent guide) devrait permettre de découvrir l'Univers depuis l'origine de l'homme et d'apprendre à regarder et à comprendre le ciel.
D'autre part, un parcours ludique situé de part et d'autre de l'autoroute explique aux enfants, à l'aide de jeux, les grands phénomènes naturels : éclipses de lune, équinoxes, solstices, pleine lune...

Grottes de Bétharram — Saint-Pé A7

65270 - Saint-Pé-de-Bigorre
Tél. : 05 62 41 80 04-Fax : 05 62 41 87 25
Ouv. tlj de 8 h 30 à 12 h et de 13 h 30 à 17 h 30 de fin mars à fin oct. ; du lundi au vend. à partir de 9 h de mi-mars au 11 nov.
Durée de la visite : 1 h 30
15 km O. de Lourdes par la RD 937

+8 ans

Les grottes de Bétharram livrent, par la variété de leurs aspects, la clef de la formation de presque toutes les grottes, qu'elles soient mortes ou en pleine activité. Elles comprennent cinq étages superposés exactement comme ceux d'une maison et chacun de ces étages a été creusé à une époque différente. Les enfants apprécieront la promenade en barque et le retour en petit train.

Haras national, maison du Cheval — Tarbes B6

70, av. du Régiment-de-Bigorre
65000 - Tarbes
Tél. : 05 62 56 30 80-Fax : 05 62 51 20 32
Ouv. du lundi au vend. de 10 h à 12 h et de 14 h à 17 h (ouv. possible certains dim. et jrs fér. en fonction des fêtes du Cheval)

+8 ans

En plein cœur de la ville, dans un parc aux arbres centenaires, est installé le haras national de Tarbes qui abrite les plus belles races d'étalons. Les anciennes écuries, la forge, la sellerie... se visitent, mais ce sera surtout dans la toute nouvelle maison du Cheval que l'on apprendra tout ce que l'on rêve de savoir concernant le cheval et l'équitation (maréchalerie, sellerie, reproduction, alimentation, races locales).

TARN

Musée de Cire du Vieil Albi...................... Albi F4

12, rue Toulouse-Lautrec
81000 - Albi
Tél. : 05 63 54 87 55
Ouv. tlj de 10 h à 19 h en juill. et août
et de 14 h à 18 h d'avril à oct.

+8 ans

L'histoire de la ville d'Albi racontée en 18 tableaux commentés : Simon de Montfort, chef de la croisade contre les albigeois, Louis d'Amboise, évêque et mécène, La Pérouse le navigateur, Jean Jaurès le professeur et l'homme politique, Toulouse-Lautrec le peintre et l'enfant du pays, etc.

Labyrinthus.......... Cordes-sur-Ciel F4

81170 - Cordes-sur-Ciel
Tél. : 05 63 56 16 16-Fax : 05 63 56 23 32
Ouv. de 10 h 30 à 19 h 30 tlj de début juill. à sept., et w.-e. de sept.
Durée de la visite : 2 h

pour tous

En contrebas de la cité médiévale de Cordes, un parc de labyrinthes sur 5 ha : un labyrinthe géant de maïs avec des spectacles et animations, et un labyrinthe conçu tout exprès pour les petits.
Et pour vous faire une idée du lieu, allez admirer les labyrinthes depuis la cité (place de la Bride).

Le coche d'eau........... Castres G5

Quai Milhau-Ducommun
81100 - Castres
Tél. : 05 63 59 72 30
Ouv. tous les a.-m. de juin à sept.

pour tous

Construit d'après les plans d'anciennes diligences fluviales des XVIIe et XVIIIe s., le coche d'eau de Castres relie le centre historique au parc de loisirs de Gourjade.

Train miniature du Gaillacois.................... Gaillac F4

3283, chemin Toulze
81600 - Gaillac
Tél. : 05 63 41 00 93
Ouv. tlj de 14 h à 19 h en juill. et août et vac. scol., sam., dim. et jrs fér. le reste de l'année

pour tous

Une immense maquette sur laquelle des trains modèles réduits vont et viennent, s'arrêtant chacun à leur tour dans les principales gares de la région.

TARN-ET-GARONNE

Asinerie de Lugagnol... Lugan F5

Étang de la Treille
81500 - Lavaur
Tél. : 05 63 41 90 46
Ouv. tlj en juill. et août et les w.-e. et jrs fér.
du 15 mars au 31 déc.
10 km N.-E. de Lavaur par la RD 630

pour tous

Un élevage d'ânes auxquels les enfants peuvent faire des câlins et qu'ils peuvent aussi monter pour une promenade le long d'un circuit aménagé.

Fermerai du Jougla..... Belvéze D3

82150 - Belvèze
Sur la RD 2, à mi-chemin entre Montaigu et Lauzerte
Tél. : 05 63 94 41 42
Ouv. tlj de 10 h à 19 h de la mi-juin à sept. ; de 11 h à 19 h w.-e. et jrs fér. du 1er mai à mi-juin et de la mi-sept. à oct.

pour tous

Dans un espace boisé, un circuit permet d'approcher des animaux venus d'horizons divers. Les enfants peuvent toucher et câliner la plupart d'entre eux, et même leur donner à manger (des boîtes de nourriture sont distribuées à l'entrée). Des biberons sont donnés aux agneaux toutes les heures et deux fois par jour aux petits veaux. Un jeu de piste entraîne les jeunes visiteurs à la rencontre des fées et des lutins.
Un petit musée fait revivre le Quercy d'autrefois grâce à 200 personnages et automates miniatures.

Ferm'Aventure..... Verlhac Tescou E4

Les Marrous
82230 - Verlhac-Tescou
Tél. / Fax : 05 63 30 45 69
Ouv. tlj sauf lundi de 10 h à 18 h 30 de la fin juin à fin sept. ; soirées les soirs de pleine lune

+8 ans

Essayez de trouver la sortie de ce labyrinthe géant de maïs et de sorgho, et apprenez à reconnaître les différentes espèces végétales. Une belle journée au grand air.

Planétarium-observatoire... Montredon-Labessonnié G5

81360 - Montredon-Labessonnié
Tél. : 05 63 75 63 12
Ouv . les 1er et 3e dim. du mois de 15 h 30 à 17 h et tlj sauf lundi en juill. et août
N. de Castres, S.-E. de Réalmont

+8 ans

La projection et la présentation du ciel étoilé sur la face interne d'une coupole, et des séances d'observation des étoiles à travers lunettes et télescopes.

À **Cordes-sur-Ciel**, il existe un musée étonnant consacré à l'art du sucre ! Unique en son genre, il montre tout ce qu'il est possible de faire avec du sucre. Vous y verrez des pièces sculptées dignes du plus grand art, et vous y découvrirez les diverses méthodes de travail du sucre : tiré, coulé, soufflé, en ruban, en pastillage, en glace...
(Musée de l'Art du sucre, 81170 Cordes, tél. : 05 63 56 02 40, ouv. tlj de l'année de 10 h à 12 h et de 14 h 30 à 18 h 30.)

A
B
C
D
E
1
2
3
4
5
6
7
8
Bé
Cessenon-s.-Orb
N112
N113
Saissac
Limousis
Caunes-Minervois
Castelnaudary
Villardonnel
D5
Lézignan-Corbières
Carcassonne
Trèbes
Canal du Midi
Douzens
Narbonne
A61-E80
N9
D118
St-Hilaire
Limoux
Sigean
11
Espéraza
Cucugnan
Tautavel
Axat
D117
Rivesaltes
D83
Bélesta
Ille-s.-Têt
Perpignan
Thuir
N116
Prades
Ponteilla
Elne
Les Angles
Villefranche-de-Conflent
Argelès-s.-Mer
0
20
40 km
Tunnel de Puymorens
Font-Romeu-Odeillo-Via
Sorède
66
Céret
Prats-de-Mollo
A9
N114

Aude	11
Gard	30
Hérault	34
Lozère	48
Pyrénées-Orientales	66

AUDE

Grotte de l'Aguzou........ Axat C7

11140 - Axat
Tél. / Fax : 04 68 20 45 38 (réserv. nécessaire)
Ouv. tte l'année
Rendez-vous à 9 h devant le panneau de la grotte au bord de la D 118 (à Usson-les-Bains en juill. et août) et retour à 17 h
Sur la RD 118, à 15 km d'Axat

+12 ans

Il suffit d'avoir plus de 10 ans et d'être accompagné d'un adulte pour pouvoir jouer une journée entière au spéléologue.
Après s'être équipé d'une combinaison, d'un casque et d'une lampe frontale, on part à la découverte de la grotte, admirant à la lueur des torches les stalagmites, les draperies et les aragonites du plafond (longues fibres blanches disposées en oursin, en houppette ou en éventail). À midi, on s'arrête pour pique-niquer à la lueur des chandelles, puis on profite de l'après-midi pour prendre des photos.
L'aventure est sportive mais sans difficultés réelles.
Ne pas oublier d'apporter un pique-nique, de se chausser de tennis ou de baskets et de prendre un lainage.

Aigles de la Cité..... Carcassonne D6

Colline Pech Mary
11000 - Carcassonne
Tél. : 04 68 47 88 99-Fax : 04 68 47 87 05
Ouv. tlj de 14 h 30 à 19 h en juill. et août ; les dim. et jrs fér., démonstrations à 15 h et 16 h 30 de Pâques à la Toussaint

pour tous

Quel spectacle que de voir voler les plus grands rapaces du monde au-dessus de sa tête ! Dressés selon les principes traditionnels venant du Moyen Âge, faucons, aigles, milans, vautours, condors nous font croire, en évoluant au-dessus de la cité de Carcassonne, que nous sommes remontés dans le temps.

Calèches de la Cité **Carcassonne D6**

11000 - Carcassonne
Tél. : 04 68 71 54 57
Circulent tlj de 10 h à 18 h d'avril à fin sept.
Durée : 20 minutes

pour tous

Les enfants apprécient toujours beaucoup de faire une promenade en calèche, ils écouteront même avec attention les commentaires historiques sur cette cité de roman de cape et d'épée qui fait rêver à mille aventures fantastiques.

Petit train de la Cité........................ **Carcassonne D6**

11000 - Carcassonne
Tél. : 04 68 24 45 70-Fax : 04 68 24 47 33
Circule tlj de 10 h à 12 h et de 14 h à 18 h de mai à fin sept.
Départ : porte Narbonnaise
Durée : 20 minutes

pour tous

Le petit train fait le tour des remparts de la cité médiévale de Carcassonne.
Une bonne façon de faire du tourisme et de se rendre d'un côté à l'autre de la citadelle sans se fatiguer.

Gouffre de Cabrespine........... **Caunes-Minervois D5**

11160 - Caunes-Minervois
Tél. : 04 68 26 14 22-Fax : 04 68 26 10 75
Ouv. tlj de 10 h à 19 h en juill. et août ;
de 10 h à 12 h et de 14 h à 18 h de mars à nov.
Durée de la visite : 45 minutes
N. de Villeneuve-Minervois, 18 km N. de Carcassonne

+8 ans

Des Balcons du Diable, plus hauts que le 2e étage de la tour Eiffel, on surplombe le gouffre géant. Le spectacle est grandiose, et on se demande dans quel univers fantastique on est soudain arrivé.
Au Septième Ciel, en tout cas, car tel est le nom donné à l'une des salles décorée de bouquets d'aragonites, de draperies polychromes, d'excentriques stalactites…

Autorail touristique du Minervois................. Coursan E6

6, rue Corneille
11110 - Coursan
Tél. : 04 68 27 05 94
Ouv. sam. et jrs fér. de 14 h 30 à 19 h de juill. à sept
N. de Narbonne par la RN 113

pour tous

L'autorail, construit dans les années 50, propose un parcours commenté dans les jolis paysages du Sud-Minervois. Une promenade de détente qui fera accepter le tourisme aux plus petits.

Théâtre Achille-Mir... Cucugnan D7

11350 - Tuchan
Tél. : 04 68 45 03 69
Ouv. tlj de 10 h à 21 h en juill. et août (20 h en mai, juin et sept. et 19 h en avril et en oct.) ; w.-e. et vac. scol. de 10 h à 18 h sauf en janv.
Durée du spect. : 18 minutes
38 km N.-O. de Perpignan par la RD 117 et la RD 19

+8 ans

Après avoir grimpé dans les ruines du château de Quéribus, bâti sur un piton rocheux impressionnant, il faudra aller dans le théâtre de poche entendre le sermon du curé de Cucugnan, légendaire abbé du village.
Le récit de ce conte occitan, adapté au début du siècle par Achille Mir et repris par Aphonse Daudet, est mis en scène à l'aide d'images virtuelles. Le petit théâtre se transforme tour à tour en intérieur d'église, en paradis, en enfer…

Musée des Oiseaux... Douzens D6

11700 - Capendu
Tél. : 04 68 79 29 09-Fax : 04 68 79 29 44
Ouv. tlj de 14 h à 18 h de juin à sept. ; w.-e. et jrs fér. de 14 h à 18 h du 15 mars à fin mai et du 15 sept. au 30 nov.
20 km E. de Carcassonne par la RN 113

pour tous

Deux mille cinq cents espèces d'oiseaux naturalisés sont replacées dans leur milieu naturel reconstitué ou exposées dans des vitrines. Ce n'est pas bien gai, mais intéressant pour tous ceux qui rêvent d'être capables de reconnaître les oiseaux.

Musée des Dinosaures **Espéraza C7**

11260 - Espéraza
Tél. : 04 68 74 02 08 et 04 68 74 26 88-Fax : 04 68 74 05 75
Ouv. tlj de 10 h à 19 h en juill. et août ; de 10 h à 12 h et de 14 h à 18 h en semaine et de 10 h à 18 h le dim. le reste de l'année sauf en janv.

pour tous

Le musée propose un vaste tour d'horizon de l'époque des dinosaures au travers des découvertes exhumées dans le département. Les œufs présentés sur leur aire de ponte reconstituée et un squelette de 12 m de long sont particulièrement spectaculaires.
Des reconstitutions grandeur nature permettent de rendre compte du gigantisme des animaux qui vécurent ici il y a 70 millions d'années.
Une vidéo présente les travaux des paléontologues et fait le point des connaissances actuelles, notamment sur les causes de la disparition des dinosaures.
À 5 minutes du musée, le chantier de fouilles paléontologiques est ouvert au public et une visite commentée présente le travail de chercheurs.

Grotte.................... **Limousis D5**

11600 - Conques-sur-Orbiel
Tél. : 04 68 77 50 26-Fax : 04 68 78 40 09
Ouv. tlj de 10 h à 18 h en juill. et août ; de 10 h à 12 h et de 14 h à 18 h de mars à juin et en sept. et de 14 h à 18 h vac. scol. hors été
15 km N. de Carcassonne par la RD 118, la RD 210 et la RD 101

+8 ans

Huit salles et une succession de cinq barrières stalagmitiques dotées d'exceptionnelles concrétions. La dernière salle recèle un spectaculaire massif de cristallisations d'aragonites de 4 m de hauteur et 10 m de circonférence, désigné sous le nom de Lustre.

Mémoire de l'Aude...... **Limoux C6**

47, av. Fabre-d'Églanttine, RD 118
11300 - Limoux
Tél. : 04 68 31 48 42-Fax : 04 68 31 68 06
Représentations non-stop tlj de 10 h 30 à 19 h en juill. et sept., et de 10 h 30 à 12 h et 14 h à 18 h de Pâques au 1er juillet et de sept. à la Toussaint

pour tous

En l'an 1209, une formidable armée venue du nord de la France part en croisade contre les cathares et envahit les terres du comte de Toulouse… Un spectacle historique répond aux questions que chacun se pose.

Qui sont les cathares ? Pourquoi l'Inquisition ? Qu'est devenu le trésor des cathares ?
Une projection spéciale intitulée « Au temps des chevaliers » a été spécialement conçue pour les 5-11 ans.

Aquajet.................. Narbonne E6

Route de Gruissan
11100 - Narbonne-Plage
Tél. : 68 49 92 25-Fax : 04 68 49 32 89
Ouv. de Pâques à oct.

pour tous

D'une colline dominant la plage, l'eau jaillit en cascade vers trois pistes de toboggans intégrées à la nature. 300 m de pistes suivant trois tracés différents plus ou moins difficiles convergent vers un bassin de réception en eau douce filtrée.
Sur un autre bassin d'eau douce, des bateaux tamponneurs donnent l'opportunité de s'initier au pilotage tout en s'amusant.
Les petits pourront, pendant ce temps, faire une promenade dans le petit train, du manège aquatique ou des tours sur le grand carrousel.

Petit train des Lagunes........... Port-la-Nouvelle E6

11210 - Port-la-Nouvelle
Tél. : 04 68 48 14 93
Départ à 15 h tlj de mi-juin à fin août

pour tous

L'excursion à bord du petit train des Lagunes passe par La Franqui, l'île Sainte-Lucie, le musée de la Baleine, dans lequel est exposé le squelette d'une baleine de 20 m de long (tél. : 04 68 48 00 39) et à la criée aux poissons. Arrêts à volonté.

Élevage de Biches...... Saissac C5

11310 - Picarel-le-Haut
Tél. : 04 68 24 44 08
Ouv. tlj de 10 h à 12 h et de 14 h à 19 h
en juill. et août ; tlj de 14 h à 18 h vac.
scol. et dim. et jrs fér. le reste de l'année
Gratuit pour les – de 11 ans accompagnés de leurs parents
Entre Saissac et Arfons sur la RD 4

pour tous

La Montagne Noire est un site encore sauvage qui est apprécié pour ses promenades à travers ses forêts et le long de ses lacs. C'est dans ce type de paysage que se trouve l'élevage de cerfs de Picarel-le-Haut que l'on visite au cours de promenades guidées.

Réserve africaine........ Sigean E6

11130 - Sigean
Tél. : 04 68 48 20 20
Fax : 04 68 48 80 85
Ouv. tlj de 9 h à 18 h 30 les mois d'été et de 9 h à 16 h le reste de l'année
9 km S. de Narbonne par la RN 9

pour tous

Située à proximité du littoral, la réserve de Sigean est un vaste domaine constitué d'étangs et de garrigues sur lequel 3 500 animaux vivent en semi-liberté.
La réserve se parcourt en voiture et à pied.
En voiture, on visite le parc des lions, celui des ours du Tibet et la savane africaine, où se trouvent, entre autres, les zèbres, les autruches, les rhinocéros blancs, les élans du Cap…
À pied, on fait le tour des enclos des éléphants, des girafes, des loups, des chimpanzés…, on passe devant le bassin des crocodiles et celui des hippopotames, on admire l'élégance des flamants roses et de leurs amis les nandous.
Prévoir une journée entière !

Tir à l'arc.............. Villardonnel D5

Domaine La Calm
11600 - Conques-sur-Orbiel
Tél. : 04 68 26 58 30 ou 05 63 75 23 61
Ouv. tlj de l'année de 8 h à la nuit
20 km N. de Carcassonne par la RD 118

+8 ans

Au cœur de la Montagne Noire, dans une garrigue entourée de chênes verts, ont été disposés des animaux en mousse rigide grandeur nature. En se promenant l'arc à l'épaule on peut, en les rencontrant, leur décocher une flèche bien inoffensive.

GARD

Cinéma 3D en relief.................. Aigues-Mortes H5

Place de Verdun
30220 - Aigues-Mortes
Tél. / Fax : 04 66 53 68 50
Ouv. tlj de l'année

+8 ans

Un film de 30 minutes donne une idée vivante et spectaculaire de la Camargue en son Dolby Surround.
Des paysages magnifiques, le dressage des chevaux sauvages, les jeux taurins, l'abrivado et la ferrade, les fêtes et la musique…
La Camargue telle qu'on rêve de la voir !

Mine-Témoin.................. Alès H3

Chemin de la Cité-Sainte-Marie - Rochebelle
30100 - Alès
Tél. : 04 66 30 45 15 (réserv. conseillée)
Fax : 04 66 78 49 00
Ouv. tlj de 9 h 30 à 19 h en juin, juill. et août et de 9 h à 12 h 30 et 14 h à 17 h 30 de mars à déc.
Température constante dans la mine : 13-16 °C
Durée de la visite : 1 h 20

+8 ans

Coiffés d'un casque, les visiteurs parcourent les galeries en écoutant l'histoire de la grande épopée de la mine de Zola à nos jours.
Outre les explications techniques données par un ancien mineur, histoires et anecdotes font revivre la dure réalité de la vie dans la mine. Les plus jeunes apprécieront particulièrement la rencontre avec Bayard, cheval de mine automate qui hoche la tête lorsqu'on s'approche de lui.
Un film vidéo projeté après la visite explique l'origine du charbon et les méthodes employées par les hommes pour l'exploiter.

Parc du Soleil et du Cosmos................. Les Angles I4

Av. Charles-de-Gaulle
30133 - Les Angles
Tél. : 04 90 25 66 82
Ouv. tlj sauf mardi d'avril à mi-oct. et sam. et dim. a.-m. de mi-oct. à fin mars
3 km O. d'Avignon

+8 ans

Une promenade dans la garrigue se fait dans l'atmosphère étonnante d'une expédition intersidérale, au rythme de ses pieds on embarque pour un fabuleux voyage dans l'espace et dans le temps. Le parc propose également un diaporama et la visite d'un petit planétarium.

Musée du Train et du Jouet.................. Arpaillargues H3

Moulin de Chalier
30700 - Uzès
Tél. : 04 66 22 58 64-Fax : 04 66 22 50 73
Ouv. tlj de l'année
3,5 km O. d'Uzès par la RD 982

pour tous

Chacun trouve son bonheur au moulin Chalier : les passionnés de trains miniatures regarderont les locomotives tirer leurs wagons dans un paysage représentant le Gard et ses principaux sites touristiques ; les bucoliques se promèneront parmi les papillons du monde entier ; les petits et les grands enfants admireront les vieux jouets d'autrefois ; les amateurs de vieilles voitures et de vélos anciens iront voir la collection d'automobiles et de cycles du début du siècle au musée 1900 : là les enfants, habitués à pédaler sur des VTT, resteront fascinés devant le grand bi, haut de 2,20 m.

Le Monde merveilleux de Daudet.................. Beaucaire I4

Esplanade du Château
30300 - Beaucaire
Tél. : 04 66 59 30 06
Ouv. tlj en juill. et août

+8 ans

Prenez la diligence de Beaucaire et partez à la découverte de la Provence de jadis, sur les pas d'Alphonse Daudet et des *Lettres de mon moulin*. Vingt tableaux avec automates, cinéma et projections.

Les Aigles.............. Beaucaire I4

30300 - Beaucaire
Tél. : 04 66 59 26 72-Fax : 04 66 59 50 84
Ouv. les a.-m. sauf merc. de fin mars à début nov. ; tlj en juill. et août (spect. ttes les heures)

pour tous

Un grand spectacle médiéval de rapaces en vol libre présenté par des fauconniers en costume. Des faucons aux grands vautours, en passant par les buses et les milans, sans oublier les aigles, tous ces rapaces évoluent avec grâce, effectuant d'incroyables glissades, saisissant leur proie en plein vol, se posant sans hésitation sur le poing du fauconnier, survolant à très basse altitude la tête des spectateurs.

Grotte de la Cocalière... Courry H3

Mas du Serrax
Tél. : 04 66 24 34 74-Fax. : 04 66 24 20 13
Ouv. : de 10 h à 18 h en juill. et août (17 h le reste de l'année)
Visite guidée de 1 heure

+8 ans

Cette grotte horizontale est particulièrement plaisante à visiter.
Au cours d'une marche de 1 km le long d'une rivière souterraine et au milieu de décors naturels étonnants, colorés par les oxydes de fer, on découvre le phénomène fascinant de la formation des perles des cavernes, des disques défiant les lois de la pesanteur, des draperies translucides..., et dans les petits lacs aux eaux limpides on observe les niphargus, des crevettes aveugles et dépigmentées n'ayant pas évolué depuis des milliers d'années. Un campement de spéléologues a été reconstitué, rendant ainsi le site plus vivant. Le trajet du retour se fait en surface à bord d'un petit train qui cahote dans la garrigue.

Musée du Santon.. Générargues G3

Place du Tilleul
30140 - Anduze
Tél. : 04 66 61 66 74
Ouv. tlj de 10 h à 19 h en juill. et août ; tlj de 14 h à 19 h en juin et sept. ; merc. et w.-e. de 14 h à 18 h le reste de l'année sauf en fév.
3,5 km N. d'Anduze

pour tous

Plus de 200 santons, pour la plupart animés, font revivre en lumière et en musique les métiers d'autrefois dans les Cévennes et en Provence. En décembre, on admire la grande crèche de Bethléem.

Bambouseraie de Prafrance................ Générargues G3

30140 - Anduze
Tél. : 04 66 61 70 47
Fax : 04 66 61 64 15
Ouv. tlj de mars à nov. à partir de
9 h 30 (heures de fermeture variables selon la saison)
3,5 km N. d'Anduze

On se demande si l'on rêve lorsqu'on descend du train ou de la voiture et que l'on découvre une forêt de bambous exactement comme celles que l'on voit en Thaïlande ou au Laos. Cet incroyable boisement a commencé d'être plantée au cœur des Cévennes par Eugène Mazel, un Cévenol passionné de botanique, au milieu du XIXe s. Aujourd'hui, 150 variétés de bambous poussent sur 10 ha.
Petits et grands se promènent avec bonheur dans cette forêt insolite et très belle. La visite guidée vaut la peine d'être suivie car elle est l'occasion de découvrir les caractéristiques hors du commun de cette plante-arbre. On apprend par exemple qu'un bambou peut pousser de 1 m en 24 heures, que les jeunes pousses âgées de quelques jours sont parfois plus grandes que des enfants, que quatre tiges suffisent à supporter une pierre colossale, et encore que chaque semaine des fagots de feuillage partent à Berlin nourrir les pandas du zoo.
On appréciera aussi le village laotien sur pilotis puis, avant de partir, les enfants iront admirer les *koï*, les carpes japonaises aux couleurs chatoyantes, et jouer à se perdre dans le labyrinthe de verdure.

Seaquarium........ Le Grau-du-Roi H5

Av. du Palais-de-la-Mer
30240 - Le Grau-du-Roi/Port-Camargue
Tél. : 04 66 51 57 57-Fax : 04 66 51 55 00
Ouv. tlj de 10 h à 24 h en juill. et août ; de 9 h 30
à 20 h en mai, juin et sept. ; tlj (sauf dim. et jrs fér. de 10 h à 19 h)
de 9 h 30 à 12 h et de 14 h à 18 h 30 d'oct. à avril

On se croirait pour de vrai au fond de la mer lorsqu'on entre dans le tunnel de verre qui pénètre dans le bassin géant où nagent de grands squales (requins gris, requins-citron, requins tapis). On admire aussi plus de 200 espèces de poissons et d'animaux marins qui évoluent dans de vastes aquariums. La visite se termine en passant par le musée de la Mer, où l'on voit des amphores trouvées au fond des mers, des coquillages extraordinaires, des maquettes de bateaux, etc.

Amigoland.......... Le Grau-du-Roi H5

Rond-point de l'Espiguette
30240 - Le Grau-du-Roi/Port-Camargue
Tél. : 04 66 61 66 74-Fax : 04 66 59 49 61
Ouv. tlj de 9 h 30 à 19 h de juill. à mi-sept.
et ts les soirs à partir de 20 h 30 en juill. et août

Pour tous

Les enfants n'auront que l'embarras du choix des attractions : super-huit américain, water-chute, turbo-jet, manèges… dans ce parc original où les toboggans envoient les baigneurs au milieu d'hippopotames à ressorts et de monstres géants.

Grottes de Trabuc....... Mialet G3

30140 - Mialet
Tél. : 04 67 85 03 28-Fax : 04 68 26 10 75
Ouv. tlj de 9 h 30 à 18 h 30 de juill. à sept. ;
fermé entre 12 h et 14 h du 15 mars au 30 juin et
de mi-sept. à mi-oct. ; dim. a.-m. de mi-oct. à mi-nov.
Entre Anduze et St-Jean-du-Gard sur la RD 50

+8 ans

Les grottes de Trabuc, connues depuis la plus haute antiquité, possèdent notamment deux salles extraordinaires : celle du Lac-de-Minuit où le lac profond de 25 m contribue à créer une atmosphère mystérieuse, et celle des Cent-Mille-Soldats où le nombre impressionnant de concrétions semble former comme une armée du silence. Une visite guidée spectaculaire !

Planétarium................ Nîmes H4

Av. Péladan
30000 - Nîmes
Tél. : 04 66 67 60 94
Ouv. le merc. à 15 h et 16 h 30 ; le dim. à 15 h
et le 1er vend. du mois à 21 h

+8 ans

Une salle de spectacle circulaire permet la simulation précise du ciel étoilé et des principaux mouvements des astres. Différents types de séances sont accessibles à tous les publics à partir de 7 ans. Instructif et saisissant !

Train touristique.......... Nîmes H4

30000 - Nîmes
Tél. : 04 66 67 07 32
Circule tlj de 9 h 30 à 18 h du 1er avril au 31 oct.
(22 h en juill. et août)

pour tous

Une promenade reposante et toujours sympathique, et l'occasion de voir sans fatiguer les petites jambes les monuments romains.

Amazonia.............. Roquemaure I3

Route d'Orange
Tél. : 04 66 82 53 92
30150 - Roquemaure
Ouv. tlj de 10 h 30 à 19 h en juill.
et août ; et vac. scol. et w.-e. et jrs fér. de mars à début nov.
11 km S. d'Orange par la RD 976

pour tous

Quelques heures d'aventure en Amazonia : on s'engage sur la piste de la pyramide maya ; on découvre les mystères de la civilisation des Yanomanis ; on se hisse au centre d'un mystérieux labyrinthe aztèque ; on descend des rapides ; on se risque sur la rivière aux crocodiles ; on franchit des sables mouvants au bout d'une liane… Attention aux Indiens chasseurs de têtes ! Et n'approchons pas trop de la cabane du sorcier…

Préhistorama............ Rousson H3

Route de Panissière - Pont-d'Avène
30340 - Salingres
Tél. : 04 66 85 86 96-Fax : 04 66 85 86 93
Ouv. tlj de 10 h à 19 h en juin, juill. et août ; de 10 h
à 18 h en mai ; de 10 h à 12 h et de 14 h à 18 h en avril et sept. ;
tlj sauf sam. de 14 h à 17 h en mars et oct. ; dim. et tlj pendant
vac. scol. de 14 h à 17 h en fév. et nov.
Gratuit pour les – de 6 ans
Entre Alès et St-Ambroix

pour tous

Dans le château de Rousson, des scènes avec des personnages et des animaux grandeur nature reconstituent l'histoire des êtres vivants sur la Terre, du règne des dinosaures à l'évolution des primates, pour en arriver à l'homme. La préhistoire à la portée des enfants.

Magic Voyage

Saint-Jean-du-Gard G3

Av. de la Résistance
30270 - Saint-Jean-du-Gard
Tél. : 04 66 85 30 44
Ouv. tlj sauf sam. d'avril à oct.

pour tous

Des calèches, des diligences, des vieilles voitures sont présentées dans des décors humoristiques, et les enfants ont la possibilité de monter à l'intérieur de la voiture de leur choix pour se faire prendre en photo.

Musée des Vallées cévenoles..........

Saint-Jean-du-Gard G3

30270 - Saint-Jean-du-Gard
Tél. : 04 66 85 10 48-Fax : 04 66 85 13 61
Ouv. tlj de 10 h à 19 h en juill. et août, de 10 h à 12 h 30 et de 14 h à 19 h d'avril à juin et en sept. et oct. ; mardi et jeudi de 9 h à 12 h et de 14 h à 18 h et le dim. de 14 h à 18 h de nov. à mars

+8 ans

Une évocation de la vie d'autrefois dans les Cévennes grâce à une collection d'outils, de meubles et d'objets divers. La présentation est attractive et la vue des chaussures à semelles cloutées des ramasseurs de châtaignes ou celle de l'énorme nid de frelons fascineront les enfants.

Atlantide Parc

Saint-Jean-du-Gard G3

Av. de la Résistance
30270 - Saint-Jean-du-Gard
Tél. : 04 66 85 32 32-Fax : 04 66 59 49 61
Ouv. tlj de 9 h 30 à 20 h en juill. et août et de 9 h 30 à 19 h le reste de l'année

pour tous

Un aquarium tropical où les poissons de toutes les mers du monde évoluent dans des décors inspirés du monde antique.
Il ne faut pas rater Monsieur 1 000 Volts, un poisson électrique de 2 m qui allume des spots de couleur.
À voir, les mardi, jeudi et dim., la distribution de la nourriture aux requins à 11 h 30 et aux poissons électriques à 16 h.

Train à vapeur des Cévennes...... Saint-Jean-du-Gard G3

30270 - Saint-Jean-du-Gard
Tél. : 04 66 85 13 17-Fax : 04 66 85 19 06
Circule tlj de juin à fin août ; tlj sauf lundi d'avril à fin mai ; tlj sauf lundi et vend. en sept. et les mardi, jeudi et w.-e. en oct.
Départ gares d'Anduze, de la Bambouseraie et de St-Jean-du-Gard

pour tous

Attention au départ !
Un coup de sifflet, un jet de vapeur et la locomotive s'ébranle pour un voyage de 13 km (Anduze - La Bambouseraie - Saint-Jean-du-Gard AR) dans les paysages cévenols. Si le voyage peut sembler un peu long aux plus jeunes, ils seront en revanche fascinés par la visite de la locomotive, que le chauffeur et le mécanicien seront ravis de leur montrer au départ ou à l'arrivée en gare.

Parc ornithologique des Isles......... Saint-Julien-Cassagnas H3

30500 - Saint-Ambroix
Tél. : 04 66 25 76 70
Ouv. tlj de 9 h à 19 h les mois d'été et de 8 h à 12 h et de 13 h à 17 h le reste de l'année
20 km N.-E. d'Alès par la RD 904 et la RD 132

pour tous

Les volières de ce parc, créé par des ornithologues passionnés, accueillent de superbes oiseaux en provenance du monde entier : bulbuls, martins de Malabar, merles métalliques, faucons, sarcelles, autruches (pas pelées du tout !), perruches...
Il faudra aller admirer le touraco, un incroyable oiseau de couleur noire qui devient rouge lorsqu'il déploie ses ailes.

Haras national............. Uzès H3

Mas des Tailles - Route d'Alès
30700 - Uzès
Tél. : 04 66 22 68 88-Fax : 04 66 22 44 23
Ouv. tlj (sauf dim. de mars au 1er juill.) de 14 h à 17 h ; visites guidées et commentées mardi et vend. à 15 h du 1er juill. au 31 août

C'est en 1665 que Louis XIV crée le Service des haras, afin de fournir une bonne cavalerie à son armée. Aujourd'hui, les 23 haras répartis sur le sol français se consacrent principalement à l'élevage des chevaux de course, de concours et de loisir. Le haras d'Uzès est l'un de ces dépôts d'étalons.
La visite comprend celle des écuries, des carrières, des manèges, de la forge et de la sellerie.
Parmi les magnifiques étalons anglo-arabes ou pur-sang, on a la surprise de découvrir d'attendrissants petits ânes de Provence.
Des présentations d'étalons et des concours hippiques ont régulièrement lieu (se rens. sur les dates).

Maison du Bonbon Haribo.................. Uzès H3

Pont des Charrettes
30700 - Uzès
Tél. : 04 66 22 74 39-Fax : 04 66 22 73 97
Ouv. tlj de 10 h à 19 h en juill. et août ; tlj sauf lundi de 10 h à 13 h et de 14 h à 18 h d'oct. à fin juin

L'histoire alléchante d'un siècle de confiserie. Grands et petits gourmands vont apprendre l'histoire de la réglisse, découvrir les techniques actuelles de fabrication et se lécher les babines devant des milliers de bonbons de toutes les couleurs.
En sortant, on peut goûter les délicieuses fraises en sucre, les crocodiles tout doux et les réglisses toutes noires.

La ville d'Uzès tire une grande fierté de ses réglisses et de ses Zan. La réglisse est une plante dont les racines parfumées sont délicieuses à sucer. Napoléon en était grand consommateur et il en gardait toujours près de lui dans une bonbonnière.

HÉRAULT

Musée agathois........... Agde F6

5, rue de la Fraternité
34300 - Agde
Tél. : 04 67 94 82 51
Ouv. tlj sauf mardi de 10 h à 12 h et de 14 h à 18 h

+8 ans

Un joli musée où sont reconstituées des scènes de la vie des habitants : l'atelier du potier, la pièce commune, la chambre, les souvenirs de la mariée, etc.
Le passé maritime du vieux port grec est évoqué avec une importante collection de maquettes de bateaux.

Musée de l'Éphèbe Le Cap-d'Agde F6

La Clape
34300 - Le Cap-d'Agde
Tél. : 04 67 94 69 60-Fax : 04 67 94 69 69
Ouv. tlj sauf mardi de 10 h à 12 h et de 14 h à 18 h
(19 h en juill. et août)

+12 ans

Le musée se consacre à l'archéologie sous-marine et subaquatique. On y apprend les techniques de fouille et on y voit des amphores, quelques œuvres d'art antique, comme la statue en bronze de l'Éphèbe sortie des eaux de l'Hérault, et des épaves médiévales et postmédiévales.
Une visite sérieuse mais instructive.

Aquarium............ Le Cap-d'Agde F6

11, rue des Deux-Frères
34300 - Le Cap-d'Agde
Tél. : 04 67 26 14 21-Fax : 04 67 26 65 16
Ouv. tlj de 10 h à 22 h en juill. et août et de 14 h à 19 h le reste de l'année

+8 ans

Conçu dans un souci pédagogique, avec une intention particulière pour les enfants, cet aquarium fait découvrir la vie sous-marine avec la multiplicité des organismes qui y participent, du plus spectaculaire au plus insignifiant en apparence. Les poissons y sont nombreux ; un

certain nombre vivent en Méditerranée et d'autres proviennent des mers tropicales.
Pendant les mois d'été, des matinées pieds dans l'eau sont organisées pour les enfants accompagnés d'au moins un de leurs parents ; elles se déroulent sur la plage de la Conque toute proche de l'aquarium (réserv. nécessaire) et consistent principalement en une étude de l'eau et de sa faune.
Il existe aussi des matinées « nez dans l'eau », avec masques et tubas, qui s'adressent aux plus grands.
Enfin, des demi-journées « mains dans l'eau », organisées dans l'aquarium, remplacent les activités en extérieur en cas de météo difficile.

Aqualand............ Le Cap-d'Agde F6

Av. des Îles-d'Amérique
34300 - Le Cap-d'Agde
Tél. : 04 67 26 85 94-Fax : 04 67 26 51 20
Ouv. tlj de 10 h à 19 h en juill. et août
et de 10 h à 18 h en juin et sept.

pour tous

Un parc aquatique avec des kilomètres de toboggan, un pentagliss, une rivière kamikaze et une autre rapide, une descente du Colorado, un jacuzzi plus paisible et une pataugeoire pour les petits.

Mini-ferme-zoo Cessenon-sur-Orb E5

34460 - Cessenon-sur-Orb
Tél. : 04 67 89 54 14
Ouv. tlj de 10 h à 20 h de juin à oct. et les merc., w.-e., jrs fér. et vac. scol. le reste de l'année
21 km N.-O. de Béziers par la RD 14

pour tous

Au cœur de la vallée de l'Orb, des chemins sillonnent une colline boisée sur laquelle 200 animaux des fermes du monde se promènent en semi-liberté.
À leur plus grande joie, les enfants pourront y donner des friandises aux poneys ou aux chèvres qui les approcheront.

Aquarium panoramique......... La Grande-Motte G5

Esplanade de la Capitainerie
34280 - La Grande-Motte
Tél. : 04 67 56 85 23-Fax : 04 67 29 15 99
Ouv. de juill. au 15 sept. de 10 h à 12 h 30, de 14 h à 19 h 30 et de 20 h 45 à 23 h ; de 10 h à 12 h et de 14 h à 18 h le reste de l'année
Gratuit pour les – de 5 ans

pour tous

Une centaine d'espèces de poissons à côtoyer comme si l'on se promenait dans l'eau pour de vrai.
Devant chaque bac un pupitre éducatif donne des informations claires permettant de mieux connaître les poissons.

Écosite du pays de Thau.................... Mèze G5

34140 - Mèze
Tél. : 04 67 46 64 80-Fax : 04 67 43 56 13
Ouv. tlj de 10 h à 19 h en juill. et août et de 14 h à 18 h de sept. à juin ; fermé de mi-nov. à fév.

+8 ans

Un centre d'informations aussi sérieux que bien fait sur l'environnement ; on y découvre entre autres comment la recherche scientifique peut aider à sauver la planète.
Un carnet est remis aux enfants à leur arrivée : il leur faudra retrouver les indices cachés le long du parcours de la visite qui leur permettront de reconstituer un message les aidant à comprendre comment lutter contre la pollution.

La Plaine des Dinosaures................. Mèze G5

34140 - Mèze
Tél. : 04 67 43 02 80-Fax : 04 67 43 03 65
Ouv. tlj de 10 h à 19 h en juill. et août ; de 14 h à 18 h de sept. à juin (17 h d'oct. à fin janv.)

+8 ans

Il y a 70 millions d'années, la région de Mèze était une gigantesque plaine peuplée de dinosaures qui s'y rassemblaient pour pondre leurs œufs. Un grand nombre de ces œufs ont été récemment découvert et sont exposés sur place. Dans un parc ombragé, un musée en plein air offre un panorama de la vie des gigantesques animaux avec des reconstitutions grandeur nature et le squelette d'un brachiosaure de 24 m de long et 12 m de haut.

Agropolis Museum... Montpellier G5

951, avenue Agropolis
34000 - Montpellier
Tél. : 04 67 04 75 04-Fax : 04 67 04 13 69
Ouv. tlj sauf mardi de 14 h à 18 h
Gratuit pour les – de 10 ans

+8 ans

De tout temps les hommes se sont nourris et pour cela ont dû produire les denrées nécessaires à leur alimentation. L'Agropolis Museum raconte l'histoire de tout cela, et des agriculteurs et éleveurs des quatre coins du monde y parlent de leurs champs et de leurs outils. Pour s'adonner à la culture, il a fallu défricher des forêts, aménager des montagnes, irriguer des terres arides... Une projection sur écran géant fait apparaître les paysages agraires les plus spectaculaires de la planète.
Les aliments sont nombreux et différents d'une société à l'autre, selon les possibilités agro-alimentaires, les savoir-faire et les interdits : photos, objets, audiovisuels en témoignent. L'exposition s'achève par un « Banquet de l'humanité ».
Un sujet passionnant, intelligemment présenté. Un ludo-muséum accueille les jeunes visiteurs en complément de la visite.
La « Petite École du goût » propose des ateliers d'éveil sensoriel pour les enfants de 7 à 12 ans le merc. à 10 h 30, 14 h et 15 h 30. Au programme : châtaigne, pomme, fromage, orange... (réserv. au 04 67 04 75 00).

Parc zoologique du Lunaret................ Montpellier G5

50, av. d'Agropolis
34090 - Montpellier
Tél. : 04 67 54 45 23-Fax : 04 67 41 45 57
Ouv. tlj sauf lundi matin de 9 h à 19 h les mois d'été et de 8 h à 18 h en hiver

pour tous

Le parc zoologique de la ville de Montpellier s'étend sur 80 ha recouverts d'une végétation de type méditerranéen. Des chemins conduisent aux différents enclos où cohabitent des animaux allant des macaques aux autruches en passant par les guépards et les lémuriens. Le choix est grand car vivent là 750 animaux représentant 145 espèces. La ferme pour enfants Boria del Clapas enchantera les petits.

Promenade en calèche et en petit train.......... Montpellier G5

34000 - Montpellier
Tél. : 04 67 92 47 60-Fax : 04 67 78 14 14
Circulent tous les a.-m. et soirées en juill., août et sept.

pour tous

Près du bassin situé à la jonction de la place de la Comédie et de l'esplanade attendent des calèches attelées pour une promenade de 15 minutes à 1 h 15 dans le centre historique.
Juste à côté des calèches part le petit train, qui propose trois circuits différents à travers la ville (tél. : 04 67 60 60 60).

Grotte de Clamouse............. Saint-Jean-de-Fos F4

34150 - Saint-Jean-de-Fos
Tél. : 04 67 57 71 05-Fax : 04 67 57 78 00
Ouv. tlj de 10 h à 19 h en juill. et août ; de 10 h à 17 h le reste de l'année, sauf en déc. et janv. (de 12 h à 17 h)

+8 ans

Les bouquets de cristaux de la grotte et la grande salle sont particulièrement spectaculaires. Les enfants apprécieront d'autant plus la visite que deux plaquettes remises à l'entrée leur permettent de visiter la grotte en s'amusant.

Élevage d'Autruches. Villeneuve-lès-Maguelonne G5

Mas d'Andos, route de Mireval (RD 116)
34750 - Villeneuve-les-Maguelonne
Tél. : 04 67 69 58 44-Fax : 04 67 69 59 46
Ouv. tlj de 15 h à 18 h 30 en juill. et août ; merc. et w.-e. de 15 h à 18 h 30 en juin et sept.

pour tous

Une promenade dans cet élevage de 300 autruches, avec une découverte des mœurs et de la ponte de celles-ci, et l'observation de l'éclosion des œufs et de la poussinière derrière des baies vitrées.

LOZÈRE

Le Vallon de Villaret................. Bagnols-les-Bains G2

48190 - Bagnols-les-Bains
Tél. : 04 66 47 63 76-Fax : 04 66 47 63 83
Ouv. tlj de 10 h à 19 h de juill. au 15 sept. et de 10 h à 18 h les w.-e., et vac. scol. le reste de l'année (la caisse ferme 1 heure av. la fermeture) ; tarif réduit le matin ; gratuit pour les enfants mesurant moins de 1 m accompagnés d'un adulte
21 km E. de Mende par la RN 88 et la RD 901

pour tous

Un parc de jeux original où les attractions ont été conçues par des artistes. Les jeunes de 7 à 77 ans suivent un parcours en boucle de près de 2 km le long duquel les jeux se succèdent : passage d'un pont-filet au-dessus d'un ruisseau, machine à eau infernale, toboggans, pont suspendu... Une balade pas comme les autres qui ravira les grands et petits enfants.

Domaine médiéval des Champs................. Chanac F2

Le Villard
48230 - Chanac
Tél. : 04 66 48 25 00
Ouv. tlj de 11 h à 19 h en juill. et août (nocturne certains jours)
22 km O. de Mende par la RN 88

pour tous

Le domaine des Champs est la reconstitution d'une ferme du Moyen Âge. On y trouve un ensemble de bâtiments groupés autour d'aires de battage et environnés de jardins. Des bénévoles font vivre les lieux, recréant l'ambiance d'un grand domaine fermier proche du château seigneurial. Ils cultivent les jardins, s'occupent du bétail de la ferme, animent des ateliers (tissage, enluminure, calligraphie, poterie...).

Une cité des enfants, véritable village médiéval, accueille les plus jeunes et leur propose des jeux et des promenades à poney.

Des repas médiévaux sont servis en costume d'époque dans la grande salle de banquet.

Randals Bisons........ Lanuéjols F3

48000 - Mende
Tél. : 04 67 82 73 74
Ouv. tlj de juin à sept. ; les dim. et jrs fér. le reste de l'année
20 km E. de Mende par la RN 88, la RN 106 et la RD 41

pour tous

Dans un paysage digne des meilleurs westerns, un troupeau de bisons d'Amérique broute les vastes espaces du causse Noir.
Des ferrades (tri à cheval et marquage) sont régulièrement organisées.

Les Bateliers de La Malène.................... La Malène F3

48210 - La Malène
Tél. : 04 66 48 51 10-Fax : 04 66 48 52 07
Ouv. en fonction du temps et de la saison

+8 ans

La meilleure façon de découvrir les gorges du Tarn, et la plus attrayante pour les enfants, est sûrement de descendre le canyon en barque.

Aven Armand........... Meyrueis F3

48150 - Meyrueis
Tél. : 04 66 45 61 31
Ouv. tlj de 9 h à 19 h en juin, juill. et août ; de 9 h à 12 h et de 13 h 30 à 18 h en avril, mai et sept. ; de 14 h à 16 h les mois d'hiver

+8 ans

Un funiculaire sur pneus transporte les visiteurs à 50 m sous terre dans une vaste salle où Notre-Dame de Paris entrerait sans peine… Des stalagmites savamment éclairées se dressent fièrement, l'une d'elles atteint même 30 m de haut.
Le second puits, au-dessus duquel on se penche, donne un peu le vertige avec ses 90 m de profondeur.
Un montage audiovisuel raconte l'histoire de la grotte.

Grotte de Dargilan.... Meyrueis F3

48150 - Meyrueis
Tél. : 04 66 45 60 20-Fax : 04 66 45 64 35
Ouv. tlj de 9 h à 19 h en juill. et août ; de 9 h à 12 h et 13 h 30 à 18 h en avril, mai, juin, sept. (17 h en oct.)

pour tous

Découverte en 1880 par un berger qui essayait de déloger un renard de son terrier, explorée plus tard par le fondateur de la spéléologie, Édouard Alfred Martel, la grotte de Dargilan fut la première grotte aménagée en France. Souvent appelée la grotte rose, elle présente des intérêts variés, géologiques (chaos d'effondrement, galeries d'érosion) et esthétiques (salles ornées de magnifiques cristallisations aux couleurs naturelles très spectaculaires).

Belvédère des Vautours..................... Meyrueis F3

48150 - Meyrueis
Tél. : 04 65 62 69 69, 04 65 62 14 01 et 04 66 49 53 00
Ouv. tlj de 10 h à 19 h en juill. et août ; de 10 h à 18 h de mars à fin juin et de sept. au 15 nov.
Sur la RD entre Meyrueis et Le Rozier

+8 ans

Quarante ans après leur disparition des cieux caussenards, les vautours sont de retour. Le Fonds d'intervention pour les rapaces et le parc national des Cévennes surveillent aujourd'hui une colonie réintroduite de plus de 200 vautours.

Le belvédère des Vautours, au cœur des gorges de la Jonte, retrace l'aventure de la réintégration des rapaces dans leur territoire naturel. Un parcours souterrain jalonné de surprises, de sons, d'images, d'histoires et de reconstitutions en trois dimensions sert de voyage initiatique. Puis une observation directe à partir de terrasses apporte une meilleure connaissance de ces grands oiseaux.

Des vidéos permettent d'entrer dans la vie familiale de la colonie de vautours.

Écomusée du mont Lozère...... Le Pont-de-Montvert G2

48220 - Le Pont-de-Montvert
Tél. : 04 66 45 80 73
Ouv. tlj de 10 h 30 à 12 h 30 et de 14 h 30 à 18 h 30 du 15 avril au 30 sept. et pendant les vac. scol.
Gratuit pour les enfants
23 km N.-E. de Florac par la RN 106 et la RD 988

+8 ans

Situé sur le massif granitique du mont Lozère, l'écomusée propose une découverte de la région par différentes approches : une exposition permanente sur l'histoire naturelle et humaine de cette montagne, des expositions temporaires, des vidéos et des diaporamas sur différents thèmes tels que la transhumance, la châtaigneraie ou la faune des Cévennes, et des sentiers thématiques de randonnée pédestre à parcourir avec une fiche explicative.
Par ailleurs, il existe un cahier de vacances sur le granite destiné aux enfants à partir de 8 ans ; il permet, grâce à des exercices et des réponses à trouver en se promenant, de découvrir la région au travers de thèmes comme le paysage, la forêt, l'agriculture, l'eau et l'architecture.
Chaque été, des animations (démonstrations, randonnées, spectacles, ateliers...) sont proposées autour du thème annuel du festival nature du parc national.

Les Empreintes du Temps........ Saint-Laurent-de-Trèves F3

48400 - Florac
Tél. : 04 66 49 53 01
Ouv. tlj en août ; tlj sauf mardi de Pâques à fin juin et de sept. au 11 nov.
10 km S. de Florac par la RD 907 et la RD 983

+8 ans

Sur une butte calcaire qui domine la vallée du Tarnon, des dinosaures ont laissé des traces de leur passage. Il y a 2 millions d'années, la lagune s'étendait au pied de la colline, debout sur ses pattes arrière un dinosaure s'avançait vers le rivage.
Dans l'église, un spectacle audiovisuel en trois dimensions ouvre les portes du temps.
À 100 m de là, à l'autre bout du village, on peut également voir gravées dans la roche des empreintes caractéristiques.

Petit train des Causses............ Sainte-Énimie F2

48210 - Sainte-Énimie
Tél. : 04 66 48 50 73-Fax : 04 66 48 50 73
Circule tlj en juill. et août (plusieurs départs par jour)
Départ du parking - Durée du parcours : 2 heures

pour tous

Le petit train grimpe une route en lacet qui surplombe bientôt la cité médiévale de Sainte-Énimie, puis il traverse la forêt et parcourt les grands espaces des Causses où, avec un peu de chance, on pourra apercevoir des mouflons.
Un arrêt de 1 heure donnera l'occasion de se dégourdir les jambes à la ferme de Boissets (expositions, parc à mouflons, dégustations).

Réserve naturelle de bisons d'Europe..... Sainte-Eulalie-en-Margerie F1

48120 - Saint-Alban-sur-Limagnole
Tél. : 04 66 31 40 40-Fax : 04 66 31 40 34
Ouv. tlj de 10 h à 19 h pendant les vac. scol.
et les jrs fér. ; de 10 h à 12 h
et de 14 h à 17 h le reste de l'année
30 km E. de St-Chély-d'Apcher par la RN 106, la RD 987 et la RD 14

pour tous

Sur 200 ha d'espaces naturels vit un troupeau de bisons en semi-liberté. La visite s'effectue soit à pied (du 1er mai au 31 août) sur un circuit de 1 km ponctué de postes d'observation d'où l'on peut regarder à loisir les animaux, soit en calèche ou en traîneau (selon la saison). Dans la maison du Bison, les visiteurs apprennent l'histoire des bisons d'Europe.
Un espace ludique et pédagogique évoque les origines et le mode de vie de ces rescapés d'une autre époque, et une grotte peinte comme à l'époque de la préhistoire complète cette évocation des temps préhistoriques.

Les Loups du Gévaudan............. Sainte-Lucie F2

48100 - Marvejols
Tél. : 04 66 32 09 22
Ouv. tlj de 10 h à 18 h du 1er juin au 30 sept.
et de 10 h à 16 h 30 de fév. à fin mai
et d'oct. au 31 déc.
10 km N. de Marvejols par la RN 9

pour tous

Imaginez plus de 100 loups vivant en semi-liberté, des loups que l'on peut voir pour de vrai et que l'on peut observer grâce à des caméras vidéo.
Une visite de l'espace musée procure l'occasion de découvrir que ces animaux sauvages ont une vie sociale très bien organisée. Ils vivent en clan dans le respect de la hiérarchie, avec un grand sens de la famille et de la fidélité. On apprend que les loups ne sont pas les animaux agressifs que l'on croit, et qu'ils ne tuent en fait que pour se nourrir. Un spectacle audiovisuel met en scène les grands espaces où les loups vivent en liberté, il permet aussi d'écouter Gérard Ménatory, le créateur du parc, parler de ces animaux auxquels il a consacré sa vie. Les petits s'attacheront, eux, à découvrir la vie des louveteaux dans une tanière enchantée, aménagée pour eux.

Au XVIIe s., la région de Marvejols vivait dans la terreur d'une bête terrible qui dévorait femmes et enfants. Les nombreuses battues organisées se soldaient les unes après les autres par des échecs. L'animal que l'on prenait pour un loup devenait jour après jour plus effrayant. Le « monstre » fut enfin tué le 19 juin 1767. Aujourd'hui une statue de la célèbre « bête du Gévaudan » trône sur la place principale de la ville.

PYRÉNÉES-ORIENTALES

Parc animalier......... Les Angles C8

66210 - Mont-Louis
Tél. : 04 68 04 17 20-Fax : 04 68 04 17 21
Ouv. tlj de 8 h à 19 h 30 les mois d'été ; de 9 h à 17 h en hiver
10 km N. de Mont-Louis

+8 ans

Le long de sentiers aménagés, les visiteurs rencontrent tous les animaux sauvages des Pyrénées dans leur espace naturel montagnard. Deux circuits de longueurs différentes permettent d'approcher les animaux : le plus court (1,5 km) permet de voir des sangliers, des rennes, des daims, des cerfs, des ours..., et le plus long (3,5 km) monte à proximité du territoire protégé des mouflons, des bouquetins, des isards, des loups, des bisons...
Des affûts photographiques permettent d'effectuer des poses d'observation.
Attention ! ce parc n'est pas un zoo et observer les animaux demande de la patience et du silence.

La Casa de les Alberes............ Argelès-sur-Mer E8

4, place des Castellans
66700 - Argelès-sur-Mer
Tél. 04 68 81 42 74-Fax : 04 68 95 96 73
Ouv. du lundi au sam. midi de 9 h à 12 h et de 15 h à 18 h

+8 ans

Aménagé dans un ancien château d'eau de style catalan, ce « museu de les Arts i Tradicions populars » vise à donner une image de la vie rurale de la région d'Argelès : les travaux des champs, de la vigne, les métiers (bouchonnier, tonnelier, fabricant d'espadrilles...).
Une dynamique approche des traditions du terroir.

Les Aigles......... Argelès-sur-Mer E8

Château de Valmy
66700 - Argelès-sur-Mer
Tél. : 04 68 81 67 32-Fax : 04 68 95 78 50
Ouv. tous les a.-m. du 1er mars au 1er nov. ; plusieurs spect. par jour

pour tous

Devant le château de Valmy, un spectacle de 1 heure met en scène des rapaces. Aigles, milans, vautours, etc., participent à un véritable opéra sauvage dans lequel leur dextérité fait l'admiration des spectateurs petits et grands.

Aquarium.......... Banyuls-sur-Mer E8

66650 - Banyuls-sur-Mer
Tél. : 04 68 88 73 39
Ouv. tlj de 9 h à 12 h et de 14 h à 22 h en juill. et août, et de 9 h à 12 h et de 14 h à 18 h 30 le reste de l'année

pour tous

Le centre de recherches en océanographie de Banyuls a aménagé de grands aquariums pour accueillir la faune et la flore des fonds méditerranéens.
Une approche scientifique des poissons et de leur environnement.

Château-musée......... Bélesta D7

66720 - Latour-de-France
Tél. : 04 68 84 55 55-Fax : 04 68 84 51 06
Ouv. tlj de 10 h à 19 h en juill. et août ; de 10 h à 12 h 30 et de 14 h à 18 h 30 de mars à juin et en sept. et oct.
31 km O. de Perpignan par la RN 116 et la RD 21

+8 ans

Récemment restauré, ce château met en scène la vie quotidienne des hommes du néolithique. Parmi les tableaux représentant leurs occupations journalières et leur mode de vie, on sera particulièrement frappé par la reconstitution de la tombe collective découverte en 1983. Une attractive leçon d'histoire.

Musée de l'Automobile.. Canet E7

Balcon du Front-de-Mer
66140 - Canet-en-Roussillon
Tél. : 04 68 73 12 43
Ouv. tlj de 14 h à 20 h en juill. et août ; tlj sauf mardi de 14 h à 18 h de sept. à juin et tlj pendant les vac. scol.

Des véhicules restaurés avec passion par des collectionneurs retracent l'histoire de l'automobile de 1895 à nos jours. Cabriolets et Cadillac, les plus belles voitures sont là pour faire rêver les amateurs. Les petits garçons vont envier la collection d'autos miniatures.

Musée du Bateau......... Canet E7

Balcon du Front-de-Mer
66140 - Canet-en-Roussillon
Tél. : 04 68 73 12 43
Ouv. tlj de 14 h à 20 h en juill. et août ; tlj sauf mardi de 14 h à 18 h de sept. à juin et tlj pendant les vac. scol.

De la barque pharaonique de Kheops aux prestigieux paquebots transatlantiques, de la barque catalane au porte-avions *Clemenceau*, le musée présente les maquettes des plus fameux navires ayant sillonné les mers du monde.
Un atelier de modélisme est attaché au musée et ouvert aux amateurs.

Musée du Jouet........... Canet E7

Balcon du Front-de-Mer
66140 - Canet-en-Roussillon
Tél. : 04 68 73 20 29
Ouv. tlj de 14 h à 20 h en juill. et août ;
tlj sauf mardi de 14 h à 18 h en avril, mai, juin et déc.

Les centaines de jouets exposés évoquent l'enfance depuis les civilisations les plus anciennes jusqu'à la sophistication d'aujourd'hui. L'antre d'un Père Noël intemporel !

Aquarium.................... Canet E7

Bd de la Jetée
66140 - Canet-en-Roussillon
Tél. : 04 68 73 49 64
Ouv. tlj de 10 h à 20 h en juill. et août ; tlj sauf mardi, sam. et dim. matin de 10 h à 12 h et de 14 h à 18 h de sept. à juin ; tlj pendant les vac. scol.

+8 ans

Merveilles de couleurs et de souplesse, les poissons des mers du monde dansent, infatigables, parmi les coraux vivants ; et pendant ce temps-là, le crapaud-buffle guette sa proie, prêt à l'assommer avec sa grosse langue au bout adhésif, l'hippocampe se laisse ballotter par le temps et le crocodile chauffe sa vieille carapace au soleil…

Le Tropique du Papillon.. Elne E8

66200 - Elne
Tél. : 04 68 37 83 77
Ouv. tlj de 10 h à 19 h en juill. et août, et de 10 h à 12 h 30 et14 h 30 à 19 h les autres mois d'avril à sept.
RN 114 entre Elne et Argelès

+8 ans

Des plantes tropicales qui embaument l'atmosphère et des papillons par centaines qui, familiers, se posent un instant sur le bras tendu des enfants émerveillés.

Four solaire Font-Romeu-Odeillo-Via C8

66120 - Font-Romeu-Odeillo-Via
Tél. : 04 68 30 77 86-Fax : 04 68 30 77 05
Ouv. tlj de 10 h 30 à 19 h 30 en juill. et août et de 10 h à 12 h 30 et de 14 h à 18 h le reste de l'année
Gratuit pour les – de 10 ans

+12 ans

Un spectaculaire four solaire de 50 m de largeur, composé d'une parabole de 1 800 m^2 et de 63 héliostats de 45 m^2.
La visite, très instructive, est accessible aux enfants sérieux et raisonnables ; elle propose des expériences sous forme de maquettes interactives permettant de découvrir le fonctionnement d'un four solaire, les énergies renouvelables et la transformation de la lumière.
Un simulateur reproduit la fusion d'une plaque d'acier au foyer du four solaire et un film présente le four et les recherches qui y sont menées. On peut aussi suivre une visite commentée des installations solaires, et petits et grands peuvent poser toutes les questions qu'ils veulent à des animateurs scientifiques.

Casa Pairal............ Perpignan E7

Musée catalan des Arts et Traditions populaires
Place de Verdun
66000 - Perpignan
Tél. : 04 68 35 42 05-Fax : 04 68 66 32 80
Ouv. tlj sauf mardi de 9 h 30 à 19 h de mi-juin à mi-sept.
et de 9 h à 18 h le reste de l'année

+8 ans

Dans ce charmant château de brique, qui fut d'abord porte de la ville puis prison, est installé un musée des Traditions populaires en Roussillon dans lequel des objets évoquent la vie quotidienne en Catalogne française. La reconstitution d'un habitat paysan des hautes aspres et le cachot où plane la mystérieuse énigme du dauphin Louis XVII retiendront particulièrement l'attention des enfants.

Musée de l'Aviation du Mas-Palegry.......... Perpignan E7

Route d'Elme
66100 - Perpignan
Tél. / Fax : 04 68 54 08 79
Ouv. tlj sauf dim. et lundi de 10 h à 12 h et de 15 h
à 19 h (dim. et lundi de 15 h à 19 h) du 15 juin au 15 sept.
et dim. a.-m. hors saison

+12 ans

Des avions, des maquettes grandeur nature, des objets sur l'aviation… ont été collectionnés par un pilote passionné et sont exposés en plein air et dans un hangar de la propriété familiale.
La grande aventure de l'aviation fait toujours rêver.

Musée d'Histoire naturelle...... Perpignan E7

12, rue Fontaine-Neuve
66000 - Perpignan
Tél. : 04 68 35 42 05
Ouv. tlj sauf mardi de 9 h 30 à 12 h et de 14 h 30 à 19 h
de juill. au 15 sept. ; de 9 h à 12 h et 14 h à 18 h le reste de l'année

+8 ans

Le musée contient des collections minéralogiques et zoologiques : des reptiles, des animaux exotiques, la faune et la flore des Pyrénées-Orientales…. Quelques pièces égyptiennes, dont une momie dans son sarcophage, intriguent particulièrement les enfants.

Jardin exotique......... Ponteilla E8

Route de Nyls
66300 - Thuir
Tél. : 04 68 53 22 44
Ouv. tlj de 14 h 30 à 18 h 30 de juin à fin août
et les w.-e. et jrs fér. d'avril à oct.
10 km S. de Perpignan

+8 ans

Un magnifique jardin où poussent fleurs et plantes exotiques : certaines sentent divinement bon, d'autres sont ravissantes à regarder. Les enfants accompagnés de leurs parents se promènent selon un cheminement fléché et participent à un jeu de piste. Ils emporteront en souvenir le livret de réponses à ce jeu qui leur sera remis en fin de parcours.

Fort Lagarde......... Prats-de-Mollo D8

66230 - Prats-de-Mollo-la-Preste
Tél. : 04 68 39 70 83-Fax . 04 68 39 74 51
Visite-spectacle tlj à 14 h 30 et à 16 h 30 de juill. à août

+8 ans

Des cavaliers comédiens en costume d'époque évoquent l'entraînement militaire du XVIIIe s. : tir au canon, tir au fusil de rempart, démonstrations équestres, dressage de haute école, escrime et voltige.
Une visite-conte est réservée aux enfants (merc. à 14 h 45 en juin et sept., et à 10 h 45 en juill. et août) : le guide raconte à la première personne l'histoire du soldat Jolicœur en garnison au fort Lagarde au XVIIIe s.

Aqualand............. Saint-Cyprien E8

Chemin du Mas-des-Capelans
66750 - Saint-Cyprien-Plage
Tél. : 04 68 15 21 47
et 08 36 68 66 13
Ouv. tlj de 9 h 30 à 20 h 30 de mi-juill. à fin août ; de 10 h à 19 h de fin juin à mi-juill. et de 10 h à 18 h en juin et jusqu'à mi-sept.

pour tous

Parmi les sensations fortes qu'offre ce parc aquatique (toboggans, rivières rapides, pentagliss...), le trapèze aquatique The Wave fait voir le monde sens dessus dessous aux courageux volontaires.
Les petits ne sont pas oubliés pour autant : ils sautent et glissent dans l'eau en toute sécurité.

La Vallée des Tortues... Sorède E8

66690 - Sorède
Tél. : 04 68 95 50 50
Ouv. tlj de 9 h à 18 h du 1er mars au 31 oct.

+8 ans

Dans un parc boisé, une promenade à la découverte d'une collection de tortues terrestres et aquatiques. Des panneaux bien faits permettent de reconnaître les différentes espèces et de bien comprendre leurs habitudes de vie.

Musée du Centre européen de préhistoire............... Tautavel E7

66720 - Latour-de-France
Tél. : 04 68 29 07 76
Ouv. tlj de 9 h à 21 h en juill. et août ; de 10 h à 18 h d'avril à juin et en sept. et de 10 h à 12 h 30 et de 14 h à 18 h de janv. à mars et d'oct. à déc.
27 km N.-E. de Perpignan par la RD 117 et la RD 59

+8 ans

C'est ici, ou plus exactement à la Caune de l'Arago, que fut trouvé le crâne d'un homme ayant vécu il y a... 455 000 ans. Il mesurait 1,65 m et mourut à l'âge de 20 ans.
L'importance de cette découverte dans la région a justifié la création de ce musée sur l'histoire de l'homme.
Répartis dans 22 salles du musée, 10 consoles interactives et 20 documents audiovisuels, des reconstitutions grandeur nature, la reproduction de la grotte de la Caune de l'Arago, des objets découverts au cours de fouilles, etc., et surtout le plus vieux crâne humain d'Europe participent à cette grande fresque de la préhistoire.
En été, des animations et des ateliers de découverte autour de la préhistoire sont proposés aux jeunes visiteurs.

Grotte des Grandes Canalettes..... Villefranche-de-Conflent D8

66500 - Prades
Tél. : 04 68 96 23 11 et 04 68 80 25 89
Fax : 04 68 96 35 45
Ouv. tlj de 10 h à 18 h de mi-juin à mi-sept. ;
de 10 h à 12 h et de 14 h à 17 h 30 d'avril à juin et de sept. à oct. ;
les dim. et vac. scol. de 14 h à 17 h de nov. à avril
6 km S.-O. de Prades

+8 ans

Une marche dans un monde fantastique où les spectaculaires concrétions se succèdent : la salle Blanche, celle dite Temple d'Angkor et le lac aux Atolls sont particulièrement impressionnants et remarquablement mis en valeur par un éclairage subtil et la diffusion d'un concert de musique classique.

Château fort Liberia........... Villefranche-de-Conflent D8

66500 - Prades
Tél. : 04 68 96 34 01-Fax : 04 68 05 21 78
Ouv. tlj de 10 h à 20 h d'avril à oct.
et de 10 h à 18 h le reste de l'année
6 km S.-O. de Prades

+8 ans

Le fort, construit par Vauban en 1681 et fortifié sous Napoléon III, domine Villefranche. On y accède à pied par un sentier et on en revient par le souterrain dit « des Mille Marches » et réputé être le plus long du monde…
On arpente les chemins de ronde, prenant garde aux soldats embusqués dans les galeries de contrescarpe, on visite l'exposition permanente consacrée à l'archéologie et la spéléologie du Conflent, on frissonne en regardant dans les prisons souterraines la reconstitution d'une scène de l'affaire des Poisons.

À Céret, en juin et juillet les gourmands se gaveront de cerises dont la ville est la capitale. Au mois d'août, ceux qui aiment danser apprendront la sardane au cours du festival de danses folkloriques.

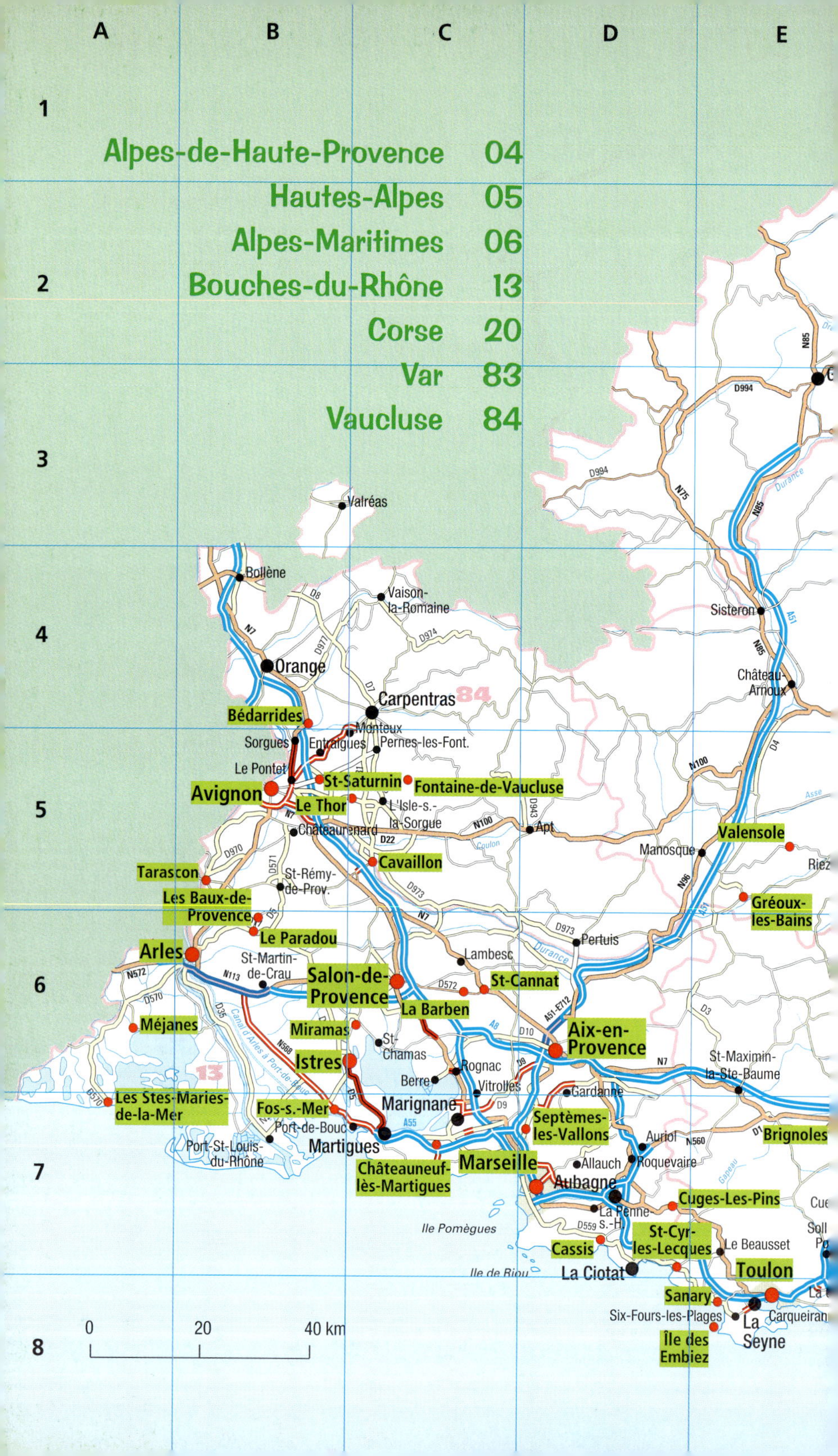

A
B
C
D
E
1
2
3
4
5
6
7
8
Alpes-de-Haute-Provence 04
Hautes-Alpes 05
Alpes-Maritimes 06
Bouches-du-Rhône 13
Corse 20
Var 83
Vaucluse 84
Valréas
Bollène
Vaison-la-Romaine
Orange
Carpentras
84
Bédarrides
Monteux
Sorgues
Entraigues
Pernes-les-Font.
Le Pontet
St-Saturnin
Fontaine-de-Vaucluse
Avignon
Le Thor
L'Isle-s.-la-Sorgue
Châteaurenard
Apt
Cavaillon
Tarascon
St-Rémy-de-Prov.
Les Baux-de-Provence
Le Paradou
Arles
St-Martin-de-Crau
Salon-de-Provence
Lambesc
St-Cannat
La Barben
Méjanes
Miramas
St-Chamas
Aix-en-Provence
Istres
Berre
Rognac
Vitrolles
Gardanne
13
Les Stes-Maries-de-la-Mer
Fos-s.-Mer
Marignane
Septèmes-les-Vallons
Port-de-Bouc
Martigues
Port-St-Louis-du-Rhône
Châteauneuf-lès-Martigues
Marseille
Allauch
Aubagne
Auriol
Roquevaire
Brignoles
St-Maximin-la-Ste-Baume
Cuges-Les-Pins
La Penne s.-H.
Ile Pomègues
Cassis
St-Cyr-les-Lecques
Le Beausset
Ile de Riou
La Ciotat
Toulon
Sanary
Six-Fours-les-Plages
La Seyne
Carqueiranne
Île des Embiez
Sisteron
Château-Arnoux
Manosque
Valensole
Riez
Gréoux-les-Bains
Pertuis
Durance
Canal d'Arles à Port-de-Bouc
0 20 40 km

F
G
H
I
Serre-Chevalier
N91
Briançon
Arvieux
Guil
05
N94
Embrun
Ubaye
Rousset
D900
Barcelonnette
Le Sauze
Auzet
Bléone
D2205
Tinée
Verdon
Vésubie
Roya
Digne-les-Bains
Asse
06
N20
N85
Var
N202
Castellane
Roquebrune-Cap-Martin
Menton
La Trinité
A8
Monaco
Loup
Verdon
Vence
Nice
St-Jean-Cap-Ferrat
Cagnes
N7
Siagne
Grasse
Biot
Antibes
Mougins
Vallauris
Le Cannet
Cannes
Juan-les-Pins
D955
D557
Draguignan
A8-E80
Mandelieu-la-Napoule
Bastia
N98
Lorgues
Le Muy
Fréjus
Agay
N7
Roquebrune-s.-Argens
St-Raphaël
Le Luc
2B
Corte
La Garde-Freinet
Ste-Maxime-s.-Mer
D25
83
St-Tropez
Cogolin
Aléria
N98
D559
Ajaccio
N98
Le Lavandou
2A
Iles Sanguinaires
La Londe-les-Maures
Filitosa
Levie
Ile du Levant
Sartène
Ile de Port-Cros
Porto-Vecchio
Bonifacio

ALPES-DE-HAUTE-PROVENCE

Élevage de Rennes...... Auzet F3

Ferme Béridon « L'Infernet »
04140 - Auzet
Tél. / Fax : 04 92 35 05 57
Ouv. tlj sauf lundi matin de 10 h à 17 h 30

pour tous

Des rennes comme en Laponie vivent dans cet élevage pas comme les autres. Quelques lamas des Andes et des chèvres bien de chez nous sont là pour leur tenir compagnie. Les enfants peuvent partir faire une promenade en traîneau tiré par des rennes (sur rendez-vous).

Maison des sirènes.. Castellane F5

Place Marcel-Sauvayre
04120 - Castellane
Tél. : 04 92 83 19 23
Ouv. tlj de 9 h à 12 h et de 14 h à 18 h
en journée continue l'été

+8 ans

Une exposition permanente conte les péripéties des sirènes et la longue histoire des siréniens. Les siréniens étaient de paisibles mammifères marins qui vécurent dans la Méditerranée et qui sont probablement à l'origine du mythe des sirènes.
Vous trouverez également sur place un ensemble d'informations sur les espaces naturels de la réserve géologique de Haute-Provence.
À 6 km de Castellane, au col des Lèques, se dissimule la vallée des sirènes fossiles, un gisement paléontologique où des centaines d'ossements de siréniens ont été fossilisés. Un sentier facile y mène en une demi-heure de marche.

Musée de Géologie.................. Digne-les-Bains F4

Centre de géologie Saint-Benoît
04000 - Digne-les-Bains
Tél. : 04 92 36 70 70-Fax : 04 92 36 70 71
Ouv. tlj sauf jrs fér. de 9 h à 12 h et de 14 h à 17 h 30
d'avril à fin oct. ; fermé le w.-e. de nov. à avril

+8 ans

Dans un site exceptionnel dominant la vallée de la Bléone, le musée concentre ses activités sur la réserve géologique de Haute-Provence. La mémoire de la Terre y est racontée avec six expositions intégrant des collections paléontologiques rares (animaux et végétaux).
La dernière-née des expositions est consacrée au passé des océans : 10 aquariums d'eau de mer pour présenter plus de 70 espèces aquatiques, descendantes des fossiles protégés sur le territoire de la réserve.

Crèche de Haute-Provence..... Gréoux-les-Bains E5

Route de Vinon
04800 - Gréoux-les-Bains
Tél. : 04 92 77 61 08-Fax : 04 92 77 64 59
Ouv. du mardi au dim. de 9 h à 12 h et de 14 h 30
à 19 h de mars à août ; de 9 h à 12 h et de 15 h à 18 h de sept. à janv.
14 km S.-E. de Manosque

pour tous

L'histoire merveilleuse des santons de Provence, réunis dans un village miniature de 180 m² joliment éclairé et sonorisé.

Musée vivant de l'Abeille.................... Valensole E5

Route de Manosque
04210 - Valensole
Tél. : 04 92 74 85 28
Ouv. du lundi au vend. de 8 h à 12 h et de 13 h 30
à 17 h 30 (16 h le sam.) de juin à sept., fermé le lundi d'oct. à mars

pour tous

Des ruches vitrées dans lesquelles on regarde les abeilles travailler, et l'occasion exceptionnelle de pouvoir entrer dans une ruche après avoir revêtu le costume d'apiculteur (merc. et vend. à 15 h en juin, juill. et août).

HAUTES-ALPES

L'Alpin chez lui.......... Arvieux G2

05350 - Ville-Vieille
Tél. : 04 92 46 73 86
Entre le col d'Izoard et Château-Queyras

pour tous

De merveilleux jouets en bois réalisés par d'habiles artisans du Queyras. On admire la collection d'animaux, le téléphérique, la ferme, le mobilier pour la maison de poupée… Et si papa et maman sont très gentils, on peut aussi en acheter.

Muséoscope du Lac.... Rousset F3

Belvédère de Serre-Ponçon
05190 - Espinasses
Tél. : 04 92 54 50 00-Fax : 04 92 54 46 00
Horaires non communiqués lors de la rédaction du guide

+8 ans

À flanc de montagne, proche du belvédère surplombant le lac de Serre-Ponçon, un musée de conception très moderne vient d'ouvrir. Grâce à une technologie innovante et une mise en scène sonore et visuelle, les visiteurs revivent l'inondation des deux vallées et l'immersion des villages lors de la mise en eau du barrage.
Une maquette reconstitue les anciens villages et des films racontent l'histoire de la construction du barrage et évoquent « l'après barrage ». Une salle panoramique permet, à travers des hublots, d'avoir une vue fantastique et inoubliable sur le lac.

La Montagne aux Marmottes....... Le Sauze-du-Lac G3

05160 - Le Sauze-du-Lac
Tél. : 04 92 44 32 00-Fax : 04 92 44 32 04
Ouv. tlj de 9 h 30 à 19 h d'avril à oct.
Le billet d'entrée permet de revenir à volonté
S. de Barcelonnette

pour tous

Il y a beaucoup de choses à faire et à voir dans cet élevage de marmottes : on peut observer la vie quotidienne de ces charmants rongeurs grâce à des terriers vitrés ; on peut aussi rencontrer des blaireaux, des renards, des marmottes, des daims, des mouflons…

bien vivants ; on découvre la faune des montagnes naturalisée ; on suit un parcours forestier sur lequel on rencontre des animaux artificiels grandeur nature : cerf, sanglier, blaireau, renard, chamois, bouquetin… ; on grimpe sur le mur d'escalade et on s'amuse à divers jeux ; on entre dans une grotte préhistorique reconstituée avec stalactites, stalagmites et peintures rupestres.

Adventure Parc… Serre-Chevalier F1

05240 - La Salle-les-Alpes
Tél. : 04 92 24 90 57-Fax : 04 92 24 92 27
Ouv. tlj de 9 h 30 à 18 h 30 en juill. et août ; w.-e. de juin, à mi-sept. et pendant les vac. de la Toussaint

+8 ans

Un parcours d'une vingtaine de jeux autour de l'escalade ou de la grimpette. Les enfants se déplacent d'arbre en arbre sur un pont en liane, grimpent dans les pins à l'aide d'échelles de corde, font de l'équilibre au bout d'une corde, se faufilent dans des tonneaux.
Un espace bien conçu et très amusant pour les enfants sportifs.
Possibilité de faire l'expérience du saut à l'élastique.

La marmotte est un charmant petit animal que l'on peut voir au printemps ou en été dans la montagne au-dessus de 1 500 m. Les autres mois de l'année, les marmottes et toute leur famille dorment roulées en boule dans un terrier qu'elles se sont creusé. Leur respiration et le battement de leur cœur se ralentissent. Lorsque la marmotte est réveillée, elle passe de longues heures à faire le guet dressée sur les pattes arrière. Au moindre bruit, elle émet un sifflement strident pour prévenir son petit monde d'un éventuel danger.

ALPES-MARITIMES

La Petite Ferme......... Antibes H6

06600 - Antibes
Tél. : 04 93 33 49 49
Ouv. tlj de 10 h à 18 h en juill. et août
À côté du Marineland

-8 ans

Une ferme modèle où tous les animaux de la campagne (veaux, vaches, cochons…) et de la basse-cour (coqs, poules, lapins…) vivent en harmonie avec les jeunes visiteurs. Les animations (charrette tirée par le tracteur, ateliers pour se faire maquiller, tours de poney…) contribuent à faire découvrir la vie d'une ferme tout en s'amusant.

Marineland................ Antibes H6

06600 - Antibes
Tél. : 04 93 33 49 49-Fax : 04 93 33 38 65
Ouv. tlj de 10 h à 18 h ; spect. à partir de 10 h tte l'année
(nocturne en juill. et août)
Sur la RN 7, à la sortie d'Antibes en dir. de Nice

pour tous

Des shows comme ceux que l'on voit aux États-Unis avec des dauphins, des orques, des otaries qui sautent à travers des cerceaux, jouent au ballon, dansent, traînent des petits bateaux… Un tunnel transparent pour traverser le grand bassin où nagent requins, raies et poissons exotiques, histoire de se retrouver nez à bouche avec les poissons. Un bassin où les raies attendent les petites caresses des enfants et un autre où les méduses dévoilent leur odyssée.
Un passage au musée de la Marine conclut la visite dans le sérieux.
Nouveauté : un grand bassin à parois vitrées pour voir les orques, ou « baleines tueuses », comme si l'on nageait avec eux.

La Jungle des Papillons

Antibes H6

06600 - Antibes
Tél. : 04 93 33 49 49
Ouv. tlj de 10 h à 18 h en juill. et août
À côté du Marineland

pour tous

Dans une vaste serre recréant la végétation et le climat des tropiques, des centaines de papillons volent et s'épanouissent en liberté. Depuis quelque temps, des crocodiles, des caïmans, des iguanes et autres piranhas procurent quelques instants de frissons. Tous les jours, des entomologistes répondent aux questions des jeunes explorateurs.

Aqua-splash et Adventure Golf...............

Antibes H6

06600 - Antibes
Tél. : 04 93 33 49 49
Ouv. de mi-juin à début sept.
À côté du Marineland

pour tous

Un grand parc aquatique avec 12 toboggans géants, une piscine d'eau de mer à vagues, une grande piscine-relax, une rivière lente…, et, dans ce cadre exotique, un mini-golf proposant trois parcours de 18 trous aux mille obstacles inattendus.

Verrerie de Biot.............

Biot H6

Chemin des Combes
06410 - Biot
Tél. : 04 93 65 03 00-Fax : 04 93 65 00 56
Ouv. tlj de 9 h à 20 h en juill. et août et de 10 h à 19 h le reste de l'année

pour tous

Une visite à la Verrerie de Biot enthousiasmera les mamans et fascinera les enfants. Outre le petit tour dans l'écomusée qui raconte l'histoire du verre, on passera un grand moment à regarder les maîtres verriers transformer, de leurs mains expertes et de leur souffle magique, le verre en fusion en carafe ou en verre.

Visiobulle............. Juan-les-Pins H6

Face à la maison du Tourisme
06160 - Juan-les-Pins
Tél. : 04 93 67 02 11 ou 04 93 74 85 42
Fax : 04 92 91 15 42
Circule tlj (sauf intempéries) de 9 h à 18 h 15 en juill. et août ; de 11 h à 16 h 30 en avril, juin et sept. (réserv. recommandée en juill. et août)
Embarcadère Courbet à Juan-les-Pins

pour tous

À bord du *Visiobulle*, si les parents choisissent de découvrir le site de la baie des Milliardaires (inaccessible par la terre) en longeant les falaises d'Eden Roc, les palaces côté mer, les villas de rêve dans la pinède, les enfants préféreront, eux, admirer les fonds marins du cap d'Antibes, sa faune, ses herbiers de posidonies.

Confiserie Florian.......... Nice H5

14, quai Papacino
06000 - Nice
Tél. : 04 93 55 43 50
Ouv. tlj de 9 h à 12 h et de 14 h à 18 h 30

pour tous

Une visite guidée des ateliers où se fabriquent de façon artisanale confitures d'agrumes, fleurs cristallisées, chocolats et bonbons acidulés aux arômes de fruits... Le tour se termine par une dégustation de bonbons. La même visite peut se faire dans les ateliers de Tourrette-sur-Loup (06140, tél. : 04 93 59 32 91).

Astrorama...................... Nice H5

Route de la Revère - Col d'Èze
Parc naturel de la Grande Corniche
06000 - Nice (La Trinité)
Tél. : 04 93 41 23 04-Fax : 04 93 85 62 85 (PARSEC)
Ouv. tlj sauf dim. de 18 h à 23 h en juill. et août, vend. et sam. le reste de l'année
Sur la Grande Corniche, au col d'Èze, entre Nice et La Turbie

+8 ans

Des soirées pour regarder les étoiles dans le ciel ou pour assister à des spectacles autour de l'astronomie et de l'astrologie.
Ces spectacles, accompagnés d'une conférence et de diaporamas, abordent des sujets qui changent presque tous les soirs. On a le choix notamment entre solstices et équinoxes, nuit de la comète, la vie extraterrestre, l'histoire de la Terre, les galaxies, les coïncidences du paranormal...

Parc Phœnix................ Nice H5

405, promenade des Anglais
06000 - Nice
Tél. : 04 93 18 03 33-Fax : 04 93 18 01 01
Circule. tlj de 9 h à 19 h d'avril à sept. ; de 9 h à 17 h d'oct. à mars
Gratuit pour les – de 6 ans

pour tous

Une gigantesque serre, un jardin astronomique, l'île des Temps-Révolus où l'on découvre les plantes que côtoyèrent les dinosaures, une bambouseraie, un jardin de succulentes, des poissons, des oiseaux et des papillons exotiques, des fleurs par milliers… Voilà toutes les découvertes qui attendent les visiteurs du parc floral de Nice.
La mare aux petits diables, l'espace jeux réservé aux enfants, est particulièrement réussie avec sa grenouille toboggan et ses libellules balançoires. Le parc a de grands projets de transformation pour les années à venir.

Aquascope.................... Nice H5

Quai Lunel
06300 - Port de Nice
Tél. : 04 92 00 42 30-Fax : 04 92 00 42 31
Circule tlj (sauf intempéries) de 9 h à 19 h d'avril à sept. (départ ttes les heures) ; tlj sauf lundi et jeudi de 10 h à 16 h d'oct. à mars

pour tous

Grâce à sa coque immergée et transparente, l'*Aquascope* permet de découvrir la faune et la flore du bord des côtes méditerranéennes.

Zoo du Cap-Ferrat........ Saint-Jean-Cap-Ferrat I5

06230 - Saint-Jean-Cap-Ferrat
Tél. : 04 93 76 04 98-Fax : 04 93 76 07 36
Ouv. tlj de 9 h 30 à 19 h en juill. et août ; de 9 h 30 à 17 h 30 le reste de l'année

pour tous

Panthères, tigres, zèbres, lamas, lémuriens, crocodiles… ont établi leur quartier sur la Côte d'Azur, et ils ont bon goût : l'endroit est paradisiaque, la vue sublime, le climat agréable… Qui ne rêverait de passer ses vacances au cap Ferrat !
Même les ours à collier ont décidé de s'y installer, et ce d'autant plus qu'on a aménagé un espace de rochers et de cascades exprès pour eux. Voilà une bonne idée pour changer un peu de la plage et de la mer.

BOUCHES-DU-RHÔNE

Muséum d'Histoire naturelle............... Aix-en-Provence D6

6, rue Espariat
13100 - Aix-en-Provence
Tél. : 04 42 27 91 27
Ouv. tlj de 10 h à 12 h et de 14 h à 18 h

+8 ans

La région de la Sainte-Victoire est parfois appelée le « pays des dinosaures » car on y a déterré les plus anciens fossiles trouvés en France ; le musée expose le résultat de ces fouilles, et notamment des œufs pondus il y a 60 millions d'années ; on y voit également des outils de la préhistoire, des insectes et de superbes maquettes de dinosaures.

Musée camarguais....... Arles B6

Mas du pont de Rousty
13200 - Arles
Tél. : 04 90 97 10 82
Ouv. tlj d'avril à sept. ; tlj sauf mardi de 10 h 15 à 16 h 45 en janv., fév. mars, oct., nov. et déc.
Gratuit pour les – de 10 ans

+8 ans

Dans une ancienne bergerie, la Camargue est entrée au musée : étonnants paysages, coutumes camarguaises, géologie, archéologie, faune et flore...

Petit train.................... Arles B6

13200 - Arles
Tél. : 04 90 18 41 20-Fax : 04 90 93 17 17
Circule de juin à fin sept.
Départ : Bd des Lices - Durée : 40 minutes

pour tous

Le petit train sillonne la vieille ville en partant du boulevard des Lices et en passant devant les arènes, le forum et les autres célèbres monuments de la ville.

Parc zoologique...... La Barben C6

13330 - La Barben
Tél. : 04 90 55 19 12-Fax : 04 90 55 27 75
Ouv. tlj de l'année de 10 h à 18 h
6 km de Salon-de-Provence, entre Pélissanne et St-Cannat

pour tous

Il fait très chaud sur cette colline aride ! Les animaux, venant pour la plupart de pays tropicaux, doivent se sentir comme chez eux ! Heureusement que les visiteurs disposent d'un petit train pour parcourir le parc vallonné (tour de 1 h 30).
La visite du vivarium et de l'oisellerie, bizarrement installés dans l'écurie de la ferme du château, permettra de terminer la journée au frais.
Nouveauté : un parc à tigres, d'éléphants et de loups à crinière.

La Cathédrale d'Images.......... Les Baux-de-Provence B6

13520 - Les Baux-de-Provence
Tél. : 04 90 54 38 65-Fax : 04 90 54 42 65
Ouv. tlj de 10 h à 19 h de la mi-fév. au 6 janv. (18 h d'oct. à fév.)
Entre Maussane-les-Alpilles et Fontvieille

+8 ans

Un chercheur passionné par l'image a eu l'idée, il y a plus d'une dizaine d'années maintenant, d'utiliser les murs, plafonds, sols d'une ancienne carrière de calcaire comme autant d'écrans géants. Les images agrandies jusqu'à 10 000 fois donnent un espace tridimensionnel où le spectateur chemine à son gré.
Le thème des projections change chaque année. Le spectacle audiovisuel pour l'été 1999 sera consacré au Moyen Âge et accompagné d'une programmation de spectacles vivants : interventions de compagnies de théâtre de rue, de troubadours, de cracheurs de feu... Et celui de l'an 2000 sera axé sur la bande dessinée.
Attention au contraste de température avec l'extérieur, prévoir des lainages.

Château...... Les Baux-de-Provence B6

13520 - Les Baux-de-Provence
Tél. : 04 90 54 55 56-Fax : 04 90 54 55 00
Ouv. tlj de 9 h à 20 h 45 en juill. et août ; de 9 h à 19 h 30 en avril, mai, juin ; de 9 h à 18 h 30 en sept. et oct. ; de 9 h à 17 h en nov., déc., janv., fév.
Gratuit pour les – de 7 ans et pour le 3e enfant

+8 ans

À l'extrémité du village des Baux-de-Provence, les ruines du château dominent la plaine de la Crau jusqu'à la mer. À leur entrée, un musée retrace l'histoire tumultueuse de la cité millénaire et dans la cour sont présentées plusieurs gigantesques machines médiévales : trébuchet de 10 m de haut, baliste de 4 tonnes, bélier de 8 m de long... Les tours fortifiées illustrent les systèmes de guet et de défense d'un château du Moyen Âge, et le donjon, démantelé par Richelieu, se dresse encore fièrement.

Découverte des calanques.................. Cassis D7

13600 - Cassis
Tél. : 04 42 01 71 17 (OT)
Circule de Pâques à oct.

pour tous

Quatre compagnies vous invitent à bord de leurs bateaux pour trois circuits commentés dans les calanques, ces curieuses gorges qui entaillent profondément la côte.
Le catamaran à vision sous-marine (tél. : 04 91 43 73 60) propose, lui, un aperçu des fonds au large de Cassis.

El Dorado City........... Châteauneuf-lès-Martigues C7

13220 - Châteauneuf-lès-Martigues
Tél. : 04 42 79 86 90
Fax : 04 42 76 19 91
Ouv. tlj de 10 h à 19 h en juill. et août et le w.-e. de mars, avril, mai, juin, sept. et oct. ; de 10 h à 17 h la 2e quinz. d'avril ; de 11 h à 18 h les merc. et sam. de sept. et oct.
Entre Marseille et Martigues

pour tous

Ce vaste parc comprend d'une part des villages et d'autre part le Central Parc. Les villages, au nombre de trois, sont animés par des

automates. Le premier est un campement indien qui recrée les différents modes de vie des Amérindiens avant la colonisation. Le second est un *pueblo* mexicain du XVIIe s. avec ses maisons typiques et ses magasins. Le troisième est un village western avec son saloon, sa gare d'où part un train pour les voyageurs en quête d'émotions, une diligence, un chariot de l'Ouest… Un rodéo mécanique est proposé aux intrépides et des tours en poney aux cow-boys en herbe.
Le Central Parc est une plaine de jeux avec des manèges, des balançoires, des chevaux de bois…
En été, à partir de 11 h 30, des spectacles originaux se succèdent tout au long de la journée.

O.K. Corral.......... Cuges-les-Pins D7

13780 - Cuges-les-Pins
Tél. : 04 42 73 80 05
Fax : 04 42 73 93 05
Ouv. tlj de 10 h à 18 h 30 de fin juin à fin août et pendant les vac. de Pâques et les merc., w.-e. et jrs fér. en avril, mai, juin, sept., oct. et jusqu'à mi-nov.
Sur RN 8 à 10 km E. d'Aubagne

pour tous

Un grand parc à thème western. Les enfants n'ont que l'embarras du choix des attractions : les grands se réserveront les Montagnes du Grand Canyon, les Rapides du Colorado, le Serpent Hopi, le Lasso Loop, la Ghost Town… Les petits choisiront l'Indian Café, Little Canoe, Little Wild Animals. Bravo à ce parc qui a su, dans un décor plaisant, allier les attractions à sensations à celles plus familiales.

Village-musée........ Fos-sur-Mer B7

Place de l'Hôtel-de-Ville
13270 - Fos-sur-Mer
Tél. : 04 42 05 27 57
Ouv. du lundi au vend. de 9 h à 12 h et de 14 h à 18 h et sam. de 10 h à 12 h et de 15 h à 18 h en juill. et août ; du lundi au vend. de 14 h à 18 h de sept. à juin (ouv. sam de 14 h à 18 h en juin et sept.)

pour tous

L'histoire du village de Fos-sur-Mer dans les années 20 à 50 représentée par 8 maquettes reproduites à l'échelle de 1/6e (la cueillette des olives, la manade, la place du village, le canal…), dans les moindres détails avec mise en scène automatisée de certains tableaux.

La Pyramide................ Istres C6

Rue de l'Équerre
13800 - Istres
Tél. : 04 42 56 99 99
Ouv. tlj de 10 h à 21 h

Un parc aquatique doté d'un bassin intérieur et d'un bassin extérieur, de toboggans, d'une piscine à vagues, de jets d'eau...

Musée d'Archéologie méditerranéenne........... Marseille D7

Centre de la Vieille-Charité
2, rue de la Charité
13002 - Marseille
Tél. : 04 91 14 58 80-Fax : 04 91 14 58 81
Ouv. tlj de 11 h à 18 h de juin à fin sept. et de 10 h à 17 h d'oct. à fin mai

Des collections d'antiquités égyptiennes, grecques et romaines et une toute nouvelle section consacrée à l'archéologie locale.
Roquepertuse et les Celto-Ligures retrace la vie quotidienne des communautés villageoises locales qui occupaient la région au moment où les Grecs s'installèrent à Marseille.
Les archéologues en herbe de 7 à 13 ans ont un atelier conçu exprès pour eux (merc. de 14 h à 16 h, inscriptions tél. : 04 91 14 58 59).

Musée-château Gombert...................... Marseille D7

5, place des Héros
13013 - Marseille
Tél. : 04 91 68 14 38
Ouv. tlj sauf mardi de 14 h 30 à 18 h 30

Le château Gombert est un lieu où l'on vient en famille revivre ou découvrir la vie d'autrefois avec ses fêtes, ses pèlerinages, ses coutumes... et admirer une exceptionnelle collection de santons.

Musée de la Marine.. Marseille D7

Palais de la Bourse - La Canebière
13002 - Marseille
Tél. : 04 91 39 33 33-Fax : 04 91 39 56 15
Ouv. tlj de 10 h à 18 h
Gratuit pour les – de 12 ans

+8 ans

Des maquettes en veux-tu en voilà : une galère, une tartane, un chebec, une pinque, une drague, des paquebots, un ponton-grue… et des souvenirs de la fameuse histoire du port.

Musée du Vieux-Marseille............. Marseille D7

Rue de la Prison
13002 - Marseille
Tél. : 04 91 55 10 19
Ouv. tlj de 9 h à 17 h

+8 ans

Le musée de la mémoire et des traditions marseillaises renferme une importante collection de costumes et surtout des santons et des crèches.

Les petits trains....... Marseille D7

13001 - Marseille
Tél. : 04 91 91 92 10 et 04 91 13 89 00 (OT)
Circulent d'avril à fin sept.

pour tous

Quatre petits trains sillonnent Marseille : bonnes occasions de visiter la ville sans fatiguer les petites et les grandes jambes. Le petit train du vieux Marseille part du Vieux-Port et fait le tour du quartier du Panier (1 heure d'avril à sept.), le petit train de la Bonne-Mère grimpe du Vieux-Port jusqu'à Notre-Dame-de-la-Garde (1 heure d'avril à oct.), le petit train des plages part du Vieux-Port et va jusqu'au David par la corniche (juin, juill. et août) et le petit train du Frioul (tlj en juill. et août de 10 h à 18 h).

Domaine de Méjanes

Méjanes A6

13460 - Les Saintes-Maries-de-la-Mer
Tél. : 04 90 97 10 10-Fax : 04 90 97 12 32
Ouv. tlj de 9 h à 18 h de mars à sept.
(de 10 h à 16 h en oct.-nov.)
Sur l'étang de Vaccarès

+8 ans

Aux abords de l'étang de Vaccarès, entre Arles et Les Saintes-Maries, le domaine de Méjanes propose des promenades à cheval (tél. : 04 90 97 10 62) dans la plaine de Camargue née de la terre et de l'eau. Les non-cavaliers embarquent à bord du petit train, qui les entraîne sur un circuit pittoresque le long du Vaccarès.
Le dimanche et les jrs fér. de Pâques à mi-juillet, on peut assister à des spectacles taurins et des ferrades (téléphoner pour réserver).
La ferrade est une cérémonie typiquement camarguaise, mais un peu difficile à regarder pour les non-initiés : les jeunes taureaux, les anoubles, sont marqués au fer rouge à l'enseigne de leur manade (élevage) ; la brûlure doit être profonde afin de laisser une cicatrice indélébile. À cette occasion, la foule rassemblée mange, boit et improvise des courses de vachettes ou de jeunes taureaux.

Port miniature « Cap'tain Howard »......

Miramas C6

3, chemin du Creux
13140 - Miramas
Tél. : 04 90 17 33 91
Ouv. merc., w.-e. et vac. scol. à partir de 14 h

pour tous

Cap'tain Howard et son port miniature, aménagé sur le plan d'eau de Saint-Suspi, offrent aux enfants une belle aventure : trois vapeurs du Mississippi avec leur roue à aube et trois remorqueurs ont été construits pour eux à leur taille ; ils sont de plus d'un maniement extrêmement facile pour les marins d'eau douce.

Dans la région d'Aix-en-Provence, on fabrique avec des amandes des friandises appelées calissons. Créés à la fin du XVe s., les calissons sont un mélange d'amandes broyées, de melon confit et de sirop de fruit. Ils prennent la forme de petits losanges allongés et se rangent dans des boîtes de même forme.

La Petite Provence.. Le Paradou B6

13520 - Les Baux-de-Provence
Tél. : 04 90 54 35 75
Ouv. tlj de 10 h à 19 h en juill. et août ;
de 14 h à 19 h en juin et sept.

pour tous

Daudet, Mistral, Pagnol se demanderaient quel magicien est passé par là pour avoir rendu leur Provence si petite. 8 000 heures de travail ont été nécessaires pour réaliser ce village provençal miniature et pour recréer plus de 300 petits personnages.

Village des Automates................ Saint-Cannat C6

13760 - Saint-Cannat
Tél. : 04 42 57 30 30-Fax : 04 42 57 28 87
Ouv. tlj de 10 h à 18 h d'avril à fin sept. ;
merc., w.-e., jrs fér. et vac. scol. de 10 h
à 18 h de mars à oct.
Sur la RN 7 à 13 km N. d'Aix-en-Provence

pour tous

Dans un parc boisé qui sent bon le thym et le romarin, les automates ont leur village. Ils sont plus de 500 à s'animer sur commande au passage de leurs amis visiteurs. Pinocchio, Merlin l'Enchanteur, Gulliver, la Belle au bois dormant… la plupart des personnages de contes sont automatisés, pour la grande joie des enfants.
De terribles dinosaures sont venus rejoindre ce petit monde enchanté.

Musée de Cire...... Les Saintes-Maries-de-la-Mer A7

13460 - Les Saintes-Maries-de-la-Mer
Tél. : 04 90 97 82 65-Fax : 04 90 97 87 42
Ouv. de 10 h à 12 h et de 14 h à 19 h de mars à nov.

+8 ans

Situé à 2 km avant Les Saintes-Maries, un petit musée dans lequel sont reconstituées des scènes typiques et folkloriques de Camargue avec plus de 100 personnages grandeur nature.

Parc ornithologique du Pont-de-Grau.... Les Saintes-Maries-de-la-Mer A7

13460 - Les Saintes-Maries-de-la-Mer
Tél. : 04 90 97 82 62-Fax : 04 90 97 74 77
Ouv. tlj de 9 h au coucher du soleil d'avril à sept. ; tlj de 10 h au coucher du soleil d'oct. au 31 mars
D 570 entre Arles et Les Stes-Maries

+8 ans

Le parc se veut une vitrine vivante de la Camargue. Plusieurs sentiers serpentent entre marais et roselières, permettant d'approcher les oiseaux. Le long du marais de Pont-de-Grau, on observe flamants roses, cygnes, oies, canards, etc. ; dans le marais de Ginès, où pâturent des taureaux, un sentier fléché longe l'étang d'où l'on observe de nombreuses espèces d'oiseaux vivant en totale liberté. Un observatoire, situé au milieu du marais, permet de voir sans être vu et des panneaux explicatifs apportent des informations sur l'avifaune camarguaise. De grandes volières accueillent les espèces rares, difficiles à voir dans la nature, et des oiseaux qui se remettent de blessures ou d'une maladie avant d'être remis en liberté.

Escapade en bateau.. Les Saintes-Maries-de-la-Mer A7

13460 - Les Saintes-Maries-de-la-Mer
Circule de mars à nov.

pour tous

Les Quatre Maries (tél. : 04 90 97 70 10), *Tiki III* (tél. : 04 90 97 81 68), *Bateau Soleil* (tél . : 04 90 97 85 89) et le *Bateau Camargue* proposent des promenades au fil de l'eau pour découvrir la Camargue.

Maison de Nostradamus........ Salon-de-Provence C6

Rue Nostradamus
13300 - Salon-de-Provence
Tél. : 04 90 56 64 31-Fax : 04 90 56 08 12
Ouv. tlj sauf sam. et dim. matin et certains jrs fér. de 9 h 30 à 12 h et de 14 h à 18 h 30 en juill. et août ; de 9 h à 12 h et de 14 h à 18 h de sept. à juin
L'entrée comprend aussi la visite du musée Grévin

+8 ans

La maison où au XVIe s. habita Nostradamus, cet énigmatique personnage qui scruta le passé, le présent… et l'avenir (jusqu'en 3797 !), est à nouveau habitée… Il est revenu et il écrit ses célèbres *Prophéties* : Rabelais, Catherine de Médicis, Charles IX, Marguerite de Navarre… sont venus lui rendre visite.

Musée Grévin de la Provence.......... Salon-de-Provence C6

13300 - Salon-de-Provence
Tél. : 04 90 56 36 30
Ouv. tlj sauf sam. et dim. matin et certains jrs fér.
de 9 h 30 à 12 h et de 14 h à 18 h 30 en juill. et août ;
de 9 h à 12 h et de 14 h à 18 h de sept. à juin
L'entrée comprend aussi la visite de la maison de Nostradamus

pour tous

Les grandes étapes de l'histoire de la Provence sont présentées dans 18 décors mettant en scène les grands personnages historiques et mythiques.

Aquacity...... Septèmes-les-Vallons D7

Plan de Campagne
13240 - Septèmes-les-Vallons
Tél. : 04 91 51 54 08
Fax : 04 91 51 54 44
Ouv. tlj à partir de 10 h
A 51, sortie Plan de Campagne, dir. Septèmes

pour tous

Une journée passée à se baigner, à glisser sur les toboggans, à sauter dans les vagues, à descendre les rivières rapides… Les petits resteront sur l'île aménagée à leur échelle.

Maison de Tartarin.... Tarascon B5

55 *bis*, bd Itam
13150 - Tarascon
Tél. : 04 90 91 05 08
Ouv. tlj sauf dim. de 10 h à 12 h et de 14 h à 19 h
en juill. et août ; de 10 h à 12 h et de 13 h 30 à 17 h le reste de l'année

+8 ans

Des mannequins costumés restituent l'ambiance du roman d'Alphonse Daudet : Tartarin, en costume de chasse au milieu de ses trophées, fait semblant de chanter le grand air de Robert le Diable ou encore d'être malade pour ne pas partir en Algérie.

CORSE

Petit train.................. Ajaccio H7

20000 - Ajaccio
Tél. : 04 95 51 53 03
Circule les mois d'été

pour tous

Le petit train parcourt la vieille cité impériale, passe devant la maison Bonaparte, lieu de naissance de Napoléon (la maison se visite, tél. : 04 95 21 43 89), et surtout longe une partie du golfe.

Musée départemental d'Archéologie.................. Aléria I7

Fort de Matra
20270 - Aléria
Tél. : 04 95 57 00 92-Fax : 04 95 57 05 50
Ouv. tlj de 8 h à 12 h et de 14 h à 19 h de mi-mai à sept. ; de 8 h à 12 h et de 14 h à 19 h d'oct. au 15 mai
L'entrée comprend la visite du musée et du site

+8 ans

En 259 avant J.-C., les Romains s'emparèrent de la Corse et le site d'Aléria devint la capitale de l'île. Il le resta durant toute l'Antiquité, jusqu'à destruction par les Vandales, en 420. On peut encore voir au cœur de la cité antique d'Aléria le forum, le capitole et les vestiges des temples.
Le musée archéologique, installé dans le fort de Matra (XVe s.), permet de retracer grâce aux objets exposés la vie de la capitale antique.

Visite des grottes marines et des calanques.......... Bonifacio I8

20169 - Bonifacio
Tél. : 04 95 73 11 88 (OT)
Circule tte l'année
Départs quasi permanents du port
Durée : 45 minutes

pour tous

Plusieurs compagnies de bateaux proposent des visites des grottes marines et des calanques.

La promenade est spectaculaire : après être sortie du port par un goulet étroit et bordé par de hautes falaises, après avoir doublé le phare de Madonetta, la vedette s'engage dans la grotte de Sdragonato, dont la voûte s'ouvre sur le ciel par une longue échancrure qui rappelle celle de la Corse. Elle passe ensuite devant la grotte Napoléon, appelée ainsi à cause de la similitude de forme avec le chapeau de l'Empereur, longe le rocher surnommé le Gouvernail de la Corse, puis l'Escalier du roi d'Aragon, et termine son circuit en contournant le Grain de Sable.

Petit train............... Bonifacio I8

20169 - Bonifacio
Quai Noël-Beretti
Tél. : 04 95 73 15 07-Fax : 04 95 73 09 93
Circule de 9 h à minuit

pour tous

Il faut grimper pour découvrir la vieille ville de Bonifacio : une promenade en petit train rendra sa visite plus facile et plus amusante pour les petits.

Musée préhistorique... Filitosa H8

20140 - Petreto-Bicchisano
Tél. : 04 95 74 00 91
Ouv. de 8 h à 20 h de Pâques à fin oct.

+8 ans

Le site de Filitosa a été occupé du VIe millénaire avant notre ère à l'occupation romaine. Au IIe millénaire avant J.-C., les tailleurs de pierre, les sculpteurs mégalithiques feront de Filitosa le plus grand centre de l'art statuaire corse et méditerranéen.
Aujourd'hui, les statues-menhirs ou « Torre » et les monuments circulaires gardent jalousement le secret de leur origine et de leur destination.
Un petit musée complète la visite du site.

En Corse, comme autrefois dans les régions pauvres, les châtaignes servent à faire de la farine, utilisée pour la préparation de délicieux biscuits, et elles entrent dans la composition de nombreux entremets très appréciés par les enfants. Ils pourront aussi se régaler de beignets au « brocciu », un mélange de fromage de brebis et de petit-lait ; l'été, des voitures ambulantes en vendent souvent le long des plages.

Sites archéologiques du Pianu de Livia.............. Levie 18

20170 - Levie
Tél. : 04 95 78 48 21-Fax : 04 95 78 42 03
Ouv. tlj de 9 h à 20 h en juill. et août ; tlj de 9 h à 18 h des vac. de printemps à mi-oct.
Durée de la visite : 1 h 30
Baladeur avec commentaires disponible à l'accueil

+8 ans

Complexe fortifié, forteresse très bien conçue autour d'une torre avec en contrebas un village torréen lui aussi fortifié.
Une marche sur un sentier ombragé conduit dans un premier temps à Cucuruzzu, un remarquable complexe monumental du milieu du IIe millénaire avant J.-C., puis au castellu de Capulla.
Cucuruzzu se compose d'une enceinte et d'un monument supérieur. À l'intérieur se trouvent des loges qui étaient destinées au stockage des denrées des hommes qui vécurent là, à l'âge du bronze et du fer. Le castellu de Capula se dresse sur une colline couverte de chênes. On accède à son sommet par une rampe autrefois praticable à cheval. L'architecture des hauts murs est variée : petits pavés granitiques datant du Moyen Âge et murs en gros appareils construits à l'âge du bronze et du fer.

N'oublions pas que la Corse sera avant tout pour les enfants le lieu de baignades merveilleuses dans une eau transparente et chaude et l'occasion de s'initier à la planche à voile ou à la plongée sous-marine. Les plus sportifs pourront faire des randonnées en montagne à pied ou à cheval.
Des randonnées pédestres en famille sont organisées par « Muntagna corse in liberta » (rens. au 04 95 78 61 25 ou 04 95 74 62 28) et des garderies sont même prévues pour les tout-petits.

VAR

Aquavision.................. Agay G6

83700 - Saint-Raphaël
Tél. : 04 94 82 75 40-Fax : 04 94 82 75 41
Circule tlj de fév. à nov.
(horaires de départ selon le mois)
5 km E. de St-Raphaël par la RN 98

pour tous

Un bateau à parois de verre pour admirer les fonds marins de la baie d'Agay. Pendant 45 minutes la mer devient un vaste aquarium !

Parc Mini-France...... Brignoles E7

Nicopolis
83170 - Brignoles
Tél. : 04 94 69 26 00-Fax : 04 94 59 08 58
Ouv. tlj de 10 h 30 à 19 h 30 en juill. et août ; de 9 h à 12 h et de 14 h à 18 h le reste de l'année ; w.-e. et jrs fér., vac. scol. sauf mardi
RN 7 sur la route du Luc

pour tous

Un tour de France en 1 heure et sans se fatiguer ! Le chemin passe par le Mont-Saint-Michel, les alignements de Carnac, le château de Chambord, le pont du Gard, le port de Saint-Tropez, la cathédrale de Strasbourg, l'Opéra de Paris, etc. 80 monuments hauts de quelque 50 cm… La piscine avec plage pourra donner prétexte à une agréable baignade avant ou après la visite.

Institut océanographique Paul-Ricard............ Embiez (île des) E8

83140 - Six-Fours-les-Plages
Tél. : 04 94 34 02 49-Minitel : 3615 PAULRICARD
Ouv. de 10 h à 12 h 30 et de 13 h 30 à 18 h en juill. et août ; tlj sauf sam. matin de 10 h à 12 h 30 et de 13 h 30 à 17 h 30 le reste de l'année (fermé merc. matin d'oct. à mars)

+8 ans

Si l'on ne descend pas au fond de la mer, on pourra aller voir les poissons de la Méditerranée dans les aquariums de l'institut océanographique. On visitera aussi un musée de la Mer avec une vitrine sur les requins et les mammifères marins. Pour compléter la journée, on peut emprunter le petit train qui fait le tour de l'île.

Aquascope........ Embiez (île des) E8

83140 - Six-Fours-les-Plages
Tél. : 04 94 74 99 00-Fax : 04 94 74 92 96
Départ ttes les 45 minutes en saison
Réserv. recommandée

pour tous

Une descente au fond de la mer comme dans un vrai sous-marin ! On regarde les poissons, on admire la flore, on écoute les explications sur le monde sous-marin. Une expérience exceptionnelle !

Parc zoologique........... Fréjus G6

Le Capitou
83600 - Fréjus
Tél. : 04 94 40 70 65-Fax : 04 94 40 89 92
Ouv. tlj de 9 h 30 à 18 h de mai à sept. ; de 10 h à 17 h le reste de l'année
Sortie autoroute Fréjus n° 38

pour tous

Sur une colline boisée de pins parasols et de chênes-lièges, un parc à parcourir en voiture ou à pied. En voiture, il est possible de s'arrêter où l'on veut et de descendre voir de plus près les animaux parqués dans des enclos. Le spectacle des fauves et des chimpanzés dressés ainsi que celui des otaries joueuses raviront petits et grands.

Aquatica.................... Fréjus G6

83600 - Fréjus
Tél. : 04 94 53 58 58-Fax : 04 94 51 46 59
Ouv. tlj de 10 h à 19 h en juill. et août (18 h en juin et sept.) ; activités nocturnes de 20 h à 24 h
Sur la RN 98 à la sortie de Fréjus en direction de Ste-Maxime

pour tous

Sur 8 ha d'une végétation luxuriante, un parc de loisirs à thème aquatique. On y trouve une gigantesque piscine à vagues, une rivière à bouées, des toboggans pour les grands comme pour les petits..., et un mini-golf pour s'amuser en sortant de l'eau.

Musée vivant du Pigeon............. La Garde-Freinet F7

83310 - Cogolin
Tél. : 04 94 43 65 32-Fax : 04 94 43 69 22
Ouv. tlj de 10 h à 12 h et de 15 h à 18 h de mars à sept.

+8 ans

Un musée insolite s'il en est ! Il est consacré à la colombophilie, à ces pigeons voyageurs qui rendirent service à la patrie en portant des messages secrets et à quelques autres qui accomplirent des exploits hors du commun. Des pigeons bien vivants sont là aussi et nombreux : ils sont, paraît-il, près de 1 200.
Un musée pour apprendre à voir les pigeons d'un autre œil.

Village des Tortues.... Gonfaron F7

83590 - Gonfaron
Tél. : 04 94 78 26 41
Ouv. tlj de 9 h à 19 h du 1er mars à fin nov.

Pour tous

Au pied du massif des Maures, dans un sous-bois qui sent bon la Provence, les tortues ont élu domicile. Elles vivent là en famille, pondent, regardent leurs petits grandir… jusqu'au jour où, âgés de 5-6 ans, ils partiront vivre leur vie dans la nature.
Quelques tortues ne sont là qu'en vacances… ou pour se faire soigner.
À voir également, le diaporama pour tout savoir sur l'histoire des tortues, qui se perd dans la nuit des temps… ne dit-on pas avoir retrouvé des aïeux d'il y a 35 millions d'années !

« Seascope »........ Le Lavandou F7

15, quai Gabriel-Péri et gare maritime
83980 - Le Lavandou
Tél. : 04 94 71 01 02-Fax : 04 94 71 78 95
Circule tlj à partir de 9 h (se rens. sur les horaires de départ qui varient selon le mois)
Durée : 45 minutes

Pour tous

Un trimaran d'observation sous-marine dont la coque centrale transparente permet à 24 personnes de découvrir la faune rocheuse traditionnelle de la Méditerranée : dorades, loups, mulets, sars, girelles…

Jardin d'oiseaux tropicaux........... La Londe-les-Maures F8

Route de Valcros
83250 - La Londe
Tél. : 04 94 35 02 15
Ouv. de 9 h 30 à 19 h 30 de juin à fin sept. et
de 14 h à 18 h du 1er oct. au 31 mai
Entre Hyères et Bormes-les-Mimosas, sur la RN 98

pour tous

De très beaux oiseaux tropicaux chantent dans un parc planté de chênes-lièges, de pins et d'eucalyptus.
Qui a le plus grand bec, le calao cassidix ou le toucan d'Amérique du Sud ? Quelle est la plus belle couleur de plumes ? Est-ce l'extraordinaire bleu des aras ou le vert du perroquet mexicain ?

Aqualand...... Saint-Cyr-les-Lecques D7

83270 - Saint-Cyr-les-Lecques
Tél. : 04 94 32 08 32
Fax : 04 94 32 11 02
Ouv. de 9 h 30 à 20 h 30 de mi-juill.
à fin août ; de 10 h à 19 h
de fin juin à mi-juill. ; de 10 h à 18 h en juin et sept.
Gratuit pour les enfants mesurant moins de 1 m

pour tous

Des émotions fortes pour les casse-cou : une piscine à vagues, quelque chose entre les 30e rugissants et le cap Horn, quatre pistes de glisse, le bobsleigh des JO, le Niagara, le Kamikaze, la Rivière rapide... Les petits ont aussi leurs toboggans et leur pataugeoire. À ne pas manquer, un spectacle à vous couper le souffle donné par les Crazy Flyers, recordmen de plongeons en tous genres.

Luna Park............. Saint-Tropez G7

Carrefour de la Foux
83990 - Saint-Tropez
Tél. : 04 94 79 13 95 et 04 94 56 35 64
Ouv. tlj de 20 h 30 à 2 h de juin à fin sept. ; tlj de
20 h 30 à 1 h en avril et mai et dim. et jrs fér. à partir de 16 h
Entre Port-Grimaud et St-Tropez

+8 ans

Vingt-deux des plus grandes attractions d'Europe susceptibles de créer des émotions fortes et deux circuits de 18 trous sur le Tropical Golf pour se détendre...
L'entrée est gratuite mais chaque attraction est payante.

Musée de la Musique mécanique...... Sainte-Maxime-sur-Mer G7

Parc Saint-Donat
83120 - Sainte-Maxime-sur-Mer
Tél. : 04 94 96 50 52
Ouv. tlj sauf lundi et mardi de 10 h à 12 h et de 15 h à 18 h de Pâques à mi-oct.
RD 25 entre Le Muy et Ste-Maxime

La façade du musée évoque un limonaire des années 1900. À l'intérieur, on découvre de drôles d'instruments : des boîtes à musique, des oiseaux chanteurs, des orgues de Barbarie, un piano automatique, des phonographes à cylindres et à disques... Le guide les présente et les fait jouer.
Une visite originale dans la région, à faire un jour de pluie.

Jardin exotique et zoo........................ Sanary E8

Quartier Pont-d'Aran
83110 - Sanary
Tél. : 04 94 29 40 38-Fax : 04 94 29 08 59
Ouv. tlj de 8 h à 12 h et de 14 h à 19 h en juill. et août (18 h le reste de l'année)

Un magnifique jardin exotique planté de cactées et de plantes tropicales avec, harmonieusement disséminés, des centaines d'animaux : des singes, des makis, des lamas, des daims, des fennecs, des tortues... et des flamants roses, des cygnes noirs, des canards colverts, des oiseaux de toutes les couleurs. Un véritable petit coin de paradis qui enchantera les enfants et les adultes.

Zoo........................ Toulon E8

Mont-Faron
83000 - Toulon
Tél. : 04 94 88 07 89
Ouv. tlj de 10 h à 18 h 30 en juill. et août ;
de 10 h à 12 h et de 14 h à 18 h le reste de l'année

Des félins magnifiques : lions, tigres, panthères, jaguars, ocelots, etc., et une nursery où les nouveau-nés attendriront tout le monde.

VAUCLUSE

Les petits trains........ Avignon B5

84000 - Avignon
Tél. : 04 90 82 64 44
Circulent de la mi-mars à la mi-oct.

pour tous

Deux petits trains permettent de découvrir Avignon sans se fatiguer : l'un sillonne la vieille ville et passe le long du célèbre pont où l'on ne peut plus danser en rond, et l'autre mène sur le rocher des Doms, qui domine la ville, et aux plans d'eau où cygnes et canards font la joie des enfants.

Aquarium tropical.... Bédarrides B4

30, petite route de Sorgues
84370 - Bédarrides
Tél. : 04 90 33 06 87-Fax : 04 90 33 23 08
Ouv. du mardi au dim. de 10 h à 12 h
et de 14 h à 19 h

pour tous

Les poissons tropicaux sont arrivés dans le Luberon. La faune des mers de l'océan Indien et des Caraïbes, des grands lacs africains et des fleuves d'Amazonie, a élu domicile dans 35 aquariums joliment décorés. Une visite qui enchantera les petits et les grands.

Musée de la Crèche provençale........ Cavaillon C5

Route des Taillades
84300 - Cavaillon
Tél. : 04 90 78 34 55-Fax : 04 90 71 47 46
Ouv. tlj sauf dim. matin de 9 h à 12 h
et de 14 h à 18 h 30

pour tous

La vie provençale à la fin du siècle dernier avec des reproductions de villages provençaux, scènes de village, cueillette des olives, village des bories... On reconnaît le moulin de Daudet, celui de Saint-Pierre-aux-Taillades et sa roue à aubes...
Toute la Provence en miniature avec des santons peints ou habillés.

Moulin à papier.......... Fontaine-de-Vaucluse C5

Chemin de la Fontaine
84800 - Fontaine-de-Vaucluse
Tél. : 04 90 20 34 14-Fax : 04 90 20 23 40
Ouv. tlj (horaires variant selon le mois)
Entrée libre, visite guidée d'1 h payante

+8 ans

Ce moulin fonctionne comme au XVe s. et fabrique du papier selon les techniques d'antan. Sa visite est captivante, et spectaculaire est sa roue de 7 m de diamètre entraînée par les eaux du Pagodon, broyant les chiffons pour en faire de la pâte.

Musée de Spéléologie....... Fontaine-de-Vaucluse C5

84800 - Fontaine-de-Vaucluse
Tél. / Fax : 04 90 20 34 13
Ouv. tlj de 10 h à 12 h et de 14 h à 18 h en mai, juin, juill. et août ; tlj sauf lundi et mardi de 10 h à 12 h et de 14 h à 17 h en fév., mars, avril, sept., oct. et nov.
Durée de la visite : 40 minutes

+8 ans

Des spéléologues commentent l'énigme de la fontaine de Vaucluse qui surgit mystérieusement des profondeurs de la terre.
Les visiteurs cheminent dans un décor intégralement reconstitué, découvrant gouffres, cascades, rivière souterraine, fresques et traces préhistoriques... et une très belle collection de concrétions de stalactites, stalagmites et cristallisations.

Dans les célèbre terres rouges autour de la ville de Roussillon, un sentier balisé, ponctué de panneaux explicatifs sur l'ocre, serpente à travers les anciennes carrières. Ce décor de western et cette explosion de couleurs fascineront petits et grands. Évitez les baskets blanches, mais un maquillage rouge est garanti ! Rens. au 04 90 05 60 26 (OT).
Et pour ceux qui n'aiment pas marcher, la Provence apparaît dans toute sa splendeur dans un spectacle audiovisuel en 3 dimensions à Fontaine-de-Vaucluse (tél. : 04 90 20 29 06).

Miellerie des Butineuses.............. Saint-Saturnin B5

189, rue de la Source
84450 - Saint-Saturnin-lès-Avignon
Tél. : 04 90 22 47 52-Fax : 04 90 22 36 68
Ouv. tlj sauf dim. et jrs fér. de 10 h à 12 h
et de 14 h à 18 h

+8 ans

Une découverte de l'univers des abeilles grâce à une ruche d'observation (danse des abeilles, reine en train de pondre), des panneaux explicatifs, une exposition de matériels et de vieilles ruches, et un document audiovisuel sur l'apiculture.

Grotte de Thouzon..... Le Thor C5

Route d'Orange
84250 - Le Thor
Tél. : 04 90 33 93 65-Fax : 04 90 33 74 90
Ouv. tlj de 10 h à 19 h en juill. et août ;
de 10 h à 12 h et de 14 h à 18 h d'avril à oct. ;
dim. de 14 h à 18 h en mars et nov.
20 km E. d'Avignon

+8 ans

Un parcours dans le lit fossile qu'une rivière souterraine creusa jadis. L'eau a travaillé le calcaire, formant d'incroyables dents de baleine qui se détachent du plafond de la voûte ; d'autres concrétions ont pris des formes curieuses. En chemin, un énorme bloc de calcaire, estimé à plus de 300 kg, est maintenu dans le vide par une concrétion de calcite dont le diamètre n'excède pas 10 cm.

Les berlingots de Carpentras se livrent à un festival de couleurs douces et chatoyantes et les fruits confits d'Apt exaltent la saveur des délicieux abricots, pêches et melons des vergers environnants. Le nom des berlingots vient-il de *berlingau*, osselet en provençal, ou est-ce une déformation de Bertrand de Got, vrai nom du pape Clément V ? On raconte que le maître queux du souverain pontife avait eu l'idée de parfumer à la menthe et au citron de la pâte de caramel et que son illustre maître prenait plaisir à découper en petits cubes les bâtonnets bariolés qu'on lui présentait.

INDEX

Index des noms de communes où
sont situées les attractions décrites dans ce guide,
ainsi que des visites
les plus intéressantes (en italique).

Index

A

Index

D

E

F

G

H

I

J

K

L

M

N

O

P

Index

Q

R

S

T

Aidez-nous à mettre à jour le *Guide de la France des enfants*.
Envoyez-nous vos informations.
Si vous figurez dans ce guide mais aimeriez apporter une précision ou des informations complémentaires, ou si au contraire vous n'y figurez pas mais souhaiteriez être inscrit dans la prochaine édition, n'hésitez pas à nous écrire :
Rédaction du *Guide de la France des enfants*,
Espace 2000, 11, rue de Javel, 75015 Paris.

Achevé d'imprimer : février 2001
Dépôt légal en France : mars 2001
Dépôt légal en Belgique : D 1999-0621-35
Imprimé en France
Printed in France